Michael Bendorf

Wo Gott wohnt

Michael Bendorf

Wo Gott wohnt

Von der Hoffnung für die Schöpfung

Dieses Buch ist auch als E-Book erhältlich:
ISBN 978-3-86256-790-4

Die Deutsche Bibliothek verzeichnet diese Publikation in der Deutschen Nationalbibliografie; detaillierte bibliografische Daten sind im Internet über www.d-nb.de abrufbar

Lektorat: Dr. Thomas Baumann
Umschlaggestaltung: spoon design, Olaf Johannson
Umschlagabbildung: Pisit Heng, unsplash.com
Autorenporträt: Alwina Unruh, UNRUH Designbüro, Braunschweig
Satz: Neufeld Verlag
Herstellung: CPI – Clausen & Bosse, Birkstraße 10, 25917 Leck

ISBN 978-3-86256-183-4, Bestell-Nummer 590 183

www.neufeld-verlag.de

Bleiben Sie auf dem Laufenden:
newsletter.neufeld-verlag.de
www.neufeld-verlag.de/**blog**
www.**facebook**.com/neufeldverlag
www.**youtube**.com/@neufeldverlag

NEUFELD VERLAG

INHALT

VORWORT

von Heinrich Christian Rust

Wo treffe ich Gott? Diese Frage ist keineswegs selten in unserer krisengeschüttelten Zeitenwende. Die Sehnsucht nach Gott verstummt nicht. Wo findet sich das Heilige? Wo treffen sich Himmel und Erde? Wo vereinen sich Diesseitigkeit und Jenseitigkeit in Momenten der Ewigkeit? Gibt es noch eine Zukunft auf diesem taumelden Planeten? Hat Gott eine Zukunft für diese Schöpfung, für sein Volk, für seine Kirche, für uns persönlich? Diese Fragen gehen an die Substanz und sie betreffen unsere Existenz. Gibt es Treffpunkte mit Gott?

Um diese Treffpunkte Gottes aufzuspüren, lädt uns Michael Bendorf in den folgenden elf Kapiteln dieses Buches ein, ihn bei seiner spannenden Reise durch das Heilige Land zu begleiten. Wir sind mit ihm am Toten Meer, in Jerusalem, auf dem Tempelberg, auf der Via Dolorosa oder auf dem Ölberg. Die Vision des Propheten Hesekiel vom neuen Tempel und vom Lebensstrom (Hes 47) leuchtet in ihren unterschiedlichen Erfüllungsdimensionen bei dieser Entdeckungsreise immer wieder auf. Dabei bewegt der Autor die Frage, wie Gott in diese Welt kommt und diese Welt zu einem Raum Gottes werden kann. Aus der rabbinischen Theologie übernimmt er den Begriff der Schechina, der die Einwohnung Gottes mit seiner Ruhe und Herrlichkeit aufspürt und kennzeichnet. Wo und wie erfahren Menschen in den unterschiedlichen Heilsepochen diesen Gott der Bibel? Bendorf weist unter Bezugnahme auf den jüdischen Gelehrten und Philosophen Abraham Joshua Heschel darauf hin, dass die Initiative für das Treffen von Himmel und Erde, von Gott und Mensch, von Gott ausgeht. „Die Bibel zeigt uns in ihrer Breite und Weite, dass Gott den Menschen weitaus mehr sucht als umgekehrt" (S. 74). Nicht nur an den vereinbarten „Treffpunkten" in der Stiftshütte, auf dem Berg Gottes, im Tempel, sondern auch außerhalb dieser ursprünglichen Gegenwartsräume ist die

Schechina Gottes aufzuspüren: Im Volk, in der Thora, im prophetischen Wort oder auch an den Überresten des Tempels an der Westmauer/Klagemauer in Jerusalem. Schließlich offenbart sich seine Präsenz in Jesus Christus, in seinen Nachfolgern und seiner Gemeinde. Ja, selbst im tiefsten Dunkel, im Leiden ist Gottes Gegenwart zu erfahren. Bendorf spricht von der „Gegenwartsschechina" zur Zeit der Stiftshütte und der Tempel. Mit der Zerstörung des Tempels wandert die Schechina als „Exilsschechina" und „Offenbarungs- bzw. Erscheinungsschechina" mit. Eindrücklich beschreibt der Autor die Treue und Liebe Gottes, die am Kreuz Jesu ihren Höhepunkt bekommt. „Genau an diesem Ort seines äußersten Exils soll unser Exil aufhören. Sein Todesschrei ist ein erlösender Schrei für uns alle" (S. 149).

Es geht Michael Bendorf um die Heilsgeschichte, die im Garten Eden ihren Anfang nahm, in dem Bundesschluss mit Abraham und Israel ihre Fortsetzung findet (Kapitel 1–4) und die in Jesus Christus und der Aufrichtung des Reiches Gottes auf Erden eine weltumfassende, messianische Dimension erhält. Die Kapitel 6–8 stellen in einer solchen heilsgeschichtlichen Sicht dar, wie Gott sich durch Jesus Christus und die Ausgießung des Heiligen Geistes eine Wohnung im einzelnen Gläubigen, in der Gemeinde Jesu Christi ermöglicht. In den drei Schlusskapiteln führt der Verfasser uns zu einer endzeitlichen Sicht vom messianischen Friedensreich auf der Erde, von der Wiederkunft Jesu Christi und schließlich von dem neuen Himmel und der neuen Erde, in der Gott alles in allem sein wird. Damit findet die Schechina eine Vollendung. Gerade diese endzeitliche Zuordnung ist herausfordernd und dringend notwendig, angesichts einer starken Gegenwartsorientierung in der Theologie unserer Zeit.

Die über viele Jahre gesammelten Kenntnisse über das Heilige Land und das Judentum verbindet der Autor mit persönlichen Begegnungen und Geschichten, biblisch-theologischen Überlegungen, wegweisenden und herausfordernden Thesen und nicht zuletzt mit Konkretionen für ein hoffnungsvolles Leben im Hier und Jetzt (S. 270f.). Der habilitierte Wirtschaftspädagoge Bendorf ist zugleich Theologe und Pastor. Es ist erstaunlich, wie viele Fakten er in diesem Buch zusammenträgt und zugleich darüber hinaus offen ist für eine Sicht, die über diese Faktenlage hinausweist. Selbstkritisch räumt er ein, dass gerade im Heiligen Land wissenschaftliche Erkenntnisse häufig vor den Karren eigener Glaubenspositionen gespannt werden. So wirbt er mit diesem Buch für einen guten Dialog zwischen Archäologie, Geschichtswissenschaft und Theologie, bei dem die Wissenschaft die spirituelle Dimension nicht ausschließt (S. 59). Er unterscheidet zwischen Spekulation, die danach fragt, was denkbar ist, und einer Mystik, die Offenbarung sucht und nicht allein durch die menschliche Logik zu erschließen ist. Es geht bei der

Einwohnung, der Schechina Gottes, um ein solches Geheimnis. Gott will uns nicht nur einmal treffen, er will bei uns und in seiner Schöpfung zuhause sein, er will bei uns wohnen. Im Epheserbrief heißt es, dass wir „Hausgenossen Gottes" sein dürfen (Eph 2,19).

Das Buch von Michael Bendorf lädt nicht nur zu einer Reise in das Heilige Land ein, sondern dazu, sich diesem Geheimnis der Einwohnung Gottes neu zu öffnen. Die Heilgeschichte hört nicht damit auf, dass Gott sich ein Volk, eine Gemeinde erwählt, sondern dass es hier auf diesem Planeten ein messianisches Friedensreich gibt und in der Vollendung einen neuen Himmel und eine neue Erde, in der Gott alles in allem sein wird. Dann wird Gott in allem „wohnen" (Offb 21,3). Diese umfassende heilsgeschichtliche Sicht öffnet Horizonte und erfüllt mit Hoffnung. Gerade das ist in unserer Zeitenwende nötig! Das Buch ist anspruchsvoll, aber auch gehaltvoll. Vor allen Dingen ist es lesenswert, denn es kann dazu führen, dass wir den lebendigen Gott dabei erneut treffen und uns bewusst wird, dass er bei uns wohnen will.

Heinrich Christian Rust,
Braunschweig

Meinen Söhnen
Leonard David und Julius Benjamin
gewidmet

1.

DAS TOTE SOLL LEBEN

1.1 ERWACHENDES LEBEN AM TOTEN MEER

Es ist schon erstaunlich, welche außergewöhnlichen Reisen wir heute unternehmen können. Darin sind uns kaum noch Grenzen gesetzt. Wurde die Besteigung des Mount Everest von Edmund Hillary im Jahr 1953 als große Sensation gefeiert, so ist dieser Aufstieg zum höchsten Punkt der Erde mittlerweile ein Phänomen des Massentourismus geworden. Aber es geht noch höher: Im Jahr 2021 kam es zu einem Wettlauf der Milliardäre um die ersten privaten Weltraumflüge. Der britische Virgin-Gründer Richard Branson startete mit seinem Testflug am 11. Juli in New Mexico und ist damit dem Amazon-Gründer Jeff Bezos nur wenige Tage zuvorgekommen, der mit seiner Privatrakete am 20. Juli von Texas aus ins All geflogen ist. Beide Milliardäre planen ein Business mit dem Weltraumtourismus; potenzielle Touristen können sich bereits seit geraumer Zeit Tickets reservieren.

Aus der Weltraumperspektive wirkt selbst der Mount Everest klein. Trotz des entstehenden Weltraumtourismus wird er sicherlich nicht an Faszination und Attraktivität verlieren. Er wird ein Tourismusmagnet bleiben. Aber wie wäre es, wenn wir als Kontrast dazu nicht zum höchsten, sondern zum tiefsten Punkt der Erde reisen würden, der weder von Wasser noch von Eis bedeckt ist? Wo würden wir ankommen? Was würden wir dort sehen? Was würde uns dort erwarten? Die Antwort lautet: Wir würden am Ufer des Toten Meeres an der Grenze zwischen Israel und Jordanien stehen.

Schon oft stand ich am Ufer dieses Meeres, dessen Wasseroberfläche mehr als 400 Meter unter dem Meeresspiegel liegt. An der Westseite des Meeres ragen die atemberaubenden Steilhänge der Judäischen Steinwüste empor. Immer wieder werden sie von Tälern bzw. Flussläufen, sogenannten Wadis, unterbrochen, die außerhalb der Regenzeiten meistens trocken sind. Auf der Ostseite des Totes Meeres erhebt sich das Abarim-Gebirge, dessen höchster Punkt im Norden der Berg Nebo ist – jener Berg gegenüber von Jericho, auf dem Mose nach 5Mo 32,48–50 das verheißene Land erblicken durfte und dann dort sterben sollte.

Nun stehe ich ein weiteres Mal an diesem Ufer. Einmal mehr bin ich von der Stille dieses Ortes ergriffen. Eigentlich spürt man bereits auf dem Weg von Jerusalem hierher etwas von ihr, wenn man durch die Judäische Wüste fährt, die zwischen Jerusalem und dem Toten Meer liegt. Mit ihren Terrassen, Erhebungen und Steilhängen strahlt die Wüste eine faszinierende Weite aus. Wenn man sich abseits der Straßen in diese Weite hineinbegibt und innehält, kann man eine unglaubliche Ruhe erleben. Man hört absolut nichts. Jedes Geräusch, das man selbst durch die eigenen Schritte oder durch ein Räuspern verursacht, wirkt plötzlich erstaunlich laut. Unten am Ufer des Toten Meeres angekommen, verdichtet sich dieses Erleben. Verstärkt wird dieser Eindruck der Stille durch die Abwesenheit von Leben in diesem Wasser. Abgesehen von einigen Mikroorganismen ist das Tote Meer aufgrund seines hohen Salzgehalts tatsächlich tot. Weder schwimmen Fische im Wasser noch sind darin andere Tiere zu finden. Neben der Wasserfärbung sind lediglich die Salzkristalle zu bestaunen, die sich an den Felsen absetzen. Hier und da finden sich einzelne Orte entlang des Ufers, wo sich durch künstliche Bewässerung oder einzelne Wadis Leben Bahn bricht.

Die Vision des Propheten Hesekiel

Ich glaube, dass diese Abwesenheit von Leben kein Zufall ist, sondern eine tiefere Bedeutung hat. Letztlich hat es etwas mit der Leitung und Leidenschaft Gottes zu tun. Immer, wenn ich am Toten Meer stehe, muss ich an den Propheten Hesekiel denken, der eine atemberaubende geistliche Schau für diesen Ort hat. Und so suche ich mir auch dieses Mal einen schattigen Platz aus, um die Worte des Propheten auf mich wirken zu lassen:

> *„Dann führte mich der Mann noch einmal zum Eingang des Tempelgebäudes, der nach Osten lag. Dort entdeckte ich, dass Wasser unter der Schwelle hervorquoll. Erst floss es ein Stück an der Vorderseite des Tempels entlang, dann südlich am Altar vorbei und weiter nach Osten. Der Mann verließ mit mir den Tempelbezirk durch das Nordtor des äußeren Vorhofs, und wir gingen an der Außenmauer entlang bis zum Osttor. Ich sah, wie das Wasser an der Südseite des Torgebäudes hervorströmte. Wir folgten dem Wasserlauf in östlicher Rich-*

tung; nachdem der Mann mit seiner Messlatte 500 Meter ausgemessen hatte, ließ er mich an dieser Stelle durch das Wasser gehen. Es war bloß knöcheltief. Wieder maß er 500 Meter aus, und jetzt reichte es mir schon bis an die Knie. Nach weiteren 500 Metern stand ich bis zur Hüfte im Wasser. Ein letztes Mal folgte ich dem Mann 500 Meter, und nun war das Wasser zu einem tiefen Fluss geworden, durch den ich nicht mehr gehen konnte. Man konnte nur noch hindurchschwimmen. Der Mann fragte mich: ‚Hast du das gesehen, du Mensch?' Dann brachte er mich wieder ans Ufer zurück. Ich sah, dass auf beiden Seiten des Flusses sehr viele Bäume standen. Der Mann sagte zu mir: ‚Dieser Fluss fließt weiter nach Osten in das Gebiet oberhalb der Jordan-Ebene, dann durchquert er die Ebene und mündet schließlich ins Tote Meer. Dort verwandelt er das Salzwasser in gesundes Süßwasser. Überall wohin der Fluss kommt, da schenkt er Leben. Ja, durch ihn wird das Wasser des Toten Meeres gesund, so dass es darin von Tieren wimmelt. Am Ufer des Meeres leben dann Fischer, von En-Gedi bis En-Eglajim breiten sie ihre Netze zum Trocknen aus. Fische aller Art wird es wieder dort geben, so zahlreich wie im Mittelmeer. Nur in den Sümpfen und Teichen rund um das Tote Meer wird kein Süßwasser sein. Aus ihnen soll man auch in Zukunft Salz gewinnen können. An beiden Ufern des Flusses wachsen alle Arten von Obstbäumen. Ihre Blätter verwelken nie, und sie tragen immerfort reiche Frucht. Denn der Fluss, der ihren Wurzeln Wasser gibt, kommt aus dem Heiligtum. Monat für Monat bringen sie neue, wohlschmeckende Früchte hervor, und ihre Blätter dienen den Menschen als Heilmittel.'" (Hes 47,1–12; HFA)

Das ganze regionale Ökosystem am tiefsten Punkt der Erde soll nach dieser Prophetie zum Leben erweckt werden. Es soll gesunden, weil es vom Wasser aus dem Jerusalemer Tempel gespeist wird. Dabei legt das Wasser über das Kidrontal einen Weg von über 30 Kilometern zurück und verliert dabei etwa 1200 Höhenmeter. Wer heute diese Gegend im Nordwesten des Toten Meeres besucht, erlebt so etwas wie Geburtswehen dieser nunmehr rund 2600 Jahre alten Prophetie. Bis zum Ende des 19. Jahrhunderts war folgendes Phänomen zu beobachten: Wenn sich vom Mittelmeer ein Tiefdruckgebiet östlich nach Jerusalem bewegte, stiegen die Wolken aufgrund der Höhe Jerusalems von knapp 800 Metern über dem Meeresspiegel auf, kühlten dabei ab und verloren ihr Wasser in Form von Steigungsregen am Westhang Jerusalems. Was an Regen über den Tempelberg gelangte – Jerusalem liegt direkt auf der Hauptwasserscheide –, floss weitgehend unterirdisch über das Kidrontal, das zwischen dem Tempelberg und dem Ölberg im Osten Jerusalems liegt, hinunter zum Toten Meer. Dort verband sich dann das lebensspendende Süßwasser mit dem hoch konzentrierten Salzwasser und „starb". Das Süßwasser war von der Menge her zu gering und zu schwach, um sich gegen das Tote Meer durchzusetzen. Es verlor sich ohne nachhaltige Wirkung in diesem großen Salztopf.

Ein kleines Paradies am tiefsten Punkt der Erde

Als jedoch zum Ende des 19. Jahrhunderts immer mehr Juden in das Land ihrer Vorfahren einwanderten, begannen sie, Wasser aus dem Jordan für ihre Siedlungen und Felder umzuleiten. Dies führte dazu, dass weniger Wasser aus dem Jordan in das Tote Meer floss – mit der Folge, dass der Wasserspiegel des Meeres zu sinken begann und schließlich die darunterliegenden Süßwasserquellen freigab, die seit Jahrhunderten durch das Salzwasser zugedeckt waren. Damit wurde der Weg für das Aufblühen einer neuen Vegetation gebahnt, die an die Vision von Hesekiel erinnert. Die ökologischen Konsequenzen des Absinkens des Toten Meeres werden mit Sorge betrachtet und kontrovers diskutiert. Allerdings kann sich nun aber genau dadurch das Regenwasser aus dem Kidrontal ausbreiten; die Süßwasserquellen können sich frei entfalten. Mitten in der Wüste entstanden im Laufe des 20. Jahrhunderts Teiche, umgeben von einer vielfältigen Pflanzen- und Tierwelt. Das bekannteste Phänomen ist das Naturschutzgebiet *Einot Tsukim* (übersetzt: Felsenquellen, arabisch: *Ein Fashkha*), das im Nordwesten des Toten Meeres liegt (rund drei Kilometer südlich von Qumran) und dessen Südgrenze lediglich zwei Kilometer nördlich vom Kidron-Wadi entfernt ist. Man vermutet, dass dieser Ort mit dem biblischen En Englaiim identisch ist, der auch in der Hesekiel-Prophetie erwähnt wird.

In diesem Naturschutzgebiet gibt es neben archäologischen Ausgrabungsstellen mehrere Süßwasserteiche mit einer reichen Tier- und Pflanzenwelt, zudem auch Süßwasserpools, die für Touristen zum Schwimmen freigegeben sind. Der Park umfasst drei Areale: ein Areal, dessen Zugang ausschließlich Wissenschaftlern vorbehalten ist, ein öffentliches Areal für Touristen und ein sogenanntes „verstecktes" bzw. „verborgenes" Areal, das man nur mit einem lizenzierten Guide betreten kann. Es wird „verborgen" genannt, weil es erst durch das jahrzehntelange Zurückweichen des Toten Meeres entstehen konnte und bis zu Beginn dieses Jahrhunderts tatsächlich nur wenigen Menschen bekannt war; es ist weder von der Straße noch vom öffentlichen Areal direkt einsehbar – ein verborgenes Paradies. Wiederholt hatte ich in den letzten Jahren die Möglichkeit, an der Seite eines Guides dieses verborgene Areal zu besuchen, das mittlerweile etwa 1500 Dunam (150 Hektar) umfasst. Mit seinen sprudelnden Quellen, seiner reichhaltigen Vegetation und vielfältigen Tierwelt ist es von atemberaubender Schönheit. Selbst majestätische Palmen ragen hier empor, die nicht von Menschen gepflanzt wurden. Die hier arbeitenden Ranger gehen davon aus, dass Vögel und Schakale Dattelsamen hinterlassen haben, durch die diese Dattelpalmen entstehen konnten. Die Teiche sind voll von Fischen, die vermutlich ursprünglich über Fischeier an den Füßen von Zugvögeln hier einen Lebensraum gefunden haben. Wenn früher die Zugvögel aus Europa über Israel hinweg flogen, um im fernen Afrika zu überwintern, so verweilen manche mittlerweile auch an diesem Ort, der in unmittelbarer Nähe zum Toten Meer alles andere als still und tot ist. Am tiefsten Punkt der Erde ist ein kleines Paradies entstanden.

Das Tote Meer ist ein Zeichen für uns

Als mein damaliger Guide Dany Walter, ein gebürtiger Israeli und Naturkundler, meiner Reisegruppe und mir diese Stelle 2009 erstmals zeigte, erlebte ich vor meinen Augen etwas von der Dimension der Prophetie von Hesekiel. Für mich waren es erfahrbare prophetische Geburtswehen; sie wirkten auf mich wie ein prophetischer Appetizer. Für Dany war dieses Phänomen bereits mehr. Während ich an dem größten Fischteich im verborgenen Areal seine geografische Karte vor der Reisegruppe hochhielt und er uns an ihr den Steigungsregen in Jerusalem und den Verlauf des Regenwassers durch das Kidrontal bis zum Toten Meer erklärte, rief er in tiefer Überzeugung aus: „Die Prophetie von Hesekiel hat sich vor unseren Augen erfüllt!"

Für uns alle war dies damals eine bewegende Lehrstunde in diesem verborgenen Areal. Ich war seitdem wiederholt an diesem Ort und habe viel über dessen Bedeutung und die Prophetie von Hesekiel nachgedacht. Was hat es auf sich mit dieser Stelle? Welche Bedeutung hat sie für unsere Zeit? Wie ist die Prophetie von Hesekiel im größeren Rahmen der Geschichte Gottes mit uns Menschen einzuordnen? Was sagt sie uns heilsgeschichtlich? Was sagt sie über Gott selbst und seine Absichten aus? Kann man einfach eine Verbindung zwischen diesem heutigen kleinen Paradies am Nordwestufer des Toten Meeres zur Prophetie aus Hesekiel 47 ziehen? Oder tut man dem Text nahezu Gewalt an, wenn man in dem verborgenen Areal von *Einot Tsukim* eine Erfüllung von biblischer Prophetie sieht, wie es unser Guide Dany Walter getan hat?

Offensichtlich ist, dass sich an diesem tiefsten Punkt der Erde ein ungeahnter Lebensraum entfaltet hat. Das Sichtbare ist für mich ein natürlicher Vorgeschmack bzw. ein Zeichen, das unsere prophetischen Sinne stärken soll. Ich denke dabei an Paulus, wenn er in 1Kor 15,46 schreibt: „Das Geistliche ist nicht zuerst, sondern das

Natürliche, danach das Geistliche." Ich kann daher in diesem Phänomen bereits etwas vom Herzschlag Gottes für seine Schöpfung erspüren. Das Tote soll nicht das Letzte in dieser Schöpfung sein. Selbst der tiefste Punkt der Erde, der ein toter Punkt ist, soll von der schöpferischen Lebenskraft Gottes erfasst werden. Das Tote Meer ist daher ein Zeichen für uns. Dieser Gott will sich verströmen, und was er berührt, das soll leben!

1.2 DIE GEGENWART GOTTES

Damit hat sich die Prophetie von Hesekiel bis heute bei weitem noch nicht erschöpfend erfüllt. Die Schau des Propheten vom Strom des Lebens ist eingebettet in eine Vision von einem zukünftigen Tempel. Bewegend ist, dass Gott mit dieser Vision von einem neuen Tempel und dem Wasserstrom gewissermaßen behutsam den Schmerz seines Bundesvolkes berührt. Der Tempel in Jerusalem war zum Zeitpunkt dieser Vision bereits zerstört. Dort, wo Gott wieder und wieder verheißen hatte, mit seinem Namen und damit mit seiner Herrlichkeit zu wohnen, lag alles in Schutt und Asche. Tempelverlust bedeutete dann auch „Herrlichkeitsentzug". Hesekiel selbst hatte es in Visionen gesehen, wie sich die Herrlichkeit des Herrn vom Tempel wegbewegte und sich schließlich östlich von Jerusalem auf den Ölberg verlagerte.

Diese Erfahrung der Tempelzerstörung und des damit einhergehenden Verlustes der Gegenwart Gottes hat nicht nur zu einer tiefen Krise im Judentum geführt. Sie hat auch zu der grundexistenziellen Frage geführt, wo Gott wohnt bzw. gegenwärtig ist, wenn der Tempel als Ort der Gottesbegegnung nicht mehr da ist. Da ein Gottesmerkmal sicherlich die Allgegenwart ist, erscheint einem die Vorstellung der Gegenwart oder Einwohnung Gottes in einem Tempel bzw. Gotteshaus möglicherweise naiv. Und doch haben wir Menschen ein Verständnis bzw. ein Gefühl für heilige Räume oder Orte entwickelt. Wir erfahren in ihnen auf geheimnisvolle Weise eine göttliche Präsenz. Anders wären die zahllosen Wallfahrtsorte religionsübergreifend kaum zu erklären. Auch wir Christen erwarten in unseren Gottesdiensten die Gegenwart Gottes und erbitten sie im Gebet. Andere würden Gott eher im Himmel und damit einhergehend fern von der Erde verorten. Der Himmel auf Erden ist für manchen ein unzugänglicher, ein unmöglicher Ort.

Die Einwohnung der Herrlichkeit Gottes

Wenn uns in diesem Buch die Frage beschäftigt, wo Gott wohnt, dann ist die Herrlichkeit Gottes und ihre Gegenwart ein zentraler Ansatzpunkt unserer Überlegungen. Im Hebräischen steht für *Herrlichkeit* das Wort *kabod* (bzw. *kavod*), das auch *Schwere*, *Ehre* oder *Gewicht* bedeutet. Es steht für die Erscheinung und Präsenz Gottes an einem bestimmten Ort.[1] Von dieser Herrlichkeit wird uns berichtet, als Gott Mose auf dem Sinai begegnete:

> *„Als nun Mose auf den Berg stieg, bedeckte die Wolke den Berg. Und die Herrlichkeit des HERRN ließ sich auf dem Berg Sinai nieder, und die Wolke bedeckte ihn sechs Tage; und am siebten Tag rief er Mose mitten aus der Wolke heraus zu.“* *(2Mo 24,15.16)*[2]

Wir lesen hier, dass sich die Herrlichkeit des HERRN niederließ. Das benutzte hebräische Wort *schakan* bedeutet im Kern einwohnen bzw. Wohnung nehmen. Dieses Verb wird an dieser Stelle in 1Mo 24 zum ersten Mal auf Gott selbst bezogen. Damit ist der grundlegende Gedanke dieser Textstelle gesetzt: Die Herrlichkeit Gottes will bei seinem Volk, das hier durch Mose vertreten wird, Wohnung nehmen. Gott selbst sucht sich auf dieser Erde einen Ort seiner besonderen Gegenwart. Es ist dabei bezeichnend für das Alte Testament, dass die Herrlichkeit Gottes durch die Wolke mit einer Verdunklung einhergeht.[3] Gott spricht aus dem Verborgenen heraus und doch in der Erfahrbarkeit seiner Herrlichkeit. Und so, wie Mose Gottes Herrlichkeit erfahren darf, so soll auch das ganze Volk die Erfahrung der Herrlichkeit Gottes machen, indem es Gott ein Heiligtum baut. So spricht Gott zu Mose: „Und sie sollen mir ein Heiligtum machen, damit ich in ihrer Mitte wohne“ (2Mo 25,8). Und nahezu parallel zu der Erfahrung, die Mose auf dem Sinai

---

1 Vgl. Schäfer, P.: „Denn ich will unter ihnen wohnen“: Die Schechina der Rabbinen 119.

2 Es ist bezeichnend, dass Gott Mose am siebten Tag zu sich rief. Dieser Tag erinnert uns an den Sabbat. Am sechsten Tag wird der Mensch von Gott erschaffen. Der erste Tag nach seiner Schöpfung bzw. der siebte Tag dient ihm zur Ruhe in der Gemeinschaft mit Gott. Damit er diese haben kann, erfährt er die Niederlassung der Herrlichkeit des HERRN in seinen Lebens- und Erfahrungsbereich. Diese beiden Verse geben uns bereits an dieser Stelle einen Einblick in die endzeitliche Herrlichkeit des kommenden Gottes und in den ewigen Sabbat der Neuschöpfung, wenn sich Himmel und Erde neu vereinen und der Mensch in die Ruhe und ungeteilte Gemeinschaft mit seinem Schöpfer geführt wird.

3 Vgl. auch 1Kön 8,12: „Damals sprach Salomo: Der HERR hat gesagt, dass er im Dunkel wohnen will.“

gemacht hat, schließt 2Mo mit der Einweihung der Stiftshütte bzw. des Heiligtums: „Da bedeckte die Wolke das Zelt der Begegnung, und die Herrlichkeit des HERRN erfüllte die Wohnung" (2Mo 40,34).

Diese Herrlichkeitserfahrung hat auch der Salomonische Tempel gemacht, dessen Zerstörung Hesekiel so schmerzhaft erleben musste. Auch bei dessen Einweihung lesen wir von einem ähnlichen Phänomen der Inbesitznahme des Heiligtums durch die Herrlichkeit Gottes:

> *„Und es geschah, als die Priester aus dem Heiligtum hinausgingen, da erfüllte die Wolke das Haus des HERRN; und die Priester konnten wegen der Wolke nicht hinzutreten, um den Dienst zu verrichten, denn die Herrlichkeit des HERRN erfüllte das Haus des HERRN."* (1Kön 8,10.11)

Im Kontext dieser Tempeleinweihung bekommen wir weitere wichtige Hinweise, die uns ein vertieftes Verständnis über die Herrlichkeit Gottes und ihre Einwohnung geben. So werden uns folgende Worte Salomos aus seinem Einweihungsgebet überliefert:

> *„Doch wende dich zu dem Gebet deines Knechtes und zu seinem Flehen, HERR, mein Gott, dass du hörst auf das Rufen und auf das Gebet, das dein Knecht heute vor dir betet, dass deine Augen Nacht und Tag geöffnet seien über dieses Haus hin, über die Stätte, von der du gesagt hast: Mein Name soll dort sein, dass du hörst auf das Gebet, das dein Knecht zu dieser Stätte hin betet. Und höre auf das Flehen deines Knechtes und deines Volkes Israel, das sie zu dieser Stätte hin richten werden. Du selbst mögest es hören an der Stätte, wo du thronst, im Himmel, ja, höre und vergib!"* (1Kön 8,28–30)

Dieses Gebet drückt eine gewisse Spannung aus: Gottes Name soll im Tempel gegenwärtig sein; er wird an den Tempel gebunden. Gott selbst aber thront im Himmel.[4] Die kultische Gegenwart Gottes in seinem Namen ist nicht als Einschränkung

4 So auch im Wallfahrtslied Ps 123,1: „Zu dir hebe ich meine Augen auf, der du im Himmel thronst."

zu verstehen.[5] Mit seinem Namen ist Gott selbst gegenwärtig, wenngleich er im Himmel thront.

Das Geheimnis der Schechina

Die jüdische Lehre von der sogenannten *Schechina* versucht, auf diese Spannung eine Antwort zu geben. Das Wort *Schechina* leitet sich von dem bereits erwähnten hebräischen Verb *schakan* ab (sich niederlassen bzw. wohnen) und meint die Niederlassung Gottes und seine Einwohnung mit all seiner Fülle und Herrlichkeit an einem bestimmten Ort (Tempel) und zu einer bestimmten Zeit bei auserwählten Menschen, wo er gegenwärtig sein und sich offenbaren möchte.[6] In der Forschung wird angenommen, dass der rabbinische Gebrauch der Gottesbezeichnung *Schechina* auf die Einwohnung der Herrlichkeit Gottes auf dem Sinai nach 2Mo 24 zurückgeht.[7] Der Begriff taucht bei den Rabbinen erst nach der Zerstörung des zweiten Tempels 70 n. Chr. auf. Er wird seither bevorzugt gegenüber dem Begriff der *Herrlichkeit* verwendet, allerdings ursprünglich nicht allgemein bzw. indifferent, sondern nur dort, wo das Herabkommen der Herrlichkeit (*kabod*) mit dem Heiligtum in Verbindung gebracht wird. Der Begriff der *Schechina* wurde somit ursprünglich geschaffen, um die im Heiligtum einwohnende Gottheit zu bezeichnen.[8] In den späteren rabbinischen Schriften wurde das Verständnis der *Gegenwartsschechina* ergänzt durch eine (vorübergehende) *Erscheinungs-* bzw. *Offenbarungsschechina.*[9]

Damit wird auch deutlich, dass der Ort der Schechina primär nicht im Himmel, sondern auf der Erde zu finden ist, wenngleich Gott selbst im Himmel thront. So bindet sich der unendliche Gott an einen endlichen, irdischen Raum; er beschränkt sich, er erniedrigt sich selbst und „kriecht“ in wenige Quadratmeter Tempel, die dann Heiligtum und Allerheiligstes genannt werden. Ein Raum der besonderen Präsenz Gottes entsteht. Das bedeutet aber nicht, dass mit einer solchen Herrlich-

5 Vgl. Janowski, B.: Die Einwohnung Gottes in Israel. Eine religions- und theologiegeschichtliche Skizze zur biblischen *Schekina*-Theologie 14.

6 Vgl. ausführlich Goldberg, A. M.: Untersuchungen über die Vorstellung von der Schekhinah in der frühen rabbinischen Literatur 439 ff.

7 Vgl. Schäfer, P., a. a. O. 119.

8 Vgl. Goldberg, A. M., a. a. O. 455.

9 So spricht z. B. der Midrasch Schemot Rabba (haggadische Auslegung von 2Mo) bei der Offenbarung Gottes gegenüber Mose im brennenden Dornbusch von der Schechina: Midrasch Schemot Rabba 34.

keitskonzentration die allgemeine und kosmische Gegenwart Gottes angetastet wäre: Er sieht alles und bleibt allgegenwärtig, aber er schafft im Tempel einen Raum der Begegnung und Gemeinschaft mit seinem Volk, das ihn dort anbetet.

Die Selbstunterscheidung Gottes

Wir haben es hier mit einer Selbstunterscheidung Gottes zu tun, der im Himmel thront, aber inmitten seines Volkes wohnt. Mit seiner Gegenwart vereinen sich nach jüdischer Mystik Himmel und Erde. Hier wird die Erde vom Himmel „geküsst". Das ist die große Sehnsucht Gottes und zugleich die Hoffnung des Gottesvolkes.

Liegt bei der Schechina eine Selbstunterscheidung Gottes vor, dann wird offensichtlich, dass sie keine Eigenschaft Gottes ist, sondern seine Gegenwart selbst. Mit Jürgen Moltmann wollen wir diese Feststellung noch spezifischer fassen:

> *„Sie ist aber nicht Gottes wesentliche Allgegenwart, sondern eine spezielle, gewollte und verheißene Anwesenheit Gottes in der Welt. Sie ist Gott selbst, an einem bestimmten Ort zu bestimmter Zeit anwesend ... Die Herabkunft und Niederlassung Gottes an einem begrenzten Ort, zu bestimmter Zeit, bei gewissen Menschen ist darum von Gott selbst, den auch die Himmel nicht zu fassen vermögen, zu unterscheiden."*[10]

Diese Selbstunterscheidung in Gott hilft uns, die Frage nach der Wohnung und Gegenwart Gottes differenzierter zu beantworten: Etwas, was den Himmeln nicht möglich ist – Gottes Herrlichkeit zu fassen –, soll auf der Erde durch die freiwillige und hingebende Selbsterniedrigung Gottes in den Beschränkungen von Zeit und Raum möglich werden. Was mit der Logik nicht erklärbar ist, wird im rabbinischen Judentum mit der Liebe Gottes zu seinem Volk begründet.

Der Gedanke der Selbstunterscheidung Gottes wurde bei den Rabbinen und in der Geschichte der jüdischen Mystik differenzierter aufgenommen und diskutiert.[11] Konsequenterweise wurde mit ihr die Frage nach der Personifikation der Schechina aufgeworfen: Ist sie Gott in Person? Um den Monotheismus zu bewahren und eine Zwei-Götter-Lehre zu verhindern, wurde diese Frage zurückhaltend beantwortet. Manche Rabbinen und Mystiker, die in der Schechina eine Person

---

10 Moltmann, J.: Geist des Lebens 61.

11 Vgl. ausführlich Scholem, G.: Von der mystischen Gestalt der Gottheit 145 ff.

gesehen haben, haben zur Bewahrung des Monotheismus angenommen, dass Gott mit seiner Schechina wirklich den Himmel und seine Engel verlassen hat, um auf der Erde zu wohnen: Entweder ist er im Himmel oder auf der Erde.[12] Wer ihn aber weiterhin im Himmel thronen sah, stand der Frage nach der Personifizierung oder Hypostasierung der Schechina kritisch gegenüber. Die christliche Trinitätslehre konnte hier mit der Selbstunterscheidung Gottes im Rahmen ihrer Dreieinigkeitslehre theologisch anknüpfen, ohne den Gedanken des Monotheismus aufzugeben. Wir werden später darauf zurückkommen.

Ein bewegendes Beispiel der Personifikation der Schechina im Judentum steht im inhaltlichen Zusammenhang mit der Vision von Hesekiel. Der Prophet sieht, wie die Schechina nach und nach den Tempel verlässt und schließlich östlich auf dem Ölberg steht (Hes 9,3; 10,4.18.19, 11,23). Gott verlässt seinen Wohnort unter seinem Volk – er, der sich doch in seiner ganzen Liebe an diesen Ort und dieses Volk gebunden hat. Dann erfährt Hesekiel, dass die Stadt geschlagen (Hes 33,21) und damit einhergehend der Tempel zerstört ist. Er empfängt aber nach dieser Katastrophe eine neue umfassende geistliche Schau von einem neuen Tempel (Hes 40 ff.). Darin eingebettet sieht und erlebt er zudem Folgendes:

> *„Und siehe, die Herrlichkeit des Gottes Israels kam von Osten her; und ihr Rauschen war wie das Rauschen großer Wasser, und die Erde leuchtete von seiner Herrlichkeit... Und die Herrlichkeit des HERRN ging in das Haus hinein... und siehe, die Herrlichkeit des HERRN erfüllte das Haus. Und ich hörte einen, der aus dem Haus zu mir redete... und er sprach zu mir: Menschensohn, sieh die Stätte meines Thrones und die Stätte meiner Fußsohlen, wo ich mitten unter den Söhnen Israels wohnen werde für ewig."* (Hes 43,2–7)

Diese verheißene Rückkehr des HERRN zu seinem Volk wird nun in einem Midrasch so beschrieben:

> *„Ähnlich kehrt die Schechina, als sie den Tempel verlassen hatte, zurück und umarmte und küsste die Wände und Säulen des Tempels, weinte und sprach: ‚Friede komme über dich, Haus meines Tempels, Friede komme über dich, Haus*

12 Vgl. ausführlich: Schäfer, P., a. a. O. 121 ff.

meines Königtums, Friede komme über dich, Haus meiner Herrlichkeit! Friede komme über dich! (Von nun an soll Friede sein!)'" *(Echa Rabba, Peticha 25*[13]*)*

Der Midrasch will ausdrücken, dass die Schechina zwar als Gericht den Tempel verlässt, diesen Schritt aber nahezu bereut. Das Widerstreben ist ihrer Liebe zum Tempel geschuldet. Sie kehrt – als Person – zurück, um dem Ort ihrer Einwohnung zu versichern, dass die nun anstehende Trennung nicht für immer sein würde. Eines Tages wird sie in ein neuerbautes Heiligtum zurückkehren, um diesem Ort für immer Frieden zu schenken.

1.3 DER STROM DES LEBENS FÜR EINE LEIDENDE SCHÖPFUNG

Während ich hier am Toten Meer in der Nähe von *Einot Tsukim* stehe und auf das Wasser blicke, muss ich wieder an die Worte von Dany Walter denken: „Die Prophetie von Hesekiel hat sich vor unseren Augen erfüllt!" So weit sind wir nach meinem Verständnis noch nicht. Und doch spüre ich, was er meint und was ihn in seinem Innersten bewegt. Wenn ich diese Verse aus Hes 47 auf mich wirken lasse, dann wird mir bewusst, dass diese Prophetie weit mehr aussagt, als dass Gott eines Tages das Tote Meer und seine Umgebung neu beleben möchte. Es geht hier um mehr als um eine lokale Prophetie, die sich zu einem bestimmten Zeitpunkt einmal erfüllen wird.

Die leidende Schöpfung als Wohnort Gottes

Ich glaube nicht, dass es sich bei dieser Vision um eine geistliche Metapher handelt, die losgelöst von ihrem lokalen Kontext vor meinen Augen grundsätzlich geistlich verstanden werden will. Das würde bedeuten, dass Gott lediglich das Tote Meer und den Wasserfluss als Beispiel bzw. als ein Bild nutzen möchte, um zu verdeutlichen, dass er alles Tote in uns und um uns herum wiederbeleben möchte – egal wie dürr, trocken und tot es in unserem Leben aussehen mag. Sicherlich kann man diese Vision als Bild gebrauchen, um seelsorgerlich in das Leben von Menschen hineinzusprechen, die ihre Situation als Steinwüste erleben, in der jeder Hoffnungsstrom letztlich zu versalzen droht. Ihnen zuzusprechen, dass der Geist Gottes in uns hin-

13 Zitiert nach Schäfer, P: a. a. O. 133.

einströmen möchte, um uns wieder lebendig zu machen, kann sehr ermutigend und kostbar sein, aber damit wäre diese Vision von ihrer Bedeutung und ihrer Aussagekraft her nicht erschöpfend ausgelegt.

Ich glaube vielmehr, dass es sich einerseits um eine konkrete Prophetie für diese Region handelt, die aber zugleich etwas Grundsätzlicheres und Tieferes zum Ausdruck bringen will. Sie hat etwas mit dem Heilswirken Gottes und seiner Geschichte mit uns Menschen zu tun. Hesekiel sieht in seiner Vision, dass die Herrlichkeit Gottes nicht auf den Tempel beschränkt sein will, sondern sich Wege in die Schöpfung bahnt. Es beginnt damit, dass Wasser unter der Schwelle des Tempels hervorquillt. Und je weiter sich das Wasser vom Tempel entfernt, desto höher wird erstaunlicherweise der Pegel. Es müsste eigentlich genau umgekehrt sein: Das Wasser müsste sich mit zunehmender Entfernung vom Tempel verteilen und im Boden versickern. Zugleich ist dieses Wasser von ganz anderer Qualität: Es macht lebendig und hat eine schöpferische Kraft, die über die natürlichen Grenzen der alten Schöpfung hinausgeht: Bäume verwelken nicht; sie bringen dauerhaft genussvolle Früchte hervor und ihre Blätter haben eine heilsame Wirkung.

Die Vision ist von eschatologischer Dimension: Sie hat die Heilung und Vollendung der leidenden und seufzenden Schöpfung im Blick. Da dieses Wasser anderen Gesetzmäßigkeiten folgt und in sich göttliche Kraft hat, die sogar das Tote Meer und das ganze umliegende Ökosystem zum Leben bringt, muss es im direkten Zusammenhang mit der Rückkehr und Einwohnung der Herrlichkeit Gottes im Tempel stehen. Herrlichkeit und Wasser sind einerseits zu unterscheiden, andererseits scheinen sie in der Vision vom Wesen her gleich zu sein. Das Wasser ist offensichtlich ein Bild für den Heiligen Geist und sein Wirken in der Schöpfung.

Damit wird Hesekiels bisherige Sicht für den Wohnort Gottes auf Erden auf eine Weise geweitet, die alle bisherige Vorstellungskraft sprengt. Er sieht in der Vision, dass es zukünftig einen neuen Tempel geben wird, in den Gottes Herrlichkeit einziehen wird. Er sieht aber weit darüber hinaus, dass sich von diesem verherrlichten Tempel aus die Gegenwart Gottes durch seinen Geist ausbreiten will wie ein Strom, der alles Tote erfasst und lebendig macht. Die alte Schöpfung wird in eine Neuschöpfung geführt und damit von ihrer Vergänglichkeit und Hinfälligkeit befreit werden. Folglich wird auch der Tod überwunden werden. Gottes heilsame Gegenwart wird sich zukünftig nicht auf einen Tempel beschränken. Das Hoffen auf Gottes Zukunft ist mehr als die Wiederherstellung des Bisherigen. Es ist eine vom Geist gewirkte Verwandlung des Alten und ein Hineinführen in seine Vollendung. Wenn Gott mit seiner Herrlichkeit zurückkommt, dann wird er nach dieser Vision nicht nur an einem bestimmten Ort erfahrbar sein, vielmehr wird er die gefallene Schöpfung selbst zu seinem Wohnort machen.

So ist diese Vision im Hinblick auf den Tempel und die Ausbreitung des Stroms mit der grundlegenden Frage verknüpft, wo Gott wohnt bzw. wo er wohnen möchte. Wie sich noch zeigen wird, hat sie auch etwas mit den Anfängen der Schöpfung zu tun, zugleich aber auch mit ihrer finalen Heilung und Vollendung. Tatsächlich zieht sich dieses Bild aus Hesekiel 47 wie ein roter Faden durch die ganze Bibel. Die Vision ist damit auch mit unserem Leben und unserem Alltag verbunden – gerade auch im Hinblick auf unsere Klimakrise, die zunehmend zur beherrschenden Krise des 21. Jahrhunderts wird. Letztlich geht es hierin um die Frage, ob wir für unsere Erde noch Hoffnung haben dürfen – von Gott her und damit losgelöst von unseren technischen Möglichkeiten, die befürchtete Klimakatastrophe doch noch abwenden zu können. Wird Gott noch einmal in seine Schöpfung eingreifen und sie heilen, wie es Hes 47 nahelegt? Wie und wodurch aber soll dies geschehen? Und welche Dimensionen und Qualitäten von Gottes Einwohnung in seiner Schöpfung erleben wir bis dahin? Oder geht es uns nur noch um eine himmlische Zukunftsperspektive, die das Schicksal dieser Erde vernachlässigt? Dann könnte diese Erde schlichtweg den Bach runtergehen, weil ihre Zukunft eben nicht unsere Zukunft ist.

1.4 EINWOHNUNGEN GOTTES IM HORIZONT SEINES REICHES

Ich möchte mit diesem Buch einen Weg gehen, um diesen Fragen nachzuspüren. Mein Ausgangspunkt ist die Vision vom Tempel und dem Lebensstrom aus Hes 47, der hier am tiefsten Punkt der Erde ins Tote Meer mündet. Zu diesem Weg möchte ich Sie, verehrte Leserinnen und Leser, einladen. Dabei wird uns das Bild aus Hes 47 in unterschiedlichen Erfüllungsdimensionen wiederholt begegnen. Unsere Reise wird uns über die „Väter Jesu", David und Abraham (Mt 1,1), zu den Anfängen der Schöpfung in den Garten Eden führen. Der Garten ist der Urtempel, und bereits in ihm finden wir die Grundlage dessen, was Hesekiel geschaut hat. Von dort aus möchte ich die tiefere und größere Bedeutung des verheißenen Landes beleuchten, die uns über die Geschichte Israels zu Jesus und seiner Gemeinde führen wird. Darin wird uns wiederholt die Frage nach der Gegenwart und Einwohnung Gottes in seiner Schöpfung beschäftigen. Die Vision aus Hes 47 wird uns abschließend eine Zukunftsperspektive für unsere bestehende und die neue Schöpfung eröffnen.

Eine Heilsgeschichte aus der Perspektive der Wohnungen Gottes

Es geht mir in diesem Buch darum, die Heilsgeschichte aus der Perspektive des Wohnens Gottes bei uns Menschen zu entfalten. Mich bewegt darin die Frage, wie Gott in unsere Welt kommt und diese zu einem Raum Gottes werden kann. Die rabbinische Theologie hat diese Frage insbesondere mit dem Nachzeichnen der Bewegungen und des Ruhens der Herrlichkeit Gottes, der sogenannten *Schechina*, zu beantworten versucht. Diese Theologie ist von der Hoffnung getragen, dass Gott eines Tages endgültig bei seinem Volk wohnen wird. Sie steht im tiefen Einklang mit dem Finale des Buches der Offenbarung im Neuen Testament: „Siehe, das Zelt Gottes bei den Menschen! Und er wird bei ihnen wohnen, und sie werden sein Volk sein, und Gott selbst wird bei ihnen wohnen, ihr Gott" (Offb 21,3).

Unseren Weg dorthin möchte ich im Horizont des Reiches Gottes bedenken, das mit Jesu erstem Kommen angebrochen ist und mit seiner Wiederkunft vollendet werden wird. In diesem Verständnis geht es letztlich um die eschatologische Vollendung der befreienden Herrschaft Jesu in der Geschichte und damit auch in unserer Schöpfung. Diese befreiende Herrschaft ist schon jetzt durch den Geist Jesu erfahrbar und durch Zeichen und Wunder wiederholt sichtbar; sie zeigen diese neue Wirklichkeit an. Das angebrochene Reich bleibt allerdings bis zu seiner Vollendung angefochten, umkämpft und oftmals verborgen. Die Geschichte des Reiches Gottes ist eine Geschichte, die geprägt ist von Hoffen, Warten und noch ausstehenden Verheißungen. In der Theologie spricht man daher vom sogenannten *eschatologischen Vorbehalt*. Mit der Wiederkunft Jesu wird dieses Reich unter der Herrschaft des Messias offenbar. Diese eschatologische Spannung beschreibt Jürgen Moltmann so:

> *„Die befreiende Gottesherrschaft kann darum als die* Immanenz *des eschatologischen Reiches und das kommende Reich als die* Transzendenz *gegenwärtig geglaubter und erfahrener Gottesherrschaft verstanden werden. Dieses Verständnis verbietet es, die Gottesherrschaft in das Jenseits totaler Beziehungslosigkeit zum irdischen, geschichtlichen Leben zu verbannen. Es verbietet es aber auch, das Reich Gottes mit vorhandenen oder gewollten Zuständen der Geschichte zu identifizieren."*[14]

14 Moltmann, J.: Kirche in der Kraft des Geistes 214 f.

Das Reich Gottes darf demnach weder in die Zukunft verbannt werden noch darf es in der vollendeten geschichtlichen Verwirklichung aufgehen. Zudem geht es über die Grenzen von Kirche und Gemeinde hinaus, weil das Wirken des Geistes nicht auf den Raum der Kirche reduziert werden darf. Das Reich Gottes erschöpft sich nicht in der Kirche, auch wenn sich diese in ihrer langen Geschichte immer wieder als das messianische Reich verstanden hat. Der Geist Gottes ist in der ganzen gefallenen Schöpfung zu finden und wirkt darin mit seinen Kräften der Neuschöpfung.

Die Zukunft der Schöpfung ist keine andere als Christus selbst. Sie erwartet den Kommenden, der bereits durch seinen Geist in ihr gegenwärtig ist. Durch ihn ist das erfahrbar, worauf letztlich alles abzielt: „Unter ihm, Christus, dem Oberhaupt des ganzen Universums, soll alles vereint werden – das, was im Himmel, und das, was auf der Erde ist" (Eph 1,10; NGÜ). Dieser schmerzhafte und gewaltige Riss zwischen Himmel und Erde, den wir jeden Tag wahrnehmen und erleben, soll in Jesus zusammengefügt und geheilt werden. Die Herrlichkeit der himmlischen Welt soll mit der Bedürftigkeit einer notvollen und leidenden Schöpfung verbunden werden. Darauf soll alles hinauslaufen. Diesen Weg dorthin möchte ich in diesem Buch beschreiben. Es soll angesichts dieser gebrochenen Schöpfung von einer Melodie der Hoffnung getragen sein. Mögen wir auch als ganze Schöpfung seufzen, wie Paulus es in Röm 8,22 zum Ausdruck bringt: Es ist ein Seufzen auf Hoffnung!

Auf diesem Weg werde ich wiederholt unterschiedliche Orte in Israel aufsuchen, wie es ja auch schon mit meinem Besuch am Toten Meer angeklungen ist. Vielleicht wird dieses Buch manchem von Ihnen ein bereichernder Begleiter auf Ihrer Reise im Heiligen Land werden? Und so möchte ich meine Reise mit Ihnen beginnen. War unser Ausgangspunkt das Tote Meer, so wollen wir uns nun nach Jerusalem aufmachen.

2.

JERUSALEM, DIE ERWÄHLTE STADT DER EINWOHNUNG GOTTES

2.1 DIE JERUSALEMER TEMPEL ALS WOHNORTE GOTTES

Wieder einmal bin ich in Jerusalem angekommen. Ich kann mich noch gut daran erinnern, als ich mich bei meiner ersten Jerusalemreise der Altstadt vom Westen her näherte und auf das Jaffator und die beeindruckende Länge der Mauer blickte. Ich musste mir damals bewusst machen, dass ich wirklich an dem Ort war, von dem der deutsch-israelische Lyriker Yehuda Amichai einmal gesagt hat: „Die Luft über Jerusalem ist geschwängert mit Gebeten und Träumen." Diese spezifische Luft kann man hier nahezu atmen. Man kann sie kaum neutral atmen. Juden, Christen und Muslime verbinden mit diesem Ort zentrale Elemente und Ereignisse ihres Glaubens. Jerusalem ist aus religiöser Perspektive wie keine andere Stadt dieser Welt ein Ort, an dem Vergangenheit, Gegenwart und Zukunft(serwartungen) untrennbar miteinander verbunden sind. Diese Stadt umschließt wie keine andere Nostalgie und Prophetie. Ihre Besucher wenden sich einerseits sehnsüchtig vergangenen Gegenständen oder Ereignissen zu, andererseits versuchen sie hier Zukünftiges zu erspüren – in der sichtbaren und unsichtbaren Welt.

In der Altstadt wird diese Spannung zwischen Nostalgie und Prophetie besonders vor der Klagemauer bzw. der Western Wall spürbar, hinter der die goldene Kuppel des Felsendoms emporragt. Wer innerlich in dieser Stadt ankommen will, findet auf der Western-Wall-Plaza vor der Mauer einen guten Ausgangspunkt. Und so suche auch ich diesen Ort auf, der so bedeutsam ist für die Prophetie aus Hes 47 und für die Frage nach dem Wohnort Gottes in dieser Welt. Nachdem ich die Sicherheitskontrolle vor dem Platz durchschritten habe, stoße ich nach wenigen Metern auf folgendes Schild, dessen Inhalt es zweifelsohne in sich hat:

„Die jüdische Tradition lehrt, dass der Tempelberg der Mittelpunkt der Schöpfung ist. Im Zentrum des Berges liegt der Gründungsstein der Erde. Hier wurde Adam erschaffen. Hier dienten Abraham, Isaak und Jakob Gott. Der erste und der zweite Tempel wurden auf diesem Berg erbaut. Die Bundeslade wurde auf den Gründungsstein gesetzt. Jerusalem wurde von Gott erwählt als Wohnort seiner Herrlichkeit (Shechinah)." (übersetzt aus dem Englischen)

Als ich vor Jahren das erste Mal diese Sätze las, war ich irritiert und verwundert zugleich. Diese großen Themen der Hebräischen Bibel bzw. des Alten Testaments muss man erst einmal auf diese Weise zusammenbringen. Handelt es sich hier um ein raffiniertes Marketing der *Western Wall Heritage Foundation*, die für die Verwaltung aller Angelegenheiten rund um die Klagemauer zuständig ist? Zweifelsohne erhöhen diese Aussagen die Attraktivität dieses Platzes; diesen Ort muss man einfach besucht und gesehen haben! Sollte hier wirklich der Gründungsstein der Erde liegen? Wurde hier Adam erschaffen?

Die Davidsstadt

Die anschließenden Aussagen über den ersten und zweiten Tempel lassen sich sicherlich biblisch und archäologisch leichter bestätigen. Im Hinblick auf die Existenz des zweiten Tempels kann die Archäologie im Umfeld der Klagemauer zahlreiche Entdeckungen beisteuern. An der Südseite des Tempelberges befindet sich eine beeindruckende Ausgrabungsstätte, die im Laufe der letzten Jahrzehnte immer mehr Funde freigeschaufelt und hervorgebracht hat: Der *Jerusalemer Archäologische Park*, auch *Davidson Center* genannt, den man gleich hinter dem Dung-Tor an der Südmauer der Jerusalemer Altstadt besichtigen kann. Hier kann man bis in die Zeit des ersten Tempels zurück zahlreiche Funde besichtigen, die helfen, die Geschichte Jerusalems zu rekonstruieren So wurde erst vor wenigen Jahren ein Wasserableitungskanal ausgegraben, der unterhalb der Altstadtmauer den Tempelberg mit der alten Davidsstadt verbindet und mittlerweile auch für Besucher zugänglich ist.

Die alte Davidsstadt liegt nur wenige hundert Meter südlich unterhalb des Höhenrückens, der zum Tempelberg hinaufführt. An ihrem Ort befindet sich heute der *City of David National Park*, in dem man neben einigen Residenzüberresten Mauern und Türme sehen kann, die zum Schutz der Stadt errichtet wurden. Die zentrale Attraktion des Nationalparks ist der über 500 Meter lange und etwa 2700 Jahre alte Hiskija-Tunnel, der die außerhalb der Altstadtmauer befindliche Gihonquelle mit dem Siloa-Teich, der innerhalb der Davidsstadt lag, verbindet und somit die Trinkwasserversorgung der Einwohner bei Belagerung sicherte. Heute können Touristen diesen nach König Hiskija benannten Tunnel von der Gihonquelle aus durchschreiten. Nasse Füße sind garantiert; allzu große Platzangst sollte man nicht haben. Auch gibt es keine Ausweichmöglichkeiten; ein Umkehren ist für ängstliche Personen nicht möglich. Zudem braucht man eine Taschenlampe, um Licht auf dieser erfrischenden Zeitreise zu haben. Den Besucher erwartet ein kurzweiliges und spannendes Tunnelerlebnis, bei dem ich, ehrlich gesagt, auch etwas erleichtert war, als ich den Siloa-Teich erreichte, der übrigens erst 2004 entdeckt wurde.

In der alten Davidsstadt findet Zion seinen Ausgangspunkt; hier hat alles begonnen. Zion war ursprünglich die Bezeichnung für die Turmburg bzw. Bergfeste der Jebusiter (2Sam 5,7), die König David um 1050 v. Chr. einnahm und an deren Stelle er seine Stadt errichtete. Sie wurde fortan auch Zion genannt. Auf diesen schmalen Bergkamm, der nicht mehr als rund 400 Meter lang und 150 Meter breit war, holte König David die Bundeslade, die von den Leviten getragen wurde:

> *„Und David tanzte mit aller Kraft vor dem HERRN, und David war mit einem leinenen Efod gegürtet. So brachte David und das ganze Haus Israel die Lade des HERRN hinauf mit Jauchzen und mit Hörnerschall… Und sie brachten die Lade des HERRN hinein und stellten sie an ihre Stelle in die Mitte des Zeltes, das David für sie aufgeschlagen hatte.“* *(2Sam 6,14–17)*

All dies geschah damals in dem Bewusstsein, dass sich Jahwe als der Bundesgott Israels mit seinem Namen an diese Bundeslade gebunden hatte, in der sich die Bundestafeln befanden, die Mose auf dem Berg Sinai von ihm empfangen hatte. Die Bundeslade war die Lade Gottes, „über die der Name des HERRN, der Name des HERRN der Heerscharen, der über den Cherubim thront, ausgerufen worden ist“ (2Sam 6,2). Während Davids 33-jähriger Herrschaft als König über ganz Israel und Juda stand das Bundeszelt in dieser Davidsstadt.

Von der Davidsstadt zum Tempelberg

Als sein Sohn Salomo um 1000 v. Chr. auf dem höher gelegenen nördlichen Nachbarhügel den Tempel errichten ließ, wurde der Begriff Zion von der Davidsstadt auf den Tempelberg übertragen und damit zum „Wanderbegriff“. Von der Überführung der Bundeslade zum Tempelberg in den neu erbauten Tempel lesen wir in 1Kön 8:

> *„Damals versammelte Salomo die Ältesten von Israel und alle Oberhäupter der Stämme, die Fürsten der Geschlechter der Söhne Israel zum König Salomo nach Jerusalem, um die Lade des Bundes des HERRN heraufzuholen aus der Stadt Davids, das ist Zion ... Und die Priester brachten die Lade des Bundes des HERRN an ihren Platz in den Hinterraum des Hauses, in das Allerheiligste ... Und es geschah, als die Priester aus dem Heiligen hinausgingen, da erfüllte die Wolke das Haus des HERRN, und die Priester konnten wegen der Wolke nicht hinzutreten, um den Dienst zu verrichten; denn die Herrlichkeit des HERRN erfüllte das Haus des HERRN.“ (1Kön 8,1–11)*

Mit der Einweihung des Tempels und der Einwohnung Jahwes als Bundesgott Israels wurde Zion zum Synonym für den Wohnsitz Jahwes und damit auch zum theologisch gefüllten Begriff für den Tempelberg bzw. die ganze Stadt Jerusalem. Durch die Einwohnung Gottes in der Davidsstadt und später auf dem Tempelberg war Jerusalem ohne diesen Gott Israels nicht mehr zu denken. So preist der Psalmist Gott mit Blick auf den Tempelberg, der nördlich oberhalb der Davidsstadt liegt: *„Groß ist der HERR und sehr zu loben in der Stadt unseres Gottes. Sein heiliger Berg ragt schön empor, eine Freude der ganzen Erde, der Berg Zion, im äußersten Norden, die Stadt des großen Königs“* (Ps 48,3).

Dieser Tempelberg trägt auf Hebräisch den Namen *har habajit*: Berg des Hauses (Gottes). Wir lesen von dieser Bezeichnung bei den Propheten Jesaja und Micha, die mit diesem Berg des Hauses eine zukünftige Vision verbinden. Sie soll an dieser Stelle kurz erwähnt werden, wir werden sie später ausführlicher behandeln: „Und es wird geschehen, am Ende der Tage, da wird der Berg des Hauses des HERRN fest stehen als Haupt der Berge und erhaben sein über die Hügel; und alle Nationen werden zu ihm strömen“ (Jes 2,2 bzw. Micha 4,1).

In dieser Prophetie finden wir die im Alten Testament am häufigsten gebrauchte Bezeichnung für den Tempel: Haus des HERRN. Oftmals wird auch vom Heiligtum gesprochen (hebräisch: *miqdash*), das auch als erste Bezeichnung für den Wohnort Gottes diente. So sprach Gott zu Mose: „Und sie sollen mir ein Heiligtum machen, damit ich in ihrer Mitte wohne“ (2Mo 25,8). Ursprünglich war damit die Stiftshütte gemeint; der Begriff wurde aber später auch auf den Tempel übertragen (vgl. 1Chr 22,19). Das Heiligtum war durch die Gegenwartsschechina bestimmt.

Der zweite Tempel

Ich blicke hinüber zur Klagemauer und sehe viele Juden, die dort ihre Gebete sprechen. Sie suchen diesen Ort auf, weil sie zutiefst davon überzeugt sind, was ich auch auf dem Hinweisschild lesen kann: „Der erste und der zweite Tempel wurden auf diesem Berg erbaut." Der erste Tempel wurde 586 v. Chr. durch die Babylonier zerstört. Nachdem das Babylonische Reich 539 v. Chr. durch den Perserkönig Kyrus erobert wurde, verfügte dieser ein Jahr später in einem Edikt die Rückkehr des jüdischen Volkes in seine Heimat und den Neuaufbau des Tempels. Die Hebräische Bibel greift mit ihrem Abschluss in 2Chr 36 dieses Ereignis auf:

> *„Und im ersten Jahr des Kyrus, des Königs von Persien, damit das Wort des HERRN durch den Mund Jeremias erfüllt wurde, erweckte der HERR den Geist des Kyrus, des Königs von Persien. Und er ließ einen Aufruf ergehen durch sein ganzes Königreich und auch schriftlich bekannt machen: So spricht Kyrus, der König von Persien: Alle Königreiche der Erde hat der HERR, der Gott des Himmels, mir gegeben. Und er hat mich beauftragt, ihm ein Haus zu bauen in Jerusalem, das in Juda ist. Wer immer unter euch aus seinem Volk ist, mit dem sei der HERR, sein Gott! Er ziehe hinauf!" (2Chr 36,22.23)*

Es ist bewegend, dass die Hebräische Bibel mit diesem offenen Aufruf endet. Daran knüpft sich bis heute die alte jüdische Hoffnung an, dass eines Tages Volk, Land und Gott wieder vereint sein werden – verbunden mit der Neuaufrichtung eines neuen bzw. dritten Tempels.

Dieser Aufruf „Er ziehe hinauf!" ist in die traditionelle jüdische Trauzeremonie eingeflossen. Im Rahmen des letzten Aktes der Trauung unter der Chuppa bzw. dem Traubaldachin zertritt traditionell der Bräutigam ein auf dem Boden liegendes Glas. Diese Handlung soll symbolisieren, dass das Brautpaar auch im Augenblick seines höchsten Glücks über die Zerstörung des Tempels trauert. Jerusalem liegt noch danieder; das Brautpaar befindet sich damit noch in der Diaspora und will nicht aufhören, für die Rückkehr des Volkes nach Jerusalem zu beten. Der anwesende Rabbiner ruft begleitend Ps 137,5 aus: „Wenn ich deiner vergessen sollte, Jerusalem, möge meine rechte Hand verdorren …"; der Bräutigam wiederholt den Vers. Abschließend wünschen alle Anwesenden dem Brautpaar „Mazel tov" (wörtlich *gutes Glück*). Damit ist die Trauzeremonie abgeschlossen.

Der von Kyrus ermöglichte Neubau des Tempels ist unter der Leitung des jüdischen Statthalters Serubbabel und des Hohepriesters Jeschua umgesetzt worden. Serubbabel war der Enkel von Jojachin, dem letzten König von Juda (1Chr 3,16–18;

vgl. auch Mt 1,12). Er übernahm nach der Rückkehr als Statthalter (vgl. Hag 1,1) der nun persischen Provinz Juda die politische Leitung des Volkes. Matthäus erwähnt ihn zu Beginn seines Evangeliums im Stammbaum Jesu, womit deutlich wird, dass er, obwohl er nur das Amt eines Statthalters innehatte, tatsächlich der rechtmäßige Thronfolger von König David war und aus seiner Linie eines Tages der Messias als Sohn Davids kommen sollte.

Die zweite zentrale öffentliche Person dieser Zeit des Aufbaus des zweiten Tempels war der Priester Jeschua (bzw. Josua oder Joshua). Er war ein Sohn Jozadaks und zugleich ein Enkel von Seraja, dem letzten Hohepriester des ersten Tempels. Seraja wurde hingerichtet (2Kön 25,18–21), sein Sohn Jozadak wurde nach Babylon verschleppt (1Chr 5,40–41). Damit war Jeschua der rechtmäßige Hohepriester beim Wiederaufbau des Tempels. Im Buch Esra lesen wir, dass Serubbabel und Jeschua im siebten Monat des ersten Jahres nach der Heimkehr aus Babylon den Altar auf seinen alten Fundamenten aufgerichtet und darauf den Opferdienst wieder eingeführt haben. In diesem Zusammenhang heißt es: „Und sie begingen das Laubhüttenfest“ (Esr 3,4).

Die zeitliche Anbindung der Altaraufrichtung an das letzte Jahresfest des Volkes Israel ist von entscheidender Bedeutung, um die geistliche Dimension und Intention zu verstehen. Beim Laubhüttenfest wird zum einen das Einbringen der letzten Jahresernte gefeiert. Auch wird an diesem Fest um Regen für die anstehende Herbstzeit gebetet, damit die Böden für eine neue Saat gut fruchtbar gemacht werden können. Zum anderen steht dieses Fest für die Einwohnung Gottes in der Mitte seines Volkes. Wenn Serubbabel und Jeschua den Altar genau auf seinen alten Fundamenten aufbauen und dies feierlich zum Laubhüttenfest begehen, dann bringen sie ihre Hoffnung und Erwartung zum Ausdruck, dass Gott zum Zion zurückkehren wird, um dort wieder zu wohnen. Um diesen Altar herum legen sie dann auch die Grundmauern bzw. -steine für den neuen Tempel (vgl. Esr 3,10 ff.).

Mit dem Neuaufbau des Tempels und dem Feiern des Laubhüttenfestes besann sich das Volk auf seine geistlichen Wurzeln. Nach der Torah sollte das Laubhüttenfest als Wallfahrtsfest gefeiert werden: „Sieben Tage sollst du für den HERRN, deinen Gott, das Fest feiern an der Stätte, die der HERR erwählen wird. Denn der HERR, dein Gott, wird dich segnen in all deinem Ertrag und in allem Tun deiner Hände, und du sollst wirklich fröhlich sein“ (5Mo 16,15). Mit dem erneuten Feiern dieses Festes in Jerusalem, der von Gott erwählten Stätte, drückte das Volk die Hoffnung aus, dass auch sein Bundesgott hier wieder wohnen wird. Nur seine Gegenwart macht das Haus aus Steinen zum Tempel und das Laubhüttenfest zu einem Fest der Einwohnung Gottes in der Mitte seines Volkes. Ohne ihn ist all ihr Tun und Feiern sinnlos.

Wo aber Volk und Gott wieder zusammenkommen, muss auch der Boden für einen kommenden König bereitet werden. Und so erweckte der Hohepriester Jeschua auch den Lobpreis- und Anbetungsdienst, wie ihn König David in der Davidsstadt praktizieren ließ und ihn auch sein Sohn Salomo für den ersten Tempel übernommen hat:

> *„So legten die Bauleute die Grundmauern zum Tempel des HERRN. Dabei ließ man die Priester in ihrer Amtskleidung antreten, mit Trompeten, und die Leviten, die Söhne Asafs, mit Zimbeln, den HERRN zu loben nach der Anweisung Davids, des Königs von Israel. Und sie stimmten einen Wechselgesang an mit Lob und Preis dem HERRN: Denn er ist gut, denn seine Gnade währt ewig über Israel. Und das ganze Volk jauchzte mit gewaltigem Jauchzen beim Lob des HERRN wegen der Grundsteinlegung zum Haus des HERRN."* *(Esr 3,10.11)*

Diese feierliche Einsetzung des Lob- und Anbetungsdienstes, der auch eine prophetische Dimension beinhaltete, da die Anbetungsleiter bei König David prophetisch begabt waren (vgl. 1Chr 25), war einerseits eine geschichtliche Rückbindung an das alte davidische Königtum, das nunmehr über 500 Jahre zurücklag. Damals wurde ihr Dienst vor der Bundeslade – und damit vor dem HERRN – in der Davidsstadt ausgeübt. Mit der Wiederbelebung dieser Tradition wurde andererseits auch die Hoffnung geweckt, dass zukünftig der Sohn Davids aus der Linie Serubbabels kommen werde, mit dem ein neuer Königsmessianismus entstehen würde. Die messianische Hoffnung ist wiederum mit dem Laubhüttenfest verbunden: In der jüdischen Tradition erwartet man das Kommen des Messias zum Laubhüttenfest, um als König in der Mitte seines Volkes zu wohnen (vgl. Abschnitt 10.5).

Der Tempelbau wurde schließlich nach langjährigen Unterbrechungen und großem Widerstand aus der umliegenden Nachbarschaft um 516 v. Chr. vollendet. Unter König Herodes wurde er ab 21 v. Chr. so umfassend umgestaltet, dass er auch als Tempel des Herodes bezeichnet wurde. 70 n. Chr. wurde der Tempel durch die Römer zerstört. Das Hinweisschild auf der Western-Wall-Plaza erinnert an beide Tempel als Wohnorte Gottes.

2.2 MELCHISEDEK, DER GEHEIMNISVOLLE PRIESTER UND KÖNIG VON SALEM

Abraham gilt als Stammvater Israels. Er, sein Sohn Isaak und dessen Sohn Jakob werden daher auch als die Patriarchen oder Erzväter des Volkes Israel bezeichnet. So dürfen sie auf dem Hinweisschild auf der Western-Wall-Plaza nicht fehlen: „Hier dienten Abraham, Isaak und Jakob Gott." Sie alle hatten in besonderer Weise Gottesoffenbarungen. Zugleich ist der erste Tempel weit nach ihrer Zeit gebaut worden. Wie verhalten sich ihre zeitlich früheren Gottesoffenbarungen (Offenbarungsschechina) zur späteren Gegenwartsschechina an diesem? Stehen sie in einem Verhältnis zueinander? Was meint das Hinweisschild, wenn es darauf verweist, dass die Stammväter hier Gott dienten?

Der Platz vor der Klagemauer lädt mit seinen Steinbänken und Stühlen zum Verweilen und Nachdenken ein. Am späten Nachmittag wird es hier angenehm schattig; selbst im Herbst kann es hier bei wolkenlosem Himmel noch sehr heiß werden. Nun aber geht die Sonne langsam unter und gibt der Western Wall eine nahezu goldene Farbe mit leichten Rottönen. Ich setze mich, schlage meine Bibel auf und lasse noch einmal die Geschichte Abrahams auf mich wirken. Bin ich hier an diesem Ort wirklich auf seinen Spuren? Er lebte und wirkte rund 900 Jahre vor David. Mich trennen von Abraham etwa 3 900 Jahre.

Ich bleibe zunächst bei seiner geheimnisvollen Begegnung mit Melchisedek hängen. Wir finden sie in 1Mo 14. Abraham, der damals noch Abram hieß, war damals auf der Durchreise. Sein Neffe Lot, der in Sodom südlich vom Toten Meer lebte, wurde Opfer eines regionalen Konflikts zwischen verschiedenen Stadtkönigen und wurde mit anderen Einwohnern Sodoms bis in die Region von Damaskus verschleppt. Abram erfuhr von dieser Verschleppung und machte sich auf, seinen Neffen zu befreien. Nach erfolgreicher Rettung zog er zurück und kam auf der Rückreise in das Schawetal, das später auch Königstal genannt wurde (vgl. 1Mo 14,17 und 2Sam 18,18).

Da im heutigen Kidrontal auch der im Alten Testament wiederholt genannte Königsgarten vermutet wird (vgl. 2Kön 25,4 und Neh 3,15), ist davon auszugehen, dass es sich beim Schawetal um das heutige Kidrontal handelt. Das Kidrontal war eines von drei Tälern, welche die auf der Felsenanhöhe befindliche Stadt Salem und spätere Davidsstadt umgaben. Das Schawetal lag östlich von Salem und berührte an der Südspitze der Felsenstadt das Hinnomtal. An der Westseite lag das Tyropöontal (von Flavius Josephus später auch „Käsemachertal" bezeichnet), das sich bis zur

Südspitze der Felsenstadt hinzog und dort auf das Hinnomtal und das Schawetal stieß.

Brot und Wein für Abram

Auf der Höhe der Stadt Salem – vermutlich an der Verbindungsstelle zwischen dem Schawe- und dem Hinnomtal – begegnete Abram einer Person namens Melchisedek: „Und Melchisedek, der König von Salem, brachte Brot und Wein heraus; und er war Priester Gottes, des Höchsten. Und er segnete ihn und sprach: Gesegnet sei Abram von Gott, dem Höchsten, der Himmel und Erde geschaffen hat“ (1Mo 14,18–20).

Melchisedek war sowohl der König als auch der Priester von Salem. Er ist vielleicht die geheimnisvollste Person des Alten Testaments. Sein Name bedeutet so viel wie „König der Gerechtigkeit“ bzw. „Mein König ist Gerechtigkeit“. Salem bedeutet „Frieden“ oder „Heil“. In diesem Sinne ist er als Friedens- oder Heilskönig zu verstehen. Zugleich ist er der erste im Alten Testament erwähnte Priester. Interessant ist in diesem Zusammenhang, dass er keine Tieropfer darbringt. Seine Gaben sind Brot und Wein. Nun sind solche Gaben zunächst als alltäglicher Brauch zur Stärkung von Durchreisenden zu verstehen. Im Zusammenhang mit der Position als Priesterkönig, die an dieser Stelle erstmalig und zugleich auch einmalig ist, und der Tatsache, dass hier nicht ein Knecht oder eine Magd einem Durchreisenden entgegenkommt, sondern die höchste Person der Stadt persönlich, müssen wir diese Begegnung zwischen den beiden Männern mit den Gaben Brot und Wein aber tiefer deuten.

Neben der erstmaligen Erwähnung des Priesteramtes finden wir zudem die erstmalige Erwähnung von Jerusalem, wenngleich hier nur von Salem die Rede ist. Als Abram nach Salem kam, hatte diese Stadt eine bereits rund tausendjährige Geschichte. Ihr altkanaanäischer Name lautete Urusalim, wobei das sumerische Wort Uru für „Stadt“ oder auch „Gründung“ steht. Man geht davon aus, dass es sich bei Salim um einen Gottesnamen handelt, der mit „Heil“ übersetzt werden kann. Insofern war die Stadt bereits in ihrer Anfangszeit als „Stadt des Heils“ bekannt – und sollte es im Laufe ihrer Geschichte noch in viel größerer Dimension werden. Im Hebräischen steht für Salem in 1Mo 14,18 *Schalem*. Schalem bedeutet „Frieden“, aber auch umfassend „Vollkommenheit“. In Ps 76,3 wird für Jerusalem die Kurzform Salem benutzt. Dort heißt es im Hinblick auf die Wohnung Gottes: „In Salem entstand seine Hütte, und seine Wohnung auf dem Zion.“ Nach Jes 1,21 wohnt Gerechtigkeit in Jerusalem. Daran anknüpfend, wird in den rabbinischen

Schriften Jerusalem wiederholt als der Ort wahrgenommen, der seine Einwohner gerecht macht. Der König von (Jeru-)Salem ist demnach ein König der Gerechtigkeit. Diese Begegnung zwischen Abram und Melchisedek hat damit nur wenige hundert Meter südöstlich von meinem Sitzplatz vor dem Hinweisschild an der Western Wall stattgefunden.

Der Sohn und Herr Davids: Priester in Ewigkeit

Diese Begegnung zwischen Abraham und Melchisedek stellt eine geheimnisvolle Verbindungslinie zum davidischen Thron her. Der Psalm 110 greift diese Linie auf: „Spruch des HERRN für meinen Herrn: Setze dich zu meiner Rechten, bis ich deine Feinde gemacht habe zum Schemel deiner Füße … Geschworen hat der HERR, und es wird ihn nicht gereuen: ‚Du bist Priester in Ewigkeit nach der Weise Melchisedeks'" (Ps 110,1.4). Der Psalm wird David zugesprochen. Auch Jesus geht davon aus, als er ihn im Streitgespräch mit den Pharisäern zitiert, um die Messias- bzw. Christusfrage zu beleuchten:

> *„Was haltet ihr von dem Christus? Wessen Sohn ist er? Sie sagten zu ihm: Davids. Er spricht zu ihnen: Wie nennt David ihn denn im Geist Herr, indem er sagt: ‚Der Herr sprach zu meinem Herrn: Setze dich zu meiner Rechten, bis ich deine Feinde lege unter deine Füße'? Wenn nun David ihn Herr nennt, wie ist er sein Sohn?"* *(Mt 22,42–45)*

Jesus deutet die Worte Davids prophetisch: David spricht „im Geist" und sieht geistlich, dass der Sohn Davids zugleich auch der Herr Davids sein würde. Gott selbst wird ihm den Platz zu seiner Rechten geben, womit deutlich wird, dass der kommende Messias nicht nur ein weiterer Provinzkönig in Israel sein würde, sondern eben auch der Messias der ganzen Welt. Wer zur Rechten des HERRN sitzen wird, der hat umfassende Macht. Diese königliche Macht wird aber mit dem priesterlichen Dienst „nach der Weise Melchisedeks" verbunden – und dies „in Ewigkeit".

Die prophetische Schau Davids verbindet den geschichtlichen Melchisedek mit dem künftigen Königpriester, der als der Herr Davids nur der Messias sein kann. Damit ist Melchisedek ein Vorbild bzw. Typus für den kommenden Königpriester Jerusalems. Sein damaliges Wirken hat eine messianische Spitze. Wenn Jesus in der Woche vor seiner Kreuzigung in Jerusalem diesen Vers im messianischen Streitgespräch mit den Pharisäern zitiert, dann macht er deutlich, dass dieser Psalm in ihm seine Erfüllung gefunden hat. Er ist sowohl der Sohn als auch der Herr Davids. Aber er ist auch der ewige Priester nach der Weise Melchisedeks. Von daher vergleichen wir nicht Jesus mit dem Königpriester von Salem, sondern wir vergleichen Melchisedek mit Jesus.

2.3 JESUS, SOHN DAVIDS UND EWIGER PRIESTER NACH DER WEISE MELCHISEDEKS

Ich verlasse die Western-Wall-Plaza und gehe in Richtung Süden durch das Dung-Gate (Misttor). Vor mir liegt abschüssig die alte Davidsstadt. Hinter ihr erstreckt sich von Osten nach Westen das Hinnomtal. Links von mir sehe ich im Osten das Kidrontal, hinter dem sich der Ölberg erhebt. Ich gehe rechts bzw. westwärts an der Altstadtmauer entlang zum heutigen Berg Zion. Der Name erscheint verwirrend, wurde doch die Davidsstadt auf dem Südosthügel von Jerusalem anfangs Zion genannt. Die Irritation ist schnell aufgelöst: Nach der Zerstörung Jerusalems durch die Römer 70 n. Chr. wanderte der Zionsbegriff ein weiteres Mal: dieses Mal vom zerstörten Tempelberg zum südwestlich gelegenen Hügel der Stadt, der zur Zeit Jesu innerhalb der Stadtmauern lag.

Auf den Spuren Davids, Jesu und der Geistverheißung

Bald gelange ich zum Zion-Gate (Zionstor), das im Süden neben dem Dung-Gate die zweite Zugangsmöglichkeit zur heutigen Altstadt bietet. Es führt direkt ins armenische Viertel der Altstadt. Dem Tor südlich gegenüber außerhalb der Altstadt liegt das Herzstück des Zionsbergs. Nach jüdischer und christlicher Tradition befindet sich auf diesem Berg das Grab von König David. Zudem gedenkt das Christentum hier des letzten Passahmahls, das Jesus mit seinen Jüngern gefeiert und bei dem er das Abendmahl eingesetzt hat. Darüber hinaus wird hier das Obergemach vermutet, in dem die Jüngerinnen und Jünger Jesu auf die Verheißung des Heiligen Geistes gewartet haben. So berichtet der Kirchenvater Epiphanius von Salamis, der 394 nach Jerusalem kam und dort in die lokalen Überlieferungen Einblick nehmen konnte, von einer Reise des römischen Kaisers Hadrian nach Jerusalem im Jahr 117:

> *„Und er betrat Jerusalem, die berühmte und bedeutende Stadt, die Titus, der Sohn Vespasians, im zweiten Jahr seiner Herrschaft zerstört hatte. Und er sah die ganze Stadt dem Erdboden gleichgemacht und das Heiligtum Gottes nieder-*

gerissen, außer wenigen Gebäuden und einer kleinen Kirche Gottes, in die die Jünger, nachdem der Erlöser vom Ölberg aufgenommen worden war, zurückkehrten und hinaufstiegen in das Obergemach. Denn dort war sie gebaut, das ist der Teil des Sion, der von der Zerstörung verschont geblieben war."[15]

Weiter berichtet Epiphanius, dass sich einige der nach Pella geflüchteten Judenchristen nach der Zerstörung Jerusalems auf dem Berg Sion niedergelassen hätten. Sie sollen sich in einem der nicht zerstörten Häuser getroffen haben, das später auch „Obergemach" genannt wurde. Dieses Obergemach verbindet Epiphanius in seinem Bericht mit dem Ort, an dem die Jünger den auferstandenen Christus gesehen und auch seinen Geist empfangen hätten.[16]

Das Obergemach, in dem die Jünger Jesu nach Apg 1,14 einmütig im Gebet verharrten und auf die Gabe des Heiligen Geistes warteten, wurde nach christlicher Tradition zum Geburtsort der Kirche: der Kirche aus Fleisch und Blut, aber auch aus Steinen. Mit einer kleinen Kirche soll hier alles begonnen haben. Aber dazu später mehr.

Am Grab von König David

Ich gehe rechts an der Klosterpforte der Franziskaner vorbei und schreite durch einen schmalen Gang, der von Steinmauern umsäumt ist. Vor mir erhebt sich nach einigen Metern eine massive Benediktinerkirche: die Dormitio-Basilika, in der des Heimgangs von Maria, der Mutter Jesu, im Kreise seiner Jünger gedacht wird. Ich halte mich links von der Basilika und betrete nach wenigen Metern einen Innenhof, der von einem Klostergewölbe umgeben ist, das zu den Resten eines größeren Franziskanerklosters gehört. Die Franziskaner haben 1333 das Grundstück mit einer stark beschädigten Kreuzfahrerkirche aus dem 12. Jahrhundert erworben und diese zu einem Kloster ausgebaut.

Vom Innenhof aus betrete ich ein Gebäude gotischen Stils, über dessen Eingang ich den Hinweis finde, dass sich hier das Grab von König David befindet. Vorschriftsgemäß setze ich mir eine Kippa auf und gelange von der Eingangshalle aus in eine Synagoge. Rechts an der Wand steht ein beeindruckend großes Holzregal,

---

15 Epiphanius von Salamis, de mensuris, 14. Zitiert nach Bieberstein, K.: Die Hagia Sion in Jerusalem 547.

16 Vgl. Armstrong, K.: Jerusalem 225.

das unterschiedliche Gebets- und Lehrbücher beinhaltet. An der Wand gegenüber befindet sich ein großer Torahschrein aus Holz, der dem Tempel Salomos mit den beiden tragenden Säulen nachgebaut ist. Ein blauer Vorhang aus Samt, der kunstvoll bestickt und mit hebräischen Schriftzeichen versehen ist, bedeckt die Torah. Oberhalb des Vorhangs verziert eine große Krone den Torahschrein.

In dem Raum herrscht reger Betrieb. Stühle, Bänke und Lesepulte stehen etwas ungeordnet im Raum. Während einige in ihre Lehrbücher vertieft sind, lesen andere laut aus ihren Gebetsbüchern und bewegen dabei ihre Oberkörper vor- und rückwärts. Diese Gebetshaltung wird auf König David selbst zurückgeführt, der in Ps 35,10 sagt: „Alle meine Gebeine werden sagen: ‚HERR, wer ist wie du?'" Mit ihrem ganzen Sein wollen die gläubigen Juden Jahwe preisen und anbeten: mit ihrem Geist, ihrem Herzen, ihrem Mund und eben auch mit ihrem Körper. Manche Beter tragen einen Tallit, den traditionellen Gebetsschal. Einige wenige tragen neben den Armtefillin (Gebetsriemen) auch Kopftefillin über ihrer Stirn: kleine lederne Gebetskapseln, die handgeschriebene Schriftrollen mit Texten aus der Torah enthalten.

Von der kleinen Synagoge aus gelange ich in einen Raum, der in einen männlichen und einen weiblichen Bereich unterteilt ist. Am Kopfende des Raumes befindet sich ein großes Kenotaph, ein leerer Sarkophag, aus der Kreuzfahrerzeit, das mit einer großen bestickten Decke umhüllt ist. Auf ihr steht in großen hebräischen Buchstaben: „David, König von Israel." Das Grabmal versiegelt den Zugang zu einer Höhle, die von den Kreuzfahrern entdeckt wurde. Diese haben im frühen elften Jahrhundert die Hagia-Sion-Basilika (Heilige-Zion-Kirche) wieder aufgebaut, die zum Ende des vierten Jahrhunderts auf jener kleinen Kirche errichtet wurde, von der Epiphanius berichtet und als Obergemach der Jünger identifiziert hat. Die von den Kreuzfahrern neu errichtete Basilika mit dem Namen „Sancta Maria in Monte Sion" wurde bereits 1219 wieder zerstört. Sie ist die oben genannte Kirche, die auf dem Grundstück stand, das die Franziskaner 1333 erworben haben.

Die Höhle haben die Kreuzfahrer für das Grab von König David gehalten, obwohl David nach 1Kön 2,10 in der Stadt Davids, und damit auf dem benachbarten Südosthügel, begraben wurde. Ich setze mich auf einen der freien Stühle, um weiter in meiner Bibel die Verbindungslinie zwischen Melchisedek und dem Thron Davids zu erforschen. Dabei bin ich auch in diesem Raum von jüdischen Männern umgeben, die hier zum Gebet und zum Studieren zusammenkommen. Wenn nicht gerade eine Touristengruppe zugegen ist, kann man sich in ihrer Mitte recht fremd vorkommen. Wiederholt werde ich an geistlichen Stätten wie diesen um eine

Spende für die jüdische Gemeinde gebeten. Das Geben von Almosen gehört im Judentum zum Gottesdienst.

Dieses Mal reicht mir während meiner Gebetszeit ein ultra-orthodoxer Jude einen kleinen Olivenzweig und bietet mir an, für mich zu beten und mich zu segnen. Obwohl ich aus Erfahrung ahne, dass sich dem Segensgebet eine Bitte um eine Spende anschließen wird, willige ich ein. Mein Gegenüber schaut mich freundlich an und spricht unaufdringlich; er wirkt sympathisch auf mich. Und so betet in diesem kleinen Raum vor dem Grab Davids ein Nachfahre Abrahams für mich und segnet mich. Während er für mich betet, muss ich an die Verheißung denken, die Abraham von Gott empfangen hat: „Und in deinem Samen werden sich segnen alle Nationen der Erde dafür, dass du meiner Stimme gehorcht hast" (1Mo 22,18). Der Apostel Paulus macht in seinem Brief an die Galater deutlich, dass dieser Same bzw. diese Nachkommenschaft der Messias Jesus selbst ist. Er schreibt in Gal 3,16: „Dem Abraham aber wurden die Verheißungen zugesagt und seinem Samen. Er spricht nicht ‚und seinen Samen', wie bei vielen, sondern wie bei einem: ‚und deinem Samen', und der ist Christus."

Der Jude, der mich segnet, versteht sich selbstverständlich als Sohn Abrahams. Vielleicht hat er dabei sogar den Vers aus 1Mo 22,18 vor Augen. Im Sinne von Paulus verbinde ich aber diesen Segen mit Jesus, dem Messias und Sohn Davids. Durch ihn kann nun dieser Segen zu den Nationen und damit auch zu mir fließen. Er ist das „Nadelöhr" für diesen Segensfluss. Der erste Satz des Neuen Testaments bringt die ganze Heilsgeschichte, die sich in Jesus bündelt, auf den Punkt: „Buch des Ursprungs Jesu Christi, des Sohnes Davids, des Sohnes Abrahams" (Mt 1,1). Mit diesem einen Satz ist eigentlich alles gesagt, worum es im Neuen Testament gehen wird. Zugleich ist dieser Satz die zentrale Scharnierstelle zum Alten Testament. Er verbindet den alten mit dem neuen Bund. Jesus ist der Same Abrahams. Durch ihn kann der Segen Abrahams auch zu den Nationen fließen – weit über Israel hinaus. Darum soll der Patriarch auch nicht mehr Abram, sondern eben Abraham heißen: Vater vieler Völker. Zugleich ist dieser Same Abrahams aber auch der Sohn Davids. Und als solcher zugleich auch der HERR Davids, der nach Ps 110 zur Rechten Gottes sitzen soll. Und als dieser König ist er zugleich ein Priester in Ewigkeit nach der Weise Melchisedeks.

Das Obergemach

Ich verlasse die Synagoge und gehe über den Innenhof eine Treppe hoch, die mich zum 1. Obergeschoss führt. Ein Hinweisschild macht deutlich, was mich oben erwartet: „Room of the last supper". Hier soll nach christlicher Tradition Jesus am Vorabend vor seiner Kreuzigung mit seinen Jüngern das Sedermahl zum Passahfest gefeiert haben, auch wenn natürlich klar ist, dass dieses Gebäude final aus dem 14. Jahrhundert stammt. Nach der oben zitierten Aussage von Bischof Epiphanius befand sich aber hier der Versammlungsort der Jünger Jesu. Tatsächlich gehen die unteren großen Steinblöcke an der Ost- und Südmauer des Gebäudes noch auf die spätrömische Zeit zurück. Ausgrabungen unterhalb des Davidsgrabes haben alte christliche Inschriften offenbart. Dennoch besteht Unsicherheit bezüglich der Ursprünge dieses Ortes. Möglicherweise handelte es sich um eine Synagoge, deren Seitenmauern nach der Zerstörung Jerusalems zum Teil erhalten geblieben sind und später von Judenchristen als Versammlungsort genutzt wurden. Grundsätzlich wird vermutet, dass sich hier auf dem Zionsberg die ersten Judenchristen wieder ansiedelten, um möglichst nahe an dem Ort zu sein, den sie mit Jesus und seinem Wirken in Verbindung brachten: das letzte Passahmahl und die Ausgießung seines Geistes zu Pfingsten. Es ist naheliegend, dass sich auch die Heidenchristen mit diesem Berg verbunden fühlten, als die Juden nach dem letzten Aufstand gegen die Römer, dem sogenannten Bar-Kochba-Aufstand (132–136), Jerusalem nicht mehr betreten durften.

So nehmen manche Historiker und Archäologen an, dass das ursprüngliche Gebäude an dieser Stelle ein Obergemach hatte, in dem sich die Jünger Jesu nach dessen Himmelfahrt regelmäßig zum Gebet trafen und auf die Ausgießung des Heiligen Geistes warteten. Für diese Lokalisierung auf dem südwestlichen Hügel spricht auch die in der Apostelgeschichte angegebene Distanz vom Ölberg, an dem die Himmelfahrt Jesu stattgefunden hat: „Da kehrten sie nach Jerusalem zurück von dem Berg, welcher Ölberg heißt, der nahe bei Jerusalem ist, einen Sabbatweg entfernt. Und als sie hineingekommen waren, stiegen sie hinauf in den Obersaal, wo sie sich aufzuhalten pflegten …" (Apg 1,12.13).

Eine starke christliche Aufwertung hat der Zionsberg im vierten Jahrhundert erhalten, als auf dem Konzil von Konstantinopel die christliche Trinitätslehre 381 endgültig festgeschrieben wurde. In dem Glaubensbekenntnis, dem *Nicaeno-Konstantinopolitanum,* wurde neben dem Sohn auch der Heilige Geist zu einem göttlichen Wesen erklärt: „Wir glauben an den Heiligen Geist, der Herr ist und lebendig macht, der aus dem Vater (und dem Sohn) hervorgeht, der mit dem Vater und dem Sohn angebetet und verherrlicht wird …" Das *Nicaeno-Konstantinopolitanum* war das Ergebnis vielfältiger theologischer Auseinandersetzungen im Laufe des vierten Jahrhunderts. Seine Grundlage bildete eine ältere Fassung aus dem Jahr 325, das auf dem ersten Ökumenischen Konzil in Nicäa formuliert wurde.

Das Lehrdekret in Konstantinopel enthält die Definition, dass die eine Gottheit von Vater, Sohn und Heiliger Geist ein Wesen (griechisch: *usia*) in drei Existenzweisen (griechisch: *hypostaseis*) ist. Die Lehre von der Trinität wurde das erste Dogma der christlichen Kirche. Damit verbunden entstand aber auch das Bedürfnis, die Geistausgießung neu zu lokalisieren und diesen Ort durch ein Kirchengebäude „aufzuwerten". In Joel 3 wird die Geistausgießung „über alles Fleisch" prophetisch vorausgesagt (Joel 3,1). Diese Geistausgießung wird beim Propheten mit dem Berg Zion in Verbindung gebracht: „Denn auf dem Berg Zion und in Jerusalem wird Rettung sein" (Joel 3,5). Auch wenn im geografischen Sinne nicht der Südwest-Hügel gemeint war, wurde dadurch eine Brücke zu dem Ort geschlagen, an dem vermutlich auch die Jünger Jesu im Obergemach auf die Ausgießung des Geistes gewartet haben. Da nun auch Petrus in seiner Pfingstpredigt die Textstelle aus Joel 3 zitiert, wurde es für die Kirchenväter ein Leichtes, diesen Berg Zion als zentralen Ort des Pfingstereignisses zu lokalisieren. Die in jener Zeit errichtete Hagia-Sion-Basilika wurde durch den Jerusalemer Bischof Johannes II. 394 geweiht. Sie wurde allerdings rund 200 Jahre später durch die Perser zerstört. Beim Bau der Dormitio-Basilika zu Beginn des 20. Jahrhunderts stieß man auf Teile ihrer Fundamente.

Es ist schon erstaunlich: Eigentlich bewege ich mich hier nur auf zwei Stockwerken in einem überschaubaren Gebäude. Doch dieses Bauwerk hat es geschichtlich so in sich, dass einem schwindelig werden könnte. Zugleich ist das gesamte gesammelte Wissen über diesen Ort nur Stückwerk. Wahrheit und Legenden sind auch hier nicht immer zu trennen. Und wo wir manches bis heute nicht wissen, kann Geschichte schnell verkürzt und neu erzählt werden, können orientierungsstiftende und identitätsbildende Traditionen miteinander verbunden werden – nicht zuletzt auch, um Herrschaftsansprüche abzuleiten und zu zementieren. Geschichte ist nicht nur rein faktenbasiert und neutral; sie ist auch immer Konstruktion und Interpretation, und dies nicht losgelöst von Vorerfahrungen und Eigeninteressen – insbesondere dort, wo unterschiedliche Religionen zusammenkommen.

Nun erwartet mich am Ende der Treppe das Obergemach, der „Room of the last supper". Die Franziskaner haben den Raum mit Unterstützung des Königshauses von Neapel im gotischen Stil auf den Überresten der Kreuzfahrerkirche erbaut. Der Raum selbst umfasst etwa 150 Quadratmeter und ist zweischiffig mit drei freistehenden Säulen aufgebaut. Er diente bis 1524 als Kirche, wurde dann aber von dem osmanischen Sultan Suleiman I. geschlossen und in eine Moschee umgewandelt, die er dem „Propheten" David gewidmet hat. Darauf weist auch die aus dieser Zeit stammende große muslimische Gebetsnische hin, die nach Mekka ausgerichtet ist.

Ein Raum zwischen Passah und Pfingsten

Dieser Raum erinnert an das letzte Passahmahl, das Jesus vor seiner Kreuzigung mit seinen Jüngern an diesem Ort in Jerusalem gefeiert hat. Dieses Mahl vergegenwärtigt in jüdischer Tradition die Befreiung Israels aus der ägyptischen Gefangenschaft durch Mose. Im Hinblick auf die Vorbereitung des Mahls schreibt Lukas in seinem Evangelium, dass Jesus Petrus und Johannes auswählte und aussandte, um das Passahmahl vorzubereiten (Lk 22,10–13):

> *„Er aber sprach zu ihnen: Siehe, wenn ihr in die Stadt kommt, wird euch ein Mensch begegnen, der einen Krug Wasser trägt. Folgt ihm in das Haus, wo er hineingeht. Und ihr sollt zu dem Herrn des Hauses sagen: Der Lehrer sagt dir: Wo ist das Gastzimmer, wo ich mit meinen Jüngern das Passahmahl essen kann? Und jener wird euch einen großen, mit Polstern ausgelegten Obersaal zeigen. Dort bereitet!"*

Die alte Kirche hat den Obersaal des Passahmahls aus Lk 22 mit dem Obergemach aus Apg 1 verbunden, auch wenn Lukas in seinem Evangelium – wie auch Markus (Mk 14,14) – das griechische Wort *anagaion* für Obersaal nutzt, in seiner Apostelgeschichte aber bezüglich des Obersaals das Wort *hyperoon* verwendet:

> *„Da kehrten sie nach Jerusalem zurück von dem Berg, der Ölberg heißt und nahe bei Jerusalem liegt, einen Sabbatweg entfernt. Und als sie hineinkamen, stiegen sie hinauf in das Obergemach des Hauses, wo sie sich aufzuhalten pflegten …" (Apg 1,12.13; LUT)*

Diese Unterscheidung könnte schlichtweg mit der literarischen Abhängigkeit des Lukasevangeliums vom Markusevangelium erklärt werden.[17] Wenn die alte Kirche recht hat, dann ist der Ort, an dem der Geist auf die wartende Gebetsversammlung in Apg 2 ausgegossen wurde, auch der Ort, an dem sich Jesus von seinen Jüngern verabschiedet hat. Dann stehen folgende Aussagen in einem unmittelbaren räumlichen Zusammenhang:

17 Man vermutet, dass Lukas das Markusevangelium vorlag, als er sein Evangelium geschrieben hat. Lukas selbst weist zu Beginn seines Evangeliums darauf hin, dass „schon viele unternommen haben, einen Bericht von den Ereignissen zu verfassen, die sich unter uns zugetragen haben" (Lk 1,1).

„... ich werde den Vater bitten, und er wird euch einen anderen Beistand geben, dass er bei euch sei in Ewigkeit: den Geist der Wahrheit ... Wenn jemand mich liebt, so wird er mein Wort halten, und mein Vater wird ihn lieben, und wir werden zu ihm kommen und Wohnung bei ihm machen." (Joh 14,16–23)

„Und als der Tag des Pfingstfestes erfüllt war, waren sie alle an einem Ort beisammen. Und plötzlich geschah aus dem Himmel ein Brausen, als führe ein gewaltiger Wind daher, und erfüllte das ganze Haus, wo sie saßen. Und es erschienen ihnen zerteilte Zungen wie von Feuer, und sie setzten sich auf jeden Einzelnen von ihnen. Und sie wurden alle mit Heiligem Geist erfüllt und fingen an in Sprachen zu reden, wie der Geist ihnen gab auszusprechen." (Apg 2,1–4)

Es ist naheliegend, dass sich die Jünger Jesu auch nach seiner Kreuzigung hier versammelten und einschlossen. Johannes berichtet uns davon in seinem Evangelium, dass sich Jesus ihnen hier als der Auferstandene offenbarte und sie mit seinem Geist anhauchte:

„Als es nun Abend war an jenem Tag, dem ersten der Woche, und die Türen, wo die Jünger waren, aus Furcht vor den Juden verschlossen waren, kam Jesus und trat in die Mitte und spricht zu ihnen: Friede euch! Und als er dies gesagt hatte, zeigte er ihnen die Hände und die Seite. Da freuten sich die Jünger, als sie den Herrn sahen. Jesus sprach nun wieder zu ihnen: Friede euch! Wie der Vater mich gesandt hat, so sende ich auch euch! Und als er dies gesagt hatte, hauchte er sie an und spricht zu ihnen: Empfangt Heiligen Geist!" (Joh 20,19–22)

Als Papst Franziskus 2014 Jerusalem besuchte, bekam er die Erlaubnis, in diesem Obergemach eine Messe zu feiern. In seiner Predigt verband er die Ereignisse des Abendmahls, der Offenbarung als Auferstandener und der Geistausgießung mit diesem Ort: „Hier, wo Jesus mit den Aposteln das letzte Abendmahl einnahm, wo er, auferstanden, in ihrer Mitte erschien, wo der Heilige Geist mit Macht auf Maria und die Jünger herabkam, hier ist die Kirche geboren, und sie ist im Aufbruch geboren."[18]

18 Papst Franziskus: https://www.vatican.va/content/francesco/de/homilies/2014/documents/papa-francesco_20140526_terra-santa-omelia-jerusalem.html

Mit dieser Aussage steht auch Papst Franziskus ganz in der Tradition der alten Kirche. Eine einflussreiche Frau und Pilgerin namens Egeria aus dem Nordosten der Iberischen Halbinsel bereiste die Region in der Zeit von 381 bis 384. Ihre Reiseberichte geben uns einen wichtigen Einblick, wie in jener Zeit die zentralen christlichen Feste in Jerusalem gefeiert wurden. So berichtet sie davon, dass die Menschen zum Osterfest dem Bischof zum Berg Zion folgen, um der Erscheinung des Auferstandenen zu gedenken, als die Türen der Jünger in Anlehnung an Joh 20,19ff. verschlossen waren. Auch zum Pfingstfest folgen die Gläubigen dem Bischof zum Berg Zion. Auf dem Weg singen sie Hymnen und kommen dort pünktlich zur dritten Stunde an – in Anlehnung an Apg 2,15, als Petrus seine Pfingstpredigt begann.[19]

Die räumliche Zusammenführung von dem Abendmahlssaal und dem Obergemach der Geistausgießung könnte auch der Grund dafür sein, dass die Kreuzfahrer hier das Grab Davids wähnten, zumal Petrus in seiner Pfingstpredigt auf das Grab Davids verweist: „Ihr Brüder, es sei erlaubt, mit Freimütigkeit zu euch zu reden über den Patriarchen David, dass er gestorben und begraben und sein Grab bis auf diesen Tag unter uns ist“ (Apg 2,29). Für die Verortung der sterblichen Überreste des großen Königs auf dem Zionsberg gibt es aber bis heute keine belastbaren Anknüpfungspunkte.

An manchen Tagen ist der Abendmahlssaal überfüllt mit Reisegruppen aus allen möglichen Ländern dieser Erde. Die Guides versuchen sich Gehör zu verschaffen, um jede Person aus ihrer Reisegruppe zu erreichen. Seit einiger Zeit setzt sich auch hier die moderne Technik durch. Zunehmend tragen die Reiseleiter Headsets, die eine leisere Verständigung im Gedränge ermöglichen. Über Kopfhörer kann die Reisegruppe ihrem Guide folgen, ohne Sorgen zu haben, wichtige Informationen zu verpassen. Zudem wird in diesem Raum auch andächtig gefeiert, auch wenn Gottesdienste bzw. Gebetsversammlungen nur an Gründonnerstag und Pfingsten gefeiert bzw. durchgeführt werden dürfen. Der Raum, der unter israelischer Verwaltung steht, gilt als Museum; entsprechend sind religiöse Handlungen zu unterlassen. Die Befolgung dieser Vorgabe fällt den Besuchern nicht leicht. Und so wird wiederholt aus der Bibel zitiert, stimmen Einzelne geistliche Lieder an, erfolgen Segnungen oder wird sogar das Abendmahl gefeiert.

Auch wenn hinsichtlich der historischen Zuverlässigkeit des Ortes Unsicherheiten bleiben werden, gilt dieser Raum weltweit doch für Christen als wichtigster Ort, um der Einsetzung des neuen Bundes im Herrenmahl zu gedenken. Insbeson-

19 Egeria: Itinerarium. Der antike Reiseführer durch das Heilige Land 63f.

dere hier wird deutlich, dass Jesus nicht nur der Messias Israels, sondern auch der ganzen Welt ist. Sein Bund gilt allen Menschen.

Da es schon später Nachmittag ist, bin ich dieses Mal tatsächlich ganz allein im Saal. So halte ich bewusst inne und lasse die Stille auf mich wirken. Vor einigen Minuten bin ich noch eine Etage tiefer vor dem Grab Davids von einem Juden, einem Sohn Abrahams, gesegnet worden. Durch Jesus verstehe ich mich zugleich als Sohn Abrahams. Ich bin in Christus; ich habe seinen Geist empfangen. Gerade hier an diesem Ort stehen mir seine Abschiedsworte aus dem Johannesevangelium noch einmal klar vor Augen: „Wenn jemand mich liebt, so wird er mein Wort halten, und mein Vater wird ihn lieben, und wir werden zu ihm kommen und Wohnung bei ihm machen“ (Joh 14,16–23).

Diesen Satz darf man nicht nur so eben lesen oder hören; man muss ihn meditieren – eigentlich ein Leben lang. Für mich persönlich ist dieser Vers einer der bewegendsten Verse und Zusprüche des Neuen Testaments: „... wir werden zu ihm kommen und Wohnung bei ihm machen“. Unser Körper soll ein Tempel des Heiligen Geistes sein. Der Geist des Vaters, der eben auch der Geist des Sohnes ist, will in uns wohnen. Er will uns im wahrsten Sinne des Wortes unter die Haut kriechen. Näher kann Gott uns nicht kommen. Gerade an diesem so bedeutsamen Ort wird mir dieser Zuspruch Gottes umso gewichtiger. Wir Menschen pilgern um die Welt, um Gott an bestimmten Orten möglichst nahe zu sein. Dabei hat er sich schon längst aufgemacht, um bei uns und in uns zu sein. Aber darauf werde ich später zurückkommen. Zugleich sind Orte aber auch bedeutsam. Sie helfen uns, dass wir unseren Glauben über unsere Sinne auch äußerlich festmachen können. Somit können sie auch den inneren Menschen stärken und ermutigen. Nicht zuletzt wissen wir um das Phänomen der besonderen Präsenz Gottes, seiner Gegenwartsschechina, an besonderen Orten.

Brot und Wein für die Jünger

Ich erinnere mich, warum ich heute hierhergekommen bin. Direkt wenige Meter südlich von diesem Raum erstreckt sich das Hinnomtal, das etwas weiter östlich in das Kidrontal mündet. Dort ungefähr muss die Begegnung zwischen Melchisedek und Abram stattgefunden haben. Als der Königpriester von Salem bringt er Abram Brot und Wein und segnet ihn. Direkt nach diesem Ereignis lesen wir in 1Mo 15, dass Gott mit Abram einen Bund schloss. Mit ihm gab er diesem die Verheißung, dass seine Nachkommenschaft so zahlreich sein werde wie die Sterne am Himmel (1Mo 15,5).

Hier in diesem Raum bekommen diese uralten Worte an Abram plötzlich eine neue Färbung. Ich nehme meine Bibel und lese aus dem Matthäusevangelium den Abschnitt zur Einsetzung des Herrenmahls an jenem Sederabend zum Passahfest:

> *„Während sie aber aßen, nahm Jesus Brot und segnete, brach und gab es seinen Jüngern und sprach: Nehmt, esst, dies ist mein Leib! Und er nahm einen Kelch und dankte und gab ihnen den und sprach: Trinkt alle daraus! Denn dies ist mein Blut des Bundes, das für viele vergossen wird zur Vergebung der Sünden. Ich sage euch aber, dass ich von nun an nicht mehr von diesem Gewächs des Weinstocks trinken werde bis zu jenem Tag, da ich es neu mit euch trinken werde in dem Reich meines Vaters. Und als sie ein Loblied gesungen haben, gingen sie hinaus zum Ölberg." (Mt 26,26–30)*

Wie zuvor Melchisedek reicht Jesus seinen Jüngern Brot und Wein – im Kontext der Vergegenwärtigung der Befreiung aus der Knechtschaft in Ägypten. Als Priester reicht er beides den Söhnen Abrahams. Seine Worte, verbunden mit der Handlung des Brotbrechens, machen deutlich, dass er sich selbst opfern würde. In seinem Opfer liegt für seine Jünger und uns die Vergebung der Sünden. Und wo Vergebung ist, da ist Frieden. Aber diese Vergebung ist an Jesus gebunden. Diese Stadt Jerusalem kann nur dort eine Stadt des Friedens sein, wo Jesus als ihr Königpriester gegenwärtig ist. Er selbst hat Jerusalem auf seinem Weg dorthin als die Stadt „des großen Königs" (Mt 5,35) bezeichnet.

Was Melchisedek prophetisch in Brot und Wein angezeigt hat, findet nun in Jesus als dem Königpriester seine Erfüllung. Dient der priesterliche Dienst im Kern der Versöhnung und der Wiederherstellung der Gemeinschaft zwischen uns Menschen und Gott, so hat Jesus ihn mit sich selbst vollendet. Darum konnte David in Psalm 110 in seinem Herrn einen „Priester in Ewigkeit" schauen – nach der Weise Melchisedeks. Der Verfasser des Hebräerbriefes zitiert diesen Vers aus Ps 110 im Zusammenhang seiner Ausführungen über das Hohepriestertum Jesu und dessen Erhabenheit über das levitische Priestertum. Durch sein Opfer bedarf es keines weiteren Opfers mehr; der Opferdienst ist damit nicht nur abgeschlossen, er ist zur Vollendung gelangt.

Der Geistempfang als Segen Jesu

Der Hebräerbrief macht zudem deutlich, dass das Levitentum diese Änderung der Priesterschaft bereits in Abram anerkennt, da der Urenkel Levi – nach jüdischem

Verständnis – schon in den Lenden Abrams gegenwärtig ist, als dieser den Zehnten an Melchisedek übergibt:

> *„Und im Grunde genommen hat durch Abraham auch Levi den Zehnten entrichtet – er, der normalerweise den Zehnten erhebt. Denn weil er von Abraham abstammt, war er – so könnte man sagen – schon dabei, als Abraham und Melchisedek sich begegneten."* *(Hebr 7,8–10; NGÜ)*

Diesen Gedanken könnte man in veränderter Form auf die Gabe und Segenshandlung Melchisedeks in seiner Hinwendung an Abram weiterführen. Wenn auch wir, die wir aus den Nationen kommen, in dem Samen Abrahams, der Jesus ist, gesegnet sein sollen (und Jesus in menschlicher Linie schon in den Lenden Abrams in der Begegnung mit Melchisedek gegenwärtig war) und Melchisedek „dem Sohn Gottes gleicht" (Hebr 7,3), dann soll in dieser Begegnung zwischen beiden bereits prophetisch angezeigt werden, dass Jesus uns eines Tages heilvoll als der Königpriester Gottes segnen und begegnen möchte.

Der Segen, den Gott zuvor Abram bei seiner Berufung verheißen hat, ist vielschichtig: Er umfasst konkret Land (materielle Versorgung), Nachkommenschaft (Fruchtbarkeit) und Ruhe bzw. Frieden. Der Apostel Paulus greift im Galaterbrief die verheißene Segenslinie von Abram über seinen Samen (Christus) zu den Nationen auf und konkretisiert den Segen für die Nationen wie folgt: „Durch Jesus Christus bekommen jetzt also Menschen aus allen Völkern Anteil an dem Segen, den Gott Abraham zugesagt hatte; aufgrund des Glaubens erhalten wir den Geist, den Gott versprochen hat" (Gal 3,14; NGÜ).

Der Geistempfang ist der Fluchtpunkt der abrahamitischen Verheißungs- und Segensgeschichte. Durch ihn stehen wir in der Heilsgeschichte Gottes mit Israel und allen Völkern. Dieser Geist ist kein anderer Geist als der Geist des Messias Jesus. Während ich im Obergemach über diesen unglaublichen roten Faden der Geschichte Gottes mit uns Menschen nachsinne, werde ich daran erinnert, wie sich all das hier nach christlicher Tradition räumlich konzentriert, ja nahezu zugespitzt hat, als Jesus als der auferstandene Herr den Jüngern hinter ihren verschlossenen Türen begegnet ist und ihnen seinen Frieden und seinen Geistempfang zugesprochen hat. Im priesterlichen Dienst hat er seinen Jüngern Brot und Wein gereicht. Als der Herr hat er ihnen seinen Frieden und seinen Geist zugesagt. Als der aufgefahrene König zur Rechten des Vaters hat er seinen Geist über Jerusalem und Zion ausgegossen. Und die Geschichte ist noch nicht zu Ende.

2.4 DIE BEZIEHUNG ZWISCHEN MELCHISEDEK UND JESUS

Wiederholt tritt in der Theologie die Frage auf, ob der ewige Gottessohn in bzw. durch Melchisedek Abraham begegnet ist. War der ewige Gottessohn bereits in Melchisedek auf dieser Erde – noch vor seiner Fleischwerdung in Jesus von Nazareth? Oder war er vielleicht eine Fleischwerdung des Heiligen Geistes, wie manche Ausleger der Alten Kirche vermutet haben? Im Judentum wird Melchisedek vielschichtig wahrgenommen und gedeutet – und das durchaus nicht nur positiv, da er zuerst Abram gesegnet und erst dann Gott gesegnet bzw. gepriesen hat. Manche vermuten, dass dies zu einem Übergang des Priestertums auf Abram und damit auch auf Levi geführt habe. Mit Beginn der hellenistisch-römischen Epoche sah man in Melchisedek wiederholt einen Erzengel, den Propheten Elia oder auch den Propheten der Endzeit. Ab dem dritten Jahrhundert wurde er auch messianisch gedeutet. Insbesondere die Engeldeutung hat sich bei den bekannteren Kirchenvätern wie Origenes, Ambrosius und Hieronymus durchgesetzt.

Segen von Gott, dem Höchsten

Mancher Ausleger vermutet, dass Abraham damals lediglich von einem kanaanitischen Priester gesegnet wurde. Melchisedek sprach dabei folgende Worte: „Gesegnet sei Abram von Gott, dem Höchsten, der Himmel und Erde geschaffen hat!" (1Mo 14,19). Diese Segensworte verbindet Abram aber interessanterweise nicht mit einer ihm fremden höchsten Gottheit aus dem kanaanitischen Pantheon, sondern mit dem HERRN (Jahwe) selbst, der sich ihm als solcher offenbart hat (1Mo 12,1) und dessen Namen er bereits bis zu diesem Zeitpunkt wiederholt angerufen hat (vgl. 1Mo 12,8 und 13,4). Gott, der Höchste (hebräisch: *El Elyon*) bzw. der Höchste (*Elyon*) wird dann auch im Tanach[20] ein gängiger Name für den Gott Israels: in der Torah (z. B. 4Mo 24,16), bei den Propheten (z. B. Jes 14,14) und in den Schriften (z. B. Dan 7,18 oder als voller Name Ps 78,35). Es ist daher nicht überzeugend, dass hier ein kanaanitischer Priester im Namen seines höchsten Gottes Abram segnet und dieser mit dem Empfang bzw. der Entgegennahme des Segens in einen Polytheismus zurückfällt, wie er ihn ehemals in seiner Heimat und in seiner Fami-

20 Die Hebräische Bibel ist durch einen dreiteiligen Aufbau gekennzeichnet: (1) Torah (Gesetz bzw. Weisung), (2) Nebiim (Propheten) und (3) Ketubim (Schriften). Aus den Anfangsbuchstaben der drei Teile ergibt sich das Akronym *TNK* für Tanach.

lie erlebt hatte (vgl. Jos 24,2). Abram hat mit den Göttern seiner Familie radikal gebrochen, als er der Stimme dieses einen Gottes folgte: „Und der HERR sprach zu Abram: Geh aus deinem Land und aus deiner Verwandtschaft und aus dem Haus deines Vaters in das Land, das ich dir zeigen werde!" (1Mo 12,1). Wenn Abram dieser Stimme folgte, dann drückt sich darin implizit aus, dass sich dieser Gott ihm ganz anders geoffenbart hat, als er es von den Göttern seines Vaterhauses kannte. Hier begegnete ihm ein ganz Anderer, der mit keinem anderen Gott zu vergleichen war. Und offensichtlich fürchtete er mit seiner Hinwendung zu Jahwe auch nicht den Zorn seiner alten Hausgötter. Hier finden wir die Geburtsstunde des abrahamitischen Monotheismus. In ihm, Jahwe, sah Abram den Höchsten, den Schöpfer des Himmels und der Erde.

Daher glaube ich nicht, dass sich Abram von einem fremden Gott segnen lässt, den er nicht kennt, und er diesen Segen dann gedanklich für sich auf Jahwe ummünzt. Auch die Idee mancher Ausleger, dass Melchisedek unwissend tatsächlich schon Jahwe diente, in ihm aber noch seinen Gott Salim bzw. Schalim sah, halte ich für wenig überzeugend.

Mich bewegt in diesem Zusammenhang die Reaktion von Abram auf diese Segnung: Er gibt Melchisedek „den Zehnten von allem" (1Mo 14,20). Was bedeutet diese Abgabe? Abram ist zu diesem Zeitpunkt ein Mann, der bei Hebron lebt. Hebron liegt rund 35 Kilometer südwestlich von Salem. Was also hat Abram mit dem Priester und König aus Salem zu schaffen? Für seine Abgabe gibt es keine priesterliche oder steuerliche Grundlage bzw. Verpflichtung. Hilfreicher ist hier eher der Gedanke einer Beuteverteilung nach einem erfolgreichen Kampf: Dabei wird die Beute zwischen denen aufgeteilt, die direkt am Kampf beteiligt waren, und denen, die indirekt zum Sieg beigetragen haben. Zudem erleben wir es hier zum ersten Mal in der Bibel, dass ein Mensch für einen priesterlichen Dienst seinen Zehnten gibt. Bringen wir diese beiden Gedanken zusammen, dann wird offensichtlich, dass Abram mit der Abgabe zum Ausdruck bringen will, dass er seinen Sieg gegen die Könige und die Rettung seines Neffen dem priesterlichen Dienst des Melchisedek vor Gott verdankt. Er gibt Gott für seinen Sieg die Ehre. Das Eintreten Melchisedeks in der geistlichen bzw. unsichtbaren Dimension ermöglicht den Sieg in der sichtbaren Dimension.

Wen sah Abram in Melchisedek?

Wie ist diese Szene nun einzuordnen? Wenn wir die Berufung Abrams in 1Mo 12,1 tatsächlich als einen Neuanfang Gottes mit seiner Menschheit in dem Sinne verstehen wollen, dass der Schöpfergott sich einem Menschen offenbart, durch den alle Geschlechter dieser Erde gesegnet werden sollen, und dieser Abram wiederum durch einen Königpriester im Namen des Gottes gesegnet wird, der sich ihm bereits zuvor geoffenbart hat, dann wird die Königpriester-Person des Melchisedek umso geheimnisvoller. Hatte er unabhängig von Abram auch eine Offenbarung Jahwes? Bewegend ist folgende Feststellung des Hebräerbriefes: „Ohne Vater, ohne Mutter ohne Geschlechtsregister hat er weder Anfang der Tage noch Ende des Lebens…" (Hebr 7,3). So unverbunden, wie er in der Abrahamgeschichte erscheint, so verschwindet Melchisedek auch wieder. Wir erfahren über ihn und seine Lebensgeschichte nichts Weiteres. Er wird mit Ausnahme des Ps 110 an keiner weiteren Stelle des Alten Testaments erwähnt. Er erscheint… und verschwindet wieder – geheimnisvoll und mit bleibender Wirkung. Wir erfahren nicht, von wem er unter welchen Voraussetzungen sein Priestertum empfangen hat und wem er es im gesetzten Alter übertragen hat. Alle dezidierten Voraussetzungen für einen priesterlichen Dienst, einschließlich des entsprechenden Nachweises aus dem jeweiligen Geschlechtsregister, finden wir im leivitischen Priesterdienst, aber nicht hier bei Melchisedek. Das macht ihn gänzlich von Menschen unabhängig. Das bindet ihn ganz an den Gott, dem er dient.

Man könnte dies schlicht damit abtun, dass damit noch längst nicht gesagt ist, dass all dies nicht doch gegeben und erfüllt war. Es steht nur nicht geschrieben. Aber offensichtlich sieht der Verfasser des Hebräerbriefes gerade in dem Fehlen dieser Informationen eine geistliche Bedeutung. Melchisedek hat „weder Anfang der Tage noch Ende des Lebens" (Hebr 7,3). Offensichtlich versteht er diesen priesterlichen Dienst neben der nicht notwenigen menschlichen Legitimation auch außerhalb unserer Zeit und damit unserer zeitlichen Beschränkungen. Es entfaltet sich eine Ewigkeitsdimension. Es fehlt gänzlich ein irdischer Zusammenhang. Melchisedek erscheint menschlich nicht verfügbar.

Während ich darüber im Obergemach nachsinne, wird mir die Tragweite dieser damaligen Begegnung zwischen Abram und Melchisedek bedeutsamer als je zuvor. Es geht um mehr als um eine mehr oder weniger biblisch-theologisch interessante Betrachtung eines historischen Ereignisses. Und je mehr ich über die Tragweite nachsinne, desto bewusster wird mir die Dimension des damaligen priesterlichen Dienstes von Jesus an seinen Jüngern in diesem Obergemach – und an uns, die wir Jesus nachfolgen wollen.

Es ist nachvollziehbar, dass es in der Auslegungsgeschichte immer wieder Versuche gab und gibt, in diesem Melchisedek den Sohn Gottes selbst zu sehen. Diese Spannung ist auch im Hebräerbrief erkennbar. Einerseits schreibt der Verfasser über Melchisedek: „… er gleicht dem Sohn Gottes …“ (Hebr 7,3). Er schreibt „gleicht“, nicht „ist“. Damit will er aber offensichtlich auf die genannten Erscheinungsmerkmale von Melchisedek hinweisen. Zugleich schreibt er andererseits aber auch im Vergleich zwischen dem späteren levitischen Priesterdienst und dem des Melchisedek: „Und hier zwar empfangen sterbliche Menschen die Zehnten, dort aber einer, von dem bezeugt wird, dass er lebt …“ (Hebr 7,8).

Wir stehen hier vor der Herausforderung, dass einerseits die priesterlichen Dienste von Melchisedek (als Urpriester) und Jesus (als eschatologischer Priester) vergleichend gegenübergestellt werden, andererseits beiden aber das Merkmal der Unsterblichkeit zugesprochen wird. Zugleich fehlt aber bei Melchisedek der Hinweis auf eine Fleischwerdung bzw. Inkarnation. Und auch nur der eschatologische Hohepriester Jesus kann „die auch völlig retten, die sich durch ihn Gott nahen, weil er immer lebt, um sich für sie zu verwenden“ (Hebr 7,25).

Diese Rettung geschieht zum Passahfest und bekommt gerade hier im Obergemach wieder eine zentrale Bedeutung. Wenn die Jünger von Jesus Brot und Kelch empfangen, dann sollen sie in ihm den Sohn Gottes erkennen: „Wer mich gesehen hat, hat den Vater gesehen … Glaubst du nicht, dass ich in dem Vater bin und der Vater in mir ist?“, fragt Jesus seinen Jünger Philippus an jenem Abend vor seiner Kreuzigung (Joh 14,9–10).

Was hat Abram in Melchisedek gesehen, als er Brot und Wein empfangen hat? Wenn der Verfasser des Hebräerbriefes über Melchisedek sagt, dass dieser dem Sohn Gottes gleicht, dann macht er ja deutlich, dass dieser zwar der Urpriester ist, aber nicht das Urbild, sondern das Abbild des ewigen Sohnes in seiner Funktion als Hohepriester. Von Anfang an war der ewige Gottessohn dazu bestimmt, unser ewiger Hohepriester zu werden. Ein Abbild des Himmlischen wäre aber kein Abbild, wenn sich das Himmlische nicht auch durch dieses Abbild ausdrücken würde. Konkreter: Für Abram wurde in Melchisedek der Christus erfahrbar. Er sah in ihm den ewigen Gottessohn. Er war in Melchisedek gegenwärtig. Ich muss in diesem Zusammenhang an ein Streitgespräch zwischen Jesus und einigen Juden auf dem Jerusalemer Tempelplatz denken:

> *„Abraham, euer Vater, jubelte, dass er meinen Tag sehen sollte, und er sah ihn und freute sich. Da sprachen die Juden zu ihm: Du bist noch nicht fünfzig Jahre alt und hast Abraham gesehen? Jesus sprach zu ihnen: Wahrlich, wahrlich, ich sage euch: Ehe Abraham war, bin ich.“* *(Joh 8,56–58)*

Wir wissen leider nicht explizit, auf welche Situation in Abrahams Leben sich Jesus hier bezieht. Zugleich aber unterstellt Jesus seinen Zuhörern – oder mutet es ihnen zu –, dass sie seine Aussage verstehen können. Wir hören von Abrahams Jubel und von seiner Freude. Und diese bindet Jesus explizit an „meinen Tag“ und damit zugleich an sich selbst als ewigen Gottessohn. Es ist nicht zufällig, dass er hier über sich selbst eine präexistenzielle Aussage macht: „Ehe Abraham war, bin ich.“ Dass seine Zuhörer ihn im Anschluss an diese Aussage steinigen wollten, ist naheliegend (Joh 8,59). Mit dieser Aussage weckte Jesus bei seinen Zuhörern zweifelsohne Anklänge an die Selbstoffenbarung Gottes gegenüber Mose im brennenden Dornbusch:

> *„Da sprach Gott zu Mose: ‚Ich bin, der ich bin.‘ Dann sprach er: So sollst du zu den Söhnen Israel sagen: Der ‚Ich bin‘ hat mich zu euch gesandt. Und Gott sprach weiter zu Mose: So sollst du zu den Söhnen Israel sagen: Jahwe, der Gott eurer Väter, der Gott Abrahams, der Gott Isaaks und der Gott Jakobs hat mich zu euch gesandt. Das ist mein Name in Ewigkeit.“* *(2Mo 3,14–15)*

Mit dieser Selbstaussage: „Ehe Abraham war, bin ich“ stellt sich Jesus Gott gleich. Zuvor hat er sich bereits als Sohn des göttlichen Vaters dargestellt. Das ist zunächst im Judentum nicht ungewöhnlich, versteht sich das Volk doch bereits in der Torah als Sohn Gottes und diesen wiederum als den Vater Israels (vgl. z. B. 2Mo 4,22 oder 5Mo 32,6). So sagen auch die Pharisäer in diesem Streitgespräch: „Wir haben einen Vater, Gott“ (Joh 8,41). Mit der Selbstaussage Jesu wird ihnen nun aber deutlich, dass er sich direkt vom Vater kommend versteht und diesem gleich ist, weil er mit der Aussage „bin ich“ seine Präexistenz unterstreicht. Von Anfang an, noch vor aller Schöpfung, war er bereits beim Vater. Und als dieser ewige Gottessohn hat er sich Abraham offenbart. Und zugleich hat er ihm „seinen Tag“ gezeigt. Er hat ihm etwas geoffenbart, was zukünftig in dieser Zeit und Schöpfung geschehen soll. Wenn dieser Tag „mein Tag“ ist, dann muss es so sein, dass der ewige Gottessohn selbst offenbar werden würde. Und die Schau dieses zukünftigen Tages löst bei Abraham Jubel und Freude aus. Es muss ein Tag des Heils und der Rettung sein. Ein Tag des göttlichen Eingreifens. Und zudem ein Tag der Erfüllung der Verheißung an Abraham, dass in seinem Samen alle Völker dieser Erde gesegnet werden sollen. Ich glaube, dass Paulus genau von diesem Tag spricht, wenn er in Gal 3,8 schreibt: „Die Schrift aber, voraussehend, dass Gott die Nationen aus Glauben rechtfertigen werde, verkündigte dem Abraham die gute Botschaft voraus: ‚In dir werden gesegnet werden alle Nationen.‘“ Die „gute Botschaft“ ist nichts anderes als das Evangelium von Jesus Christus, der sich selbst für uns als Hohepriester opfert, um uns zu retten. Ich glaube, dass es das ist, was Abraham geschaut hat, als er von Melchisedek Brot und Wein empfing. Wenn Abraham das Evangelium im Voraus geoffenbart bekommen hat, dann hat er auch im Voraus den Christus in Melchisedek geschaut – und gejubelt! Möglicherweise hat Fritz Laubach recht, wenn er schreibt:

> *„Der königliche Priester ist niemand anders als die vom Geheimnis überwaltete Person unseres Herrn Jesus Christus in einer für unser Denkvermögen unergründlichen Offenbarungsgestalt. Nach seiner kurzfristigen irdischen Erscheinung, die dem Aufleuchten eines Meteors am dunklen Firmament gleicht, ist er in der Kraft seines unvergänglichen Lebens wieder in die Herrlichkeit Gottes zurückgegangen.“*[21]

Martin Luther beschreibt es so, dass Melchisedek „in Name und Gestalt Christum darstellte“.[22] Diese Sichtweise wird interessanterweise auch von vielen geistlichen Leitern in Israel geteilt. So schreibt z. B. der Leiter der messianischen Gemeinde in der Jerusalemer Altstadt, Benjamin Berger: „Meine persönliche Meinung ist: Es kann gar niemand anders als der Messias sein.“[23] Und auch der Leiter des Jerusalemer 24-Stunden-Gebetshauses *Jerusalem House of Prayer for all Nations*, Tom Hess, schreibt: „Es ist gut möglich, dass es Jesus Christus selbst war.“[24]

Wir lesen weiter über Abraham in Hebr 11,10: „Er wartete auf eine Stadt, die auf festen Fundamenten steht und deren Gründer und Erbauer Gott selbst ist.“ Wie kann man gedanklich auf eine solche göttliche Stadt kommen und sie dann auch noch erwarten? Offensichtlich dann, wenn man bereits von ihr einen geistlichen Vorgeschmack bekommen hat. Wenn man in Melchisedek den gesehen hat, dessen Priesteramt nicht von Menschen legitimiert ist, sondern von Gott selbst. Wenn man in ihm einen messianischen Vorgeschmack von Gerechtigkeit und Frieden erfahren hat. Wenn man in ihm den zukünftigen König gesehen hat, der von Anfang

21 Laubach, F.: Der Brief an die Hebräer 145.

22 Luther, M.: Hebräer-Vorlesung von 1517/18. Deutsche Übersetzung von Erich Vogelsang, Berlin/Leipzig 1930.

23 Berger, B.: Eine Herde, ein Hirte 138.

24 Hess, T.: Betet für den Frieden von Jerusalem 61.

an war. Wenn man geschaut hat, dass dieser König etwas hervorbringen wird, was unabhängig von Menschenhand gebaut ist.

Sah Abraham in Melchisedek mehr als einen damaligen Stadtkönig und -priester, dann sah er in Salem auch mehr als eine Provinzstadt, die rund sieben Stunden Fußmarsch von seinem Wohnort bei Hebron entfernt war. Abraham sah etwas, was über die damalige Stadt hinausging – und auch über das heutige Jerusalem. Er sah prophetisch das neue Jerusalem, die himmlische Stadt. Die prophetische Begegnung zwischen Abraham und Melchisedek ist noch nicht mit dem ersten Kommen Jesu und seinem priesterlichen Wirken erfüllt. Hier steht offensichtlich noch etwas aus: für diese leidende Schöpfung und über sie hinaus. Aber dazu mehr in den späteren Kapiteln.

Offensichtlich war der priesterliche Dienst des ewigen Gottessohnes von Anfang an, noch vor aller Schöpfung, als Urbild angelegt. Er zeigte sich in der Begegnung mit Abram, bekam aber dann durch seine Fleischwerdung in Jesus von Nazareth eine umfassendere Heilsdimension, von der das Obergemach auf dem Zionsberg noch heute Zeugnis gibt. Melchisedek war zudem ein König der Gerechtigkeit in einer Stadt, die Frieden bedeutet. Gerechtigkeit und Frieden sind Merkmale, die dem Messias zugesprochen werden. Von daher hatte diese Begegnung bereits eine messianische Spitze. Sie wies über sich hinaus auf den Tag der Offenbarung des Gottessohnes in Jesus. Mit der Schau dieses Gottessohnes in Melchisedek erkannte Abraham in ihm nicht nur den Urpriester, sondern auch den Urkönig, der dann später in Jesus als Sohn Davids eine messianische Gestalt annahm.

Der Psalm 110 verdeutlicht, dass das Königtum Salems prophetisch an das davidische Königtum gebunden wurde; Jesus selbst bekräftigt dies in Mt 22,41–45. Allerdings ist in diesem messianischen Psalm zu beachten, dass es zwar um einen Thron geht, dieser aber nicht der Thron Davids auf Erden ist, wie es z. B. in Psalm 2 der Fall ist. Vielmehr geht es um eine Hinaufführung in die himmlische Thronwelt. Wir müssen daher bewusst unterscheiden zwischen dem irdischen Thron Davids und dem Thron Jahwes, zu dessen Rechten der davidische Messias als Königpriester sitzen soll. Über den letzteren schreibt der Hebräerbrief:

> *„Wir haben einen solchen Hohen Priester, der sich gesetzt hat zur Rechten des Thrones der Majestät in den Himmeln, als Diener des Heiligtums und des wahrhaftigen Zeltes, das der Herr errichtet hat, nicht ein Mensch.“ (Hebr 8,1–2)*

Den himmlischen Thron hat Jesus mit seiner Auferstehung und Himmelfahrt bereits eingenommen. Der Dienst von Abram an Melchisedek in Salem erinnert uns daran, dass ihm als Messias auch der Thron Davids in der Stadt Jerusalem verheißen ist. Diesen hat er bis heute noch nicht bestiegen. So steht seine Inthronisation als König Jerusalems noch aus. Diese Stadt Jerusalem hat noch eine gewaltige Zukunft vor sich.

2.5 DER BERG MORIA: ZWEI VATER-SOHN-GESCHICHTEN IM ANGESICHT GOTTES

Ich werde in meiner Andacht im Obergemach durch die Museumsaufsicht unterbrochen. Sie bittet mich zu gehen, weil die Öffnungszeit vorbei ist. Ich bin überrascht, wie schnell die Zeit vergangen ist. Tatsächlich ist es draußen schon dunkel geworden. So packe ich meine Bibel und mein Notizbuch ein und verlasse den Raum. Zu meiner Linken befindet sich im Hof die *Diaspora Yeshivah.* Sie ist die einzige jüdische Einrichtung auf dem Zionsberg und lädt weltweit junge Frauen und Männer zum Torahstudium ein. Zudem ist sie für die Verwaltung des Davidsgrabes zuständig. In manchen Fenstern brennt nun Licht. Sicherlich werden sich die jungen Erwachsenen täglich viele Stunden dem Torahstudium widmen. Meine Gedanken zu Abraham, Melchisedek und David würde ich gerne mit ihnen teilen. Was sie wohl dazu sagen würden? Sicherlich erwarten sie mit großem Ernst das Kommen ihres Messias, der auch für sie der Sohn Davids ist. Ob sie jemals über ihren Innenhof den Obersaal besucht haben? Es ist schon bewegend: Von der Tradition her könnten David (bzw. dessen Kenotaph) und Jesus (bzw. das Obergemach) räumlich nicht näher beieinander sein, und doch ist da noch dieser geistliche Schleier, der sie daran hindert, in Jesus den Sohn Davids und ihren Messias zu erkennen. Aber dieser Schleier ist noch nicht das Ende der Geschichte. Gott hat noch Großes mit seinem erwählten Volk vor.

Ich gehe zurück zur Western Wall, dieses Mal aber über das Zionstor und das armenische Viertel der Altstadt. Das Zionstor wird auch das verwundete Tor genannt, weil es durch viele Einschusslöcher aus dem Unabhängigkeitskrieg von 1948 gekennzeichnet ist. Ich halte mich rechts an der Stadtmauer entlang und komme bereits nach wenigen Metern in das Jüdische Viertel. Viele kleine Läden sind noch geöffnet. Die Gassen sind mit Menschen gefüllt. Manche Touristen flanieren auf dem holprigen Steinpflasterboden, während die jüdischen Familien geschäftig ihren Alltag bewältigen. Aus den Innenhöfen höre ich die Stimmen spielender Kinder. Das Leben pulsiert hier. Immer wieder taucht eine Yeshivah-Schule oder eine Synagoge vor mir auf. Davon gibt es zahlreiche in diesem Viertel. Erfreulicherweise nimmt auch die Zahl der weiblichen Yeschiwot zu. Ich schlängele mich durch die Menschengruppen und verwinkelten Gassen und gehe zielstrebig in Richtung Western Wall. Bald komme ich an den Resten einer alten Kreuzfahrerkirche vorbei, die direkt an einer Treppe zur Western-Wall-Plaza liegt. Vor mir entfaltet sich ein bewegender Panoramablick: Im Hintergrund erhebt sich der Ölberg; oben leuchten zahlreiche Lichter. Links vor mir habe ich einen beeindruckenden Blick auf die gesamte Plaza. Der Platz vor der Klagemauer ist hell erleuchtet. In der Mitte des Platzes vor der Einzäunung zu den Gebetstrakten für Männer und Frauen weht eine israelische Flagge leicht im Wind. Oberhalb des Frauentraktes verläuft eine provisorische Brücke, die über das Maghrebiner-Tor direkt auf den Tempelberg führt. Dieses Tor ist der einzige Zugang für Nicht-Muslime zum Tempelberg. Links hinter der Mauer erstrahlt die goldene Kuppel des Felsendoms.

Er wurde zum Ende des siebten Jahrhunderts errichtet. Nach islamischer Tradition soll Mohammed von dieser Stelle aus seine Himmelsreise angetreten haben. Auch um diesen Ort ranken sich fantasiereiche Legenden, die es schwer machen, das Historische von Verfälschungen und Überhöhungen freizumachen. So kann man in ihm beispielsweise den Fingerabdruck des Erzengels Gabriel bestaunen. Und dennoch beinhalten Legenden meist auch einen wahren Kern, den es zu entdecken gilt. Zweifelsohne ist dies hier im Heiligen Land – und besonders in Jerusalem – nicht ganz einfach, da gerade in Glaubensfragen die Gefahr groß ist, Wissenschaft für den eigenen Glauben zu missbrauchen und Wunschergebnisse zu produzieren. Zugleich aber darf die Wissenschaft die spirituelle Dimension nicht ausschließen. Das Wirken Gottes ist nicht erschöpfend in wissenschaftlichen Kategorien zu erfassen. Gott lässt sich nicht einfangen. Er ist transzendent, und will doch auch in seiner Schöpfung durch seinen Geist einwohnen. Und so braucht es einen guten Dialog zwischen Archäologie, Geschichtswissenschaft und Theologie.

Im Felsendom befindet sich nach jüdischer Tradition – das Hinweisschild auf der Western-Wall-Plaza hat mich darauf aufmerksam gemacht – der Gründungsstein bzw. -fels der Erde. Diesem Gedanken will ich später nachgehen. Der Bau des Felsendoms wurde um diesen offenliegenden Felsen errichtet. Mich bewegt aber noch Abraham, der Gott hier auf dem Tempelberg gedient haben soll. Nach jüdischer Tradition soll er an diesem Ort bereit gewesen sein, seinen Sohn Isaak, der zugleich der Sohn der Verheißung war, Gott zu opfern. Wieder muss ich einige biblische Verbindungslinien herstellen, um dem nachspüren zu können.

David und die Erwählung des Berges Morija zum Tempelberg

Der Tempelberg wird auch Berg Moria bzw. Morija genannt. Das Wort findet sich im Alten Testament an zwei Stellen und wird mit zwei Vätern und ihren Söhnen in Verbindung gebracht: Abraham und Isaak sowie David und Salomo. Ich beginne zunächst mit den Letzteren. Die entsprechende Textstelle findet sich in 2Chr 3,1:

> *„Und Salomo fing an, das Haus des HERRN zu bauen in Jerusalem, auf dem Berg Morija, wo der HERR seinem Vater David erschienen war, an der Stelle, die David bestimmt hatte, auf der Tenne Ornans, des Jebusiters."*

Der Ort des ersten Tempelbaus war zunächst der Ort, an dem Gott David erschienen war. Die Offenbarung Gottes an David auf diesem Berg Morija war der Grund dafür, dass David ihn für den Tempel bestimmt hatte. Etwas in dieser Erscheinung Gottes muss David dazu bewogen haben, diesen Ort für den Tempel zu erwählen. Man geht in der Forschung zur Kanonbildung des Alten Testaments davon aus, dass zur Zeit Davids die Torah eine Erscheinungsform hatte, die der späteren Endfassung schon recht ähnlich war. Das dürfte bedeuten, dass David mit gewisser Wahrscheinlichkeit die Textstelle aus 5Mo 12,11 kannte, die bereits auf den Tempel hindeutete als

> *„die Stätte, die der HERR, euer Gott, erwählen wird, seinen Namen dort wohnen zu lassen, dahin sollt ihr alles bringen, was ich euch gebiete: eure Brandopfer und eure Schlachtopfer, eure Zehnten und das Hebopfer eurer Hand und all das Auserlesene eurer Gelübde, die ihr dem HERRN geloben werdet".*

Wie wir im ersten Kapitel gesehen haben, ist der Tempel des HERRN vor allem Opferkult zunächst der Ort, wo Gott mit seinem Namen wohnen möchte – im Sinne einer Gegenwartsschechina. Diese ermöglicht die intendierte Gemeinschaft zwischen Gott und seinem erwählten Volk. Um diese Gemeinschaft und Nähe zu Gott (dauerhaft) erfahrbar zu machen, braucht es allerdings auch Opfer, durch die Sühnung und Vergebung von Schuld möglich werden.

Genau das ist auch der geschichtliche Hintergrund der Ortsauswahl für den Salomonischen Tempel. David initiierte damals in Juda und ganz Israel eine Zählung der kriegstüchtigen Männer. Diese Ausrichtung auf die eigene Heereskraft und -stärke missfiel Gott. Eine Pest brach aus und tötete über 70 000 Menschen. David erkannte seine Sünde und in der Pest das Strafgericht Gottes. Und so lesen wir auszugsweise in 1Chr 21:

„Und Gott sandte den Engel nach Jerusalem, um es zu vernichten. Und als er zu vernichten begann, sah es der HERR, und er hatte Mitleid wegen des Unheils. Und er sprach zu dem Engel, der vernichtete: Genug! Lass deine Hand jetzt sinken! Der Engel des HERRN stand aber gerade bei der Tenne Ornans, des Jebusiters. Und als David seine Augen erhob, sah er den Engel des HERRN zwischen der Erde und dem Himmel stehen, sein Schwert gezückt in seiner Hand, ausgestreckt über Jerusalem. Da fielen David und die Ältesten, in Sacktuch gehüllt, auf ihr Angesicht. Und David sagte zu Gott: Habe nicht ich befohlen, das Volk zu zählen? Bin ich es doch, der gesündigt und Böses getan hat! Aber diese Schafe, was haben sie getan? HERR, mein Gott, lass doch deine Hand gegen mich und gegen das Haus meines Vaters sein, aber nicht gegen dein Volk mit dieser Plage! Und der Engel des HERRN sprach zu Gad, dass er zu David sage, David solle hinaufgehen, um dem HERRN einen Altar zu errichten auf der Tenne Ornans, des Jebusiters … Und David baute dort dem HERRN einen Altar und opferte Brandopfer und Heilsopfer. Und er rief zu dem HERRN, und der antwortete ihm mit Feuer, das vom Himmel auf den Altar des Brandopfers fiel. Und der HERR sprach zu dem Engel, und der steckte sein Schwert wieder in seine Scheide. Zu jener Zeit, als David sah, dass der HERR ihm auf der Tenne Ornans, des Jebusiters, geantwortet hatte, als er dort opferte, … da sagte David: Das hier soll das Haus Gottes, des HERRN, sein, und das der Altar zum Brandopfer für Israel.“ (1Chr 21,15 – 1Chr 22,1)

David sah den Gerichtsengel Gottes und tat aufgrund der Einsicht seiner Schuld Buße. Der Prophet Gad empfing ein Gotteswort für David und leitete diesen an, was er nun tun solle: einen Altar auf der Tenne bauen, um dort zu opfern. David gehorchte Gott. Durch seinen Opferdienst wurde das Gericht Gottes abgewendet; weitere Menschenleben blieben verschont. Die Opfertiere starben stellvertretend auf dem Altar. Gottes Annahme des Opferdienstes mit Feuer vom Himmel wurde David zum Zeichen, hier auf dem Berg Morija das Haus Gottes aufzurichten. Dieses Zeichen des göttlichen Feuers und das vorauslaufende Prophetenwort durch Gad konnte David offensichtlich mit dem Wort aus der Torah (5Mo 12,11) in Verbindung bringen: Dies ist „… die Stätte, die der HERR, euer Gott, erwählen wird, seinen Namen dort wohnen zu lassen …“ Und so bestimmte David den Berg Morija zum Ort des Tempelbaus; dieser Bestimmung ging jedoch zuvor die Erwählung Gottes voraus.

Wahrscheinlich beinhaltet der Name *Morija* dieses Zusammenwirken von göttlicher Offenbarung und menschlicher Antwort, auch wenn seine etymologische

Bedeutung bzw. Wortherkunft unsicher ist. Die hebräische Wurzel könnte sowohl sehen (hebräisch: *r-a-h*) oder auch *fürchten* (hebräisch: *j-r-a*) sein. Zudem beinhaltet das Wort Morija den Gottesnamen Jahwe (abgekürzt: *ja*). Damit ist der Berg der Ort, an dem sich Jahwe sehen lässt, oder der Ort, wo er in seiner Heiligkeit zu fürchten ist. Beides klingt in der Geschichte von David an.

Für die zweite Vater-Sohn-Geschichte möchte ich näher an das Geschehen heran. Oftmals ist mir der Zutritt zum Tempelberg aufgrund politischer Unruhen verwehrt geblieben. Dieses Mal aber habe ich Glück. Da der Zugang für heute aber bereits geschlossen ist, will ich gleich morgen Vormittag auf den Tempelberg gehen.

So genieße ich für einen letzten Augenblick die Abendstimmung mit dem wunderschönen Panoramablick und gehe dann wieder die Treppen hinauf zu meinem Quartier, das auf der Grenze zwischen dem jüdischen und dem armenischen Viertel liegt. Nach einigen hundert Metern gelange ich auf den Hurva-Platz, der das Zentrum des jüdischen Viertels in der Altstadt bildet. An seinem Kopfende ragt die beeindruckende aschkenasische Hurva-Synagoge hervor. Sie war bis 1948 die Hauptsynagoge von Jerusalem, wurde aber im selben Jahr im Unabhängigkeitskrieg von den Jordaniern komplett gesprengt. Im Jahr 2005 wurde entschieden, die Synagoge nach den alten Bauplänen wieder aufzubauen. Fünf Jahre später konnte sie eingeweiht werden. Ich kenne diesen Platz noch gut mit der Hurva-Ruine. Nun erscheint sie mit der Abendbeleuchtung im neuen Glanz. Vor ihr steht in einem Glaskasten geschützt eine beeindruckend große Menorah. In der Vergangenheit stand sie an unterschiedlichen Plätzen im jüdischen Viertel. Nun hat sie hier ihren (vorübergehenden) Ausstellungsort gefunden.

Die Menorah ist vom *Temple Institute of Jerusalem* erstellt worden, das sich in der Nähe der Hurva-Plaza befindet. Dort habe ich bei einem Besuch erfahren, dass sie exklusiv für den neuen Tempel gebaut wurde. Viele Forscher, Wissenschaftler, Rabbiner und Handwerker waren an ihrer Herstellung beteiligt. Sie ist rund zwei Meter groß, wiegt eine halbe Tonne und ist mit 45 Kilogramm Gold (24 Karat) überzogen. Ihr Wert wird auf rund drei Millionen Dollar geschätzt. Von entsprechender Qualität ist das Sicherheitsglas, das sie auf diesem öffentlich zugänglichen Platz schützt. Mit dieser Menorah sind die Sehnsüchte vieler frommer Juden verbunden. Eines Tages soll sie auf dem Tempelplatz im neu gebauten Tempel stehen. Das wäre der Ort, wo heute der Felsendom steht. Der im Felsendom befindliche Fels, den ich mir morgen anschauen möchte, hat eine rechteckige Vertiefung. Hier soll die Bundeslade gestanden haben. Die Menorah müsste dann nur wenige Meter davon entfernt in östlicher Richtung aufgestellt werden, da der Zugang des neuen

Tempels – wie bei den vorherigen – von Osten her erfolgen würde. Um den Bau des neuen Tempels zu ermöglichen, müsste der Felsendom „entfernt" werden. Wie dies geschehen soll, bleibt offen. Wiederholt gab es nach dem Sechstagekrieg von 1967 Bestrebungen aus dem Umfeld gewaltbereiter Siedler, den Felsendom zu sprengen. Dazu ist es bis heute nicht gekommen. Die Konsequenzen für die gesamte Region wären kaum zu ermessen. Die meisten frommen Juden überlassen es Gott bzw. dem kommenden Messias, dieses Problem zu lösen.

Die an Jesus glaubenden messianischen Juden in Israel gehen nach meiner Erfahrung recht entspannt mit dieser Frage nach dem dritten bzw. neuen Tempel um. Für viele von ihnen hat er keine zukünftige zentrale Bedeutung, da der Opferdienst durch Jesu Tod und Auferstehung überholt sei und sein Geist uns zu einem Tempel aus lebendigen Steinen gemacht habe. Und so vermuten manche von ihnen, dass er möglicherweise noch gebaut wird, andere halten es für eher unwahrscheinlich.

Jerusalem als Zentrum der Welt

Ein neuer Tag bricht an. Bevor ich zum Tempelplatz gehe, will ich einen kleinen Abstecher zum Teddy-Kollek-Park machen, der direkt dem Westtor der Altstadt, dem Jaffa-Tor, gegenüberliegt. Ich denke wieder an das Hinweisschild auf der Western-Wall-Plaza, insbesondere an den Satz: „Die jüdische Tradition lehrt, dass der Tempelberg der Mittelpunkt der Schöpfung ist." Natürlich mutet diese Behauptung naiv an. Traditionelle Lehre macht noch keine Wahrheit. Wissenschaftlich ist diese Aussage nicht belastbar. Auf dem Weg zum Park muss ich an die eine oder andere Weltkarte denken, auf der Jerusalem als das Zentrum der Welt abgebildet wird. So ist z. B. die weltberühmte Ebstorfer Weltkarte aus dem frühen 14. Jahrhundert nicht nach topografischen, sondern nach heilsgeschichtlichen Kriterien geordnet, sodass Christus mit seinem Körper die Welt trägt und Jerusalem das Zentrum bzw. der Nabel der Welt ist. Ich habe auch die Weltkarte des evangelischen Theologen Heinrich Bünting aus dem 16. Jahrhundert vor Augen, auf der die Welt mit den drei alten Kontinenten Europa, Asien und Afrika als Kleeblatt dargestellt ist – mit Jerusalem als Mittelpunkt. Und genau diese Karte ist es, die mich in den Teddy-Kollek-Park treibt. Ich gehe durch das beeindruckende Jaffa-Tor und verlasse die Altstadt. Nur wenige Meter unterhalb von mir erstreckt sich die kleine Parkanlage, die ich über ein paar Treppenstufen bergab erreiche.

Dann erblicke ich auf dem Steinboden eine Abbildung dieser Weltkarte von Bünting. Sie ist integraler Bestandteil einer Skulptur von Daniel Breuer-Weil mit dem Titel *Jerusalem Center of the World.* Dabei handelt es sich um eine offene Weltkugel aus rostfreiem Stahl, die man betreten kann und sich dabei auf die Steinkarte von Brüning stellt, und zwar mitten auf die Stadt Jerusalem. Der Zugang in das Innere ist dadurch möglich, dass der Künstler die Ozeane nicht durch den Stahl abgebildet hat. Die Skulptur hat einen Durchmesser von rund drei Metern. Auf ihrer äußeren Oberfläche spiegeln sich in östlicher Richtung die Altstadt mit ihrer beeindruckenden Außenmauer und in westlicher Richtung die Neustadt von Jerusalem wider. Eine berührende Vereinigung von alt und neu, von Vergangenheit und Zukunft. Es ist so, als wenn der Künstler damit zum Ausdruck bringen will, dass diese Stadt nicht nur eine bewegende und bewegte Vergangenheit, sondern eben auch noch eine hoffnungsvolle Zukunft hat.

Ich betrete die Weltkugel und stelle mich auf Jerusalem. Während ich mich langsam drehe, kann ich erkennen, wie sich die Stadt Jerusalem von Büntings Karte auf den Innenwänden der Skulptur widerspiegelt. Die Weltkugel macht unmissverständlich klar, dass die alte Weltkarte geografisch und wissenschaftlich überholt ist. Zugleich aber wird mir auch beindruckend vor Augen geführt, dass die Bedeutung von Jerusalem weltumspannend sein soll bzw. ist. Alle Kontinente dieser Erde stehen mit dieser Stadt auf bestimmte Art und Weise geistlich in Verbindung. Für keinen Kontinent dieser Erde soll diese Stadt unbedeutend sein. Und kein Kontinent, kein Land dieser Erde sollte diese Stadt aus dem Blick verlieren. Ich muss an die Worte aus Psalm 137,5 denken: „Vergäße ich dein, Jerusalem, so verdorre meine Rechte."

Ich blicke auf den Boden und betrachte die Karte von Bünting. Er war nicht nur Theologe, sondern auch Geograf. Mit der Zentrierung von Jerusalem als Mittelpunkt der Erde wollte er zuerst eine geistliche Wahrheit ausdrücken, die topografische Orientierung war dem untergeordnet. Diese geistliche Wahrheit hat Breuer-Weil aufgegriffen und in seine Skulptur von der offenen Weltkugel integriert. Mit der Möglichkeit des Eintretens in die Skulptur wird zudem der Raum für eine persönliche Erfahrung geöffnet: Jerusalem darf zum Zentrum meiner spirituellen Welt werden.

Der Tempelberg: alles außer gewöhnlich

Nach dieser geistlich eindrücklichen Erfahrung mache ich mich wieder zur Western-Wall-Plaza auf. Gleich hinter dem Jaffator beginnt mit der David Street der Suq, in dem bereits ein buntes und lautes Treiben herrscht. Die Händler haben ihre Ladenpforten geöffnet und laden die Vorbeigehenden lautstark in ihre Geschäfte ein: „Come into my shop" ist wohl der am häufigsten gesprochene Satz im Suq.

Business as usual. Ich ignoriere die Einladungen der Händler und schlängle mich durch die schmale David Street, bis ich auf die alte Hauptachse der Stadt aus der römisch-byzantinischen Zeit stoße, den Cardo. Dort beginnt zu meiner Rechten das jüdische Viertel. Ab hier wird es deutlich ruhiger; es herrscht plötzlich eine ganz andere Atmosphäre. Juwelierläden und Kunstgeschäfte bieten hier ihre Waren an. Allerdings stehen die Verkäuferinnen und Verkäufer nicht vor ihren Läden, sondern halten sich in ihnen auf. Manchen Künstlerinnen und Künstlern kann man direkt bei der Arbeit zuschauen. Ich kann mir sicher sein, dass ich den Satz „Come into my shop“ hier nicht hören werde. Er entspricht nicht der zurückhaltenden jüdischen Mentalität in der Altstadt.

Bald erblicke ich zu meiner Linken den Zugang zum Hurva-Platz. Von hier aus sind es nur wenige hundert Meter zu dem Plateau, wo ich einen Abend zuvor diesen herrlichen Panoramablick hatte. Nun scheint mir die Morgensonne entgegen. Der Himmel ist wolkenlos. Wäre ich nun gegenüber auf dem Ölberg, hätte ich für ein Foto auf den Tempelberg und die Jerusalemer Altstadt die perfekte Belichtung. Oftmals sieht man gerade um diese Tageszeit viele Touristenbusse den Ölberg hochfahren, die dieses Tageslicht für eine Fotosession nutzen wollen. Vom View-Point des Ölbergs sind zweifelsohne die bekanntesten Jerusalem-Bilder entstanden. Alternativ stehen hier abends die Fotografen, um den perfekten Sonnenuntergang mit der Silhouette der Altstadt einzufangen. Nach der morgendlichen Fotosession auf dem Ölberg geht es dann für die meisten Touristengruppen bergabwärts an der berühmten Kirche „Dominus-Flevit“ (deutsch: *Der Herr hat geweint*) vorbei in Richtung Garten Gethsemane. Aber das ist für heute nicht mein Ziel.

Ich gehe die letzten Treppenstufen von meinem erhöhten Plateau vor der Klagemauer hinunter und durchschreite eine Sicherheitskontrolle mit Metalldetektoren und Röntgenapparat. Ohne diese kann niemand die Western-Wall-Plaza betreten. Auf der Plaza angelangt gehe ich zum Eingangsbereich der Behelfsbrücke, die zum Tempelberg hinaufführt. In der Vergangenheit hatte ich auf meinen Reisen nach Jerusalem nur selten die Möglichkeit, den Tempelberg zu besuchen. Auch wenn Israel die Altstadt mit dem Tempelberg 1967 im Sechstagekrieg von den Jordaniern erobert hat, verzichtete der Staat anschließend auf die Verwaltung des Tempelberges. Diese liegt bei der von Jordanien gesteuerten *Waqf-Behörde*, einer islamischen Stiftung. Gleichwohl kontrolliert Israel den Zugang zum Tempelberg und ist dort auch für die Sicherheit zuständig. Aus sicherheitspolitischen und religiösen Gründen wird der Zugang zum Tempelberg immer wieder ausgesetzt. Entweder untersagt die israelische Polizei den Zugang, oder aber die *Waqf*-Behörde verschließt die Eingangstore und nimmt darin ihre Aufsichtskompetenz wahr. Heute habe ich

Glück. Bevor ich die Mughrabi-Brücke betreten kann, stoße ich auf ein Hinweisschild, das einmal mehr deutlich macht, wie kompliziert das religiöse Leben im innersten Kern der Altstadt ist:

> *„Announcement and Warning – According to Torah Law, entering the Temple Mount area is strictly forbidden due to the holiness of the site.*
> *The Chief Rabbinate of Israel"*

Das Oberrabbinat ist die oberste religiöse Autorität in Israel. Es ist zuständig für die zentralen Fragen der Religionsausübung israelischer Juden. Sein Verbot mag zunächst irritieren, da dieser Platz wichtiger und zentraler ist als die Klagemauer. Hier wäre man ganz nahe am Heiligtum und damit auch an dem Ort, wo Gott nach jüdischem Verständnis wohnt. Aber genau das ist der springende Punkt. Da der Tempeldienst aufgrund des fehlenden Tempels ausgesetzt ist, können die erforderlichen Reinheitszeremonien nicht umgesetzt werden, die notwendig wären, um sich Gott auf diesem Tempelplatz nähern zu können. Da man sich auch über die exakte Lokalisierung des Heiligtums unsicher ist – offensichtlich ist nicht jeder von der Felsentradition als zentralem Ort überzeugt –, soll zudem verhindert werden, dass Besucher unbeabsichtigt oder irrtümlich das Allerheiligste betreten. Da sich das Verbot des Rabbinats auf die Halacha bzw. das jüdische Gesetz bezieht, habe ich als Nicht-Jude die Freiheit, den Tempelberg zu betreten.

Aber auch im Judentum ist das Zugangsverbot höchst umstritten. Während sich die ultra-orthodoxen Juden an die Vorgaben des Oberrabbinats aus den oben genannten religiösen Gründen halten, gibt es insbesondere bei den religiösen Zionisten und Siedlern deutlichen Widerstand. Für sie ist es unfassbar, dass man als Jude in Israel überall seinen Glauben ausleben kann, aber nicht am heiligsten Ort des Landes und des Judentums: auf dem Tempelberg. Und so ignorieren sie das Verbot und betreten den Tempelberg. Dort kommt es immer wieder mit der israelischen Polizei zu verbalen Auseinandersetzungen – insbesondere dann, wenn sie öffentlich beten, ihre Schriften laut rezitieren oder geistliche Lieder anstimmen. Nicht zuletzt werden sie wegen ihrer religiösen Kleidung,[25] die nicht mit der schwarzen Kleidung der Ultra-Orthodoxen zu verwechseln ist, schnell von den

25 Religiöse Juden tragen durchaus farbige Kleidung. Sie ist dem Siedlerleben und den dort örtlichen Gegebenheiten angepasst. Die Männer tragen Kippot und Schläfenlocken. Die Frauen tragen lange Röcke und Kopftücher.

Arabern identifiziert und genau beobachtet. Dabei ist oftmals ein verbaler Streit vorprogrammiert, der durchaus auch Zündstoff für Gewaltauseinandersetzungen hat.

Da sie genau diese Auseinandersetzungen verhindern wollen, vermeiden reformierte Juden den Besuch des Tempelberges. Für sie ist weder die Torah noch der nationale Besitzanspruch auf den Tempelberg handlungsleitend. Sie tun eher das, was realpolitisch geboten ist. Und der jüdische Besuch des Tempelberges trägt für sie nicht zur Stabilisierung des Miteinanders zwischen Juden und Arabern bei. Also unterlassen sie ihn.

Mein Besuch als Christ wird neutral wahrgenommen. Die heiligsten Stätten des Christentums befinden sich jenseits des Tempelberges. Aber auch ich muss als Andersgläubiger religiöse Vorgaben beachten: Das Mitbringen von religiösen Büchern und Kultgegenständen ist verboten, ebenso das nicht-islamische Gebet. Beim Betreten der Brücke muss ich ein weiteres Mal durch eine Sicherheitskontrolle, einschließlich der Metalldetektoren und des Röntgenapparats. Zudem muss ich meinen Rucksack öffnen und aufgrund des Verbots des Mitbringens von religiösen Büchern meine Bibel abgeben. Ich bekomme aber die Zusage, dass ich sie mir beim Hinausgehen wieder abholen könne. Mir bleibt zumindest meine Online-Bibel auf meinem Smartphone. Auch mein stilles Gebet wird nicht Anstoß erregen. Und da ich dem jüdischen Messias Jesus folge und sein Geist in mir wohnt, habe ich auch keine Sorge, aus Versehen verunreinigt das Allerheiligste zu betreten. Jesu Blut reinigt uns von unseren Sünden – so der Zuspruch von Jesus selbst bei der Einsetzung des Abendmahls.

An israelischen Soldaten vorbei betrete ich den Tempelplatz. Es ist seltsam, aber nach meiner Wahrnehmung liegen bezüglich der geistlichen Atmosphäre zwischen der Western-Wall-Plaza und dem Tempelberg Welten. Sicherlich liegt dies bereits daran, dass ich hier meinen Glauben nicht frei ausüben darf – obwohl doch auch im Islam Jesus als Prophet und Abraham als Stammvater verehrt werden. Daran erinnert auch die Abrahammoschee an seinem Grab bei Machpela bzw. Hebron. Zugleich spüre ich aber auch, dass es hier „kälter" wird und dass der Kampf um den Tempelplatz eben auch ein geistlicher Kampf in der unsichtbaren Welt ist. Dies hat sicherlich etwas damit zu tun, dass uns nach alt- und neutestamentlichem Zeugnis das Kommen des Messias an diesen Ort Jerusalem verheißen ist. Wir Christen erwarten darin die Wiederkunft Jesu als Messias Israels und der ganzen Welt. Damit kann dieser Ort nicht neutral sein.

Abraham und Isaak dienen auf dem Berg des HERRN

Zurück zu Abraham, der ja heute auch der Grund ist, warum ich auf dem Tempelplatz bin. Und so gehe ich zielgerichtet auf den Felsendom zu, der recht zentral auf diesem riesigen Areal steht. Nach der Western-Wall-Plaza soll er hier auf dem Tempelberg Gott gedient haben – und mit ihm auch Isaak. Damit sind wir bei dieser unglaublich herausfordernden Geschichte, in der Abraham von Gott aufgefordert wird, seinen Sohn Isaak, und damit den Sohn der Verheißung, zu opfern: „Nimm deinen Sohn, deinen einzigen, den du lieb hast, den Isaak, und ziehe hin in das Land Morija, und opfere ihn dort als Brandopfer auf einem Berge, den ich dir nennen werde!" (1Mo 22,2).

Mit diesem geforderten Gehorsamsschritt wird seine empfangene Verheißung selbst in Frage gestellt, und damit einhergehend auch seine Zukunft, die an seinem Sohn als Sohn der Verheißung hängt. Nachdem er auf Drängen von Sara seine Magd Hagar und ihren gemeinsamen Sohn Ismael weggeschickt hatte, sprach Gott zu ihm: „Nach Isaak soll dir die Nachkommenschaft genannt werden" (1Mo 21,12). Vor diesem Hintergrund ist die Aussage Gottes zu verstehen, wenn er im Blick auf Isaak von „deinem einzigen" Sohn spricht. Damit wird sein Glaube bis auf das Äußerste herausgefordert. Er steht in der Spannung zwischen Ungehorsam und Opferung seines Sohnes, der ihm so viel bedeutet und den er liebt. Gott fügt hinzu, wo er seinen Sohn opfern soll: im Land Morija „auf einem der Berge, den ich dir nennen werde!" (1Mo 22,2). Als Reaktion von Abraham lesen wir: „Er spaltete Holz zum Brandopfer und machte sich auf und ging an den Ort, den Gott ihm genannt hatte. Am dritten Tag erhob Abraham seine Augen und sah den Ort von fern" (1Mo 22,3.4). Wenige Verse später lesen wir: „Und sie kamen an den Ort, den Gott ihm genannt hatte" (1Mo 22,9).

Wir lesen hier zunächst von einem Land Morija, in dem offensichtlich mehrere Berge sind. Bei David wird später nur noch von „dem Berg Moria" gesprochen (2Chr 3,1). In der jüdischen Tradition geht man davon aus, dass es sich bei David um den Berg handelt, den Gott Abraham genannt bzw. gezeigt hat und von dem dann auch später Mose in seiner Abschiedsrede zu seinem Volk gesprochen hat (5Mo 12,11): Aus einem Berg in dem Land Morija wird der Berg Moria, auf den es ankommen wird. Wenn dem so sein sollte, dann handelt es sich um den Berg, auf dem ich stehe.

Zuvor hielt sich Abraham in Beerscheba auf, wo er einen Brunnen gegraben hatte (vgl. 1Mo 21). Beerscheba liegt gut drei Tagesreisen südöstlich von Morija (bzw. dem damaligen Salem) am nördlichen Rand der Wüste Negev. Offensichtlich wollte Gott aber nicht, dass Abraham seinen Sohn dort opfert. Das sollte uns irritieren bzw. aufmerken lassen. Offensichtlich hat sich Gott für diese Prüfung nicht nur einen anderen, sondern auch einen ganz bestimmten Ort erwählt. Leider findet dieser Punkt in der Auslegung viel zu wenig Beachtung.

Gott schickt Abraham auf diese Reise, ohne ihm einen Grund für das offene Reiseziel zu geben. Und so geht er vermutlich von Beerscheba über Hebron und Bethlehem nach Salem – zu dem Ort, an dem er schon zuvor dem Priesterkönig Melchisedek begegnet ist und in dem er den Gottessohn schauen durfte. Vermutlich ist er südlich durch das Hinnomtal an Salem vorbeigezogen und dann links in das Kidrontal gegangen (oder vor Salem bereits nördlich in das Tyropöontal abgebogen). Dort hat sich zu seiner Linken der Berg Morija erhoben, den Abraham nun von Gott „genannt" bzw. gezeigt bekommt als den Berg, auf dem er seinen Sohn opfern soll (falls er über das Tyropöontal gekommen ist, hat sich der Berg östlich zu seiner Rechten erhoben).

Abraham und sein Sohn Isaak besteigen diesen Berg. Beide sind bereit, an diesem Ort Gott zu dienen; Abraham als derjenige, der das Opfer vollzieht, und Isaak als derjenige, der sich von seinem Vater binden und auf das Holz legen lässt:

> *„Und sie kamen an den Ort, den Gott ihm genannt hatte. Und Abraham baute dort den Altar und schichtete das Holz auf. Dann band er seinen Sohn Isaak und legte ihn auf das Holz. Und Abraham streckte seine Hand aus und nahm das Messer, um seinen Sohn zu schlachten."* *(1Mo 22,9–10)*

Im Felsendom blicke ich auf den großen Felsen, auf dem sich die Opferung anbahnte. Als Vater zweier Jungen kann und will ich mir das Szenario kaum ausmalen oder vorstellen. Ich kann mir keinen schlimmeren Schicksalsschlag vorstellen als den Verlust seines eigenen Kindes. Ich kann die Situation auch nicht kulturell „glätten", um der Situation den Schrecken zu nehmen. Gott selbst bringt ja die ganze Tragik auf den Punkt: „Nimm deinen Sohn, deinen einzigen, den du lieb hast …" Hier gibt es keinen Hinweis für eine emotionale Entlastung. Abrahams Glaube wird existenziell geprüft. Und er offenbart ungeahnte Tiefen. Die Dimension seines Glaubens wird im Hebräerbrief ersichtlich:

> *„Durch Glauben hat Abraham, als er geprüft wurde, den Isaak dargebracht, und er, der die Verheißungen empfangen hatte, brachte den einzigen Sohn dar, über den gesagt worden war: ‚In Isaak soll deine Nachkommenschaft genannt werden', indem er dachte, dass Gott auch aus den Toten erwecken könne, von woher er ihn auch im Gleichnis empfing."* *(Hebr 11,17–19)*

Abrahams Glaube ging über die Dimension hinaus, dass Gott im letzten Moment noch eingreifen würde – was er ja tatsächlich doch tat. Sein Glaube umfasste die Dimension der Auferstehung seines Sohnes von den Toten. Er rechnete also im Vollzug seines Sohnopfers mit dem Schlimmsten: mit dessen Tod durch sein Messer und mit dessen Brandopfer durch das Feuer, das er als sein Vater entzünden würde.

Das Geheimnis um den Berg wird gelüftet

Doch Gott griff im letzten Moment durch einen Engel ein und beendete das Drama, bevor es zu einer Tragödie kam: „Strecke deine Hand nicht aus nach dem Jungen, und tu ihm nichts! Denn nun habe ich erkannt, dass du Gott fürchtest, da du deinen Sohn, deinen einzigen, mir nicht vorenthalten hast" (1Mo 22,12). Dafür zeigt Gott ihm als Ersatzopfer einen Widder, der sich mit seinen Hörnern im Gebüsch verfangen hat. Nun tritt das ein, was Abraham schon zuvor seinem fragenden Sohn im Hinblick auf das fehlende Opfer gesagt hat: „Gott wird sich das Schaf zum Brandopfer ersehen" (1Mo 22,8).

Diese Erfahrung, dass Gott sich tatsächlich ein anderes Opfer ersehen wird, führte dazu, dass Abraham diesem Ort einen Namen gab: „Und Abraham gab diesem Ort den Namen ‚der HERR wird ersehen',[26] von dem man heute noch sagt: Auf dem Berg des HERRN, wo der HERR sich sehen lässt" (1Mo 22,14).

Diese rückblickende Perspektive hat erstaunliche Erhellungsmomente. Zunächst einmal ist auffällig, dass wir hier bei der Ortsbenennung einen Wechsel von Aktiv („wird ersehen") zu Passiv („sich sehen lässt") haben. Die aktive Form macht deutlich, dass Gott eingreifen und selbst für das Opfer sorgen wird. Er ersieht sich sein Opfer, das eben nicht Isaak sein soll. Isaak soll tatsächlich der Sohn der Verheißung bleiben. Er zieht nicht seine Verheißung an Abraham zurück, indem er von ihm seinen Sohn zurückverlangt. In der passiven Form klingt deutlich an, dass Gott sich sehen lässt; wir könnten auch sagen: Er offenbart sich Abraham und Isaak. Und er offenbart sich ihnen nicht nur durch die Stimme des Engels, sondern eben auch durch sein eigenes Opfer, den Widder.

Diese Selbstoffenbarung Gottes können wir mit 2Chr 3 in Verbindung bringen, wo der HERR David erschienen ist. Dort ließ er sich für ihn sehen. Darüber hinaus können wir in dieser Aussage des Verfassers eine gewisse zeitliche Distanz erkennen: „heute noch". Und dann benennt er diesen Ort *Jahwe Jireh* als den „Berg des

26 hebräisch: *Jahwe Jireh*

HERRN". Wir haben oben gezeigt, dass diese Bezeichnung später eine gängige Bezeichnung für den Tempelberg in Jerusalem wird.[27] Offensichtlich soll bereits zu Beginn der Torah und der Vätergeschichten deutlich werden, dass dieser von Gott bestimmte Berg für die Bindung von Isaak auch der Ort sein soll, an dem sich Gott David offenbart, um ihm den Platz für den Tempel zu zeigen. Wie bei der Begegnung mit Melchisedek zeigt sich auch hier eine Heilslinie von Abraham zu David.

Bringen wir das Tieropfer, den Widder, mit dem Gottesnahmen *Jahwe Jireh* zusammen, dann wird Abraham an diesem Berg von Gott gelernt haben, dass er sich ein anderes Opfer ersehen wird. Und zugleich erweist sich Gott als der ganz andere Gott. In dem Land Kanaan, das Abraham erben sollte, waren Kinderopfer (insbesondere für den Moloch) durchaus kein unbekanntes Phänomen. Noch 400 Jahre später mahnt Gott durch Mose sein Volk eindringlich vor solchen Praktiken (5Mo 12,31).[28] Stattdessen zeichnet sich hier schon prophetisch ein anderes (göttliches) Opfer ab, das schattenhaft in der Beschreibung von Isaak zu erkennen ist: „Und Abraham nahm das Holz zum Brandopfer und legte es auf seinen Sohn Isaak …" (1Mo 22,6).

Eines Tages wird an diesem Ort ein anderer Vater durch die Römer und die führenden Juden ein Holz auf die Schultern seines Sohnes legen: In der im Nordwesten des Tempelplatzes gelegenen Burg Antonia wird Jesus im Zusammenspiel von Römern und dem jüdischen Hohen Rat ein Kreuz auferlegt, das er zur Schädelstätte (Golgatha) tragen soll, um dort in unmittelbarer Nähe zum Tempelberg gekreuzigt zu werden. Paulus deutet die Kreuzigung als die Übereinkunft zwischen dem Vater-Gott und seinem Sohn über dessen Dahingabe am Kreuz. Über den Vater schreibt Paulus in Röm 8,32: „Er, der doch seinen eigenen Sohn nicht verschont, sondern ihn für uns alle dahingegeben hat …" Zugleich schreibt er über den Sohn: „… was ich aber jetzt im Fleisch lebe, lebe ich im Glauben, und zwar im Glauben an den Sohn Gottes, der mich geliebt und sich selbst für mich hingegeben hat" (Gal 2,20). Was bei Abraham und Isaak bereits als eine Einheit in der Dahingabe bzw. Opferung angedeutet, aber durch Gottes Eingreifen nicht vollendet wurde, kommt hier in der Kreuzigung Jesu zum Ziel – *Jahwe Jireh*: Der Herr wird ersehen.

---

27 Im Buch der Jubiläen, das im zweiten Jahrhundert v. Chr. auf hebräisch verfasst wurde, wird der Berg explizit mit Zion, und damit mit Jerusalem, in Verbindung gebracht. Dort heißt es in Jub 18,13: „Abraham nannte diesen Ort ‚Der Herr hat gesehen', so daß man sagt: ‚Es sah der Herr auf dem Berg', d. i. auf dem Berg Sion." Auch der jüdische Historiker Josephus Flavius bringt den Ort mit Jerusalem in Verbindung: Antiquitates I,13,1; VII,14,4.

28 Vgl. auch später 2Kön 23,10, Jer 7,31 und Hes 23,37.

Man könnte auch übersetzen: Der HERR wird sorgen oder vorsorgen. Der HERR wird für ein anderes Opfer sorgen; er wird sich ein anderes Opfer ersehen: seinen Sohn am Kreuz. Zugleich wird sich Gott dort am Kreuz sehen lassen. Dort offenbart sich Gott. Dort wird er für die Erfüllung der Verheißung sorgen, die Abraham empfangen hat.

Nicht von ungefähr wiederholt Gott durch seinen Engel auf dem Berg seine Verheißung an Abraham – sie ist ja die umfassende und globale Konsequenz seines Gehorsams und war zugleich schon vorab Grundlage seines Vertrauensschrittes:

> *„Und der Engel des HERRN rief Abraham ein zweites Mal vom Himmel her zu und sprach: Ich schwöre bei mir selbst, spricht der HERR, deshalb, weil du das getan und deinen Sohn, deinen einzigen, [mir] nicht vorenthalten hast, darum werde ich dich reichlich segnen und deine Nachkommen überaus zahlreich machen wie die Sterne des Himmels und wie der Sand, der am Ufer des Meeres ist; und deine Nachkommenschaft wird das Tor ihrer Feinde in Besitz nehmen. Und in deinem Samen werden sich segnen alle Nationen der Erde dafür, dass du meiner Stimme gehorcht hast."* *(1Mo 22,16–19)*

Damit bekommt dieses dunkle Kapitel abschließend eine verheißungsvolle Wendung. Dafür wird es dann auf Golgatha umso dunkler werden – zu unserer Rettung, weil Gott für uns sorgt. So ist der Berg Morija, den Abraham auch *Jahwe Jireh* nennt, der Ort, den sich Gott später für den Altar Davids und für den Tempel Salomos erwählen wird – so, wie er es bereits zuvor durch Mose in der Wüste verheißen hat (5Mo 12). Wie könnte es ein anderer Berg sein?

3.

DIE SCHÖPFUNG UND DER GARTEN EDEN

3.1 DIE SCHÖPFUNG ALS ZUSAMMENWIRKEN VON VATER, SOHN UND GEIST

Ich stehe vor dem Felsendom und blicke Richtung Westen auf die Altstadt. Das Plateau des Tempelplatzes umfasst rund 14 Hektar. Zu meiner Rechten im Norden befindet sich das Dunkelheitstor (Dark-Gate). Ginge ich dort hindurch, käme ich zu der ersten Station des Pilgerweges, der die Leiden Jesu nachzeichnet. Dort befand sich ehemals die Festung Antonia – wahrscheinlich der Ort, an dem Jesus durch Pilatus zum Tod verurteilt wurde. Heute befindet sich dort die muslimische *Umariya Elementary School* für Jungen bis zur sechsten Klasse. Paulus hat Jesus einmal als den letzten Adam bezeichnet, der zu einem „lebendig machenden Geist" wurde. Diesem letzten Adam steht der erste Adam gegenüber, der zu einer „lebendigen Seele" wurde (vgl. 1Kor 15,45).

Hier an diesem Ort soll nach jüdischer Tradition Adam erschaffen worden sein. Dabei sagt uns die Bibel explizit nichts über den Ort der Schöpfung des ersten Menschen. Sie berichtet uns aber, wie er erschaffen wurde: „Da bildete Gott, der HERR, den Menschen aus Staub vom Erdboden und hauchte in seine Nase Atem des Lebens; so wurde der Mensch eine lebende Seele" (1Mo 2,7). Woher nahm Gott die Erde? Vom Tempelberg? Ist dies der Ort, an dem der erste Mensch gebildet wurde? Die Frage können wir sicherlich nicht mit Gewissheit beantworten. Wir könnten sie auch als unbedeutend abtun. Worin läge der Erkenntnisgewinn ihrer Beantwortung? Bliebe letztlich nicht alles Spekulation, bestenfalls metaphysische Spekulation?

Es gibt einen Unterschied zwischen Spekulation und Mystik. Die Spekulation setzt bei den Erfahrungs- und Denkdimensionen des Menschen an: Was ist denkbar? Was ist rational? Was können wir erklären und begründen? Die Mystik zielt dem gegenüber stärker auf das Geheimnisvolle und Verborgene. Göttliche Geheimnisse werden nicht wie Rätsel unter Anwendung des Verstandes gelöst. Sie werden uns vielmehr durch göttliche Offenbarung zugänglich. Dabei bleibt die Offenbarung ein Mysterium, d. h. sie wird nicht durch unseren Verstand und unsere Logik beherrschbar. Nicht wir nehmen sie ein, sondern vielmehr will sie uns für ihre Wirklichkeit gewinnen. Wir sollen Teil von ihr werden.

Nicht zuletzt ist der Fluchtpunkt der jüdischen und christlichen Mystik die Einwohnung Gottes in uns. Die Bewegung geht von Gott aus. Der jüdische Schriftgelehrte und Religionsphilosoph Abraham Joshua Heschel drückt dies mit dem Titel seines einflussreichen Standardwerkes zur jüdischen Philosophie aus: *God in Search of Man*. Gott sucht den Menschen; er offenbart sich ihm, damit er in eine Beziehung mit ihm treten kann. Gerade die jüdische Mystik lehrt uns, dass wir unser Menschsein viel tiefer aus unserer Beziehung zu Gott und seiner Suche nach uns verstehen müssen. Die Bibel zeigt uns in ihrer Breite und Weite, dass Gott den Menschen weitaus mehr sucht als umgekehrt. Wir finden in ihr weitaus mehr Aussagen über seine Liebe zu seinem Volk als andersherum. Er ist es, der sich aufmacht, sucht und bei seiner Schöpfung gefunden werden will.

Gott erschafft

Dieses Aufmachen Gottes beginnt bereits mit dem Schöpfungsakt: „Im Anfang schuf Gott den Himmel und die Erde … und der Geist Gottes schwebte über dem Wasser. Und Gott sprach …" (1Mo 1,1–3). Wir haben es hier gleich in den ersten Versen der Bibel mit einem geheimnisvollen Hinweis auf seine Trinität zu tun; die ganze Schöpfung ist ein trinitarischer Akt. Gott (hebräisch: *Elohim*) erschafft aus dem Nichts. Das hebräische Wort für schaffen (*bara*) wird in der ganzen hebräischen Bibel bzw. im Alten Testament ausschließlich auf das schöpferische Handeln Gottes bezogen. Nur Gott kann aus dem Nichts schaffen. Er allein ist Schöpfer. Zugleich bewegt sich in diesem Schöpfungsakt der Geist Gottes (hebräisch: *Ruah Elohim bzw. Ruach Elohim*). Ruach kann auch mit „Atem" oder „Wind" übersetzt werden. Dabei geht es auch um eine Energie oder eine Lebenskraft. Martin Buber und Franz Rosenzweig, die die hebräische Bibel mit dem Ansinnen „verdeutscht" haben, das hebräische Denken und dessen Herzschlag zum Klingen zu bringen, haben die *Ruach Elohim* als „Braus Gottes" übersetzt, um den Sturm und die darin enthaltene Kraft bzw. Energie des hebräischen Wortes zum Ausdruck zu bringen.

Mit diesem Geist einhergehend wird das zu Erschaffende durch das Wort Gottes ins Leben gerufen. Atem und Wort Gottes verbinden sich mit der Stimme Gottes in der Schöpfungsgeschichte: „Es werde …" Johannes verbindet in seinem Evangelium dieses Wort mit dem *Logos* bzw. dem ewigen Gottessohn:

> *„Im Anfang war das Wort, und das Wort war bei Gott, und das Wort war Gott. Dieses war im Anfang bei Gott. Alles wurde durch dasselbe, und ohne dasselbe wurde auch nicht eines, das geworden ist (...) Und das Wort wurde Fleisch und wohnte unter uns, und wir haben seine Herrlichkeit angeschaut, eine Herrlichkeit als eines Eingeborenen vom Vater, voller Gnade und Wahrheit."* *(Joh 1,1–14)*

Die trinitarische Schöpfungslehre wird durch die Christusoffenbarung des Neuen Testaments bestimmt. Durch das Offenbarwerden des ewigen Gottessohnes in Jesus und sein erlösendes Wirken für diese ganze Schöpfung können wir auf sein Mitwirken am Schöpfungsgeschehen folgern. Auch Paulus schreibt über den ewigen Gottessohn: „Denn in ihm ist alles geschaffen, was im Himmel und auf Erden ist … Alles ist durch ihn und zu ihm hin geschaffen" (Kol 1,16). Da der Vater alles durch seinen Sohn erschaffen hat, wird dieser auch als Schöpfungsmittler bezeichnet.

Und zugleich ist darin ganz der Geist bzw. der Atem Gottes beteiligt. Er bringt das Wirken des Vaters und des Sohnes durch seine lebensspendenden Energien zum Ziel, und das nicht nur einmalig, sondern fortlaufend und andauernd. Er ist die Quelle des Lebens. So drückt es auch Psalm 104 im Hinblick auf alle Lebewesen aus: „Du nimmst ihren Lebensatem weg: Sie vergehen und werden wieder zu Staub. Du sendest deinen Lebenshauch aus: Sie werden geschaffen" (Ps 104,29.30). Interessant ist, dass der Psalmist bewusst zwischen dem Lebensatem (*ruah*) der Geschöpfe und dem Lebenshauch bzw. -atem (*ruah*) Gottes unterscheidet. Jürgen Moltmann schreibt dazu: „Die Schöpferkraft Gottes ist die transzendente, die Lebenskraft des Lebendigen ist die immanente Seite der *ruah*."[29] Daraus lässt sich folgende Konsequenz ableiten: „Nicht nur das menschliche Leben ist von Gottes Ruach durchhaucht, sondern auch die ganze Schöpfung, der ganze Kosmos trägt in sich den Atem Gottes. Jede Pflanze, jedes Tier, jeder Stein, jedes Sandkorn ist ohne den Geist Gottes nicht denkbar."[30]

29 Moltmann, J.: Geist des Lebens 55.

30 Rust, H. C.: Geist Gottes – Quelle des Lebens 35.

Wir können feststellen, dass die ganze Schöpfung durch das ewige Wort Gottes ins Dasein gerufen und durch den Geist Gottes lebendig gemacht wurde. Sie ist das Ergebnis des Miteinanders von Vater, Sohn und Geist, wobei sich mit der *Ruah* die personale Gegenwart Gottes in seiner Schöpfung ereignet. So fragt der Psalmist angesichts der Allgegenwart der *Ruah Jahwes*: „Wohin sollte ich gehen vor deinem Geist, wohin fliehen vor deinem Angesicht?“ (Ps 139,7).

3.2 GOTT: DER SCHÖPFUNG GEGENÜBER UND DOCH EINWOHNEND IN IHR

An dieser Stelle nähern wir uns dem von Jürgen Moltmann geprägten Begriff der „immanenten Transzendenz“,[31] um das Schöpfungswirken Gottes zu entfalten: „Er steht ihr nicht nur transzendent gegenüber, sondern geht auch in sie ein und ist ihr zugleich immanent.“[32] Gott ist in seiner Schöpfung durch seinen Geist präsent, aber trotz dieser Immanenz des Geistes in der Schöpfung unterscheidet sich Gott doch von ihr darin, dass sie nicht vergöttlicht wird: Der Immanenz steht die Transzendenz Gottes gegenüber. Aufgrund seiner Immanenz ist Gott in allen Dingen erfahrbar, ohne in ihnen aufzugehen. Er bleibt der Unendliche im Endlichen und der Ewige im Vergänglichen.

Wenn wir in diesem Buch der Frage nachgehen, wo Gott wohnt, dann müssen wir hier die Einwohnung Gottes in seiner Schöpfung im Blick haben. Jesaja beschreibt die Schöpfung als Tempel, wenn er sagt: „So spricht der HERR: Der Himmel ist mein Thron und die Erde der Schemel meiner Füße“ (Jes 66,1). Ist dieser Gott in seiner Schöpfung präsent, dann weist diese über sich selbst hinaus. Sie ist offen für die Zukunft Gottes. Sie ist offen für das Kommen seines Messias Jesus. Vielleicht wird dies nirgendwo so intensiv spürbar wie hier auf dem Tempelplatz. Blicke ich nach Osten, sehe ich den Ölberg. Von dort ist Jesus hinaufgefahren in den Himmel. Von dort wird er wiederkommen. So bezeugen es „zwei Männer in weißen Kleidern“ den Jüngern, als sie ihrem HERRN hinterherschauen (Apg 1.11). Und nach dem Alten Testament wird auch Gott selbst durch seinen Messias seinen Fuß auf den Ölberg setzen, um seine Königsherrschaft auf dieser Erde zu manifestieren (Sach 14,4). Das Wirken des Geistes in der Schöpfung ist darauf ausgerichtet. Der

---

31 Moltmann, J., a. a. O. 49.

32 Moltmann, J.: Gott in der Schöpfung 23 f.

Geist wirkt nicht nur bewahrend und erneuernd, sondern auch vollendend im Hinblick auf das Reich Gottes. Wir werden später ausführlicher darauf zurückkommen.

Die Lehre von der Selbstunterscheidung Gottes

Die immanente Transzendenz macht es möglich, auf der Grundlage des biblischen Zeugnisses Gott sowohl als Gegenüber seiner Schöpfung als auch einwohnend in ihr zu verstehen. Diese Schöpfung lebt aus seiner erhaltenden und bewahrenden Kraft. Gott auf diese zweifache Weise zu verstehen – sowohl als Gegenüber der Schöpfung und zugleich doch auch in ihr einwohnend –, bringt eine theologische Spannung mit sich, da es damit zu einer Selbstunterscheidung in Gott kommt. Gott steht sich selbst gegenüber. Aus christlicher Perspektive ist dies gut durch die Trinitätslehre zu erklären. Gott ist durch seinen Geist in seiner Schöpfung gegenwärtig. Auch ist er durch seinen Sohn in sie eingegangen, um sie zu erlösen und Himmel und Erde in eine Einheit zu führen (vgl. Eph 1,10).

Im rabbinischen Judentum und in der kabbalistischen Lehre wird diese Selbstunterscheidung mit der im ersten Kapitel vorgestellten Lehre von der *Schechina* erklärt: Gott ist einerseits der Schöpfergott und zugleich auch allgegenwärtig, dennoch nimmt er Wohnung in seinem Bundesvolk bzw. im Tempel, um dort in besonderer Weise gegenwärtig zu sein. Da hier auf dem Tempelplatz beide jüdischen Tempel gestanden haben, gilt dieser Ort im Judentum bis heute als der heiligste Ort auf Erden. Einmal mehr erinnere ich mich an das Hinweisschild auf der Western-Wall-Plaza: „Jerusalem wurde von Gott erwählt als Wohnort seiner Herrlichkeit (Shechinah)."

Der Tempel ist der Ort, an dem die Ferne zwischen Gott und Mensch aufgehoben wird. Hier kommt Gott seinem Volk durch seine Einwohnung nahe, ohne dass er in seiner Schöpfung aufgeht. Gerade hier wird dem Menschen bewusst, was ihn von Gott trennt. So kann der Prophet Jesaja als Reaktion auf eine Gottesoffenbarung im Tempel nur ausrufen: „Wehe mir, denn ich bin verloren. Denn ein Mann mit unreinen Lippen bin ich, und mitten in einem Volk mit unreinen Lippen wohne ich. Denn meine Augen haben den König, den HERRN der Heerscharen, gesehen" (Jes 6,5).

Die Lehre von der Selbstbeschränkung Gottes

Ein Wohnort seiner Herrlichkeit zu sein, impliziert aber auch den Gedanken, dass es einen Raum ohne Gott geben könnte und er eben nicht allgegenwärtig ist. Kann

Gott etwas außerhalb von sich erschaffen? Moltmann hat dazu in der Entwicklung seiner ökologischen bzw. trinitarischen Schöpfungslehre auf die jüdisch-kabbalistische Lehre von der „Selbstverschränkung Gottes“ (*Zimzum*) zurückgegriffen[33] und messianisch weiterentwickelt. Ansatzpunkt seiner Schöpfungslehre ist die Frage, inwiefern Gott als Schöpfer aufgrund seiner Allgegenwart überhaupt ein „Außen“ haben kann, wie es die kirchliche Schöpfungslehre traditionell unterstellt, wenn sie bezüglich der Schöpfung von den Werken bzw. Handeln des dreieinigen Gottes nach außen spricht – im Gegensatz zum Handeln Gottes nach innen, das als innertrinitarisches Geschehen gekennzeichnet ist. Gäbe es ein solches „Außerhalb Gottes“, dann wäre seine Allgegenwart aufgehoben. Jeder Raum außerhalb von Gott müsste zugleich auch ein Raum innerhalb von ihm sein.

Dieser Raum außerhalb von Gott – man könnte auch von einem gottverlassenen Raum sprechen – wird durch seine vorauslaufende Selbstbeschränkung möglich; Gott kehrt in sich ein und nimmt sich in seiner Allmacht und Allgegenwart zurück. Mit diesem Raum eröffnet sich für Gott ein Gegenüber, das frei ist für sein schöpferisches Wirken aus dem Nichts. Dieses „Nichts“ kann erst da werden, wo Gott sich zuvor zurückzieht. Ohne diese Selbstbegrenzung Gottes kann es dieses Nichts nicht geben, da Gott durch seine Allgegenwart alles durchdringt. Diesen Gedanken hat zuerst der jüdische Mystiker Isaak Luria im 16. Jahrhundert in seiner Lehre vom *Zimzum* entwickelt.[34] *Zimzum* bedeutet Zusammenziehen, Rückzug, Begrenzung oder auch Konzentration. In diesem Sinne ist *Zimzum* ein Akt göttlicher Selbsteinschränkung zur Ermöglichung der Schöpfung. Dieser Rückzug ist zugleich eine Metapher für das Exil, das uns im Weiteren wiederholt beschäftigen wird. Der Rückzug bzw. die Konzentration Gottes in sich selbst führt dazu, dass Gott in seiner eigenen Mitte Platz für seine Schöpfung macht. Diesem *Zimzum* folgt die Erschaffung der Welt inmitten Gottes aus einem „mystischen Urraum“ heraus.[35] Daran anknüpfend, macht Moltmann deutlich, dass jede Schöpfung außerhalb Gottes zugleich in Gott existiert, „nämlich in dem Raum, den Gott ihr in seiner Allgegenwart eingeräumt hat“.[36] Gott hat nach dieser Schöpfungslehre die Welt „in sich“ geschaffen.

---

33 Moltmann, J.: Gott in der Schöpfung 98 f.

34 Die Grundgedanken von Luria werden ausführlich bei Gerschom Scholem beschrieben: Die jüdische Mystik, dort: „Isaak Luria und seine Schule“.

35 Scholem, G.: Die jüdische Mystik 285 ff.

36 Moltmann, J.: Trinität und Reich Gottes 124.

Mit der Eingrenzung der Allgegenwart Gottes geht auch die Beschränkung seiner Allmacht einher, um endliches Leben zu ermöglichen. Der jüdische Religionshistoriker Gerschom Scholem betont in seiner Darstellung der Lehre Lurias, dass nach diesem Verständnis der Selbsteinschränkung Gottes die Schöpfung zuallererst weniger ein Schritt nach außen, sondern nach innen ist. Erst daran anknüpfend, tritt Gott aus sich heraus in diesen mystischen Urraum der Freiheit, um ihn mit seiner Schöpfung zu füllen und sich ihr darin zu offenbaren.[37]

Luria wurde in der Entwicklung seiner *Zimzum*-Theorie von der *Schechina*-Lehre inspiriert, die gerade hier auf dem Tempelplatz so präsent ist. An ihr wird deutlich, dass Gott sich so weit in sich selbst zurückziehen kann, dass er in einem Tempel Wohnung nimmt. Auch sie gibt trotz dieser Konzentration Gottes auf den Ort des Tempels den Gedanken seiner andauernden Allgegenwart nicht preis. Die Selbstrücknahme Gottes geht mit seiner Selbsterniedrigung einher. Sie hat bereits vor der Schöpfung ihren Ursprung; sie ermöglicht diese überhaupt erst. Sie nimmt in der Tempel-Schechina des Alten Testaments Gestalt an und wird in Jesus eine messianische Dimension einnehmen. Sie wird ihren tiefsten Punkt in Jesu Erniedrigung am Kreuz erfahren. Ihr Ziel wird sie in der Vollendung der neuen Schöpfung haben: „Siehe, das Zelt Gottes bei den Menschen! Und er wird bei ihnen wohnen, und sie werden sein Volk sein, und Gott selbst wird bei ihnen sein, ihr Gott" (Offb 21,3).

Mich bewegt der Gedanke, dass hier auf diesem Tempelplatz mit der möglichen bzw. denkbaren Erschaffung Adams und dem späteren Tempelbau die jüdisch-mystische *Zimzum*-Theorie der Selbstrücknahme Gottes zur Ermöglichung der Schöpfung und die *Schechina*-Theorie von der Einwohnung Gottes in seinem Tempel zusammenfallen. Beide wollen von ihrem Wesen her dasselbe ausdrücken: Gott nimmt sich zurück, um zugleich in dieser Selbstrücknahme bzw. Selbsterniedrigung einen Raum zur Begegnung mit uns Menschen zu schaffen. Zugleich ergänzen sie sich aber: Die Lehre vom *Zimzum* redet von der Welt in Gott, die Lehre von der *Schechina* hingegen redet von Gottes Einwohnung in der Welt - zunächst im Tempel, aber dies ist noch längst nicht die ganze Geschichte. Sie eröffnet den Raum für die messianische Hoffnung eines Friedensreiches auf Erden, die sich durch das ganze Alte Testament zieht und ihre Entfaltung und Konkretisierung in Jesus als dem Messias Israels und der ganzen Welt findet.

37 Scholem, G., a. a. O. 287.

Warum erschafft Gott?

Mit seiner Schöpfung wirkt der dreieinige Gott nach außen. Aber warum tut er dies eigentlich? Was bewegt Gott in seinem Innersten bzw. innertrinitarisch? Warum nimmt er bereits vor aller Schöpfung eine Beschränkung in sich selbst vor, um anschließend schöpferisch aus dem Nichts tätig zu werden?

Weil er liebt. Von Jesus wissen wir, dass Gott von seinem Wesen her zutiefst Liebe ist. Es ist seine Liebe, die ihn dazu bewegt, sich selbst für seine Schöpfung zurückzuziehen. Seine Begrenzung ist ein Akt der hingebenden und demütigen Liebe. Wenn Gott allein von seinem Wesen her allmächtig, vollkommen, ewig und allgegenwärtig wäre, dann hätte er in sich bereits alles und damit die Fülle. Als dreieiniger Gott hätte er in sich Gemeinschaft als Vater, Sohn und Heiliger Geist. Er hätte keinen Grund, irgendetwas außerhalb von sich als sein Gegenüber zu erschaffen. Er hätte im besten Sinne bei sich bleiben können und alles wäre gut geblieben.

Wenn Gott aber von seinem Wesen her Liebe ist, dann ändert diese Liebe alles. Liebe kann als wahre und selbstlose Liebe nicht bei sich bleiben. Sie kann nicht innertrinitarisch bleiben. Sie kann in ewiger Selbstliebe nicht glücklich werden. Sie sucht ein Gegenüber. Darin ist sie aber nicht unfrei oder gefangen, sondern vielmehr ganz frei. Gott ist kein Gefangener seiner selbst, wenn er ein Gegenüber sucht. Er ist vielmehr darin ganz er selbst, quasi in seinem Liebeselement. Es entspricht daher zutiefst seinem Wesen, wenn er sich zurücknimmt, um in sich einen Raum der Schöpfung zu eröffnen. Und damit öffnet sich Gott auch für die Gemeinschaft mit uns. Oder, wie es Jesus am Abend vor seiner Kreuzigung gesagt hat: „Wie mich mein Vater liebt, so liebe ich euch auch“ (Joh 15,9).

Diese Liebe Gottes selbst ist der Grund für unsere Erschaffung und Gottes Einwohnung auf unserer Erde. Damit ist die Schöpfung eine Frucht der göttlichen Sehnsucht nach uns. Gott ist von Anfang an, noch vor aller Schöpfung, offen für uns – und zugleich ist die Schöpfung eschatologisch offen für Gott: Sie darf in ihrer Vollendung seine Einwohnung erfahren. Wir könnten dann anstelle einer Selbstbeschränkung Gottes von seiner endzeitlichen Entschränkung sprechen, damit zuletzt „Gott alles in allem“ ist (vgl. 1Kor 15,28).

Es ist wichtig, dass wir diesen Gedanken an dieser Stelle festhalten, da die Ausführungen der weiteren Kapitel darauf zusteuern werden. Es geht uns ja zentral um die Frage, wo Gott wohnt und wie er diese Wohnräume im Laufe der Heilsgeschichte mit uns Menschen entfaltet.

3.3 DAS WESEN DER SCHÖPFUNG UND DES TEMPELBERGS

Ich setze mich in der Nähe des Felsendoms auf eine Bank. Wenn ich auch am Sicherheitscheck meine Bibel abgeben musste, so habe ich doch mein Smartphone, das mir zumindest digital den Zugriff auf eine Bibel ermöglicht. Hier in Jerusalem ist Jesus nach seiner Auferstehung seinen Jüngern begegnet und hat etwas getan, was jeden von ihnen an die Schöpfungsgeschichte erinnert haben muss:

> *„Als es nun Abend war an jenem Tag, dem ersten der Woche, und die Türen, wo die Jünger waren, aus Furcht vor den Juden verschlossen waren, kam Jesus und trat in die Mitte und spricht zu ihnen: Friede euch! Und als er dies gesagt hatte, zeigte er ihnen die Hände und die Seite. Da freuten sich die Jünger, als sie den Herrn sahen. Jesus sprach nun wieder zu ihnen: Friede euch! Wie der Vater mich ausgesandt hat, sende ich auch euch. Und als er dies gesagt hatte, hauchte er sie an und spricht zu ihnen: Empfangt Heiligen Geist!" (Joh 20,19–22)*

Der Friedenszuspruch Jesu folgt dem Ereignis seiner Auferstehung. Mit seiner Kreuzigung und seiner Auferstehung ist Jesu Erlösungswerk vollendet. Der Auferstehungstag wird zum ersten Tag der neuen Schöpfung. Wie Gott selbst in seinem trinitarischen Schöpfungswerk das von der Erde Geformte anhauchte, um daraus eine lebende Seele zu erschaffen, so haucht auch hier der auferstandene Gottessohn seine Jünger an, um ihnen durch seinen Geist Anteil an der neuen Schöpfung zu geben: „Empfangt Heiligen Geist!" Durch den Empfang seines Geistes erleben seine Jünger eine neue Dimension der Einwohnung und damit auch Selbstbeschränkung Gottes: Sie machen die Erfahrung der Schechina in ihrem Körper, der damit zu einem Tempel Gottes wird. Diesen Gedanken werden wir in Kapitel 7 intensiver betrachten. Jetzt bewegt mich vielmehr der Bericht der Erschaffung des Menschen: „… da bildete der HERR, Gott, den Menschen aus Staub vom Erdboden und hauchte in seine Nase Atem des Lebens; so wurde der Mensch eine lebende Seele" (1Mo 2,7). Hat dieser Schöpfungsakt ebenso wie später die Anhauchung Jesu aus Joh 20 hier an diesem Ort stattgefunden? Beginnt also das Neue dort, wo ursprünglich das Alte stattgefunden hat?

Himmel und Erde werden zusammengefügt

Gott bildet (hebräisch: *jazar*) den Menschen. Mit dem Verb wird die Arbeit eines Töpfers umschrieben, der nun hier nicht Lehm oder Ton, sondern Staub vom Erdboden zur Erschaffung des Menschen nutzt. Mit Staub bringen wir einerseits Vergänglichkeit, Hinfälligkeit und Nichtigkeit in Verbindung. Andererseits wird dieser Staub vom Erdboden in den Dienst Gottes gestellt. Gott bearbeitet und formt ihn in einem schöpferischen Akt. Er bekommt seine ganze Aufmerksamkeit und Zuwendung. Und er bekommt seinen göttlichen Lebensodem eingehaucht. Der Höchste gibt seinen Lebensodem in das Niedrigste seiner Schöpfung: in den geformten Staub des Erdbodens. Der Himmel verbindet sich mit der Erde. Wie auch immer wir diesen Schöpfungsakt deuten und verstehen wollen: Ganz grundlegend können wir sagen, dass von Anfang an der Mensch in Beziehung zu Gott gesetzt wird. Er ist in seiner Existenz und Identität ohne Gott nicht zu denken. Von ihm her und zu ihm hin muss er sich verstehen. Damit ist das hebräische Menschenbild durch den Atem Gottes geprägt. Die schöpferische Kraft Gottes wird dem Menschen zur lebenserhaltenden Kraft. Von diesem Atem wird er leben. Wird uns dieser Lebensatem genommen, so werden wir wieder zu Staub (Ps 104,29).

Ich muss wieder an die Begegnung zwischen Jesus und seinen Jüngern denken, die nur wenige hundert Meter vom Tempelberg entfernt stattgefunden hat, aller Wahrscheinlichkeit nach auf dem Zionsberg, den ich zuvor besucht habe. Jesus haucht seine Jünger an und spricht: „Empfangt Heiligen Geist!" Wieder geht es um die Vereinigung von Himmel und Erde. Der Höchste will durch seinen Geist Wohnung in seinen Geschöpfen nehmen. Letztlich soll diese Verbindung von Himmel und Erde kosmische Ausmaße einnehmen. Im Hinblick auf den auferstandenen Christus schreibt Paulus: „… alles, was auf der Erde und im Himmel lebt, sollte geeint werden durch ihn und in ihm als dem letzten Ziel" (Kol 1,20; GNB). Ähnlich schreibt er auch im Epheserbrief: „Unter ihm, Christus, dem Oberhaupt des ganzen Universums, soll alles vereint werden – das, was im Himmel, und das, was auf der Erde ist" (Eph 1,10; NGÜ). Darauf soll alles hinauslaufen. In der Schöpfungsgeschichte ist dies schon angelegt.

Himmel und Erde sind zwei Seiten bzw. Hälften der Schöpfung Gottes. Sie unterscheiden sich, sind aber aufeinander bezogen und sollen eine umfassende Einheit bilden; sie greifen ineinander. Nirgendwo wird dies wohl so deutlich und ist so intensiv zu spüren wie hier auf dem Tempelberg in Jerusalem. Hier ist der Ort, von dem David erkannt hat, dass Gott in besonderer Weise gegenwärtig sein möchte. Sein Sohn hat ihm an diesem Ort ein Haus gebaut. Ein Haus, in dem er wohnen möchte. Mit der Präsenz Gottes vereinen sich an diesem Ort wieder Himmel und Erde. Von dieser souveränen Erwählung Gottes her als seinen Wohnort kann ich denken, dass die Erschaffung des Menschen in der Vereinigung von Erde und göttlichem Odem auch an diesem Ort stattgefunden hat. Dieser Ort sagt uns etwas über das Wesen Gottes. Er ist der aufsuchende Gott, der Abraham begegnet, der sich David offenbart, der seinen Namen an den Tempel an diesem Ort binden möchte, um seinem Volk zu begegnen. Es geht immer um die Vereinigung von Himmel und Erde. So ist es naheliegend, dass Gott hier Staub vom Erdboden nahm, diesen formte und seinen Lebensatem hinein hauchte. Und doch bleibt es ein Mysterium. Es führt mich in die staunende Anbetung und in die Ehrfurcht Gottes. Nicht aber in das Beharren, dass es so gewesen sein muss. Offenbarung des Mysteriums bedeutet immer: Nicht wir haben ihn, sondern er hat uns.

3.4 DER GARTEN EDEN ALS URTEMPEL UND LEBENSRAUM

Ich blicke mich auf dem Tempelberg um: Wohin ich auch schaue, sehe ich Steine. Der ganze Platz mit seinen 14 Hektar ist nahezu komplett gepflastert. War hier einmal Eden? Oder zumindest in der Nähe? Gleich nach der Schöpfung des Menschen lesen wir in 1Mo 2,8: „Und Gott, der HERR, pflanzte einen Garten in Eden im Osten, und er setzte dorthin den Menschen, den er gebildet hatte." Wenige Verse weiter wird Eden sogar mit dem Garten gleichgesetzt: „Und Gott, der HERR, nahm den Menschen und setzte ihn in den Garten Eden, ihn zu bebauen und ihn zu bewahren" (1Mo 2,15).

Der Garten ist zunächst ein von Gott dem Menschen gegebener Lebensraum. Eden bedeutet übersetzt „Wonne". Mit diesem Wort wird bereits ausgedrückt, mit welcher Liebe und Hingabe Gott diesen Ort für den Menschen erschaffen hat. Dieser Lebensraum soll ihm eine Wonne sein. Diese Wonne drückt sich letztlich über allen irdischen Genuss hinaus, den der Garten zu bieten hat, in der Begegnung zwischen Gott und seinem Geschöpf aus. Der Garten ist nicht nur ein Lebensraum für den Menschen, sondern zugleich ein Begegnungsraum zwischen ihm und seinem Schöpfer. Gott tritt aus sich heraus und sucht die Gemeinschaft mit Adam und Eva: „Und sie hörten die Stimme Gottes, des HERRN, der im Garten wandelte bei der Kühle des Tages" (1Mo 3,8). Schlichter und natürlicher kann man das Miteinander und die Gemeinschaft zwischen Gott und seinen Geschöpfen nicht beschreiben.

Wo liegt der Garten Eden?

Es ist schon interessant: Während es weltweit zahlreiche Angebote für Israelreisen gibt, finden wir nirgends ein Reiseangebot zum Garten Eden bzw. nach Eden.

Dabei ist dieser Ort der Wonne sicherlich ein begehrtes Reiseziel. Warum also gibt es diese Reiseangebote nicht? Manche Hinweise zur Lokalisierung dieses Gartens finden wir im Schöpfungsbericht. So heißt es in 1Mo 2,10: „Und ein Strom geht von Eden aus, den Garten zu bewässern; und von dort teilt er sich und wird zu vier Armen." Wir müssen uns dies wohl so vorstellen, dass sich der Strom beim Austritt aus dem Garten teilt. Die daraus resultierenden vier Arme oder Ströme heißen Pischon, Gihon, Hiddekel bzw. Tigris und Euphrat. Diese Flüsse scheinen offensichtlich irdische Ströme zu sein, auch wenn insbesondere die ersten beiden Flüsse bezüglich ihrer Lokalisierung umstritten sind. Manche vermuten den Garten insbesondere im Zweistromland bzw. in Mesopotamien, also in der Kulturlandschaft zwischen Euphrat und Tigris, oder noch weiter (nord-)östlich bei den Quellflüssen des Euphrat und des Tigris.

Es gibt aber auch andere Thesen bzw. Vermutungen über die räumliche Ausbreitung der vier Arme und deren Ursprungsort. Diese lassen sich stärker von der Annahme leiten, dass die beiden Flüsse Pischon und Gihon im Nordosten Afrikas zu verorten sind. Dabei wird vermutet, dass es sich bei den beiden Flüssen um den Weißen Nil (Gihon) und den Blauen Nil (Pischon) handeln könnte.[38] Diese Annahme findet man auch in der jüdischen Überlieferung wieder. Sollte dies so sein, umfassen die Ströme ein Gebiet, das sich vom Nordosten Afrikas bis in den heutigen Irak erstreckt. Genährt wird diese Vermutung durch eine Verheißung aus dem Prophetenbuch Jesaja, die eine Straße des Friedens von Ägypten nach Assur (heutiger Nordirak) im messianischen Friedensreich ankündigt:

> *„An jenem Tag wird es eine Straße von Ägypten nach Assur geben. Assur wird nach Ägypten und die Ägypter nach Assur kommen, und die Ägypter werden mit Assur dem HERRN dienen. An jenem Tag wird Israel der Dritte sein mit Ägypten und mit Assur, ein Segen inmitten der Erde. Denn der HERR der Heerscharen segnet es und spricht: Gesegnet sei Ägypten, mein Volk, und Assur, meiner Hände Werk, und Israel, mein Erbteil!"* *(Jes 19,23–25)*

Diese verheißene Straße von Ägypten nach Assur umfasst grob das Ausmaß des Gartens Eden, wenn man unterstellt, dass es sich bei den beiden Flüssen Pischon und Gihon tatsächlich um nordafrikanische Flüsse handelt und mit dem Hiddekel (1Mo 2,14) wirklich der Tigris gemeint ist. Die bei Jesaja skizzierte Region soll

38 Vgl. Jericke, D.: Die Ortsangaben im Buch Genesis 30.

eine besondere zukünftige Heilserfahrung machen, die mit dem Wirken Gottes in Verbindung gebracht wird. Eine Region des Friedens soll entstehen, die es in dieser Dimension in der Geschichte bis heute nicht gegeben hat. Insbesondere im messianisch-jüdischen Kontext wird wiederholt vermutet, dass sich diese Region im messianischen Friedensreich als der ehemalige Garten Eden erweisen könnte. Mit Annahme dieser These ist der nächste Schritt nicht mehr fern, dann auch Jerusalem als den Ort zu lokalisieren, wo sich ursprünglich die Mitte des Gartens Eden mit dem Baum des Lebens befand (vgl. 1Mo 2,9).[39] Immerhin befindet sich die Stadt recht zentral in der skizzierten Region zwischen Ägypten und dem Nordirak.

Gewichtiger als diese mögliche geografische Zentrierung Jerusalems ist aber die geistliche Mitte des Gartens. In der jüdischen Tradition wird der Garten oftmals als Urtempel bezeichnet, weil hier Himmel und Erde als beide Seiten der erschaffenen Wirklichkeit Gottes erfahrbar sind. Gott tritt aus sich heraus, er spricht und hat Gemeinschaft mit seiner Schöpfung. In dieser Vereinigung von Himmel und Erde ist der Garten Eden als Urtempel der Archetyp für die Stiftshütte und die späteren jüdischen Tempel. Hier wird ursprünglich ausgedrückt, was später an diesen Heiligtümern durch die Schechina Gottes neu erfahrbar wird: Wo Gott Wohnung nimmt, berühren sich wieder Himmel und Erde. Dort begegnen Menschen dem lebendigen Gott. Sie haben Gemeinschaft mit ihm, sie hören seine Stimme, erfahren sein Wirken und beten ihn an.

Eden im Jerusalemer Tempel

Durch den Sündenfall im Garten haben die ersten Menschen diesen Urtempel verloren. Die himmlische Dimension ist ihnen durch den Ausschluss aus dem Garten verloren gegangen – und damit auch die unmittelbare Gegenwart Gottes. Der Midrasch Bereschit Rabba beschreibt die Konsequenz des Sündenfalls so: „Die Schechina war früher unten (auf der Erde). Da nun der erste Mensch sündigte, entfernte sie sich in den ersten Himmel“ (Midrasch Bereschit Rabba, P. 19, C. 3, V. 8). Sollte tatsächlich Jerusalem später dort entstanden sein, wo ursprünglich das Herzstück des Gartens lag, dann hat die Schechina dort den Garten verlassen, wo später dann die Schechina bei Hesekiel vom Tempel aufgestiegen ist (vgl. Hes 11,23). So finden wir bereits im Garten das Urbild dessen, was sich später in der Geschichte Israels wiederholen sollte.

39 Vgl. z. B. Hess, T., a. a. O. 258 f.

Betrachten wir die innere Ausgestaltung des Salomonischen Tempels sowie die Formung der Tempelgegenstände, wie sie uns in 1Kön 6–7 beschrieben werden, dann wird sehr schnell deutlich, dass der Tempel den Garten Eden repräsentieren sollte. Immer wieder ist von Blüten, Bäumen, besonderen Pflanzen und Früchten in den Verzierungen die Rede. Wer diesen Tempel betrat, der betrat den Garten Eden. So, wie die Schöpfung in sieben Tagen vollendet wurde, so wurde auch der Salomonische Tempel nach sieben Jahren fertiggestellt (vgl. 1Kön 6,37–38). Er wurde zum Laubhüttenfest eingeweiht (vgl. 1Kön 8,2), das als das letzte Fest des Jahres neben dem Einholen der letzten Jahresernte auch in besonderer Weise für die Einwohnung Gottes in der Mitte seines Volkes und das eschatologische Kommen des Messias steht. Damit erfolgt in diesem „Mikrokosmos" Tempel nicht nur eine Rückbindung an den Garten Eden, sondern es wird auch mit ihm prophetisch angezeigt, dass Gott eines Tages in besonderer Weise in der Mitte seines Volkes bzw. seiner Schöpfung wohnen möchte.

3.5 EIN GARTEN MIT ZUKUNFTSPERSPEKTIVE

Während ich hier auf dem Tempelberg sitze, muss ich noch einmal an Hesekiel denken. Als Priestersohn war er zutiefst vertraut mit der inneren Ausgestaltung und Verzierung des Tempels, dem Tempelkult und natürlich auch mit der Torah. Zugleich gebrauchte Gott ihn als einen Propheten in der notvollen Zeit der Tempelzerstörung. Zweifelsohne muss er auch an den Garten Eden bzw. den Urtempel gedacht haben, als er die Vision vom Lebensstrom aus dem zukünftigen Tempel erhielt. So konnte er den Strom aus seiner Vision mit dem Strom aus Eden in Verbindung bringen: „Und ein Strom geht von Eden aus, den Garten zu bewässern; und von dort teilt er sich und wird zu vier Armen" (1Mo 2,10). Ist Eden der Urtempel, dann verströmt sich bereits im Garten dieser Strom des Lebens. Er verteilt sich auf vier Arme, wobei die Zahl vier als die Zahl der Himmelsrichtungen andeutet, dass dieser Strom die ganze Schöpfung im Blick hat. In alle Himmelsrichtungen will er sich verströmen. Alles soll von ihm bewässert und lebendig gehalten werden.

Das alles muss in Hesekiel lebendig gewesen sein, als er in der traumatischen Stunde des Tempelverlustes diese Vision vom neuen Tempel mit dem gewaltigen Lebensstrom, der selbst das Abgestorbene wieder lebendig macht, empfing. Ihm muss darin bewusst geworden sein, dass Gott die leidende Schöpfung noch einmal in einen Garten verwandeln will.

Was für ein Trost muss diese Vision für Hesekiel gewesen sein. Er wusste ja, dass der Zugang zum Garten, und damit auch zum Baum des Lebens, verschlossen war – so wie auch vor der Tempelzerstörung der Zugang zum Gnadenthron im Allerheiligsten. Dieser Thron Gottes war der Sühnedeckel der Bundeslade. Er wurde auch als Gnadenthron bezeichnet, weil der Hohepriester hier jährlich zum Versöhnungstag Sühnung für sich und das ganze Volk durch das Blut eines Opfertieres erwirken konnte (vgl. 3Mo 16). Er war zudem der Ort der Begegnung zwischen Gott und Mose: „Und dort werde ich dir begegnen und von der Deckplatte herab ... alles zu dir reden, was ich dir für die Söhne Israels auftragen werde" (2Mo 25,22).

Zwischen dem Garten als Urtempel und dem Salomonischen Tempel gibt es eine geheimnisvolle Verbindung. Beide weisen auf einen Lebensraum der Begegnung zwischen Gott und den Menschen hin; beide erinnern aber auch schmerzhaft daran, dass sie ohne Weiteres für den Menschen nicht (mehr) zugänglich sind. Darum gibt es natürlich auch keine Reiseangebote für diesen Garten.

Der Auftrag der Cherubim

In der himmlischen Dimension wird der Garten im Osten durch Engelwesen, sogenannte Cherubim, und ein flammendes Schwert bewacht, die verhindern sollen, dass jemand zum Baum des Lebens in der Mitte des Gartens gelangt (vgl. 1Mo 3,24). Diese Cherubim finden wir zugleich auf den bestickten Vorhängen zum Allerheiligsten in der Stiftshütte (vgl. 2Mo 26,31), im ersten bzw. Salomonischen Tempel (2Chr 3,14) und wahrscheinlich auch im zweiten Tempel (Mt 27,51). Ähnlich wie die Cherubim den Zugang zum Baum des Lebens versperren, verhindern die Cherubim-Vorhänge den Zugang zum Allerheiligsten, in dem die Bundeslade steht und auf ihr der Sühnedeckel, auf dem sich zwei einander zugewandte Cherubim befinden, die die Bundeslade beschirmen (2Mo 25,18–21, 1Kön 8,6–7).

Es stellt sich die Frage, warum die Vorhänge zum Allerheiligsten mit den Cherubim bestickt werden sollten. Ganz offensichtlich dienten sie nicht nur der Verzierung der Vorhänge oder dem Sühne- bzw. Gnadendeckel. Diese Verzierung war keine menschliche Idee, sondern eine Vorgabe Gottes: „Und du sollst einen Vorhang anfertigen aus violettem Purpur und Karmesinstoff und gezwirntem Byssus; in Kunststickarbeit soll man ihn machen, mit Cherubim" (2Mo 26,31). Nach der Bewachung des Gartens durch die Cherubim sind diese Stellen in 2Mo 25–26 im Kontext des Baus der Stiftshütte ihre zweite Erwähnung im Alten Testament. Wir können wohl davon ausgehen, dass Mose und das ganze Volk überhaupt keine Vorstellung davon hatten, wie überhaupt ein Cherub aussah. Wie sollen sie ein

Wesen sticken, das sie zuvor nicht gesehen haben? Nach welcher Vorlage soll dies geschehen? Ähnlich verhält es sich mit der Erstellung der beiden Cherubim auf der Deckplatte der Bundeslade. Woran sollen sie sich bei der Erstellung orientieren?

Die Antwort gibt Gott selbst. Er gibt ihnen ein Urbild, eine Art himmlisches Modell: „Und sie sollen mir ein Heiligtum machen, damit ich in ihrer Mitte wohne. Nach allem, was ich dir zeige, nämlich dem Urbild der Wohnung und dem Urbild all ihrer Geräte, danach sollt ihr es machen" (2Mo 25,8–9). Gott schenkt ihnen einen Einblick in die unsichtbare Welt, in die himmlische Dimension. Diese sollen sie mit irdischen Materialien nachbauen. Dies gilt somit auch für die Erstellung der Cherubim und deren Stickerei auf dem Vorhang zum Allerheiligsten. Wie Cherubim aussehen, kann das Volk erst durch Offenbarung erfahren. Es hat kein eigenes Vor- oder Urbild für deren Nachbildung.

Aber ihre geistliche Bedeutung ist ihnen bewusst: Die Cherubim auf dem Vorhang erinnern sie immer daran, dass der Zugang zum Garten bzw. zum Baum des Lebens den Menschen versperrt ist – so wie der Zugang zur Bundeslade mit dem Gnadenthron. Ihre ausgebreiteten Flügel über dem Sühnedeckel der Bundeslade bringen zudem zum Ausdruck, dass sie Hüter des Gnadenthrons und der Gegenwart Gottes sind – der Stätte, die Himmel und Erde miteinander verbindet. Sie erinnern sie aber auch daran, dass der Garten bzw. der Baum des Lebens und der Gnadenthron Gottes in tiefer Verbindung stehen: Beide drücken von ihrem Wesen her Orte des Lebens für die Geschöpfe und Ebenbilder Gottes aus.

An beiden Orten haben die Cherubim Gottes eine besondere Bedeutung. Einerseits haben sie in ihrer Wächter- und Hüterfunktion eine ausgrenzende bzw. abgrenzende Funktion. Andererseits haben sie gerade in diesem Dienst auch eine bewahrende und erinnernde Funktion. Sie erinnern daran, dass die Stiftshütte bzw. der Tempel auf den Garten hinweisen sollen, der den Menschen zum Wonneraum von Gott geschenkt war. Sie bewahren diesen Lebensraum für Gottes Volk auf; die Erinnerung ist auf Hoffnung und Zukunft ausgerichtet. Erspürt man die Funktion der Cherubim vom Wesen Gottes her, der aus purer Liebe und in absoluter Freiheit uns als sein Gegenüber erschaffen hat, dann kann man ihr Wächteramt als nur zeitlich begrenzt ansehen. Nicht für immer soll der Zugang versperrt bleiben. Macht Gott sich auf, um in einem von Menschen erstellten Heiligtum zu wohnen, und erniedrigt und beschränkt er sich darin wie bei seiner Selbstbeschränkung im Schöpfungsakt einmal mehr, dann beinhaltet dieser Vorhang mit den Cherubim bereits in sich eine Verheißung: Dieser Baum des Lebens soll noch einmal zugänglich werden; der Weg zum Gnadenthron soll einmal frei sein. Eine Einwohnung in diesem menschlichen Heiligtum, das Gott geweiht wird, kann nur ein Vorgeschmack auf eine Zukunft Gottes bei den Menschen sein. Sie muss ein prophetisches Bild sein. Und dieses Bild zielt nicht auf die Rückführung in das Alte. Es geht nicht um die Wiederherstellung ursprünglicher paradiesischer Zustände. Es geht um die Vollendung der Schöpfung, wo Gott nicht Teil eines in sich geschaffenen Begegnungsraums ist, der in der Kühle des Tages durch den Garten spaziert, sondern letztlich „alles in allem“ ist (1Kor 15,28).

3.6 DAS GEHEIMNIS VON EDEN UND DER RUF GOTTES

Mich bewegt hier auf dem Tempelplatz noch eine Vision von Hesekiel, die mit diesem Ort zu tun hat:

> *„Im 25. Jahr unserer Wegführung, im Anfang des Jahres, am Zehnten des Monats, im 14. Jahr, nachdem die Stadt geschlagen war, an ebendiesem Tag kam die Hand des HERRN über mich, und er brachte mich dorthin; in Gotteserscheinungen brachte er mich in das Land Israel, und er ließ mich nieder auf einen sehr hohen Berg; und auf ihm, im Süden, war etwas wie der Bau einer Stadt.“* *(Hes 40,1–2)*

Diese Prophetie hat Hesekiel wahrscheinlich im Jahr 573 v. Chr. empfangen. Sie wird ihm durch eine Entrückungserfahrung zuteil. Er wird nach Israel auf einen „sehr hohen Berg“ geführt. Wie wir schon oben gesehen haben, ist dieser hohe Berg eine Umschreibung für Zion bzw. den Tempelberg, der in der zukünftigen Heilszeit alle Berge überragen wird (vgl. auch Jes 2,2). Diesen Berg hat der Prophet bereits zuvor mit Eden in Verbindung gebracht: Im prophetischen Wort verortet er Eden – wie den Tempel – auf „Gottes heiligem Berg“ (Hes 28,13.14). Auch Jesaja ruft prophetisch aus: „Denn der HERR tröstet Zion, tröstet alle seine Trümmerstätten. Und er macht seine Wüste wie Eden und seine Steppe wie den Garten des HERRN. Jubel und Freude findet man darin, Lobpreis und Stimme des Gesangs“ (Jes 51,3). Später wird dann der Seher Johannes auf „einen großen und hohen Berg“ entrückt, um zu schauen, wie das neue Jerusalem aus dem Himmel herabkommt (vgl. Offb 21,10). Beim Wahrnehmen dieser Texte muss ich wieder an das Hinweisschild auf der Western-Wall-Plaza denken:

> *„Die jüdische Tradition lehrt, dass der Tempelberg der Mittelpunkt der Schöpfung ist. Im Zentrum des Berges liegt der Gründungsstein der Erde. Hier wurde*

Adam erschaffen. Hier dienten Abraham, Isaak und Jakob Gott. Der erste und der zweite Tempel wurden auf diesem Berg erbaut. Die Bundeslade wurde auf den Gründungsstein gesetzt. Jerusalem wurde von Gott erwählt als Wohnort seiner Herrlichkeit (Shechinah)."

Ist es wirklich so, dass die Erde zu meinen Füßen die Erde Edens ist und damit zugleich die Erde, aus der Adam erschaffen wurde? Ist der Tempelplatz, der Berg des HERRN, zugleich auch die irdische Seite der Mitte des Gartens? Es ist ja erstaunlich, dass der Garten, obwohl er für den Menschen gemacht wurde, neben der Eden-Bezeichnung ausschließlich Garten Gottes bzw. Garten des HERRN genannt wird (vgl. z. B. Hes 28,13, Hes 31,8.9). Die Parallele zum Berg des HERRN bzw. zum Berg des Hauses des HERRN ist unverkennbar. Beide Namen verweisen auf eine besondere Konzentration der Gegenwart Gottes für den Menschen und die Gemeinschaft mit ihm. An beiden Orten berühren sich Himmel und Erde. An beiden Orten erfährt der Mensch genau das, wofür er geschaffen ist: Er lebt, um Gemeinschaft mit Gott zu haben.

Der Garten Eden bleibt uns zumindest geografisch ein Geheimnis. Wir können diesen Garten der Wonne nicht mehr aufsuchen. Er ist nicht mehr zu lokalisieren, da uns die himmlische Dimension als zweite Seite der erschaffenen Wirklichkeit Gottes verloren gegangen ist. Und doch können wir seinen ursprünglichen Ort zumindest geistlich erspüren. Und so erachte ich es persönlich für wahrscheinlich, dass das Herz bzw. die Mitte des Gartens in der irdischen Dimension tatsächlich hier auf dem Tempelberg zu finden war.[40]

Wir sind hierzu einen längeren Weg gegangen; eine Menge „Hirnakrobatik" war dazu nötig. Wir leben von Offenbarungen und Erkenntnissen, die uns von Gottes Geist geschenkt werden und die wir, fast paradoxerweise, nicht für uns als Wahrheiten „absichern" können. Ich muss an das Psalmwort denken, auf das sich viele Mystiker gerne beziehen: „Schmecket und sehet, dass der HERR gütig ist" (Ps 34,9). Das Wort Gottes, angefangen bei der Torah, ist in sich ein geheimnisvolles pulsierendes Leben mit zahlreichen Schichten. So bedeutsam der Wortsinn ist, hinter ihm verbergen sich für die Mystiker tiefere Schichten, die es freizulegen gilt.[41]

40 In Abschnitt 11.4 werde ich nochmals abschließend darauf eingehen.

41 Vgl. hierzu Scholem, G.: Die jüdische Mystik in ihren Hauptströmungen.

„Wo bist du?“

Ich erhebe mich von meiner Bank und drehe für heute eine letzte Runde auf dem Tempelplatz. Es ist wirklich ein Riss zwischen Himmel und Erde. Dieser Ort hier hätte alles Potenzial, ein Ort des Friedens und der Hoffnung zu sein. Vor meinen Augen erhebt sich der Ölberg, der wie kein anderer Berg für das Kommen des Messias steht. Wir erwarten dort die Wiederkunft Jesu. Und doch ist die Spannung auf diesem Tempelplatz immens. Bewaffnete Sicherheitskräfte sind in Kleingruppen auf dem Platz verteilt. Zahlreiche Kameras nehmen die unterschiedlichen Bereiche und Ecken ins Visier. Die Gewaltausbrüche an diesem Ort sind oftmals nur schwer vorherzusagen. Es braucht immer nur einen kleinen Auslöser, und schon kippt die Stimmung innerhalb weniger Augenblicke. Eine verbale Auseinandersetzung, eine kleine Provokation, eine überraschende Messerattacke und alles ist in Aufruhr. Und doch sammeln sich hier insbesondere arabische Familien. Kinder spielen an diesem Ort. Ich vermute, dass sie vorwiegend aus dem arabischen Viertel der Altstadt kommen. In den engen Gassen ist nur wenig Raum zum Spielen. Hier auf dem Tempelplatz genießen sie die Weite. Insbesondere den jüdischen Siedlern ist dieses Spielen der Kinder vor dem Felsendom ein gewaltiges Ärgernis. Wohnt hier doch immer noch die Schechina Gottes, stand hier doch der Tempel. Die Erinnerung an seinen Bau und die bleibende Gegenwart an diesem Ort verbieten es, dass man sich dieser Mitte des Platzes ohne Weiteres nähern kann und darf.

Noch inspiriert durch die Bibeltexte, die ich auf der Bank gelesen habe, muss ich an die erste Frage denken, die Gott dem Menschen im Garten gestellt hat: „Wo bist du?“ (1Mo 3,9). Gott macht eine Erfahrung, die er bisher nicht gemacht hat: Er wandelt bei der Kühle des Tages im Garten, um mit seinem Geschöpf, dem Ausdruck seiner Liebe, Gemeinschaft zu haben. Aber sein Ebenbild versteckt sich vor ihm, als es seine Stimme hört. Ihre Gemeinschaft zerbricht. Immer wieder frage ich mich, wie sehr es Gott geschmerzt haben muss, dass sich der Mensch vor ihm versteckt. Dieser tut etwas, was der Idee seiner Schöpfung völlig zuwiderläuft: Er flieht und verbirgt sich vor dem, der ihm aus reiner Liebe das Leben geschenkt und zur Gemeinschaft mit ihm selbst erschaffen hat. Was muss das im Herzen Gottes ausgelöst haben? Wenn man es so sagen kann, ist dies die Wunde bzw. das Trauma Gottes.

„Wo bist du?“ Diese Frage Gottes an uns Menschen ist eine zeitlose Frage. Bis heute haben wir unsere selbst gewählten Verstecke. Zu oft sind wir an Orten, die nicht für uns bestimmt sind und an denen wir in der Tiefe unserer Herzen auch nicht sein wollen. Aber Gott gibt nicht auf; er wird nicht müde, sich aufzumachen und uns zu suchen. Er ruft uns jeden Tag neu: „Wo bist du?“ Hören die Menschen hier auf dem Tempelplatz dieses Rufen Gottes? Man kann hier auf diesem hochheiligen Platz des Tempelberges stehen – zwischen Vergangenheit und Gegenwart, zwischen Tempel und Felsendom oder Al-Aqsa-Moschee, zwischen Nostalgie und Zukunftshoffnung – und doch das Wesentliche verpassen. Man kann hier an diesem Ort in seinem Reiseführer blättern, über das Smartphone-Display wischen, ein Familienpicknick machen, hochbewaffnet für Sicherheit sorgen, eine Massenhysterie initiieren, Steine schmeißen oder unbeschwert als Kind Ball spielen. So heilig dieser Ort auch ist, so profan drückt sich auch hier das Leben der Menschen aus. Hier auf dem Tempelplatz ist der ganz normale Wahnsinn unseres Menschseins erfahrbar: Alltag im Ausnahmezustand. Und mittendrin hören wir die Stimme Gottes: „Wo bist du?" Hören wir seine Stimme?

Ich bin froh und dankbar, dass Gott nicht nur ruft und mehr oder weniger geduldig auf uns wartet. Tatsächlich kann Gott nicht warten. Er kommt. Dass er kommt, hat etwas mit seinem Wesen zu tun. Er kommt im Laufe der Menschheitsgeschichte auf ganz unterschiedliche Weise, aber doch immer bewegt von seiner Liebe zu uns und zugleich mit zunehmender Offenbarung seiner selbst. Seine Offenbarungen sind untrennbar mit dem Volk Israel, dieser Stadt Jerusalem und diesem Land verbunden – auch wenn sie weit über sie hinausgehen. Ich muss daran denken, dass sich Gott selbst in dem Juden Jesus ein Gesicht gegeben hat. In Jesus von Nazareth hat sich der ewige Gottessohn zu uns aufgemacht. Ihn ihm höre ich die göttliche Frage „Wo bist du?". Und er selbst fasst sein Kommen wie folgt zusammen: „Der Menschensohn ist gekommen, um zu suchen und zu retten, was verloren ist" (Lk 19,10). Die irdische Biografie Jesu wird einleitend im Neuen Testament mit David und Abraham in Verbindung gebracht: „Buch des Ursprungs Jesu Christi, des Sohnes Davids, des Sohnes Abrahams" (Mt 1,1). Mit diesem einen Satz ist bereits die Stoßrichtung des Neuen Testaments gesetzt: Der Same Abrahams ist da; der Sohn Davids ist da: Er heißt Jesus, er ist der Messias! Die Verheißungsgeschichte erfüllt sich und geht weiter. Es lohnt sich daher, den Spuren Abrahams noch einmal zu folgen.

4.

EDEN IM HEILIGEN LAND: GOTTES GESCHICHTE GEHT WEITER

4.1 AUF DEM WEG NACH HEBRON

Wir sind auf dem Weg nach Hebron. Mit unserem Kleinbus verlassen wir die Altstadt von Jerusalem und fahren auf dem Highway 60 in südliche Richtung. Der Highway führt uns durch das Westjordanland. Dabei müssen wir einige Checkpoints passieren. Bald sehen wir zu unserer Linken Beit Jala und dahinter Betlehem. Unser Blick wird wiederholt durch die Schutzmauer unterbrochen, die zur Abwehr terroristischer Anschläge errichtet wurde. Wiederholt war ich auch nach der Aufrichtung der Mauer in Beit Jala und Betlehem. Die hohe Mauer wirkt beklemmend, nicht minder die Terrorgefahr, die sich zuvor wie ein dunkler und bedrohlicher Schatten täglich auf die Seelen der israelischen Bürger gelegt hat.

Zeichen der Hoffnung in Beit Jala

In Beit Jala leben Bekannte von mir, die dort im Zentrum des Ortes das *Beit Al Liqa'*, ein christliches Schulungs- und Freizeitzentrum, leiten. Das Gründer- und Leiterehepaar Johnny und Marlene Shahwan kenne ich nicht nur durch meine Besuche hier vor Ort, sondern auch durch ihre Besuche in Hannover. Marlene ist Deutsche und war früher in einer Kirchengemeinde in Hannover Mitglied, in der ich später als Pastor tätig werden sollte. *Beit Al Liqa'* bedeutet *Haus der Begegnung*. Das Team möchte dort vor Ort in Beit Jala einen Raum schaffen, in dem sich Menschen treffen und Gott begegnen können. *Beit Al Liqa'* soll nach der Vision von Johnny und Marlene ein Haus sein, in dem Gott wohnt. Ein zentrales Anliegen ist ihnen dabei der Dienst an der jungen Generation. Sie haben es auf dem Herzen, die oftmals zitierte Spirale der Gewalt dadurch zu durchbrechen, dass sie Kinder zum Frieden erziehen. Dabei laden sie generationsübergreifend zur Nachfolge Jesu ein. Gerade junge Menschen sollen an diesem Ort eine begleitende Unterstützung erfahren. Vor den Toren Betlehems wollen sie Menschen zu einem Leben mit Jesus einladen und Christen darin unterstützen, zu ihren Wurzeln zurückzufinden. Johnny ist arabischer Christ und mit seiner Frau vor Ort ein beeindruckendes Zeugnis für einen Versöhnungsdienst zwischen den Religionen.

Johnnys Familie lebt vom Holzschnitzhandwerk, das gerade in dieser Region eine immense Bedeutung hat. Sein Onkel verkauft die Schnitzarbeiten im Suq der Jerusalemer Altstadt. Ich besuche ihn dort gerne. Er ist ein überaus freundlicher und höflicher Verkäufer. Jedes Jahr stellen wir in der Weihnachtszeit eine Krippe in unserem Wohnzimmer auf, die ich in seinem Laden gekauft habe. Sie erinnert uns nicht nur an die Geburt Jesu in Betlehem, sondern sie verbindet uns eben auch mit dem wichtigen Dienst an der jungen arabischen Generation, den diese Familie in Beit Jala tut. Mittlerweile arbeiten viele aus der Familie in *Beit Al Liqa'* mit – sei es im Gästehaus, in der Kindertagesstätte, in der Friedensarche (Indoorspielplatz) oder auf den Sommercamps.

Eine typische Alija-Geschichte

Während wir an Beit Jala vorbeifahren, werde ich bereits durch ihren Dienst an Abraham erinnert, der als Vater von Ismael für die muslimisch-arabische Welt so eine immense Bedeutung hat. Neben mir in unserem Kleinbus sitzt Erik. Erik ist unser Guide. Er hat mich schon wiederholt auf meinen Reisen im Land begleitet. Erik hat eine sehr bewegende Biografie. Seine jüdische Familie kommt ursprünglich aus Deutschland. Sie ist in den 1930er-Jahren aufgrund der zunehmenden Pogrome gegen die jüdische Bevölkerung nach Belgien geflohen. Dort ist Erik zur Welt gekommen und aufgewachsen. Als er Anfang 20 war, sind seine Eltern durch einen Autounfall ums Leben gekommen. Das hat ihn in eine tiefe Sinn- und Identitätskrise gestürzt. Vom Pass her war er Belgier, aber das eigentlich auch nur aufgrund der Judenverfolgung im Dritten Reich; sonst wäre er ein jüdischer Deutscher geworden. Wer war er nun? Da er sich zuallererst als Jude sah, hat er nach dem Tod seiner Eltern zu Beginn der 1970er-Jahre *Alija* gemacht, indem er als Immigrant nach Israel gekommen ist und die israelische Staatsbürgerschaft erworben hat. Seine Geschichte steht beispielhaft für Millionen von Juden, die – teils über geografische Umwege – nach Israel immigrierten, um dort einen Neustart zu wagen.

Kurz nach seiner Einbürgerung wurde er zum Militärdienst verpflichtet. Als der Jom-Kippur-Krieg 1973 ausbrach, war er auf dem Golan stationiert. Während eines gemeinsamen Ausflugs auf den Golanhöhen zeigte er uns einmal die genaue Stationierung seiner Truppe. Er und alle seine Kameraden sind damals durch den plötzlichen Panzeraufzug der syrischen Truppen im Oktober 1973 völlig überrascht worden. Sie hatten gerade den höchsten Festtag des Jahres, Jom Kippur, gefeiert, als sie mit dem Angriff der syrischen Panzer und Truppen konfrontiert wurden. Plötzlich war er in der Situation, dass er als Jude und neuer israelischer Staatsbürger ein Land verteidigen musste, das er eigentlich noch gar nicht kannte. Er berichtete uns von der Angst, die ihn und seine Kameraden beim Anblick der syrischen Panzer überkam. In großer Eile mussten sie diese überwinden, sich positionieren und um ihr Überleben und das ihres Volkes kämpfen. In jenen Stunden des Kampfes hat er viele seiner Kameraden sterben sehen. Nachdenklich erzählte er uns vom Glück des Überlebens, aber auch von dessen Last vor dem Hintergrund der verstorbenen Kameraden.

Gefährdete Koexistenz im Westjordanland

Neben ihm in unserem Kleinbus sitzt sein Sohn, der gerade seinen Militärdienst absolviert. Auf seinem Schoß liegt eine Maschinenpistole. Er begleitet uns nur für diesen einen Ausflug nach Hebron. Die Wahrscheinlichkeit, dass er uns beschützen muss, ist recht gering, aber immerhin fahren wir den Highway 60 entlang, der aufgrund zahlreicher Attentate und Anschläge, die an dieser Straße stattgefunden haben, auch als *The Blood-Highway* bezeichnet wird. Zugleich ist die Straße die wichtigste Route im Westjordanland, weil sie als Nord-Süd-Verbindung die zentrale Verkehrsader zu den einzelnen palästinensischen Städten und jüdischen Siedlungen in dieser Region ist. Dabei darf man nicht nur die angespannte und gewalttätige Koexistenz beider Völker vor Augen haben, die uns in den Medien nachhaltig vor Augen geführt wird. Die ökonomische Verflechtung zwischen den arabischen und jüdischen Orten im Westjordanland ist hoch. Viele Palästinenser arbeiten in den jüdischen Siedlungen; beide Seiten profitieren nachhaltig voneinander. Natürlich entstehen aus den wirtschaftlichen Beziehungen und Arbeitsverhältnissen nicht zwangsläufig Freundschaften, aber allein die ökonomische Abhängigkeit zwischen den jüdischen Siedlungen und den palästinensischen Ortschaften im Westjordanland zeigt bereits, dass der Nahost-Konflikt komplexer ist, als mancher glauben möchte.

Die im Westjordanland entstandenen Siedlungen sind eine Folge des israelischen Sieges im Sechstagekrieg von 1967, durch den sich die Situation im Westjordanland, das das biblische Kernland Samaria und Judäa umschließt, schlagartig und grundlegend verändert hat. Jordanien hatte dieses Gebiet zuvor im Unabhängigkeitskrieg von 1948 erobert und 1950 völkerrechtswidrig annektiert. Nun wurde es von Israel komplett erobert und unter Militärverwaltung gestellt.

Dieser überraschende Sieg Israels führte zu einer Euphorie unter den religiösen Gruppen im Land. Ein geistlicher Aufbruch entstand. Nationalreligiöse Gruppierungen entwickelten das Ansinnen, den Zionismus in das Herz des Landes zu bringen. Die Eroberung der jüdischen Altstadt, der erstmalige Zugang zur Klagemauer seit 1948, die Einnahme zentraler biblischer Orte wie Jericho, Nablus (das biblische Sichem) oder Hebron wurden als messianische Geburtswehen wahrgenommen. Die in den folgenden Jahren entstandene Besiedlung von Judäa und Samaria ist vor diesem Hintergrund als eine Befreiungsbewegung des religiösen Zionismus zu verstehen – ganz im Gegensatz zur frühen sozialistisch geprägten Kibbuz-Bewegung vor der Staatsgründung, die nach den traumatischen Pogrom- und Ghettoerfahrungen in Europa den jüdischen Glauben kaum noch praktiziert hat. Statt Ghetto und Gott zählten für die ersten Pioniere der 1920er-Jahre Gleichheit und Gemeinschaft.

Auch unser Guide Erik gehört zu den neuen Siedlern der ersten Stunden. Nach seinem Militärdienst studierte er Archäologie und gründete mit Freunden die Siedlung *Almog*, die rund zehn Kilometer südlich von Jericho liegt. In der Nähe des Toten Meeres hat der Belgier mit den deutschen Wurzeln sein Zuhause gefunden. Mehr noch: Hier in diesem Land ist er zum Glauben an Jesus gekommen. Er hat in Jeshua den Messias Israels gefunden. Mit einer Sinn- und Identitätskrise hat er Belgien verlassen. Hier in diesem Land hat er in Jeshua seine Identität als messianischer Jude gefunden.

Nach ungefähr halber Strecke können wir auf der rechten Fahrseite den Siedlungsblock *Gush Etzion* sehen. Diese Ansammlung von jüdischen Siedlungen hat eine bewegende Geschichte. Die ersten jüdischen Ansiedlungsversuche erfolgten in den Jahren ab 1917. Sie scheiterten aber wiederholt durch arabische Angriffe. 1929 und 1948 wurden die Siedlungen zerstört. Viele Siedler starben bei ihrer Verteidigung gegen die arabischen Angriffe; die Frauen und Kinder konnten zuvor evakuiert werden. Mit der Eroberung des Westjordanlandes 1967 entstand in der religiösen Jugendbewegung schnell das Bedürfnis, *Kfar Etzion* wieder aufzubauen. Damit war der Glaube verbunden, dem irdischen Land die Erlösung zu bringen.

Über den militärischen Sieg hinaus verspürten die Siedler einen göttlichen Auftrag, das alte biblische Kernland wieder einzunehmen.

In den frühen Stunden nach der Eroberung dieses Gebiets hatte die politische Führung die Dynamik der Bewegung unterschätzt. Im September desselben Jahres baten Schüler des Rabbiners Zwi Jehuda Kook, der als geistlicher Vater der nationalreligiösen Pionierbewegung gilt, Ministerpräsident Eschkol um die Erlaubnis, eine Jugendgruppe nach Kfar Etzion ziehen zu lassen. Eschkol zögerte aufgrund der rechtlich nicht geklärten Situation im Westjordanland. Nach Artikel 49 der Vierten Genfer Konvention darf eine Besatzungsmacht nicht Teile ihrer eigenen Zivilbevölkerung in das von ihr besetzte Gebiet umsiedeln. Für die Regierung stellte sich aber die Frage, inwiefern Israel in den eroberten Gebieten als Besatzungsmacht gilt, zumal die Annexion des Westjordanlandes durch Jordanien völkerrechtlich nicht anerkannt war. Zudem wurde Israel im Sechstagekrieg von Jordanien angegriffen. Die Landeroberung erfolgte durch Verteidigung.

Es wird in Israel die Geschichte erzählt, dass die Jugendbewegung Eschkol vor vollendete Tatsachen gestellt haben soll. Nachdem sie wiederholt bei ihm vorstellig wurden, sollen sie Folgendes zu ihm gesagt haben: „Die Ausrüstung ist draußen auf dem LKW. Wir werden dort hinziehen. Ob Sie es genehmigen oder nicht." Daraufhin soll Eschkol spontan geantwortet haben: „Jungs, dann macht es! Wenn ihr das unbedingt wollt, dann soll es so sein." Etzion wurde neu aufgebaut. Kfar Etzion wurde die erste neue jüdische Siedlung. Viele der Pioniere, die hier neu sesshaft wurden, gehörten zu den ehemaligen Kindern, die 1948 evakuiert wurden, oder hatten Eltern, die hier zuvor gelebt hatten. Da die ehemaligen Siedlungen von Gush Etzion im Unabhängigkeitskrieg von 1948 in hohem Maße zur Verteidigung West-Jerusalems beigetragen haben, indem sie die arabischen Truppen in ihrem Vormarsch nach Jerusalem entscheidend geschwächt haben, gehört dieser heutige Siedlungsblock zu den historisch und emotional wichtigsten Siedlungen im Westjordanland. Die Siedler, die heute hier leben, fühlen sich tief mit dem Land verbunden. Für sie bilden Volk und Land eine untrennbare Einheit. Es ist für sie das Land ihrer Väter, das Land Abrahams.

Viele der Siedlungen in Samaria, Judäa und auf dem Golan leiden unter internationalen Boykottmaßnahmen ihrer Produkte, ebenso auch unter Sanktionen oder Desinvestitionen. Um dem entgegenzuwirken, unterstützt die in Kfar Etzion ansässige Organisation *Lev Haolam* lokale Kleinunternehmen, indem sie in ihrem Warenhaus monatlich Pakete aus den Produkten der Siedler aus der Westbank sowie dem Golan zusammenstellt und diese international an Kunden verschickt. Die Idee ist ein typisches Beispiel für den kreativen Pionier- und Überlebensgeist dieses Volkes: Auf diese Weise unterstützt *Lev Haolam* nicht nur die kleinen Betriebe vor Ort durch den Auf- und Ausbau eines weltweiten Kundennetzwerkes, sondern fördert zugleich durch ihre Handwerks-, Kosmetik- und Naturalprodukte eine Bindung der weltweiten Kunden an das biblische Kernland. Jedem Paket wird ein Heft beigelegt, in dem nicht nur die Produkte, sondern auch die jeweiligen Familienbetriebe vor Ort vorgestellt werden. Mit ihren persönlichen Geschichten zeichnet *Lev Haolam* ein alternatives Gesicht zu dem, das nahezu stereotyp in den Medien von den Siedlern gezeichnet wird. Zweifelsohne ist es nicht das vollständige Gesicht aller Siedler, aber es ist ein wichtiger Beitrag zur Begegnung und zur Verständigung.

Aus der anfänglichen Erlaubnis und dem Gewährenlassen der Besiedlung hat sich in den 1970er-Jahren eine strategische Siedlungspolitik entwickelt, die bis heute ungebrochen und parteiübergreifend betrieben wird – trotz internationalen Einspruchs. Mittlerweile gibt es weit über 400 000 jüdische Siedler. Dabei muss man bedenken, dass jeder Siedler juristisch betrachtet ein israelischer Staatsbürger ist, der außerhalb seines Staatsgebiets lebt. Da Ost-Jerusalem 1980 von Israel annektiert wurde, ist die Situation der jüdischen Siedler in diesem Teil der Stadt nochmals eine andere. In der israelischen Politik und Gesellschaft wird kontrovers diskutiert, in welche Richtung der Staat durch die Siedlungspolitik und die Macht des Faktischen steuern wird. Für die einen ist es im schlimmsten Fall ein jüdischer Apartheidstaat mit Palästinensern als Bürger zweiter Klasse. Für die religiösen Gruppen wird es im besten Fall auf eine göttliche Erlösung hinauslaufen. Dabei berufen sie sich auf die Landverheißung ihres Vaters Abraham.

4.2 HEBRON, DIE UMKÄMPFTE STADT

Auf seinen Spuren wollen wir heute in Hebron sein. Aufgrund seiner Landverheißung ist die Siedlungssituation in Samaria und Judäa nicht von seiner Geschichte zu trennen. Und nirgendwo ist die Siedlungssituation wohl angespannter und menschlich herausfordernder als in Hebron. Hebron gehört neben Safed, Tiberias und Jerusalem zu den vier heiligen Städten in Israel. Die Stadt liegt auf fast 1 000 Metern Höhe und damit noch rund 200 Meter höher als Jerusalem. Hebron ist die Stadt der Patriarchen, die damals Kirjat Arba hieß (vgl. 1Mo 23,2). Hier lag ganz in der Nähe der Hain Mamre, der bevorzugte Wohnsitz von Abraham und Sara. An diesem Ort wurden nach dem biblischen Zeugnis Abraham und Sara, Isaak und Rebekka sowie Jakob und Lea in der Höhle Machpela begraben (1Mo 49,30.31;

1Mo 50,13). Abraham erwarb die Höhle, um dort seine verstorbene Frau Sara zu bestatten (vgl. 1Mo 23). Später diente die Höhle offensichtlich als Familiengruft. Zudem wurde in Hebron David nach Sauls Tod zum König von Juda gesalbt (2Sam 2,4). Er regierte in Hebron sieben Jahre (2Sam 2,11), bevor er Jerusalem eroberte und von dort aus weitere 33 Jahre über ganz Israel herrschte.

Die Höhle hat eine bewegte Vergangenheit. Herodes der Große schützte die Höhle durch eine mächtige Mauer, die noch heute zu bestaunen ist. Im sechsten Jahrhundert errichtete Kaiser Justinian über der Höhle eine Basilika. Im siebten Jahrhundert wurde sie in eine Moschee umgewandelt. In der Zeit der Kreuzfahrer gelang es diesen, Hebron zu erobern und die Moschee wieder in eine Kirche umzuwandeln. Ende des 12. Jahrhunderts fiel die Kirche aber wieder an die Muslime zurück und wurde – mit einer kurzen Unterbrechung unter Richard Löwenherz – dauerhaft eine Moschee. Im Unabhängigkeitskrieg von 1948 gelangte Hebron unter jordanische Herrschaft. Im Sechstagekrieg 1967 eroberten israelische Truppen Hebron zurück.

Die Siedlerbewegung von Hebron

Aufgrund der besonderen geistlichen Bedeutung des Ortes war es nur eine Frage der Zeit, wann die ersten religiösen Siedler kommen würden, um die Stadt neu zu besiedeln. Initiator dieser Siedlerbewegung war Rabbi Moshe Levinger. Er mietete sich mit einer jüdischen Gruppe zum Passah-Fest 1968 im Park-Hotel von Hebron ein, allesamt getarnt als Schweizer Touristen. Vor Ort gaben sie sich dann aber als Juden zu erkennen und sagten, nur zum Passah-Fest bleiben zu wollen. Nach dem Fest weigerte sich die Gruppe allerdings, das Hotel und Hebron zu verlassen. Levinger kündigte an, dass sie bis zur Ankunft des Messias in Hebron bleiben würden. Es folgten mehrwöchige Verhandlungen mit der Regierung. Sie gestand der Gruppe zu, nordöstlich von Hebron auf einer ehemaligen Militärbasis eine jüdische Siedlung aufzurichten. So entstand 1970 die Siedlung *Kirjat Arba*, in der heute nahezu 8 000 Juden leben.

Und dieses Kirjat Arba wird nun vor unseren Augen sichtbar. Die Siedlung ist von Zäunen und Metalltoren umgeben. Wir verlassen den Highway, biegen rechts ab und nähern uns ihr. Zu meinem Erstaunen sehe ich trotz des vielen Stacheldrahts, der Checkpoints und Sicherheitsblockaden einige Araber bzw. Palästinenser in der Siedlung. Erik klärt mich auf, dass aufgrund der hohen Arbeitslosigkeit in den Palästinensischen Autonomiegebieten täglich viele von ihnen aus Hebron und den umliegenden Dörfern in die Siedlung kommen, um dort zu arbeiten. Auch hier zeigt sich im Miteinander, dass die schlichte Alltagsökonomie gewichtiger ist als staatstragende politische Verlautbarungen. Zugleich sind viele der arbeitenden Palästinenser über ihre eigene Autonomieverwaltung frustriert, da diese zu wenig Engagement zeigt, um einen nachhaltigen wirtschaftlichen Aufschwung zu initiieren und die hohe Arbeitslosigkeit zu bekämpfen.

Die Frühphase der Kibbuz-Bewegung war von diesem kooperativen Miteinander zwischen Juden und Arabern geprägt. Beide haben in ihrem Miteinander stark voneinander profitiert. Die Juden brauchten mehr Arbeitskräfte, als sie aufbringen konnten. Auch litten sie noch stark unter der mangelnden Akklimatisierung in dieser heißen Region. Nicht zuletzt war die herausfordernde Landarbeit für die körperlich geschwächten Juden aus den Ghettos eine Überforderung. Und manche Juden aus den höher gebildeten Bevölkerungsgruppen verweigerten schlichtweg die körperliche Arbeit. Zugleich brachten diese wiederum das europäische Know-how mit, das für eine Weiterentwicklung einer Agrarregion unbedingt notwendig war – insbesondere in der Bildung, der Medizin, den unterschiedlichen Disziplinen der Ingenieurwissenschaften, den großen Hauptströmungen der Naturwissenschaften und der Kultur. Diese prinzipielle Win-Win-Situation ist auch hier vor Ort noch sichtbar. Diese nahezu idealistische Sichtweise des kooperativen Miteinanders sollte aber bald eindrücklich und schmerzhaft korrigiert werden.

Von hier aus sind es nur wenige Minuten bis zur Stadt und zum Patriarchengrab. Hebron ist mit rund 200 000 Einwohnern die größte Stadt im Westjordanland. Im Zuge der Friedensverhandlungen zwischen Israel und der Palästinensischen Autonomiebehörde wurde 1997 das sogenannte Hebron-Abkommen abgeschlossen. Darin wurde die Stadt in die Zonen H1 (palästinensisch) und H2 (israelisch) unterteilt. Faktisch ist die Stadt damit gespalten. In der H1-Zone leben heute rund 160 000 Palästinenser. In der H2-Zone sind rund 30 000 Palästinenser und etwa 850 Juden angesiedelt, die statistisch den über 8 000 Juden aus Kirjat Arba zugerechnet werden. Wir bewegen uns mit unserem Kleinbus in der H2-Zone, zu der auch das historische Zentrum von Hebron gehört.

Bis 1929 lebten hier Araber und Juden Seite an Seite. Viele Juden haben sich nach ihrer Diskriminierung und Vertreibung aus Spanien ab 1492 in Hebron angesiedelt. Jüdisches Leben prägte die Stadt bis in das frühe 20. Jahrhundert. Dann kam es im Zuge der zunehmenden jüdischen Besiedlung des britischen Mandatsgebiets *Palästina* zu arabischen Aufständen. Einer der blutigsten hat hier in Hebron stattgefunden. In einem organisierten Massaker sind 67 Juden getötet worden; die Überlebenden wurden vertrieben, mussten fliehen oder wurden von der britischen Mandatsmacht evakuiert. Nahezu 40 Jahre später sind sie unter der Leitung von

Rabbi Moshe Levinger zurückgekehrt. Ihrem eingeforderten Bleiberecht hat die Regierung durch die Errichtung der Siedlung Kirjat Arba stattgegeben.

Aber manche Siedler wollten nicht außerhalb der Stadt in einer Vorstadtsiedlung leben, sondern an das jüdische Erbe im Stadtzentrum anknüpfen. Einige von ihnen forderten ihren Grund- und Familienbesitz zurück. So begann in den 1980er-Jahren ihre Ansiedlung in der Stadt. Heute leben innerhalb der H2-Zone rund 850 Siedler in vier jüdischen Siedlungen. Sie werden durch 650 israelische Soldaten rund um die Uhr beschützt, die zudem für die Aufrechterhaltung der Sicherheit in der H2-Zone sorgen. Die bedeutsamste Siedlung ist die *Avraham-Avinu*-Siedlung (deutsch: *unser Vater Abraham*), die in unmittelbarer Nähe zur Patriarchenhöhle im Herzen der Stadt liegt. Die räumliche Nähe in dieser engen Stadt sorgt für nahezu tägliche Spannungen zwischen Palästinensern und Juden. Viele Balkons sind vergittert, um sich vor gegenseitigen Steinwürfen zu schützen.

Die Existenz der Siedler im Stadtzentrum ist auch in der israelischen Bevölkerung umstritten. Viele sehen in ihnen eine Provokation gegenüber den Palästinensern und damit auch einen weiteren Stolperstein im schwierigen und stagnierenden Friedensprozess. Zudem belastet ihr Schutz in einem nicht unerheblichen Maße den Militärhaushalt.

Seit 1994 ist die Stadt in einem Ausnahmezustand, der für die Menschen der H2-Zone extrem herausfordernd ist, insbesondere für die palästinensische Bevölkerung. In jenem Jahr kam es am 25. Februar in der Ibrahimi-Moschee (deutsch: *Abraham-Moschee*) des Patriarchengrabes zu einem Massaker, das durch den Siedler und Arzt Baruch Goldstein, der aus Kirjat Arba kam, verübt wurde. Mit einem Sturmgewehr drang er in den frühen Morgenstunden in die Moschee, tötete 29 Muslime und verletzte mehr als 100 Personen. Um eine Gewalteskalation zwischen Palästinensern und Siedlern zu vermeiden, wurden in der H2-Zone zahlreiche Schutzareale errichtet – mit gravierenden Konsequenzen für die Palästinenser.

Dies ist auf unserem Weg in das Stadtzentrum deutlich zu beobachten. Wir fahren die Lapid-Road entlang, zu unserer Linken im Osten liegt Kirjat-Arba, zu unserer Rechten befindet sich die Altstadt von Hebron. Diese Lapid-Road ist nach Mordechai Lapid und seinem Sohn Shalom benannt worden, die hier an einer Bushaltestelle vor Kirjat Arba im Dezember 1993 durch einen Terroranschlag ums Leben gekommen sind; drei weitere seiner Kinder wurden bei dem Anschlag verletzt. Baruch Goldstein war ein enger Freund der Familie. Seine Tat wenige Wochen später in der Ibrahimi-Moschee ist sicherlich nicht losgelöst von diesem Terroranschlag zu sehen. Ich merke, wie es mir schwer ums Herz wird, als wir die Straße entlangfahren. Ich spüre in mir einen tiefen Schmerz, wenn ich an diesen

Tod von Vater und Sohn denke. Zugleich muss ich an den grausamen Verlust und den Schmerz denken, den Goldstein in der Moschee durch seinen Terroranschlag verursacht hat. Einmal mehr wird mir bewusst, wie sehr beide Parteien Jesus brauchen, der allein Heilung und Versöhnung schenken kann. Ich muss wieder an die Frage Gottes an Adam und Eva im Garten Eden denken: „Wo bist du?"

Die Lapid-Straße darf von Palästinensern nicht befahren werden. Diese Maßnahme gehört zum israelischen Sicherheitskonzept nach den Anschlägen jener Zeit. Wir passieren einige Checkpoints. Auf dem Weg zum Grab sehen wir zahlreiche sogenannte Roadblocks, mit denen man innerhalb kurzer Zeit die Straße blockieren kann. Zudem können wir einige Soldaten beobachten, die die Straße und die Gegend überwachen. Nach einigen Minuten biegen wir in die *Al-Schuhada-Street* (deutsch: *Märtyrer-Straße*); Israelis nennen sie König-David-Straße. Sie ist eigentlich die bedeutsamste und berühmteste Straße in Hebron: eine echte arabisch-orientalische Flaniermeile mit zahllosen kleinen Geschäften und Boutiquen. Aber das ist lange vorbei.

Im Zuge der aufkommenden Unruhen nach dem Goldstein-Attentat hat die israelische Militärverwaltung drastische Sicherheitsmaßnahmen getroffen, indem sie die Bewegungsfreiheit der Palästinenser in der H2-Zone erheblich eingeschränkt hat. So dürfen sie die Al-Schuhada-Street nicht mehr befahren und auch nicht mehr betreten – es sei denn, dass sie dort wohnen und dies nachweisen können. Dies hat zu zahllosen Geschäftsschließungen in der Straße geführt, da der Umsatz erheblich eingebrochen ist. Zudem mussten Hunderte von Geschäften aufgrund von Sicherheitsbedenken der Militärverwaltung schließen. Viele Menschen haben auf diese Weise ihren Lebensunterhalt verloren; man schätzt ihre Zahl auf ungefähr 1800 Familien.[42] Viele haben dadurch auch ihre Wohnungen aufgeben oder ihre Häuser verkaufen müssen. Zudem gab es Hunderte von Zwangsräumungen. Die Menschen sind in eine Armutsspirale geraten. Mittlerweile gibt es in dieser Straße nur noch wenige Einwohner, die geblieben sind. Die Straße gleicht nahezu einer Geisterstadt. Viele Häuser- und Ladeneingänge sind verrammelt bzw. verbarrikadiert. Man sieht Betonblockaden, Mauern und Sperren. Die Zahl der Palästinenser in der H2-Zone ist rückläufig. Dies alles schafft Lebensraum für neue Siedler und weitere Bauprojekte im Stadtkern.

---

42 Nach einem Bericht der beiden israelischen Menschenrechtsorganisationen ACRI (Association for Civil Rights in Israel) und B'Tselem (The Israeli Information Center for Human Rights in the Occupied Territories).

Ich schaue Erik an. Zweifelsohne war er viele Male hier und kennt die Situation vor Ort nur zu gut. Er wirkt ernst und nachdenklich. Die Situation ist komplex und kompliziert. Sie ist nicht nur rechtlich, sondern auch moralisch herausfordernd. Hier in Hebron wird einem die ganze Härte des Konflikts vor Augen geführt. Zugleich darf man nicht nur das sehen, was vor Augen ist. Keine zwei Kilometer westlich beginnt die H1-Zone. Sie steht unter palästinensischer Verwaltung. Kein Jude darf dort hinein. Allein die Existenz dieser Zone zeigt auch, dass Israel bereit ist, erobertes Land abzugeben, Zugeständnisse zu machen. Nach dem Sechstagekrieg diente das ganze eroberte Land als Verhandlungsmasse für einen dauerhaften Frieden mit den arabischen Nachbarn.

Mit der UNO-Resolution 242 wurden beide Parteien zu einer friedlichen Koexistenz in sicheren und anerkannten Grenzen aufgerufen – einschließlich der Anerkennung Israels durch die arabischen Staaten. Zudem wurde Israel zum Rückzug aus „besetzten Gebieten" aufgefordert. Hierbei wurde bewusst auf einen Artikel verzichtet: Es heißt nicht „den besetzten Gebieten". Damit sollte die internationale Erwartung zum Ausdruck gebracht werden, dass es zu einer Verhandlung über das Ausmaß des Rückzugs der israelischen Truppen kommen sollte. Die berühmte Antwort der arabischen Staaten war das „dreifache Nein": *Nein* zur Anerkennung Israels, *Nein* zu Verhandlungen mit Israel, *Nein* zu einem Frieden mit Israel. Unter diesem dreifachen *Nein* leidet die palästinensische Bevölkerung bis heute. Für Israel selbst wurde es demzufolge enorm herausfordernd, mit diesem eroberten Land klug umzugehen. Fortlaufend stand es unter der Spannung, dem eigenen existenziellen Sicherheitsbedürfnis gerecht zu werden und zugleich den Vorwurf, ein Apartheidstaat zu sein, zu entkräften. Diese Spannung kann Israel bis heute nicht lösen.

Auf den letzten Metern zur Grabeshöhle wird dies einmal mehr offensichtlich. Auch der Platz vor der Grabeshöhle ist für Palästinenser gesperrt. Ihre Läden sind geschlossen: eine *Closed Area for Palestinians.* Um den Platz herum befinden sich mehrere Militärposten. Auch wenn ich in Israel einiges an Militärpräsenz gewohnt bin, merke ich beim Verlassen des Busses deutlich meine innere Anspannung.

Bei den Patriarchen und Matriarchen von Machpela

Die Höhle, die wir nun besuchen wollen, ist über 4 000 Jahre alt und gehört zu den ältesten Orten, die man in Israel besichtigen kann. Da sich alle drei monotheistischen Weltreligionen auf Abraham berufen, ist die Höhle neben dem Judentum und dem Christentum auch für den Islam von Bedeutung. Zudem gelten im Islam auch Isaak und Jakob als bedeutende Propheten, wenngleich Abraham, Ibrahim genannt, als Vater Ismaels und Ahnherr Mohammeds eine herausragende Stellung einnimmt. Nach dem biblischen Zeugnis sind hier neben den Patriarchen auch ihre Ehefrauen begraben. Dabei ist es nicht Rahel, sondern Lea, die bei Jakob begraben ist. Das Grab von Rahel ist bei Betlehem zu finden.

Von außen kann man nicht wirklich von einer Höhle sprechen. Ein riesiges Gebäude türmt sich vor uns auf. Der Baustil der Mauer erinnert mit seinen glatten rechteckigen Steinen und den markanten Fugen sofort an die Klagemauer in Jerusalem. Diese Assoziation ist nicht zufällig: König Herodes hat auch diesen Bau in Auftrag gegeben. Das Gebäude ist etwa 60 Meter lang, 35 Meter breit und rund 20 Meter hoch. Unterhalb des eindrucksvollen Bauwerks befindet sich die Höhle. Seitlich ragt noch der Außenfels der Höhle hervor. Das Gebäude hat zwei Eingänge: einen jüdischen Eingang und einen islamischen Eingang zur Ibrahimi-Moschee.

Wir nehmen den jüdischen Eingang. Auf einem Schild wird darauf hingewiesen, dass Juden und Muslime den jeweils anderen Bereich dieser Stätte nicht betreten dürfen – mit Ausnahme von zehn ausgewählten Tagen pro Jahr, die sich auf die höchsten Feiertage der jeweiligen Religion beziehen. An diesen Tagen dürfen dann nur Juden den muslimischen Bereich bzw. nur Muslime den jüdischen Bereich betreten. Christen sind zu jeder Zeit beide Bereiche zugänglich.

Von der Eingangshalle aus betreten wir den „Korridor der Vorväter". Ihm schließt sich eine größere Halle an, in der sich zur rechten Seite die beiden Monumente mit den Kenotaphen für Abraham und Sara befinden. Sie sind vergittert. Auf dem vorderen Gitter ist ein Schild angebracht, auf dem in hebräischer Schrift „Unser Vater Abraham" zu lesen ist. Unterhalb des Kenotaphs befindet sich die eigentliche Höhle, die etwa neun Meter tief und für uns nicht zugänglich ist. Dort unten sind die Patriarchen und Matriarchen begraben. Wenn man vor den Monumenten von Abraham und Sarah steht, kann man durch eine Scheibe hindurch in die Moschee schauen. Diese Scheibe besteht aus kugelsicherem Panzerglas. Wenn man möchte, könnte man den Personen hinter dem Panzerglas gegenüber direkt in die Augen schauen. Hier an diesem Ort wird einem schmerzhaft bewusst, wie sehr Glaube verbinden, aber eben zugleich auch trennen kann. Wenige Meter weiter befindet sich das Monument von Sara. Beide Monumente werden nochmals durch eine eigene Halle verbunden, die sogenannte Abraham-Halle, die zugleich auch *Das Zelt von Abraham und Sara* genannt wird. Die Halle dient als Gebetsraum. Dabei kann man sich entweder dem Grab von Sara oder dem Grab von Abraham zuwenden.

Beiden Monumenten gegenüber befindet sich auf jüdischer Seite ein Innenhof, der insbesondere zum Gebet und zum persönlichen Studium genutzt wird.

Von dort gelangt man in die Jakob-Halle, die als Synagoge dient und in der sich in zwei Monumenten die Kenotaphe von Jakob und Lea befinden. Die Kenotaphe von Isaak und Rebekka sind auf der islamischen Seite in der Ibrahimi-Moschee aufgestellt. Dort findet man neben dem Abraham-Monument auf dem Boden ein vergittertes Loch, das einen Einblick in die Höhle gewährt.

Die Wurzeln des Stammbaums

Ich setze mich auf einen Stuhl im Innenhof und lasse die Atmosphäre dieses Ortes auf mich wirken. Um mich herum sehe ich neben den Touristen einige Juden, die im Gebet oder im Studium ihrer Schriften vertieft sind. Für sie ist dieser Ort die Wiege und das Fundament ihres Glaubens. Hier sind die Wurzeln ihrer Geschichte. Wer in Israel unterwegs ist, wird immer wieder mit Stammbäumen konfrontiert werden. Stammbäume sind im Judentum ein wichtiges Symbol zur Identitätsbestimmung und -wahrung. Wenn alle jüdischen Familien ihren eigenen familiären Stammbaum von Generation zu Generation zurückgehen, dann treffen sie am Ende auf diese drei Patriarchen und Matriarchen. Dieser Ort ist damit der Konzentrationspunkt der gesamten jüdischen Geschichte. Hier beginnt ihre Identität. Insbesondere religiöse Juden verstehen sich daher bis heute ungebrochen als Kinder von Abraham und Sara, Isaak und Rebekka und Jakob und Lea bzw. Rahel – drei Väter und vier Mütter.

Mit der Eroberung von Judäa und Samaria im Jahr 1967 ist dieses Volk nicht nur in seine biblische Heimat, sondern zugleich auch zu seinen Vätern und Müttern zurückgekehrt. Dabei muss man bedenken, dass dieses Gebäude für Juden über 700 Jahre hinweg bis 1967 nicht zugänglich war. Es wurde ihnen untersagt, diese Räumlichkeiten zu betreten, um hier zu beten. So gibt es an der Außenmauer dieses Gebäudes einen kleinen Platz, an dem sie sich zum Gebet versammelt haben, um möglichst nahe am Grab ihrer Väter und Mütter zu stehen. Dieser Gebetsort erinnert an die Klagemauer in Jerusalem. Auch heute noch finden sich an diesem Platz in den Fugen der Sandsteinquader regelmäßig Gebetszettel. Dieser Ort war für Juden bis 1967 ein Ort der Sehnsucht, aber auch ein Ort der öffentlichen Demütigung, wenn Muslime und Christen an ihnen vorbei das Gebäude für ihre Gebete betraten, sie aber draußen bleiben mussten. Seit 1967 haben sie nun wieder Zugang zu den Gräbern ihrer Väter und Mütter. Damit vereinigen sich für sie in besonderer Weise Volk und Land. Und Abraham ist der erste Hebräer, der an diesem Ort Land gekauft hat.

Machpela in der jüdischen Mystik

Abraham wird oftmals als der erste Monotheist bezeichnet. Damit ist seine Stellung in der Glaubensgeschichte der Menschheit einzigartig. Nach der sogenannten Urgeschichte (1Mo 1–11) beginnt mit ihm ab 1Mo 12 eine neue Geschichte in der Bibel, die ihren Schwerpunkt auf das Volk Israel legen wird. Und doch ist es wichtig, dass wir dabei den Blick auf die Menschheitsgeschichte nicht aus den Augen verlieren. Die Geschichte Israels ist darin tief eingebunden. Es gibt eine Beziehung zwischen Adam und Abraham, die wir im Blick haben müssen. Nach jüdischer Tradition hat sie sogar hier in Hebron einen Anknüpfungspunkt.

Wiederholt kommt die Frage auf, warum Abraham eigentlich gerade dieses Feld mit der Höhle von Machpela für seine Frau Sara und seine Familie kaufen wollte. Warum gerade dieser Ort? Weil sie hier ein neues Zuhause nach ihrem Weggang von Ur und Haran gefunden haben (vgl. 1Mo 11,31)? Weil sie sich hier in besonderer Weise neu verwurzelt haben? Wollte er hier Sara begraben, weil dieser Ort wie kein anderer „ihr gemeinsamer Ort“ war, mit dem sie besondere Erinnerungen verbunden haben? Oder war es schlichtweg die Schönheit dieser Landschaft, die ihn berührt hat? Ein Ort zum ewigen Verweilen? In der jüdischen Tradition wird berichtet, dass Abraham in dieser Höhle das Grab von Adam und Eva entdeckt hat. Nachdem diese den Garten verloren haben, sollen sie sich in der Nähe des Zugangs zum Garten angesiedelt haben. Dieser Zugang soll hier in Hebron gewesen sein; die Höhle war die Schwelle zum Garten. Daher sollen sich Adam und Eva diese Höhle als ihr Grab erwählt haben.

Machpela bedeutet Doppelhöhle. Der Babylonische Talmud geht davon aus, dass diese Doppelhöhle in der Form genutzt wurde, dass die Patriarchen und Matriarchen dort in Paaren begraben wurden. In ähnlicher Weise wird an dieser Stelle der Name *Kirjat Arba* gedeutet, der nach Jos 14,15 und Ri 1,10 der alte Name für Hebron ist und übersetzt „Stadt der Vier“ heißt. Nach dem Talmud soll die „Vier“ auf die vier dort begrabenen Paare hinweisen: Adam und Eva, Abraham und Sara, Isaak und Rebekka sowie Jakob und Lea.[43] Im Midrasch heißt es: „… der Ort hieß deshalb so, weil daselbst die vier gerechten Väter der Welt begraben lagen, nämlich Adam, Abraham, Jizchak und Jacob; oder weil daselbst die vier Mütter begraben lagen, nämlich: Eva, Sara, Rebecca und Lea“ (Midrasch Bereschit Rabba, P. 58, C. 28, V. 2).

---

43 Babylonischer Talmud: *Erubin* 53a.

In Ergänzung zum rabbinischen Midrasch geht die jüdische Mystik in der Zohar[44] davon aus, dass Abraham dieser zuvor geheime Begräbnisort durch Gott offenbart wurde. Aus diesem Grunde war es ihm wichtig, genau dieses Feld mit dieser Höhle zu kaufen:

> *„Rabbi Yehuda sagt: Abraham wusste von einem einzigartigen Zeichen in der Höhle, und sein Herz und sein Verlangen waren darauf ausgerichtet. Denn er hatte sie zuvor betreten und sah, dass Adam und Eva dort begraben waren. Woher wusste er, dass sie es waren? Weil er Adams Gestalt sah und eine Tür zum Garten Eden, die für ihn geöffnet war. Und Adams Gestalt war darauf ausgerichtet... Er sah ein Licht in der Höhle und eine brennende Kerze. Daraufhin begehrte Abraham, dass seine Wohnstätte an diesem Ort sei, und seines Herzens Verlangen waren allezeit nach dieser Höhle." (Zohar 1:127a)*

> *„Rabbi Rehumani sagte: Gott selbst erschuf Adam und er selbst sorgte für Adam nach seinem Tod. Niemand wusste von Adams Beerdigungsort, bis Abraham kam, die Höhle betrat und ihn sah. Als Abraham eintrat, war der Ort erfüllt mit dem Duft des Gartens Eden und die Stimme eines dienenden Engels sagte: ‚Adam ist hier beerdigt. Abraham und Isaak werden auf diesen Ort vorbereitet.' Abraham sah die leuchtende Kerze und ging raus. In diesem Augenblick entstand in ihm seine Sehnsucht nach diesem Ort." (Zohar Chadash, Ruth: 79,4)*

Tatsächlich soll sich in der Ibrahimi-Moschee ein Fußabdruck von Adam befinden. Die Verbindung zwischen Adam und Abraham bzw. den Patriarchen wird hier in Hebron besonders deutlich. Ein Ort der spirituellen Sehnsucht, und zugleich doch auch ein Epizentrum des Nahost-Konflikts. Die Söhne und Töchter Isaaks und Ismaels begegnen sich hier, und müssen doch durch Panzerglas getrennt werden. Ich muss an den Moment denken, als Isaak und Ismael ihren Vater Abraham beerdigt haben: „Und seine Söhne Isaak und Ismael begruben ihn in der Höhle Machpela ..." (1Mo 25,9). Seite an Seite haben sie damals ihren Vater begraben. Seite an Seite stehen sie heute vor seinem Grab: weitgehend unversöhnt, und doch durch den gemeinsamen Vater aneinander gebunden. Beide mit ihren eigenen Verhei-

44 Die Zohar beinhaltet als Standardwerk der jüdischen Mystik insbesondere Kommentare zur Torah in Form von Schriftexegesen. Zudem finden sich in ihr Meditationen, Erzählungen und Vorstellungen zur Weltentstehung und -entwicklung.

ßungen. Aber wenn die Verheißung an Abraham über Isaak weltumspannend sein und alle Nationen erfassen soll, dann soll eben auch Isaak ein Segen für Ismael sein. In diesem Zusammenhang denke ich an den bewegenden Ausruf Abrahams vor Gott: „Möge doch Ismael vor dir leben!“ (1Mo 17,18) Bis heute erleben die Söhne Ismaels die Söhne Isaaks sicherlich eher als ein Fluch, insbesondere in diesem Land und in dieser Stadt. Aber die Geschichte ist noch nicht zu Ende. Und sie ist größer als die Geschichte des Kampfes um das Land, wenngleich dieses Land keinesfalls unbedeutend für die größere Geschichte ist. Immer wieder geht es um die Vereinigung von Volk, Land und Gott. Die Geschichte Abrahams in diesem Land weist erstaunliche Parallelen zum Garten Eden auf, in den der Mensch von Gott gesetzt wurde, um ihn in der Gegenwart Gottes zu bebauen und zu bewahren.

4.3 GOTT SETZT MIT ABRAHAM FORT, WAS ER MIT ADAM BEGONNEN HAT

Die Berufung Abrahams markiert im Buch Genesis und in der gesamten Torah einen tiefen Einschnitt. So schlicht 1Mo 12 beginnt, so tiefgreifend ist zugleich das Handeln Gottes für die Menschheit:

> *„Und der HERR sprach zu Abram: Geh aus deinem Land und aus deiner Verwandtschaft und aus dem Haus deines Vaters in das Land, das ich dir zeigen werde! Und ich will dich zu einer großen Nation machen, und ich will dich segnen, und ich will deinen Namen groß machen, und du sollst ein Segen sein! Und ich will segnen, die dich segnen, und wer dir flucht, den werde ich verfluchen; und in dir sollen gesegnet werden alle Geschlechter der Erde! Und Abram ging hin, wie der HERR zu ihm geredet hatte …“ (1Mo 12,1–3)*

Die Einleitung ist so unaufgeregt formuliert, dass man ihre bahnbrechende Bedeutung übersehen könnte: „Und der HERR sprach zu Abram …“ Abram kam aus einem Elternhaus, in dem man mehreren Göttern diente (vgl. Jos 24,2). Das war der soziokulturelle und religiöse Kontext seiner Erziehung und Sozialisation. Mehreren Göttern zu dienen, bedeutete ganz praktisch im Alltag, dass jeder einzelne Gott beachtet, bedacht und geehrt werden musste. Dies schloss auch mit ein, eine Götterhierarchie vor Augen zu haben, in der zwischen größeren und kleineren, mächtigeren und weniger mächtigen, gutmütigen und zürnenden Göttern unterschieden wurde. Damit einhergehend stellten sich die Menschen keineswegs banale

Alltagsfragen wie: Wen rufe ich wann mit welchem Anliegen an? Wem danke ich wann wofür? Wen muss ich wann fürchten?

Hier lesen wir nun: „Und der HERR sprach zu Abram … und Abram ging hin, wie der HERR zu ihm geredet hatte …" Vor dem Hintergrund seiner Lebensgeschichte und Sozialisation muss Abram hier ein Reden des HERRN erlebt haben, das ohne Vergleich zu seinen bisherigen Gottes- bzw. Göttererfahrungen war. Der Eine sprach und Abram gehorchte. Er ging hin, ohne sich Gedanken über die anderen Götter zu machen. Wie werden sie reagieren, wenn er diesem Einen gehorcht? Muss er ihren Zorn bzw. ihre Rache befürchten? Muss er sie beschwichtigen? Diese und ähnliche Gedanken spielten offensichtlich bei Abram keine Rolle. Er musste den HERRN wirklich auf eine Art und Weise erlebt haben, die beispiellos und ohne Analogie war. Im Vergleich zu ihm und seinem Reden müssen Abram seine bisherigen Götter wie tote Götzen erschienen sein. Hier sprach ein ganz Anderer, und seine Worte hatten Gewicht. Und Abram gehorchte.

Mit dieser persönlichen Ansprache wird ein neues Kapitel in der Menschheitsgeschichte aufgeschlagen, das zugleich an die Schöpfungsgeschichte anknüpft. Gott spricht sein Geschöpf an; und er hat mit ihm etwas vor: nicht nur mit Abram, sondern mit der gesamten Menschheit. Das Handeln Gottes an diesen einen Menschen Abram soll segensreiche Auswirkungen für uns alle haben – bis heute. Damit geht diese alte Geschichte alle etwas an, nicht nur seine Söhne Isaak und Ismael in Hebron und Umgebung. Aus einem Einzelnen soll eine große Nation werden. Und wenn Abram ein Segen werden soll, dann doch auch die Nation, die aus ihm entstehen soll: das Volk Israel. Über ihn und dieses Volk will Gott heilend in diese Welt hineinwirken. Sein Segen soll weltumspannend sein und jeden erreichen. Dieser Gedanke ist im Kern atemberaubend, sicherlich auch verstörend und allemal unserem Verstand entzogen.

Von Adam zu Abraham: Der Neustart Gottes mit den Menschen

Was Gott in Adam begonnen hat, setzt er nun mit Abram fort. Wie Adam bei seiner Schöpfung noch jenseits von Eden war und dann in den Garten gesetzt wurde, um ihn zu bebauen und zu bewahren, so ist auch Abram bei seiner Erstansprache als Gottes Gegenüber noch jenseits des zugesprochenen Landes. Eden ist für Abram „… das Land, das ich dir zeigen werde!" Bekommen die ersten Menschen von Gott den Auftrag, fruchtbar zu sein und sich zu mehren, so bekommt Abram anstelle des Auftrags die Verheißung der Fruchtbarkeit, der Mehrung und des Segens. Wiederholt lesen wir in den drei Versen das „Ich-will-Gottes": Gott will bei Abram etwas tun, wohingegen Adam und Eva ursprünglich noch etwas sollten: fruchtbar sein, sich mehren, über die Erde und die Tierwelt herrschen (vgl. 1Mo 1,28). Nun handelt Gott und Israel wird „zur wahren adamitischen Menschheit".[45]

Bereits in diesen ersten Worten Gottes an Abram werden zwei zentrale Lehren angedeutet, die sich dann im Laufe der Geschichte Gottes mit Abram und dem Volk Israel noch entfalten werden: der *Monotheismus* und die *Erwählung*.[46] Der Monotheismus differenziert sich in den Dimensionen *Schöpfungs-*, *Bewahrungs-* und *Bundesmonotheismus*. Im Rahmen des *Schöpfungsmonotheismus* wird betont, dass es einen einzigen Gott gibt, der die Welt erschaffen hat. Dabei ist der Schöpfungsvorgang nicht abgeschlossen. Gott erschafft fortlaufend. Mit Abram und seinen Nachkommen will Gott nach der Urgeschichte ein neues Volk erschaffen, durch das er wirken möchte. Dies führt zur Lehre vom *Bewahrungsmonotheismus*. Im Gegensatz zur Lehre vom Deismus, in dem Gott der abwesende und ferne Gott ist, greift Gott nach diesem Verständnis aktiv in die Menschheitsgeschichte ein und lenkt sie im Einklang mit seinen Zielen. Der Bewahrungsmonotheismus zeigt sich bei Abram darin, dass Gott Abram seine Absichten für ihn selbst, für seine Nachkommen und letztlich für „alle Geschlechter der Erde" offenbart. Gott will handeln. Abschließend geht es beim *Bundesmonotheismus* darum, dass sich Gottes Eingreifen in seine Schöpfung durch sein Bundesvolk ausdrückt. Abram erfährt dies durch den Zuspruch Gottes: „Und ich will dich zu einer großen Nation machen."[47] Gott schließt einen Bund mit Abram – und dann später mit Israel am Sinai. Mit Gottes Eingreifen durch sein Bundesvolk soll das wiederhergestellt werden, was ursprünglich im Garten Eden zerstört wurde: die Gemeinschaft mit Gott selbst durch den Sündenfall. In ähnlicher Form lesen wir im Midrasch zu 1Mo: „Allein Gott sprach: Vielleicht vergeht sich Adam, und da wäre niemand da, der es wieder für ihn (an seiner Stelle) gut mache, darum habe ich Adam zuerst erschaffen. Lässt er sich etwas zu Schulden kommen, so kann es Abraham für ihn wieder gut machen" (Midrasch Bereschit Rabba, P. 14, C. 2, V. 7).

Mit dieser Berufung zum Bundesvolk geschieht eine *Erwählung*: Israel ist durch seinen Bundesgott dazu erwählt, ein Licht und ein Segen für die Völker zu sein – mit dem Ziel, dass die Völker in die Gemeinschaft des Volkes Israel mit seinem Bundesgott hineingenommen werden. Damit ist die Erwählung kein exklusives

45 Wright, N. T.: Das Neue Testament und das Volk Gottes 334.

46 Ebd. 317 ff.

47 Der Bundesschluss mit Abram wird dann in 1Mo 15 entfaltet.

Vorrecht in sich, sondern hat einen verpflichtenden Charakter und Auftrag zum Heil der Völker.

4.4 DIE EINHEIT VON VOLK, LAND UND GOTT

Die beiden Pfeiler *Monotheismus* und *Erwählung* führen in ihrer Konsequenz zu einer Eschatologie, die u. a. mit den Begriffen *Reich Gottes* oder *Neue Schöpfung* umschrieben wird. Darauf soll alles hinauslaufen. Als der Schöpfergott will Gott etwas Neues erschaffen; es beginnt mit der Erwählung Abrams, aus dem ein neues Volk entstehen wird, das es zuvor nicht gab. Die Existenz Israels ist nur durch diesen Schöpfergott zu verstehen. Israel existiert als Volk allein, weil Gott es ins Leben gerufen hat. Wer versucht, dieses Volk ohne Gott zu denken, der denkt von Anfang an grundlegend falsch. Es ist ohne Gott weder zu denken noch zu verstehen. Als Bewahrergott will Gott heilend in die Menschheitsgeschichte eingreifen und alle Völker segnen. Als Bundesgott tut er dies durch Abraham und Israel.

Auch wenn der Garten Eden verloren gegangen ist und dessen Eingang versperrt ist: Die Erde ist geblieben. Und ganz konkret wird Abraham und seinen Nachkommen ein neues Land geschenkt. Und dieser Ort Hebron, an dem ich mich befinde, ist der erste Ort, an dem sich Abram nach der konkreten Landverheißung niederlässt. Er ist gewissermaßen der Ursprungsort der Landeinnahme. Nach der Trennung von Lot sagt Gott zu Abram:

> *„Mache dich auf und durchwandere das Land seiner Länge nach und seiner Breite nach! Denn dir will ich es geben. Und Abram schlug seine Zelte auf und ging hin und ließ sich nieder unter den Terebinthen von Mamre, die bei Hebron sind; und er baute dort dem HERRN einen Altar."* (1Mo 13,17–18)

Die ganze Welt zum Besitz

Wir haben bereits gesehen, dass sich Abram von diesem Ort aus aufgemacht hat, um seinen Neffen Lot nach dessen Verschleppung zu befreien. Und dorthin ist er auch nach seiner geheimnisvollen Begegnung mit Melchisedek, dem Priester und König von Salem, zurückgekehrt (1Mo 14). Es ist naheliegend, dass sich der durch die Tieropfer vollzogene Bundesschluss in 1Mo 15 ebenfalls hier bei Hebron ereignet hat. Gott führt Abram aus der Enge seines Zeltes und zeigt ihm die Weite des Sternenhimmels, um ihm daran die Größe seiner Nachkommenschaft zu verdeutlichen und zuzusprechen. Abram glaubte ihm, und diesen Glauben rechnete Gott ihm als Gerechtigkeit an (1Mo 15,6). Dieser Zusage Gottes folgt eine erneute Landzusage: „Ich bin der HERR, der ich dich herausgeführt habe aus Ur, der Stadt der Chaldäer, um dir dieses Land zu geben, es in Besitz zu nehmen“ (1Mo 15,8).

Eine unfassbar große Nachkommenschaft und die erneute Landzusage an Abram werden hier von Gott eng zusammengeführt. Im Kern deutet sich hier bereits eine Spannung an, da die nicht zu zählende Nachkommenschaft nicht in Relation zur zugesagten Landgröße als Wohnraum steht. Wenn durch Abram alle Nationen dieser Erde gesegnet werden sollen, dann muss auch das zugesagte Land eine größere Dimension aufweisen. Dann muss es im Letzten um mehr gehen als nur diesen kleinen Flecken Erde im Nahen Osten. Paulus hat dies in der Tiefe erkannt, wenn er im Römerbrief schreibt: „Gott hatte Abraham versprochen, dass er und seine Nachkommen die ganze Welt zum Besitz erhalten würden“ (Röm 4,13; HFA). Es geht in der letzten Zuspitzung um etwas viel Größeres: Abraham und seine Nachkommen sollen nicht nur das kleine Land, sondern die ganze Welt erben. Nur sie kann in Relation zu dieser nicht zu zählenden Nachkommenschaft stehen. Und diese ganze Erde braucht zudem wieder die Verbindung mit dem Himmel. Es geht final um die Neuschöpfung, und es beginnt mit Abram und diesem kleinen Land, in das er gesetzt wird wie Adam in den Garten Eden. Und so wird es auch dann später mit dem Volk Israel sein. Bereits in diesem Bundeskapitel von 1Mo 15 zeigt Gott Abraham prophetisch den Weg Israels auf:

> *„Ganz gewiss sollst du wissen, dass deine Nachkommenschaft Fremdling sein wird in einem Land, das ihnen nicht gehört; und sie werden ihnen dienen und man wird sie unterdrücken vierhundert Jahre lang ... Und in der vierten Generation werden sie hierher zurückkehren ... Deinen Nachkommen habe ich dieses Land gegeben, vom Strom Ägyptens an bis zum großen Strom, dem Euphratstrom.“* *(1Mo 15,13–18)*

Diese Prophetie hat sich später durch die Befreiung des Volkes Israel aus Ägypten durch Mose erfüllt. Die Geschichte des Volkes hat damit eine grundlegende Parallele zur Geschichte Abrahams und des ersten Menschen nach seiner Schöpfung: Auch Israel wird von Gott geführt bzw. genommen und in ein neues Land gesetzt. Dieses Land soll in gewisser Weise wie der Garten Eden sein. Das ist seine Verheißung. Aber wo ein Garten Eden ist, da muss es auch zu einer Begegnung mit Gott selbst kommen.

Gottes Besuch bei Abraham

Hier in Mamre bei Hebron bekommen Abraham und Sara Besuch von drei Männern. Der Besuch hat eine gewisse Parallele zur Geschichte aus dem Garten Eden, als Gott sich in der Kühle des Tages aufmacht, um Adam und Eva aufzusuchen (1Mo 3,8). Ähnlich wie Eden ein Garten war, den Gott für Adam und Eva bereitet hat, so hat dieser auch Abraham und Sara ein Land gegeben und sie dort hineingeführt. Dieses Land war ebenso wenig *ihr* Land, wie der Garten Eden Adam und Eva einfach so gehörte. Beiden Paaren sind diese Orte von Gott gegeben worden. Zugleich sucht Gott sie dort jeweils auf, um mit ihnen Gemeinschaft zu haben:

> *„Und der HERR erschien ihnen bei den Terebinthen von Mamre, als er bei der Hitze des Tages am Eingang des Zeltes saß. Und er erhob seine Augen und sah: Und siehe, drei Männer standen vor ihm; sobald er sie sah, lief er ihnen vom Eingang des Zeltes entgegen und verneigte sich zur Erde und sagte: Herr, wenn ich denn Gunst gefunden habe in deinen Augen, so gehe doch nicht an deinem Knecht vorüber!“* (1Mo 18,1–3)

Ähnlich wie auch Abrahams frühere Begegnung mit Melchisedek gehört auch dieser göttliche Besuch mit den drei Männern zu den geheimnisvollsten Stellen des Alten Testaments. Auch hier steht die Frage im Raum, ob bzw. inwiefern hier eine vorchristliche Inkarnation Gottes stattgefunden hat. In welcher Form erschien der HERR Abraham? War er durch diese drei Männer gegenwärtig oder ist er selbst in einem dieser Männer Fleisch geworden? Oder handelt es sich hier „lediglich“ um geheimnisvolle Gottesboten bzw. Engel?[48]

Zunächst einmal sah Abraham drei Männer, die sich offensichtlich nicht in besonderer Weise voneinander unterschieden. Zumindest gibt uns der Text keinen Anlass, dies zu unterstellen. Die Kirchenväter und später dann auch Martin Luther haben diese Dreiheit der Männer auf die Trinität Gottes gedeutet: Ein Gott, der Abraham in drei Personen begegnet. Und doch ist es so, dass sich zwei dieser drei Männer nach ihrem Besuch als Boten Gottes bzw. Engel erweisen werden, die von Abraham weg nach Sodom gingen, während einer der Männer bei Abraham bleiben wird, um ihm die Pläne Gottes zu offenbaren: „Abraham aber blieb noch

48 Dabei ist zu beachten, dass das Phänomen der Gotteserscheinung (*Theophanie*) – insbesondere in den Erzvätergeschichten – dergestalt ist, dass das Auftreten von Engeln und die Erscheinung Gottes ineinander übergehen. Dies drückt sich u. a. dadurch aus, dass die Engel die Worte Gottes in der ersten Person weitergeben: Gott spricht durch sie.

vor dem HERRN stehen“ (1Mo 18,22). Dies könnte ein Hinweis auf einen qualitativen Unterschied zwischen den drei Männern sein: War hier der ewige Gottessohn bereits in diesem Mann inkarnatorisch gegenwärtig? Oder will die Textstelle lediglich ausdrücken, dass Gott durch diesen Engel bzw. Mann gesprochen hat? Der Midrasch Bereschit Rabba geht in seiner Auslegung davon aus, dass es sich hier um die Engel Michael, Raphael und Gabriel handelte, in denen die Schechina gegenwärtig war. Dort heißt es von Abraham: „Er hob seine Augen auf und siehe, drei Männer standen bei ihm, d. i. er sah die Schechina und die Engel“ (Midrasch Bereschit Rabba, P. 48, C. 18, V. 1). Für uns ist entscheidend, dass Gott selbst ihm erschienen und begegnet ist.

Diese „drei Männer standen vor ihm“, so heißt es in unserer Textstelle. Mit diesen wenigen Worten wird die aufsuchende Bitte um Gastfreundschaft ausgedrückt. In der Art und Weise, wie Abraham den Männern begegnet, können wir einen Hinweis finden, dass er mit ihrem Besuch und ihrer Bitte um Gastfreundschaft und Gemeinschaft die Gegenwart Gottes selbst erahnt und wahrnimmt: Der HERR kommt auf ihn zu; er sucht ihn, wie er einst im Garten Adam und Eva aufgesucht hat. Abraham läuft den Männern entgegen, verneigt sich zur Erde vor ihnen und spricht sie doch im Singular an: „Herr“ (hebräisch: *Adonai*). Er versteht ihre Bitte um Gastfreundschaft so, als wenn Gott selbst um Herberge bittet. Dies wird noch deutlicher, als die Männer den Namen der Frau Abrahams kennen, obwohl diese ihnen noch nicht begegnet ist oder vorgestellt wurde: „Wo ist deine Frau Sara?“ (1Mo 18,9). Und in dem nun stattfindenden Gespräch über Sara konkretisiert und erneuert Gott seine Zusage ihrer Schwangerschaft: „Da sprach er: Wahrlich, übers Jahr um diese Zeit komme ich wieder zu dir, siehe, dann hat Sara, deine Frau, einen Sohn“ (1Mo 18,10).

Hier in Mamre bei Hebron ereignen sich für Abraham Landverheißung und Nachkommenschaft. Gott selbst begegnet ihm an diesem Ort. Und hier an diesem Ort werden eines Tages die Patriarchen mit ihren Frauen beerdigt werden. Dieser Ort ist für die Nachkommen Abrahams, Isaaks und Jakobs die Wiege ihrer Identität.

Die „Neugründung“ Edens im verheißenen Land

Die Parallelen zwischen dem, was im Garten Eden zwischen Gott und den Menschen angelegt war, und dem, was sich nun im verheißenen Land wiederholt, sind erstaunlich. Der Garten ist zunächst der Urort bzw. Urtempel, der dem Menschen als Lebensraum geschenkt ist und in dem Gott ihm begegnen möchte. Der Mensch und Eden: Sie gehören zusammen. Und zugleich ist Eden der freie Raum für die Wirklichkeit und Erfahrbarkeit Gottes. In ihm überschneiden sich Himmel und Erde.

Diese Geschichte wird nun mit Abraham und seinen verheißenen Nachkommen neu erzählt. Das ihnen geschenkte Land ist im Kern eine „Neugründung" Edens. Dieses Land wird Abraham und seinen Nachkommen als Lebensraum von Gott gegeben, wie der erste Mensch den Garten empfangen hat. Und in diesem neuen Land erwählt sich Gott einen Raum, um dort zu wohnen und seinem Volk begegnen zu können. Mensch, Land und Gott bilden eine Einheit: zuerst im Garten und dann auch im verheißenen Land.

Die Wege, die Abraham im Land zu gehen hat, seine Begegnung mit Melchisedek im Königstal bei Salem auf dem Rückweg nach Hebron und sein Weg nach Moria, um dort seinen Sohn Isaak zu opfern, weisen uns auf den Ort hin, den Gott sich dann über König David als seinen Wohnort auserwählen wird (vgl. Abschnitt 2.5): den Berg Moria bzw. den Tempelberg nördlich der Stadt Davids. Der Tempel, den dann dessen Sohn Salomo gebaut hat, trug durch seine Verzierungen und Ausarbeitungen eine zentrale Botschaft in sich: Hier ist das Herz von Eden, hier möchte uns Gott neu begegnen. Hier ist wieder der Ort, an dem sich Himmel und Erde überlagern. Dieser Ort ist das Zentrum der Welt.

Die endzeitliche Völkerwallfahrt zum Zion

Ist er aber das Zentrum der Welt und sollen durch den Samen Abrahams alle Nationen der Erde gesegnet werden, dann kann dieser Ort nicht dem Bundesvolk allein vorbehalten bleiben. Er muss alle Nationen im Blick haben. Er muss zu einer Völkerwallfahrt einladen. Und genau darin würde Israel seiner Berufung und Erwählung gerecht werden, Licht für die Völker zu werden. Der Prophet Jesaja hat daran anknüpfend eine prophetische Zionstheologie begründet, die zentrale Bedeutung für das Judentum gewonnen hat. Zion soll der universale Ort der Anbetung Gottes für alle Völker werden:

> *„Und es wird geschehen am Ende der Tage, da wird der Berg des Hauses des HERRN fest stehen als Haupt der Berge und erhaben sein über die Hügel. Und alle Nationen werden zu ihm strömen, und viele Völker werden hingehen und sagen: Kommt, lasst uns hinaufziehen zum Berg des HERRN, zum Haus des Gottes Jakobs, dass er uns aufgrund seiner Wege belehrt und wir auf seinen Pfaden gehen! Denn von Zion wird Weisung ausgehen und das Wort des HERRN*

von Jerusalem. Und er wird richten zwischen den Nationen und Recht sprechen für viele Völker. Dann werden sie ihre Schwerter zu Pflugscharen umschmieden und ihre Speere zu Winzermessern. Nicht mehr wird Nation gegen Nation das Schwert erheben, und sie werden den Krieg nicht mehr lernen. Haus Jakob, kommt, lasst uns im Licht des HERRN leben." (Jes 2,2–3)

Zahlreiche spätere Propheten haben diese Prophetie bestätigt, ergänzt und erweitert. Sie, wie auch die Psalmen, sprechen von Völkerwallfahrten und vom endzeitlichen Weltfrieden auf der Grundlage der Einwohnung Gottes auf dem Zion. Wir werden diese heilsgeschichtliche Entwicklung noch ausführlich bewegen. An dieser Stelle ist mir zunächst nur wichtig, deutlich zu machen, wie die ursprüngliche Einheit Edens von Mensch, Land (Garten) und Gott auf das Volk Israel, das verheißene Land und die Einwohnung Gottes im Tempel ausgeweitet wurde. Blicken wir zudem auf die Verheißung von Jesaja, dann wird deutlich, dass diese Prophetie in diesem Umfang und Ausmaß bis heute nicht eingetreten ist. Ihre Erfüllung ist für das „Ende der Tage" gedacht. Sie liegt noch vor uns und berührt darin einen Punkt, der auch an dieser Stelle in den Blick genommen werden soll: Hat unser Nachdenken über Eschatologie eine geschichtliche Relevanz? Hat diese Erde eine Zukunft? Hat Israel noch etwas zu hoffen?

Wer „lediglich" den Himmel als eschatologische Zukunft vor Augen hat und diesen einseitig ersehnt, der hat konsequenterweise auch keine Hoffnung mehr für die irdische Seite der Schöpfung. Ihre Zukunft wird unbedeutend und irrelevant – mit mancher Konsequenz für unsere Ethik, die sich aus einer himmelwärts gerichteten Denkweise ergibt. Die weitgehende biblisch-theologische Sprachlosigkeit der Kirchen gegenüber der Klimakrise unserer Zeit macht dieses Dilemma nur zu deutlich.

Nehmen wir aber eine geschichtliche Eschatologie, also eine diesseitige Zukunft der Schöpfung, aufgrund des biblischen Zeugnisses ernst und halten diese sogar für notwendig bzw. zwingend, dann werden wir die Frage nach der Einwohnung Gottes in seiner Schöpfung tiefer bewegen müssen. Dies führt uns noch einmal zum Tempel und den Folgen seiner Zerstörung zurück.

5.

DAS GEHEIMNIS DER SCHECHINA

5.1 KLAGEMAUER, WESTERN WALL ODER SCHLICHT KOTEL: WOHNT GOTT NOCH HIER?

Ich bin wieder auf dem Weg zur Western-Wall-Plaza, um dem Geheimnis der Gegenwart Gottes an den Resten des Tempelareals nachzuspüren. Mein erstes Ziel ist die Klagemauer, die international *Western Wall* genannt wird, weil sie die äußere Westmauer des Tempelplatzes bildete. Unter Juden wird sie oftmals schlicht *Kotel* genannt (hebräisch: *Wand* bzw. *Mauer*). Der sichtbare Teil der Mauer ist knapp 60 Meter lang und 18 Meter hoch. Der Platz vor ihr ist durch einen Metallzaun in zwei Gebetsbereiche unterteilt: links beten die Männer, rechts die Frauen. Über den Bereich der Frauen erhebt sich eine Holzbrücke, die den einzigen Zugang für Nicht-Muslime zum Tempelplatz ermöglicht. Vorschriftsgemäß setze ich eine Kippa auf und nähere mich der Mauer.

Die Mauer ist auch für Nichtjuden ein faszinierender Ort – unabhängig davon, welche religiösen Gefühle sie beim Einzelnen auszulösen vermag. Wer die Western-Wall-Plaza betritt, muss immer darauf gefasst sein, dass spontan etwas Besonderes passiert: Mal sind es geistliche Gesänge, die von Einzelnen angestimmt werden und bald den ganzen Platz erfüllen; mal sind es die jüdischen Reigentänze, die eröffnet werden und dem zuvor ruhigen Platz eine besondere Atmosphäre der Freude und der Leichtigkeit verschaffen.

Heute ist es ruhig. Manche Beter stehen direkt vor der Mauer und berühren diese mit ihren Händen. Einige drücken ihre Stirn an die von der Sonne aufgewärmte Steinwand und legen beim Gebet eine Hand auf ihr Herz, während die andere die Mauer berührt – im tiefen Bewusstsein, dass sie damit etwas Heiliges berühren, von Gott abgesondert für sein Volk als Ort der Gemeinschaft mit ihm. In den Steinritzen und -fugen der mächtigen Quadersteine befinden sich zahllose gefaltete Zettel. Sie alle stehen für die Gebete der Gläubigen, die vor Gott präsent sein sollen, auch wenn diese den Platz bereits wieder verlassen haben. Jeder Gebetszettel ist in diesem Sinne ein anhaltendes Gebet vor Gott. Zwei Mal pro Jahr werden die Zettel aus den Ritzen und Fugen entfernt: zum *Passahfest* im Frühjahr und zum Neujahrsfest *Rosch ha Schanna* im Herbst. Sie werden allerdings nicht weggeworfen, sondern ungelesen auf dem jüdischen Friedhof des gegenüberliegenden Ölbergs vergraben.

Das Ruhen der Schechina auf der Kotel

Im Judentum ist die Mauer heute *das* Symbol für den Bund zwischen Jahwe und seinem Volk. Sie ist das Herzstück des jüdischen Glaubens im ganzen Land. Sie repräsentiert die Unzerstörbarkeit des jüdischen Volkes. Zugleich ist sie aber auch der zentrale Ort der Klage über die Zerstörung des Tempels, verbunden mit der Bitte um dessen Wiederherstellung. Und doch glauben die frommen Juden an die anhaltende Gegenwart Gottes an diesem Ort. Dabei hat die Zusage Gottes aus 2Chr 7,16 bis heute eine ungebrochene Bedeutung: „Und jetzt habe ich dieses Haus erwählt und geheiligt, damit mein Name dort sei für ewig. Und meine Augen und mein Herz sollen dort sein für ewig." So lesen wir im großen Midrasch (hebräisch: *Midrasch Rabba*) zu 2Mo:

> *„Vor der Zerstörung des Tempels, sagte R. Samuel bar Nachman, ruhte die Schechina darin … nach der Zerstörung des Tempels zog sie sich aber in den Himmel zurück … Nach R. Eleasar aber ist die Schechina nicht aus dem Tempel gewichen, wie es heißt in 2. Chron. 7,6: (Gott sprach zu Salomo:) ‚Meine Augen und mein Herz sollen immer dort sein', und ebenso heißt es in Ps. 3,5: ‚Mit meiner Stimme rufe ich zum Ewigen, und er antwortete mir von seinem heiligen Berge.' Komm und sieh! was Koresh[49] Esra 1,3 sagt: ‚Zieht zu Gott hinauf, der in Jerusalem ist.' Er sprach nämlich zu ihnen: Obgleich der Tempel zerstört ist, so ist Gott doch nicht von da gewichen. R. Acha sagte: Nie wich die Schechina von der Mauer an der Abendseite, wie es heißt Cant. 2,9: Siehe, er steht hinter unserer Mauer."* *(Midrasch Schemot Rabba, P. 2, C. 3, V. 1)*

49 Koresh ist der biblische Name für den Perserkönig Kyrus, dessen Edikt die Rückkehr des jüdischen Volkes aus Babylon und den Wiederaufbau des Tempels in Jerusalem ermöglicht hat.

Der jüdische Kommentar zu 2Mo greift auf 2Chr 7,6, Ps 3,5, Esr 1,3 sowie Hl 2,9 zurück, um die bleibende Gegenwart der Schechina an diesem Ort biblisch zu belegen. Sie alle geben Hinweise darauf, dass Gott trotz der Zerstörung des Tempels immer noch in Jerusalem gegenwärtig ist. Dass gerade die westliche Außenmauer im Gegensatz zu den anderen drei Außenmauern so gut erhalten ist – wenngleich der obere Teil der Western Wall aus jüngerer Zeit stammt –, hat für das Judentum eine besondere Bedeutung: Sie wurde nach jüdischem Verständnis vor der von Vespasian bzw. dessen Sohn Titus angeordneten Zerstörung durch Gottes Schutz bewahrt. Da sie direkt gegenüber dem Allerheiligsten stand, ist die Schechina vom Allerheiligsten zu ihr gewichen und ruht nun dort als verborgene Gegenwartsschechina.

5.2 DIE SCHECHINA AUF DEM ÖLBERG

Vor der Mauer stehen einige Stühle, die zum Gebet oder zum Studium einladen. Ich nehme mir einen Stuhl, um dieses Verständnis der bleibenden Gegenwart Gottes an diesem Ort mit der Prophetenschau Hesekiels abzugleichen. Ich muss an seine Tempelvision mit dem lebendig machenden Strom aus Hes 47 denken. Diese Vision findet hier an diesem Ort ihren Ursprung. Und sie hat hier an diesem Ort zugleich ihre Zukunft. Bewegt und herausgefordert durch das jüdische Verständnis von der Schechina auf der Kotel betrachte ich noch einmal die Stellen, die auf den Herrlichkeitsverlust dieses Ortes vor der Zerstörung des Salomonischen Tempels hinweisen und damit in einer gewissen Spannung zu den im Midrasch aufgeführten Bibelstellen stehen – wenngleich der Midrasch ja auch mit dem von Rabbi Nachman kommentierten Rückzug der Schechina in den Himmel beginnt:

> *„Und die Herrlichkeit des Gottes Israels erhob sich von dem Cherub, über dem sie war, zu der Schwelle des Hauses hin.“* *(Hes 9,3)*

> *„Da erhob sich die Herrlichkeit des HERRN von dem Cherub weg auf die Schwelle des Hauses; und das Haus wurde von der Wolke erfüllt, und der Vorhof war voll von dem Glanz der Herrlichkeit des HERRN.“* *(Hes 10,4)*

> *„Und die Herrlichkeit des HERRN verließ die Schwelle des Hauses und … stellte sich an den Eingang des östlichen Tores des Hauses des HERRN …“ (Hes 10,18.19)*

„Und die Herrlichkeit des HERRN stieg auf, mitten aus der Stadt hinweg, und stellte sich auf den Berg, der im Osten der Stadt ist.“ *(Hes 11,23)*

Hesekiel bekommt prophetisch vor Augen geführt, wie sich die Schechina vom Tempel entfernt. Sie erhebt sich vom Allerheiligsten, bewegt sich aus dem Heiligtum heraus und erfüllt mit ihrer Gegenwart den Vorhof des Tempels. Von dort aus bewegt sie sich östlich über das Kidrontal zum Gipfel des Ölbergs hinauf, um abschließend dort zu stehen. Diese Bewegung der Schechina wird von Hesekiel recht nüchtern beschrieben. Tatsächlich ist sie schockierend. Mit ihrem Wegzug hört Zion auf, ein Heiligtum und ein Wohnort für die Schechina zu sein. Aber genau darin lag die Bedeutung seiner Erwählung.

Zweifelsohne ist dieses Verlassen des Tempels als Gericht Gottes zu deuten. Als Hesekiel diesen geistlichen Einblick von der Abwanderung der Schechina erhielt, war ein Großteil seines Volkes bereits in babylonischer Gefangenschaft. Damit war die Einheit von Volk, Land und Gegenwart Gottes substanziell angegriffen. Mit dem Verlassen des Heiligtums stand nun die bohrende Frage im Raum, wohin sich die Schechina letztlich bewegen würde. Würde auch sie Zion als ihren Wohnort verlassen? Damit wäre die Einheit von Volk, Land und Gott endgültig zerstört.

Die Schechina und Jesus auf dem Ölberg

Die östliche Bewegung der Schechina in Hes 11 weist gewisse Parallelen zum Strom des Lebens aus der Vision von Hes 47 auf. Wir erinnern uns, dass in dieser Vision das Wasser unter der Schwelle des Tempels hervorkommt und weiter östlich hinunter in das Kidrontal fließt (Hes 47,2.3). Während sich nun aber die Schechina den Ölberg hinaufbewegt, strömt das Wasser hingegen das Tal hinunter in das Tote Meer – dieses Mal aber nicht zum Gericht wie in Hes 11, sondern mit dem Ziel, das Tote lebendig zu machen; es dient zum Heil und zur Heilung. Und auch Jesus ist nach seiner Auferstehung diesen Weg der Schechina unmittelbar vor seiner Himmelfahrt mit seinen Jüngern gegangen (vgl. Lk 24,50.51): Er verließ Jerusalem und ging über das Kidrontal den Ölberg hinauf. Dort stand er zum Abschluss seines irdischen Wirkens, segnete seine Jünger und fuhr dann hinauf in den Himmel (vgl. Lk 24,51 und Apg 1,11). Die Parallele zu Hes 11,23 ist unübersehbar: „Und die Herrlichkeit des HERRN … stellte sich auf den Berg, der im Osten der Stadt ist.“ Wir werden diese Parallele später noch intensiver beleuchten – nicht nur im Rahmen seiner Himmelfahrt, sondern auch im Zusammenhang mit seiner Wiederkunft, die sich nach Sach 14,4 auf dem Ölberg ereignen wird. Vor dem Hintergrund unseres

Wissens über die Himmelfahrt Jesu und des Gerichtes Gottes über Israel durch die Babylonier ist es naheliegend anzunehmen, dass damals die Schechina zum Himmel hinaufgefahren ist; auch wenn uns Hesekiel dies nicht explizit berichtet.

Die biblischen Texte bringen uns in eine Spannung bezüglich der neuen Verortung der Schechina, die auch im oben zitierten Midrasch zu spüren ist. Im Judentum hat man versucht, sowohl das Verlassen der Schechina als auch ihre Bindung an Zion gedanklich zusammenzuhalten, sodass es nicht zwangsläufig zu einer Unvereinbarkeit beider Vorstellungen kommen musste. Der Grundgedanke dahinter ist die Treue Gottes zu seinem Volk, selbst im Gericht. Diese Treue führt dazu, dass immer noch ein Rest seiner verborgenen Herrlichkeit und Gegenwart an diesem Ort erfahrbar ist – ganz im Sinne der Zusage aus 2Chr 7,16: „Und jetzt habe ich dieses Haus erwählt und geheiligt, damit mein Name dort sei für ewig. Und meine Augen und mein Herz sollen dort sein für ewig." Dieses Grundverständnis ist in manchen Strömungen des Judentums bis heute auf dem Platz vor der Klagemauer zu beobachten. Im Bewusstsein der Gegenwart Gottes bewegen sich viele Juden nach ihrem Gebet an der Mauer einige Schritte verneigend rückwärts, bevor sie sich umdrehen und der Mauer bzw. der Schechina den Rücken zukehren.

5.3 DIE EXILSSCHECHINA: GOTT ALS LEIDENS- UND WEGGEFÄHRTE SEINES VOLKES

Mit der Zerstörung des Tempels hat sich ergänzend zu dieser Spannung bezüglich der Verortung der Schechina eine weitere Schechina-Vorstellung entwickelt: die Vorstellung von der leidenden Schechina bzw. der *Exilsschechina*. Sie ist im Gegensatz zu ihrer Himmelfahrt vom Ölberg weniger vertikal, sondern horizontal ausgerichtet. Ihr liegt die Annahme zugrunde, dass sich Gott aufgrund seiner Liebe und Treue zu seinem Volk selbst dem Gericht des Exils unterstellt und mit seinem Volk nach Babylon in die Gefangenschaft wandert. Diesbezüglich spricht der jüdische Geschichtsphilosoph Franz Rosenzweig von der „Irrfahrt der Schechina": „Gott selbst scheidet sich von sich; er gibt sich weg an sein Volk, er leidet sein Leiden mit, er zieht mit ihm in das Elend der Fremde, er wandert mit seinen Wanderungen."[50]

Diese Exilsschechina ist für das jüdische Volk eine verborgene, eine verhüllte Schechina. Wir haben einen Eindruck von ihr, wenn wir wieder auf die Propheten-

50 Rosenzweig; F.: Der Stern der Erlösung 455.

worte von Hesekiel im Kontext der babylonischen Gefangenschaft hören, dass Gott ihnen dort „nur wenig zum Heiligtum geworden" ist (Hes 11,16). Im Exil erlebt das jüdische Volk eine Abnahme seiner Herrlichkeit, und doch ist er da. Seine Gegenwart ist auch in der Ferne an den Flüssen Babylons noch spürbar. Trotz des Exils ist dieses Volk nicht gottlos. Es ist seine Treue im Gericht, die ihn immer noch an sein Volk bindet.

Ein besonderer Midrasch zu diesem Verständnis der Exilsschechina ist die *Mechilta*, die sich als halachischer Midrasch auf das 2. Buch Mose bezieht. In ihr wird u. a. die Erfahrung der Tempelzerstörung und des anschließenden Exils verarbeitet. Die Mechilta macht deutlich, dass die Gegenwart Gottes nicht an den Tempel gebunden ist; sie geht auch mit ihrem Volk in die Gefangenschaft bzw. in jedes Exil:

> *„... Und so heißt es: Wegen deines Volkes, das du dir losgekauft hast aus Ägypten, das Volk und seinen Gott... (2. Sam. 7,23) R. Aqiba sagte: Wäre es nicht in der Schrift geschrieben, wäre es unmöglich, es zu sagen, wenn es möglich wäre, die Israeliten sagten zum Heiligen, gesegnet sei Er: Dich selbst hast du erlöst! Und so findest du, daß an jedem Ort, an den die Israeliten in die Verbannung gingen, wenn es möglich wäre, die Schekhinah mit ihnen in die Verbannung ging... Sie zogen in die Verbannung nach Ägypten, da war die Schekhinah bei ihnen, denn es heißt: Habe ich mich nicht offenbart, offenbart deinem Vaterhaus, als sie in Ägypten waren (1. Sam. 2,27). Sie zogen in die Verbannung nach Babel, da war die Schekhinah bei ihnen, denn es heißt: Euretwegen wurde ich nach Babel geschickt (Jes. 43,14). Sie zogen in die Verbannung nach Elam, da war die Schekhinah bei ihnen, denn es heißt: Ich habe meinen Thron in Elam aufgestellt (Jer. 49,38)... Und wenn sie einst zurückkehren werden, wenn es möglich wäre, kehrt die Schekhinah mit ihnen zurück... denn es heißt: Und der Herr, dein Gott, läßt deine Gefangenschaft zurückkehren (Deut. 30,3)." (Mechilta de Rabbi Jischmael Bo 14, 51)*[51]

Wir haben es hier mit der Vorstellung eines geschichtlichen Erlösungszyklus zu tun. Jeder Erlösung bzw. Befreiung folgt eine Rückkehr des Volkes mit der Schechina ins verheißene Land und Heiligtum. Damit wird bereits eine eschatologische Zuspitzung angedeutet: In der Endzeit wird die Rückkehr des Volkes und der Sche-

51 Zitiert nach Goldberg, A. M., a. a. O. 160.

china ihren finalen Abschluss finden. Dieser Midrasch ist über die Treue Gottes hinaus, die sich in den Mitwanderungen der Schechina ausdrückt, von besonderer Bedeutung, weil er mit dem Satz von Rabbi Aqiba unter Berufung auf 2Sam 7,23 den theologischen Schluss zieht, dass Gott selbst als Exilsschechina erlösungsbedürftig ist. Der Grund für diese Erlösungsbedürftigkeit Gottes ist in seiner Liebe zu seinem Volk zu finden. Weil Gott sich aus Liebe untrennbar an sein Volk bindet und als Schechina mit ihm den notvollen und finsteren Weg ins Exil geht, ist sie dort genauso erlösungsbedürftig wie das Volk selbst. Sie kann sich dort nicht selbst befreien, weil sie sich dann eigenständig vom Volk lösen müsste; diese Trennung würde aber zutiefst ihrer Liebe und Treue zu ihrem Bundesvolk widersprechen. Aufgrund dieser Liebe ist auch sie als Leidensgefährtin ihres Volkes in Gefangenschaft und braucht – im Sinne der göttlichen Selbstunterscheidung – mit dem Bundesvolk gemeinsam von Gott her eine Befreiung. Mit der Rückführung und Heimkehr des Volkes erfolgt damit nicht nur dessen Erlösung, sondern auch die der Schechina.

Die messianische Spitze der Exilsschechina

Ich merke, wie ich bei diesem Gedanken der Erlösungsbedürftigkeit Gottes bzw. der Schechina stocke, und kann die Worte von Rabbi Aqiba nachvollziehen, wenn er sagt: „Wäre es nicht in der Schrift geschrieben, wäre es unmöglich, es zu sagen ... Dich selbst hast du erlöst!“ Goldberg schreibt dazu: „Die leidende Schekhinah ist wie Israel ohnmächtig und muß mit dem Volke die Heimatlosigkeit und die Erniedrigung erdulden. Sie wird sogar erlösungsbedürftig und ist hierin nicht zuletzt von Israel abhängig, dessen Unbußfertigkeit die Erlösung verzögert.“[52] Gott vollzieht nicht nur einfach als der Souveräne und Heilige am Volk sein Gericht, sondern er stellt sich auch als der verborgene Gott und Leidensgefährte seines Volkes unter dieses Gericht und nimmt es so gemeinsam mit seinem Volk auf sich. Dieses Handeln bleibt unerklärbar, wenn wir bei der Frage nach den Gottesattributen bzw. -eigenschaften sein Wesen der Liebe ausklammern. Aber Liebe verändert alles. Liebe macht sich ohnmächtig. Sie erträgt alles. Sie erniedrigt sich.

Hier vor der Klagemauer habe ich bei diesem Gedanken der Exilsschechina den Juden Jesus vor Augen. Das, was der Midrasch theologisch ertastet und bewegt, findet letztlich seine Erfüllung und seinen Fluchtpunkt in ihm. Er, der ewige Got-

52 Goldberg, A. M., a. a. O. 444.

tessohn, verlässt die Herrlichkeit beim Vater und geht ins Exil; Gott scheidet sich von sich. Er wird Mensch und, um es mit den Worten von Franz Rosenzweig zu sagen, „gibt sich weg an sein Volk“: Der ewige Gottessohn wird Mensch in dem Juden Jesus. Er stellt sich ganz unter dessen Geschichte und damit auch unter dessen Schuld. Er liebt dieses Volk, so wie auch uns aus den Nationen, bis ans Ende: bis zum Tod am Kreuz. Weil er dort vom Vater verlassen wird, ist das Kreuz der Ort des äußersten Exils. Dort geht er über das hinaus, was Rosenzweig gesagt hat: „... er zieht mit ihm in das Elend der Fremde“. Am Kreuz zieht Jesus allein in das Elend der Fremde. Auch leidet er dort nicht nur die Leiden seines Volkes mit, sondern leidet dort darüber hinaus stellvertretend für sein Volk und eine ganze Menschheit. Dort lässt er das Gericht Gottes an sich allein vollziehen. Dort wird er völlig ohnmächtig aus Liebe zu seinem Volk. Diese Liebe bindet ihn wie die Exilsschechina. Wie diese kann er sich deshalb am Kreuz nicht selbst retten und befreien, auch wenn er dort zugleich sein Volk und eine ganze Menschheit rettet. Am Kreuz muss er – wie bei der Exilsschechina – vom Vater „erlöst“ werden. Sagt Rabbi Aqiba in dem Midrasch: „Dich selbst hast du erlöst!“, so schreibt Paulus: „Ihr sollt begreifen, wie überwältigend groß die Kraft ist, mit der er an uns, den Glaubenden, wirkt. Es ist dieselbe gewaltige Kraft, mit der er an Christus gewirkt hat, als er ihn vom Tod auferweckte und in der himmlischen Welt an seine rechte Seite setzte (Eph 1,19.20; GNB). Der Vater hat den Sohn durch die Kraft des Heiligen Geistes von den Toten auferweckt, ihn damit aus dem Todesexil befreit und ihn in die Gemeinschaft mit sich selbst in der himmlischen Welt aufgenommen. Jesu Exil ist vorbei; der Vater hat ihn „erlöst“. Damit sind wir bei der messianischen Spitze der Exilsschechina.

Gemeinschaft mit Gott auf den dunklen Wegen

Dieses Mitleiden Gottes mit seinem Volk im Exil und Gericht berührt mich zutiefst. Zunächst im Hinblick auf sein Bundesvolk, dann aber auch im Hinblick auf mein eigenes Leben. Die Schmach, die das jüdische Volk erleiden und erdulden muss, ist auch Gottes Schmach. Alles, was das Volk an Spott, Schande und Erniedrigung auf sich nehmen muss, wird auch zu Gottes Last. In diesem Sinne weint er nicht nur *über* sein Volk, sondern auch *mit* seinem Volk. Das Leiden seines Volkes ist auch sein Leiden. Es ist kein Mitleiden in dem Sinne, dass man lediglich berührt und bewegt ist von der Not des anderen. Es ist mehr als ein von Empathie getragenes Mitfühlen. Es ist konsequentes Mitleiden als Betroffener. Gott teilt die Leiden seines Volkes. Und darin trägt er bereits die Sünden seines Volkes.

In dieser Exilszeit hat der Sabbat eine neue Bedeutung für die Erfahrbarkeit der Gegenwart Gottes erhalten. Wo die räumliche Dimension der Gottesbegegnung durch den Tempelverlust aufgehoben war, ist die zeitliche Dimension mit der Ruhe vor Gott stärker in den Mittelpunkt getreten. Sabbat und Schechina waren im Judentum immer stark aufeinander bezogen, da der Sabbat auch als Exilsruhe in der Unruhe der Gefangenschaft verstanden wurde. Jeder Sabbat war eine bleibende Erinnerung an die noch ausstehende Vollendung der Ruhe der Schöpfung im eschatologischen Sabbat, der wiederum einhergeht mit der völligen Einwohnung der Schechina in der neuen Schöpfung. Und so war jeder Sabbat im Exil auch eine bewusste Erwartung auf das Kommen Gottes (vgl. Abschnitt 11.2).

Im Hinblick auf unser eigenes Leben wird mir mit der Exilsschechina vor Augen geführt, dass Gott auch die dunklen Wege mit uns geht. Wir alle erleben Momente in unserem Leben, in denen wir uns nicht am richtigen Ort empfinden. Wir gelangen an Orte, die uns das Gefühl und die Erfahrung eines Exils vermitteln. Es sind Orte, an denen wir nicht sein wollen, Orte der Fremde. Sie sind fern von dem, was wir als Heimat oder Ort der Bestimmung ersehnen. Auch wir kennen diese rastlosen Irrfahrten, in denen es uns nicht gelingen will, den richtigen Kurs in unserem Leben zu finden. Manchmal sind es falsche Entscheidungen, die wir getroffen haben. Manchmal sind es schicksalhafte Momente, die unserem Leben eine neue und zugleich ungewollte Richtung geben.

Diese notvollen Lebenssituationen bringen es oftmals mit sich, dass wir Gott nicht mehr sehen oder spüren können. Wir fragen nach seiner Präsenz: Wo bist du, Gott? Mich bewegt der Gedanke, dass Gott uns auf diesen uns bedrohlich oder fremd anmutenden Wegen mit seiner Exilsschechina begleitet. Ich muss an den Psalm 23 denken: „Auch wenn ich wandere im Tal der Todesschatten, fürchte ich kein Unglück, denn du bist bei mir …“ (Ps 23,4). In diesen finsteren Tälern können wir die ermutigende und tröstende Begleitung seiner Schechina erwarten. Sie ist da, auch wenn wir sie manchmal kaum sehen oder spüren. Wenn wir dem Hirten Jesus in unserem Leben nachfolgen wollen, dann nimmt die Schechina in uns Wohnung durch den Geist Gottes. Dadurch, dass sie eben nicht nur eine Eigenschaft Gottes, sondern die Gegenwart Gottes selbst ist, findet sie ihren personalen Charakter im Heiligen Geist (vgl. Abschnitt 7.3). Er geht mit uns die Wege unseres Lebens. Mit ihm haben wir Gemeinschaft mit Gott selbst. Er leidet mit uns, er tröstet uns, er stärkt uns und hält in uns die Sehnsucht nach Vollendung wach.

5.4 WO IST NUN DIE SCHECHINA?

Diese Sehnsucht nach Vollendung spüre ich den jüdischen Gläubigen ab, die hier an der Kotel beten und dabei rhythmisch ihren Körper nach vorne und hinten bewegen. Zweifelsohne gehen viele von ihnen davon aus, dass die Schechina hier noch wohnt. Zugleich denke ich an all die Juden in der weltweiten Zerstreuung, die auf ihre Rückkehr ins gelobte Land warten, diese aber an die vorherige Rückkehr der Schechina aus dem Himmel binden. Für sie ist der Himmel der Ort der Schechina; von dort erwarten sie ihre Rückkehr. Manche von ihnen sehen in ihrer Rückkehr zugleich das Kommen des Messias nach Sach 14,4 (vgl. Kapitel 10). So lehnen insbesondere die ultra-orthodoxen Juden die Existenz des Staates Israel vor seinem Kommen ab. Deshalb weisen diejenigen von ihnen, die in der Diaspora leben, die Möglichkeit, Alija zu machen und damit das Recht auf Einbürgerung als israelische Staatsbürger in Anspruch zu nehmen, kategorisch ab.

Bei den Juden in der Diaspora existiert bis heute neben dem Glauben an die Rückkehr der Schechina aus dem Himmel die Vorstellung von der Exilsschechina in ihrer Zerstreuung. Bei aller Not, die sie durch die unterschiedlichen Formen der Judenfeindlichkeit erleben und erleiden, halten sie daran fest, dass die Schechina unter ihnen ist – insbesondere dort, wo sie sich zur Torahlesung und -auslegung in den Synagogen versammeln. So heißt es im Mischnatraktat *Avot* (deutsch: *Sprüche der Väter*): „Aber sitzen zwei beisammen und tauschen sich über die Torah aus, dann ruht die Schechina unter ihnen" (mAv 3,2).[53]

So haben wir es zusammenfassend mit drei Formen und Bewegungen der Schechina zu tun, die in einer gewissen Spannung zueinander stehen:

(1) Die Schechina kommt auf die Stiftshütte und den späteren Salomonischen Tempel herab. Dort wohnt sie als Gegenwartsschechina. Vor der Zerstörung des Tempels steigt sie auf und zieht sich in den Himmel zurück. Ihre Rückkehr erfolgt zum Ende der Tage.

(2) Die Schechina ist weiterhin an den Überresten bzw. an der Kotel zu finden. So haben wir es auf dem Hinweisschild auf der Western-Wall-Plaza gelesen: „Jeru-

53 Jesus greift diesen Spruch in Mt 18,20 auf und gibt ihm mit seiner messianischen Deutung eine neue Bedeutungsebene: „Denn wo zwei oder drei versammelt sind in meinem Namen, da bin ich in ihrer Mitte." Ursprünglich war dieser Spruch eine Ermutigung an die zehn Stämme des Nordreiches Israel, die im Gegensatz zu den Stämmen Juda und Benjamin keinen Tempel (und damit auch keine Schechina) in ihrer Mitte hatten; mAv 3,2 spricht ihnen die Schechina im Torahstudium zu.

salem wurde von Gott erwählt als Wohnort seiner Herrlichkeit (Shechinah)." Die Erwählung bleibt; nach diesem Verständnis ist Gott immer noch hier gegenwärtig. Ich sitze somit an einem heiligen Ort. Wir haben uns hierzu oben den jüdischen Kommentar, den Midrasch Schemot Rabba, mit den entsprechenden biblischen Belegen aus 2Chr 7,6, Ps 3,5, Esr 1,3 sowie Hl 2,9 angeschaut.

(3) Mit der Zerstörung des Tempels wanderte die Schechina als Exilsschechina in die babylonische Gefangenschaft – so, wie sie bereits nach der ägyptischen Sklaverei und Gefangenschaft mit dem Volk ins verheißene Land gewandert ist. War sie in der Wüste als Gegenwartsschechina auf der Bundeslade im Allerheiligsten bzw. als Wolken- und Feuersäule erfahrbar, so drückt sie sich im babylonischen Exil nach der Zerstörung des Heiligtums und dem Verschwinden der Bundeslade insbesondere als Offenbarungs- bzw. Erscheinungsschechina aus. Als solche ist sie für das jüdische Volk eine verborgene Schechina; und doch ist sie da, insbesondere dort, wo das Volk die Torah und die weiteren Heiligen Schriften studiert. Gottes Gegenwart ist auch in der Ferne an den Flüssen Babylons noch spürbar. Der Erlösung aus der Gefangenschaft folgt eine Rückkehr des Volkes und der Schechina ins verheißene Land.[54] So wird es auch in der Endzeit erwartet: Die Schechina kehrt mit ihnen aus dem Exil zurück; zudem wird sie aber offenbar auch aus dem Himmel erwartet.

Überall Herrlichkeit

Diese „Vermischung" der Vorstellungen hat etwas damit zu tun, dass zum Ende der Zeit die Selbstunterscheidung Gottes bzw. der Unterschied zwischen der Schechina auf Erden und dem im Himmel thronenden Gott zunehmend aufgehoben wird. Dabei bezieht sich das Judentum insbesondere auf die Aussage der Propheten, die von einer endzeitlichen Herrlichkeit der Erde sprechen, so z. B. Jesaja: „Heilig, heilig, heilig ist der HERR, der allmächtige Gott! Seine Herrlichkeit erfüllt die ganze Welt" (Jes 6,3; HFA). Wird am Ende der Tage die ganze Schöpfung erfüllt mit der Herrlichkeit Gottes, können wir nicht mehr von der Schechina

54 Beim zweiten Tempel haben wir die besondere Situation, dass wir in den Heiligen Schriften des Alten Testaments keinen Hinweis über die erneute Einwohnung der Schechina bzw. Herrlichkeit im Tempel finden. Dennoch wurde Gottes Gegenwart auch hier für die Glaubens- und Kultpraxis anerkannt. Einen zentralen Hinweis dazu finden wir bei Jesus selbst: „Und wer bei dem Tempel schwört, schwört bei ihm und bei dem, der ihn bewohnt" (Mt 23,21).

sprechen, da diese von ihrem irdischen Wirken her räumlich begrenzt ist, indem sie an einem bestimmten Ort Wohnung nimmt. Am Ende haben wir es aber mit einer räumlichen Entschränkung zu tun: Die Herrlichkeit Gottes erfüllt die ganze Welt. Goldberg schreibt hierzu: „Diese Vollkommenheit ist eigentlich nur durch eine Veränderung der Schöpfung möglich, in der es keinen wirklichen Unterschied zwischen Himmel und Erde gibt und so auch keine Scheidung zwischen der Schekhinah im Himmel und der auf der Erde."[55]

Die Schechina in der Mitte des Volkes

Aus dem Erlösungszyklus der babylonischen Gefangenschaft – Zerstörung des Tempels, Exil, Befreiung, Rückkehr – hat sich bei den Rückkehrenden ein weiteres Schechina-Verständnis entwickelt. Insbesondere die Tempelzerstörung hat es mit sich gebracht, dass die Schechina schrittweise von der Tempelsprache gelöst und stärker ekklesiologisch verstanden wurde: Wohnte Gott ursprünglich im Tempel, so wohnt er nun in der Mitte seines Volkes. Dieses Verständnis war auch der Situation geschuldet, dass die Bundeslade verschwunden war und das Volk nach dem Aufbau des neuen Tempels keine neue Erfahrung der Einwohnung der Herrlichkeit Gottes im neuen Tempel gemacht hat. Dabei hat man sich insbesondere auf die eine Prophetie von Hesekiel bezogen, die die (zukünftige) Gegenwart Gottes nicht nur an einen neuen Tempel oder den Berg Zion bindet, sondern diese weiter fasst und ihr eine ekklesiologische Dimension gibt: „Und ich hörte einen, der aus dem Haus zu mir redete ... und er sprach zu mir: Menschensohn, sieh, die Stätte meines Thrones und die Stätte meiner Fußsohlen, wo ich mitten unter den Söhnen Israel wohnen werde für ewig" (Hes 47,7). Die ausschließliche Bindung Gottes an einen Raum weitet sich zu einer Bindung an das Bundesvolk.[56]

Neben den Propheten wie Hesekiel wurde nun auch die Torah selbst in diesem Verständnis ausgelegt. Beispielhaft sei hierzu 2Mo 29,45.46 zitiert: „Und ich werde mitten unter den Söhnen Israel wohnen und ihr Gott sein. Und sie werden erkennen, dass ich, der HERR, ihr Gott bin, der ich sie aus dem Land Ägypten herausgeführt habe, um mitten unter ihnen zu wohnen, ich, der HERR, ihr Gott." Auch

55 Goldberg, A. M., a. a. O. 522.

56 Bernd Janowski schreibt diesbezüglich: „Die Selbstbindung JHWHs an Israel ist das Novum der exilisch-nachexilischen Schekina-Theologie." Vgl. Janowski, B.: a. a. O. 21. Mit der Ausgießung des Heiligen Geistes zu Pfingsten wird diese Entwicklung eine neue Erfüllungsdimension erhalten. Wir werden sie später intensiver bewegen (vgl. Abschnitt 7.4).

wenn sich diese Textstelle zuerst auf das Zeltheiligtum bezieht, erschöpft sich dieser Vers nicht ausschließlich darin, dass Gott dort wohnen will. Er beinhaltet zudem eine Erkenntnisdimension, die in der Selbstvorstellung Gottes als Bundesgott Israels gründet. Auch beinhaltet er eine sogenannte „Herausführungsformel“: Gott führt sein Volk als ein Gott, der in Bewegung ist und als dieser in der Wolken- und Feuersäule in der Mitte seines Volkes wohnt. Insofern war das Wohnen Gottes inmitten seines Volkes von vornherein nicht exklusiv auf Zion bzw. den Tempel in Jerusalem beschränkt. Und so wurde auch die vierzigjährige Wüstenwanderung zu einem Erfahrungsraum der Nähe Gottes.

Es ist interessant, dass gerade die jüngsten Propheten des Alten Testaments, insbesondere Sacharja und Haggai, nach der Ausweitung des Schechina-Verständnisses auf das Bundesvolk wieder eine engere Anbindung an den Zion bzw. Jerusalem vornehmen. Dies führt aber nicht zwangsläufig zu einer Eingrenzung bzw. Verengung, da zugleich auch die Nationen stärker in den Blick genommen werden. Und als einer aus den Nationen sitze ich hier vor der Kotel. Dass ich hier sitze, hat etwas zu tun mit dem Samen Abrahams, durch den auch ich gesegnet und in die große Geschichte Gottes mit uns Menschen eingebunden bin: Jesus. Mit ihm als dem wahren Israeliten wird das Heil zu den Nationen getragen. Und mit ihm als dem wahren König seines Volkes kann Jerusalem eine verheißungsvolle Zukunft zugesprochen werden.

Und gerade auch sein Verhältnis als Messias zur Schechina ist alles andere als unbedeutend. Nicht zuletzt kann manches, was in der Schechina-Theologie noch offenbleibt, durch den christlichen Ansatz der Trinität besser gedeutet und verstanden werden. Und so mache ich mich nun auf, Jesus in das Zentrum meiner weiteren Ausführungen zu nehmen. Ich beginne nur wenige Meter von der Klagemauer entfernt. Dafür muss ich durch einen langen dunklen Tunnel, den Western-Wall-Tunnel, mit einer bewegenden Vergangenheit gehen. Er führt mich direkt zur Via Dolorosa.

5.5 VON DER WESTERN WALL ZUR VIA DOLOROSA: DEM ALLERHEILIGSTEN AUF DER SPUR

Der Eingangsbereich zum Tunnel befindet sich links von der Klagemauer. Um dort hineinzugelangen, muss man vorab ein Ticket buchen, mit dem man an einer Gruppenführung teilnehmen kann. Oftmals bin ich mit meinen eigenen Reisegruppen durch den Tunnel geführt worden. Heute nehme ich als Einzelperson an einer Kleingruppenführung teil. Wir lernen uns schnell kennen. Einige von uns sind Christen aus unterschiedlichen Ländern; einige sind Juden aus den USA, die zum ersten Mal in Israel sind und sich mit den Wurzeln ihrer Geschichte vertraut machen wollen.

Unsere Leiterin führt uns an dem nicht freiliegenden Teil der Westmauer entlang, der sich unterhalb der Altstadt befindet. Die Freilegung des Tunnels, einschließlich seiner späteren Öffnung für den Tourismus, hat in den 1980er- und 90er-Jahren für erhebliche Proteste gesorgt, da der Tunnel unterhalb des muslimischen Viertels verläuft. Nicht wenige arabische Bürger empfanden die Grabungen unter ihren Häusern als einen illegalen Angriff auf ihre Eigentumsrechte; manche befürchteten einen Einsturz ihrer Häuser. Der Staat Israel hat dem palästinensischen und internationalen Druck standgehalten und seine Ausgrabungen und archäologischen Arbeiten fortgeführt. Der Tunnel wurde schließlich 1996 eröffnet und hat eine Gesamtlänge von 485 Metern.

Auf unserem Weg durch den Tunnel halten wir wiederholt an, um den Erläuterungen unserer jüdischen Leiterin zu lauschen. Dabei vermittelt sie uns über diverse Modelle und Computeranimationen ein räumliches Verständnis für die Bauten aus den unterschiedlichen Epochen. Im Zentrum steht dabei das Tempelareal. Da die Ausgrabungen fortlaufend erweitert werden und neue Entdeckungen zu Tage bringen, lerne ich tatsächlich bei jeder Führung etwas hinzu. Dieses Mal werden uns unter anderem jüdische Reinigungsbäder, sogenannten Mikwaot, gezeigt, die in der Zeit des zweiten Tempels vor dem Betreten des Tempelareals genutzt und jüngst erst entdeckt wurden. Man muss sich das so vorstellen, dass man auf der geführten Tour an zahlreichen Baustellen vorbeigeht, auf denen intensiv gearbeitet wird. Vor diesem Hintergrund bietet die *Western Wall Heritage Foundation* immer wieder neue Führungen mit spezifischen Schwerpunkten an.

Bald gelangen wir zu einer kleinen Synagoge. Dieser Ort wird auch *Holy of Holies Room* genannt, weil man an dieser Stelle dem Allerheiligsten des damaligen Tempels, und damit auch der Schechina, am nächsten kommt. Wir halten an dieser Stelle inne, um uns der Bedeutung dieses Ortes für das Judentum bewusst zu werden. Einige Juden sitzen hier an diesem dunklen Ort mit schwacher Beleuchtung und sprechen ihre Gebete. Hier können sie sich auf die Schechina ausrichten, ohne auf den Tempelberg gehen zu müssen.

Bald betreten wir eine alte römische Straße aus dem zweiten Jahrhundert. Man vermutet, dass sie kurz nach der Zerstörung des Tempels von den Römern angelegt wurde, um einen Zugang zum Tempelberg zu ermöglichen. Auf solchen Pflastersteinen ist auch Jesus gegangen, als er zum Passahfest nach Jerusalem kam. Noch stand der Tempel, als er die Stadt betrat. Noch verehrte man an diesem Ort Gott. Doch mit Jesus sollte eine neue Zeit der Schechina beginnen. Und so wird es nun auch für mich Zeit, den Tunnel zu verlassen, um dieser neuen Zeit entgegenzutreten.

6.

JESUS, DER GANZ ANDERE TEMPEL

6.1 JESUS IST DIE SCHECHINA

Ich verlasse den Western-Wall-Tunnel und trete aus dem Dunkeln ins helle Tageslicht. Die Straße, auf der ich mich nun befinde, ist keine geringere als die Via Dolorosa: die Straße der Schmerzen bzw. Leiden Jesu. Obwohl ich mich mitten im muslimischen Viertel der Altstadt befinde, ist diese Straße von Kirchen und Kapellen geprägt. Sie wurde von den Franziskanern als Pilgerweg angelegt, auf dem man an insgesamt 14 Stationen der Leiden Jesu bis zu seiner Grablegung gedenkt. Ich stehe direkt neben der muslimischen *Umariya Elementary School* und damit an dem Ort, wo sich ehemals die Burg Antonia befand. In dieser Burgfestung war die Kohorte der römischen Armee stationiert. Man geht davon aus, dass Jesus hier durch Pilatus zum Tode verurteilt wurde. So ist dieser Ort der Beginn der Via Dolorosa und der Ausgangspunkt von Jesu Leiden, die dann nur wenige hundert Meter entfernt am Kreuz von Golgatha ihren grausamen Höhepunkt erreicht haben. Auch wenn wissenschaftlich gut belegt ist, dass diese Via Dolorosa nicht den tatsächlichen Leidensweg Jesu abbildet, lädt sie doch in dem Abschreiten der einzelnen Leidensstationen Jesu zum Pilgern bzw. zur inneren Einkehr ein. Sie endet in der Grabeskirche, die fünf der 14 Stationen umschließt. Hierzu gehören unter anderem der Fels von Golgatha und das Heilige Grab Jesu.

Siehe, der Mensch!

Die Straße ist stets mit zahlreichen Pilgern und Touristen gefüllt. Mir gegenüber befindet sich in einem kleinen Innenhof die Geißelungskapelle. Sie bildet gleich nach der Burg Antonia die zweite Station des Kreuzweges. Ich betrete den Innenhof, auf dem sich auch in einem Kloster das *Studium Biblicum Franciscanum* befindet, das sich biblischen und archäologischen Forschungen bzw. Studien widmet. Zu meiner Rechten steht eine kleine Kapelle, in die ich einkehren möchte. Nur wenige Holzbänke befinden sich links und rechts vom schmalen Altargang. Ich setze mich in die erste Reihe und betrachte die drei großen Fensterbilder, die die biblische Szene der Geißelung nachbilden. Insbesondere das mittlere Bild, auf dem Jesus leidend an einer Martersäule steht, bewegt mich sehr. Das Bild ist mit dem lateinischen Satz überschrieben „Tunc ergo apprehendit Pilatus Jesum et flagellavit" (übersetzt nach Joh 19,1: „Da nahm Pilatus Jesus und ließ ihn geißeln"). In der Kuppel über dem Altar befindet sich ein beeindruckendes Mosaikbild, auf dem eine dunkle Dornenkrone auf goldenem Untergrund abgebildet ist.

Ich muss mich daran erinnern, dass ich vor wenigen Augenblicken noch intensiv auf den Spuren der Schechina an der Kotel war. Nun bin ich ganz in der kirchlichen Tradition der Leiden Jesu angekommen. Ging ich eben noch entlang der Westmauer auf den Pflastersteinen des alten Jerusalem, so betrachte ich nun Mosaikbilder und bemalte Kirchenfenster einer Franziskanerkirche. Was für eine Spannung, was für ein Riss zwischen Judentum und Christentum. Und doch geht es zentral um diesen Einen: den Sohn Davids und den Sohn Abrahams.

Was für ein Mensch, dieser Jesus. An diesem Ort bewegt mich einmal mehr dieses unfassbare Leid, das er für uns auf sich genommen hat. Nachdem er gegeißelt wurde, setzten die Soldaten Jesus eine Dornenkrone auf sein Haupt und legten ihm ein Purpurgewand an. Sodann führte Pilatus ihn zum Volk heraus und rief: „Siehe, der Mensch!" (Joh 19,5). Die Menschen sollten sehen, wie armselig, schwach und geradezu lächerlich dieser Mann ist, den die jüdischen Leiter Pilatus übergeben haben und der offenbar den Anspruch erhoben hat, König der Juden zu sein. In den Augen von Pilatus ist dieser Jesus kein politischer oder gar gefährlicher Aufrührer, der es wert wäre, mit der Kreuzigung bestraft zu werden.

Aber Johannes schreibt dies in seinem Evangelium auf eine Art und Weise, dass er auch uns zum Anschauen dieses Menschen auffordert: Siehe auf diesen Menschen mit der Dornenkrone, siehe auf das Haupt voll Blut und Wunden! Kannst du in diesem leidenden und schwachen Menschen mit der Dornenkrone und dem schäbigen Soldatenmantel den Messias Israels und der ganzen Welt sehen? Ist er es wert, dass du an ihn deine Hoffnung hängst? Sieht so ein König aus? Sieht so *der* König aus? Ist er der von Gott eingesetzte Mensch, um die Geschichte dieser Welt zum Guten zu wenden? Kann er das? Dieser der Lächerlichkeit preisgegebene Ohnmächtige? Diese Karikatur eines Königs?

Siehe, das Lamm Gottes!

Während ich über den leidenden Jesus nachsinne, hat eine deutsche Reisegruppe die Kapelle betreten. Wie es oftmals bei Reisegruppen auf der Via Dolorosa der Fall ist, stimmen sie ein spontanes Lied an: „Christe, du Lamm Gottes, der du trägst die Sünd der Welt, erbarm dich unser. Christe, du Lamm Gottes, der du trägst die Sünd der Welt, gib uns deinen Frieden." Dieses alte Kirchenlied von Martin Luther erinnert mich an einen anderen Siehe-Aufruf im Johannesevangelium. Es ist der Aufruf von Johannes dem Täufer, der ebenfalls zum Schauen auf Jesus aufruft: „Siehe, das Lamm Gottes, das die Sünde der Welt wegnimmt!" (Joh 1,29). „Siehe, das Lamm Gottes!" „Siehe, der Mensch!" Hier vor Pilatus entfaltet das Evangelium, wie dieser Mensch zum Lamm Gottes wird. Die Geißelung geschah am Rüsttag des Passahfestes. Zum Passahfest hat man damals in Erinnerung an die Befreiung aus der ägyptischen Sklaverei Lämmer auf dem Tempelplatz geschlachtet, die dann abends in den Familien gegessen wurden. Das Lamm mit seinem vergossenen Blut ist das Symbol der Befreiung aus der Gefangenschaft durch Gott selbst. Es steht für das Ende des Exils und den Exodus. Und während zeitgleich auf dem Tempelplatz zahllose Lämmer für das abendliche Passahmahl getötet werden, malt uns der Evangelist Johannes das eigentliche Passahlamm vor Augen.

Er sagt uns: Dieser schwache Mensch Jesus mit der Dornenkrone ist das Lamm Gottes. Er ist der Befreier aus jeder Gefangenschaft, die wir uns denken können. Er ist der von Gott eingesetzte Messias. Gott mutet uns zu und lädt uns zugleich ein, in diesem ohnmächtigen Menschen und seinem sich abzeichnenden Leidensweg am Kreuz die Art und Weise zu sehen, wie Gott diese seufzende und leidende Schöpfung erlösen und Jesus zu ihrem Herrn einsetzen wird.

„Siehe, der Mensch!" „Siehe, das Lamm Gottes!" Aber ist er mehr? Ist er mehr als nur ein Mensch? Pilatus sieht alle Macht bei sich und inszeniert ein böses Schauspiel mit Jesus. Er glaubt, dass er über Jesus entscheiden kann, und wird doch zunehmend verunsichert – bis dahin, dass Furcht in ihm aufsteigt (Joh 19,8). Zuvor hat er die weitere Anklage der Juden gegen Jesus draußen auf dem Platz gehört: „Wir haben ein Gesetz, und nach diesem Gesetz muss er sterben, weil er sich selbst zum Sohn Gottes gemacht hat" (Joh 19,7). Er zieht sich mit Jesus nochmals allein ins Prätorium zurück, schaut ihn an und fragt ihn: „Woher bist du?" (Joh 19,9).

Wer ist er?

Wenn Johannes uns diese Frage von Pilatus überliefert, dann lädt er uns ein, dass wir uns diese Frage zu eigen machen und sie für uns zur Lebens- und Existenzfrage machen: Woher bist du, Jesus? Verbunden mit der Anklage der Juden schwingen hier weitere Fragen mit: Wer bist du? Bist du mehr als ein Mensch? Bist du der Sohn Gottes? Bist du der, der du zu sein vorgibst?

Während ich den leidenden Christus hier in der Geißelungskapelle vor Augen habe, muss ich wieder an die „Irrfahrt der Schechina" denken, wie sie Rosenzweig formuliert hat: „Gott selbst scheidet sich von sich; er gibt sich weg an sein Volk, er leidet sein Leiden mit, er zieht mit ihm in das Elend der Fremde, er wandert mit seinen Wanderungen."[57] Wie nahe ist Rosenzweig mit seinen Worten am Leben und Wirken Jesu dran! Das, was er für das jüdische Volk zu hoffen und zu glauben wagt, dass es eben tatsächlich so etwas wie eine mitgehende und mitleidende Exilsschechina gibt, die sich untrennbar an das Bundesvolk bindet, findet in dem leidenden Jesus seinen Höhepunkt und erfährt in dem Gekreuzigten eine neue Qualität der Leidensbereitschaft Gottes.

Die Evangelien berichten davon, dass der ewige Gottessohn in dem Juden Jesus von Nazareth Mensch geworden ist. Dieser Gottessohn war von Anfang an bei Gott. Und durch ihn und in der Kraft des Geistes hat Gott alles erschaffen. Mit der Menschwerdung Jesu tritt Gott nun aus sich heraus. Seine Selbstscheidung um unseretwillen wird für uns sichtbar und erfahrbar. Sie wird bei Johannes mit bewegenden Worten beschrieben: „Niemand hat Gott jemals gesehen; der eingeborene Sohn, der in des Vaters Schoß ist, der hat ihn kundgemacht" (Joh 1,18).

Der Sohn verlässt die innige Gemeinschaft mit seinem Vater, um bei seinem Volk zu wohnen. Um in dem Bild von Johannes zu bleiben: Der Schoß des Vaters wird leer. Der Sohn verlässt den Vater und geht damit zugleich mit seiner Menschwerdung ins Exil. Dieser ewige Gottessohn, von Johannes auch als *das Wort* (griechisch: *logos*) bezeichnet, wird einer von uns, ohne aufzuhören, ganz Gott zu sein. Um es mit den Worten von Johannes zu sagen: „Und das Wort wurde Fleisch und wohnte unter uns, und wir haben seine Herrlichkeit angeschaut, eine Herrlichkeit als eines Eingeborenen vom Vater, voller Gnade und Wahrheit" (Joh 1,14). Als dieser Mensch Jesus wohnt der Gottessohn in der Mitte seines Volkes. Das griechische Wort für *wohnen* bzw. *zelten*, *skenoo*, entspricht dem hebräisch Wort *schakan*, das wir im Kontext der Schechina bereits kennengelernt haben (vgl. Abschnitt 1.2).

57 Rosenzweig, F., a. a. O. 455.

Die Herrlichkeit Gottes in Jesus

Sicherlich ist es kein Zufall, dass der Evangelist Johannes dieses Verb zu Beginn seines Evangeliums gebraucht. Er knüpft damit direkt an das Wunder der Einwohnung Gottes im Tempel bzw. inmitten seines Volkes an. Mit dieser Anknüpfung an die Heiligen Schriften will er uns sagen, dass Gott nun auf andere Weise - eben durch den Menschen Jesus – in der Mitte seines Volkes wohnt. Und wo Gott wohnt, muss auch seine Herrlichkeit sichtbar und erfahrbar werden. Deshalb betont Johannes nahezu im selben Atemzug, dass die Menschen, die Jesus begegnen, in ihm die Herrlichkeit Gottes sahen (griechisch: *doxa* als Gegenüber zu den hebräischen Wörtern *kabod* bzw. *Schechina*). Mit anderen Worten: Was die Gegenwart des Wortes bzw. des Logos kennzeichnet, ist die Herrlichkeit Gottes. War es im Alten Testament typisch, dass die Offenbarung der Herrlichkeit Gottes zugleich mit ihrer Verhüllung bzw. Verdunklung einhergeht, so haben wir es nun mit einer Offenbarung der Herrlichkeit Gottes in einem Menschen aus Fleisch und Blut zu tun. Jesus ist die Schechina – oder im Sinne der Aussage: „Und das Wort wurde Fleisch und wohnte unter uns“: Das Wort ist die Schechina.

Dieser Gedanke übersteigt unser Vorstellungsvermögen. Es geht nicht darum, dass Gott sich einen normalen Menschen mittleren Alters erwählte, um diesen dann mit seiner Gegenwart bzw. seinem Geist zu erfüllen und dadurch als Adoptivsohn anzunehmen. Vielmehr beginnt die Einwohnung Gottes in seinem Volk mit der Zeugung Jesu durch den Heiligen Geist in Maria: „Der Heilige Geist wird über dich kommen und die Kraft des Höchsten wird dich überschatten“, spricht der Engel Gabriel Maria zu (Lk 1,35). Damit reift in ihr von Anfang an „das Heilige“ heran. In ihrem Sohn ist vom Moment der Zeugung an Gott gegenwärtig. Paulus beschreibt es so, dass in Jesus „die ganze Fülle der Gottheit leibhaftig“ wohnt (Kol 2,9). Mit Jesus nimmt damit zugleich auch der Geist Gottes Wohnung in dieser Welt. Aufgrund der messianischen Sendung Jesu liegt darin bereits das Hoffnungszeichen für die Wiedergeburt der Menschen und des ganzen Kosmos durch den Geist.

Durch den einwohnenden Geist wird Jesus zum lebendigen und ganz anderen Tempel: In ihm vereinen sich Himmel und Erde. Die Herrlichkeit Gottes wird in Jesus in einer neuen Dimension erfahrbar. Eben noch bin ich im Western-Wall-Tunnel an dem Ort vorbeigegangen, der dem verloren gegangenen Allerheiligsten am nächsten liegt. Zuvor stand ich vor der Westmauer, an die sich nach jüdischer Tradition die Schechina gebunden hat, auch wenn sie als Exilsschechina mit dem jüdischen Volk in die Fremde und Gefangenschaft gegangen ist. Hier nun in der Geißelungskapelle blicke ich auf den Menschen, an dem sich die Einwohnung der Herrlichkeit Gottes vollzogen hat.

An Jesus wiederholt sich die demütige Bereitschaft Gottes zur tiefen Selbsterniedrigung und Selbstbeschränkung – so, wie wir es bereits bei der Schöpfung selbst und bei den Einwohnungen Gottes auf dem Sinai, der Stiftshütte in der Wüste und den späteren Tempeln gesehen haben: Gott wird gegenwärtig für sein Volk, indem er sich in dem Menschen Jesus inkarniert. Wenn wir also gezielt danach fragen, wie Gott in die Welt kommt, dann müssen wir alttestamentlich gemäß der Schechina-Theologie mit der besonderen Einwohnung Gottes an einem bestimmten Ort und bei bestimmten Menschen antworten – unbeschadet seiner Allgegenwart. Nun aber wohnt Gott mit Jesus nicht nur bei den Menschen ein, indem er unter ihnen gegenwärtig ist, sondern wird darin zugleich Fleisch – ohne etwas von seinem Wesen aufzugeben. Er wird einfach Mensch und bleibt doch Gott. Hochtheologisch formuliert dies der Hebräerbrief: „Er ist das vollkommene Abbild von Gottes Herrlichkeit, der unverfälschte Ausdruck seines Wesens“ (Hebr 1,3; NGÜ). Jesus drückt dies etwas schlichter, aber nicht weniger tiefsinnig aus: „Wer mich gesehen hat, hat den Vater gesehen“ (Joh 14,9).

Im Hinblick auf die Schechina kann man davon sprechen, dass aus der Einwohnung (*inhabitatio*) Gottes eine Fleischwerdung (*incarnatio*) Gottes geworden ist.[58] Wir sprechen theologisch auch von der Inkarnation Gottes in seinem Sohn. Dabei drückt das Wort *Fleisch* (griechisch: *sarx*) aus, dass sich der Gottessohn mit seiner Menschwerdung in die ganze Schwachheit, Hilflosigkeit und Hinfälligkeit der menschlichen Existenz hineinbegeben hat. Hier in der Geißelungskapelle wird mir dies angesichts des leidenden Jesus noch einmal in besonderer Weise bewusst.

Zugleich zeigt der goldene Hintergrund der Dornenkrone im Mosaikbild der Kuppel, dass in Jesus menschliche Hinfälligkeit bzw. Schwachheit (*sarx*) und göttliche Herrlichkeit (*doxa*) nicht voneinander zu trennen sind. Mit seiner *incarnatio* wird uns der Gottessohn zum Geheimnis der Gegenwart Gottes. Wir können ihn darüber nur staunend anbeten. So ungefähr muss es Johannes gegangen sein, als er die Einleitung seines ersten Briefes geschrieben hat:

> *„Von allem Anfang an war es da; wir haben es gehört und mit eigenen Augen gesehen, wir haben es angeschaut und mit unseren Händen berührt – das Wort des Lebens. Ja, das Leben ist erschienen; das können wir bezeugen. Wir haben es gesehen, und wir verkünden es euch – das ewige Leben, das beim Vater war und unter uns erschienen ist.“* *(1Joh 1,1–2; NGÜ)*

58 Vgl. Janowski, B., a. a. O. 9.

Johannes schreibt hier von dem Glück derjenigen, die ganz nahe bei Jesus waren. Die Herrlichkeit Gottes wird mit menschlichen Sinnen erfahrbar. Sie wird nahbar. Sie geht zu den Menschen. Nicht nur, dass sie es zulässt, dass sie berührt wird: Sie berührt selbst, sie sucht auf, sie weint, sie lacht, sie heilt, sie leitet, sie ermahnt, sie tröstet, sie begleitet. Sie bringt das Leben … und nimmt den Tod. In dieser Geißelungskapelle wird mir besonders deutlich, wie leidensbereit die Schechina ist. Sie geht nicht nur in Jesus ins Exil, sondern sie kommt darin genau in mein Exil, in meine Verlorenheit. Sie sucht uns auf, um bei uns zu wohnen. Und so kann ich an diesem Ort nur in das Lied der Reisegruppe einstimmen: „Christe, du Lamm Gottes, der du trägst die Sünd der Welt, erbarm dich unser. Christe, du Lamm Gottes, der du trägst die Sünd der Welt, gib uns deinen Frieden."

6.2 DAS KREUZ ALS ÄUSSERSTES EXIL DER SCHECHINA

Nach dieser Zeit der Einkehr und Besinnung verlasse ich die Geißelungskapelle und gehe die Via Dolorosa entlang, um zur Grabeskirche zu gelangen. Um mich herum ist wieder ein buntes und lautes Treiben. Viele Händler sitzen vor ihren kleinen Boutiquen und Läden und bieten lautstark ihre Produkte an. Es ist normal, dass man in einem Souvenirshop Produkte aus allen drei monotheistischen Weltreligionen angeboten bekommt. In diesen Läden gibt es keine Unvereinbarkeit der unterschiedlichen Glaubensvorstellungen. Ich muss immer wieder schmunzeln, wenn mir jüdische, christliche und muslimische Religionsgegenstände mit derselben Leidenschaft aus einer Hand angeboten werden. Wenn man mit ihnen sein Einkommen erzielen kann, ist ein religiöser Weltfriede in einem kleinen Souvenirladen kein Problem. Wenn das Leben doch so einfach wäre …

Unterwegs auf der Via Dolorosa

Die Via Dolorosa windet sich durch das muslimische Viertel der Altstadt. Sie ist mal breiter, mal schmaler angelegt. Sie ist eigentlich eine Gasse, die sich durch einen geruchsintensiven Suq zieht. Neben Souvenirshops, Stoff-, Bekleidungs- und Lederwarenläden wechseln sich Gewürzläden, arabische Kleinrestaurants, Fleischerläden und Obst- und Gemüsegeschäfte ab. Für den Geruchssinn ist der Suq eine echte Herausforderung. Zwischen hocharomatisch und nahezu unerträglich ist für die europäische Nase alles dabei. Und zwischendurch gibt es immer wieder Mini-Kaufhäuser, die die verschiedensten Produkte des täglichen Bedarfs wie Wasserkocher, Uhren, Rührmixer, Schuhe, Geschirr oder Werkzeuge anbieten. Mittendrin tauchen die einzelnen Leidensstationen Jesu auf. Man muss durchaus aufpassen, dass man sie im dichten Gedränge nicht übersieht. Es ist wohl wie in unserem Alltag: Er ist oftmals so turbulent, hektisch, kräftezehrend und so prall gefüllt mit zahllosen Eindrücken und Informationen, dass es uns durchaus passieren kann, dass wir an Jesus „vorbeigehen", ohne es zu bemerken. Die Gefahr wird hier im Suq durch die Touristengruppen, die sich vor den einzelnen Stationen versammeln, reduziert. Wenn die Guides abrupt vor ihrer Reisegruppe stehenblieben, ist die Wahrscheinlichkeit recht groß, dass man sich in unmittelbarer Nähe einer Leidensstation befindet. Gerade hier auf der Via Dolorosa sind die Reisegruppen zumindest an gut besuchten Tagen ein Garant dafür, dass Ortsunkundige die einzelnen Leidensstationen eigentlich nicht verpassen können. Man muss wohl vielmehr darauf achten, dass man sie innerlich nicht verpasst. Wenn man sich bewusst für diesen Pilgerweg entscheidet und den Leiden Jesu nachspüren möchte, braucht es eine gewisse innere geistliche Fokussierung und Konzentration, die von all den äußeren Sinneseindrücken losgelöst ist.

In der Grabeskirche

Nach einigen hundert Metern erreiche ich das christliche Viertel und betrete bald danach einen Innenhof, in dem sich der Haupteingang zur Grabeskirche befindet. Die Doppelkuppe der Kirche kann man eigentlich nur aus erhöhter Lage sehen. Der enge Suq mit seinem Gassengewirr gibt den Blick auf die Grabeskirche erst wenige Meter von ihr entfernt frei. Gleich im Eingangsbereich der Kirche geht es hochemotional her. Vor mir befindet sich auf dem Boden der Salbungsstein, an dem die Besucher und Pilger des Leichnams Jesu und seiner Salbung durch Josef von Arimathäa und den Pharisäer Nikodemus nach der Kreuzigung gedenken (vgl. Joh 19,38–40). Um den Stein herum knien zahlreiche Gläubige, die den Stein küssen oder darauf mit einigen privaten Gegenständen wie Stofftaschentüchern, Bibeln, Gebetsbüchern oder Taschen reiben – in der Hoffnung, dass dadurch eine segnende Wirkung auf den Gegenstand und damit auch auf ihr Leben übergeht. Einige Frauen weinen laut und beugen ihr Gesicht wieder und wieder auf den Stein, um ihn zu küssen. Intensiver Weihrauchgeruch liegt in der Luft. Die Kirche ist relativ dunkel; etwas Tageslicht fällt von oben herein. Dafür brennen viele Kerzen in dem großen und recht unübersichtlichen Gebäude. Es wirkt mit seinen zahlreichen kleinen Kapellen, Altären und Grotten nahezu wie ein unübersichtliches Labyrinth, in dem man sich verlaufen kann. Dies liegt nicht zuletzt daran, dass die Kirche von sechs unterschiedlichen Konfessionen verwaltet und genutzt wird – nicht immer einvernehmlich, um es gelinde zu formulieren. Wiederholt wird von Handgreiflichkeiten zwischen den Parteien berichtet. Die großen drei Konfessionen, die sich den überwiegenden Anteil an der Kirche gesichert haben, sind die griechisch-orthodoxe Kirche, die römisch-katholische Kirche (durch den Orden der Franziskaner) und die armenisch-apostolische Kirche. Der kleinere Teil fällt der syrisch-orthodoxen Kirche, den Kopten und der äthiopisch-orthodoxen Kirche zu. Jede der Konfessionen hat ihren eigenen geistlichen Raum gestaltet, um der Kreuzigung Jesu und seiner Auferstehung zu gedenken. Darin verarbeiten sie insbesondere die Passionsgeschichten der vier Evangelien.

Golgatha: Liebe in Vollendung

Rechts neben dem Salbungsstein geht eine steile Treppe empor, die mich direkt zum Golgathafels bzw. zur Golgathakapelle führt. Diese Kapelle teilen sich die griechisch-orthodoxe Kirche und die römisch-katholische Kirche. Die erstgenannte hat die Hoheit über den Kreuzigungsaltar. Die römisch-katholische Kirche verwaltet den Kreuznagelungsaltar. Der Kreuzigungsaltar ist nach vorne geöffnet. Zwischen zwei Säulen, die die Altarplatte tragen, befindet sich ein rechteckiges Felsenloch, das Jesu Kreuz gehalten haben soll. Vor dem Altar stehen Menschen in einer Warteschlange. Sie können sich unter den offenen Altartisch bücken, um den Golgathafelsen mit der Kreuzhalterung zu berühren. Ähnlich wie unten am Salbungsstein ist die Stimmung unter den Pilgern feierlich-emotional. Für einen kurzen Moment wird diese Stimmung unterbrochen, als der griechisch-orthodoxe Geistliche erregt eine Jugendliche aus der Warteschlange vor dem Altar vertreibt, weil ihre Knie nicht bedeckt sind. Obwohl ich um die Kleiderordnung weiß, bin ich irritiert und verärgert.[59] Eine Jugendliche kommt in diese Kapelle und reiht sich geduldig in die Warteschlange ein, um dem leidenden Christus von Golgatha ganz nahe zu kommen, und wird von einem Geistlichen öffentlich beschämt und abgewiesen, weil sie eine zu kurze Hose trägt. Mich stimmt dieser Moment traurig und nachdenklich zugleich. Ich muss an die Worte von Jesus aus Joh 6,37 denken: „Wer zu mir kommt, den werde ich nicht abweisen."

---

59 Die israelischen Guides ermahnen die Frauen und Männer ihrer Reisegruppen regelmäßig, sich an heiligen Stätten nicht „unpünktlich" zu kleiden. Eine unpünktliche Kleidung zeichnet sich dadurch aus, dass sie oben zu spät beginnt (schulterfrei) und unten zu früh aufhört (kniefrei).

Gegenüber vom Altar befindet sich eine Holzbank, auf die ich mich setze. Auch wenn manches an diesem Ort recht fremd auf mich wirkt und nicht so recht in meine geistliche Prägung passen will, möchte ich auch hier die geistliche Essenz erfassen. Golgatha ist der Ort, an dem die Liebe Jesu zu uns zur Vollendung gekommen ist. Hier liebte er uns „bis ans Ende“, wie Johannes es in seinem Evangelium ausdrückt (Joh 13,1). Jesu Sterben am Kreuz ist der vollkommene Beweis seiner Liebe zu uns. Wer liebt, der macht sich immer verletzbar; Liebe ist unsere schwache Seite. Aber nur sie ermöglicht wahres Menschsein. In der Liebe finden wir unsere größte Erfüllung. Wer liebt, der lebt. Aber untrennbar damit verbunden liegt in ihr die Quelle unseres größten Schmerzes: Nichts fügt uns mehr Leid zu als der Verlust unseres geliebten Gegenübers: unseres Partners, unserer Eltern oder unserer Kinder. Das eigene Kind zu Grabe zu tragen, ist wohl das Schlimmste, was einer Mutter oder einem Vater passieren kann. Obwohl wir alle von diesem Verlustschmerz über einen geliebten Menschen wissen und ihn auf die eine oder andere Weise alle erleiden, entscheiden wir uns doch, zu lieben. Wir können eigentlich gar nicht anders, als immer wieder neu zu lieben. Wer vorauslaufend aus Angst vor dem Verlust der Liebe auf Liebe verzichtet, nimmt seinen eigenen Tod vorweg.

Was sagt uns das über Gott? Dieser Gott hat uns erschaffen, obwohl er wusste, dass er uns verlieren würde. Uns dennoch zu erschaffen, entspricht zutiefst seinem Wesen der Liebe. Und nichts schmerzt ihn mehr, als uns zu verlieren. Darin macht sich Gott verletzbar. Das ist die Wunde Gottes. Und diese Wunde sehen wir in Jesus am Kreuz; es ist eine Liebeswunde. Jesus hat einmal seine Sendung so zusammengefasst: „Der Menschensohn ist gekommen, um zu suchen und zu retten, was verloren ist“ (Lk 19,10). Diese Liebe entscheidet sich für uns. Sie will uns nicht verlieren. Und darum wird der ewige Gottessohn Mensch. Er geht selbst als Exilsschechina ins Exil, um uns aus unserem Exil, aus unserem Versteck, herauszulieben und in die Gemeinschaft mit ihm hineinzulieben. Er sucht und will retten, was verloren ist und nicht verloren bleiben soll. Und seine Rettung findet ihre Vollendung am Kreuz: „Es ist vollbracht“ (Joh 19,30).

Das Kreuz ist der Ort des äußersten Exils des Gottessohnes in seiner Menschwerdung. Wenn wir von einer Exilsschechina sprechen, dann ist Golgatha das dunkelste und grausamste Exil der Schechina. Hier erlebt der Jude Jesus und Repräsentant seines Volkes wahrlich den Ort, vor dem sich sein Volk immer gefürchtet hat: ein Ort, wo es keine Schechina mehr gibt bzw. Gott nicht mehr gegenwärtig ist. Jesus reagiert mit tiefem Erschrecken auf seine erlebte Gottesverlassenheit: „Mein Gott, mein Gott, warum hast du mich verlassen?“ (Mt 27,46). Das sind seine letzten Worte. Und daran anknüpfend schreit Jesus mit lauter Stimme und stirbt.

6.3 VATER UND SOHN ZERREISSEN SICH

Zuallererst ist dieser Todesschrei ein Schrei nach Gott, verbunden mit einer Gottesklage. Jesus nenn ihn „mein Gott". Wer ist dieser Gott? Wenn Jesus „mein Gott" ruft, dann schwingt darin der ganze Inhalt seines gelebten Lebens als Botschaft mit. Diesen Gott hat er sein Leben lang *Vater* genannt. Ein Vater, mit dem er innigste Gemeinschaft durch den Geist hatte – auch wenn er die Herrlichkeit beim Vater als Gottessohn verlassen hat und durch seine Menschwerdung „ins Exil" gegangen ist. Ein Vater, der ihm seine Liebe zugesprochen hat: „Du bist mein geliebter Sohn, an dir habe ich Wohlgefallen gefunden" (Lk 3,22). Diesen liebenden Gott-Vater hat Jesus als seine Lebensbotschaft den Menschen vor Augen gemalt: mit seinen Worten und seinen heilvollen und barmherzigen Taten. Wer ihm begegnete, konnte etwas von dieser Vaterliebe spüren. Jesus verkörperte diese Liebe. Jesus selbst war die Exilsschechina als der lebendige Tempel, der den Geist des Vaters in sich trug. In Ihm, dem geliebten Sohn des Vaters, sollten die Menschen erfahren: Dieser Gott-Vater kommt in unser Exil. Er ist nicht fern, sondern nahe, nicht verurteilend, sondern gnädig, mitfühlend und voller Erbarmen. So ist Gott, so ist dieser Vater!

Ich merke, dass es genau das ist, was mich an dem Verhalten des Geistlichen gegenüber der Jugendlichen hier vor dem Golgathafelsen so geschmerzt hat. Letztlich hat er Gottes Wesen entstellt und ihn für sie unnahbar und abweisend gemacht. Aber das sollte nicht die Erfahrung von uns Menschen sein. Es wurde die Erfahrung von Jesus am Kreuz. An diesem Ort entzieht sich der Vater dem Sohn. Er verlässt ihn. Das ist für Jesus inmitten seiner Leiden am Kreuz der brutale und zutiefst erschütternde Widerspruch zu allen Erfahrungen seines Lebens und zu seiner Lebensbotschaft. So, wie er nun seinen Gott-Vater am Kreuz erlebt, ist Gott doch nicht!

Die Rechtsklage Jesu

Jesu Gebetsworte „*Mein Gott, mein Gott, warum hast du mich verlassen?*" sind Worte aus dem Psalm 22. Wir haben es dort mit einer Rechtsklage zu tun. Jesus klagt nicht Mitleid ein, sondern bereits wie David in diesem Psalm die Treue Gottes: „Auf dich vertrauten unsere Väter; sie vertrauten, und du rettetest sie. Zu dir schrien sie um Hilfe und wurden gerettet; sie vertrauten auf dich und wurden nicht zuschanden" (Ps 22,5.6). Genau so ist Gott: treu! Wer auf ihn vertraut, wird nicht zuschanden. Er erlebt Gottes Hilfe! Und genau diese Treue und Hilfe klagt Jesus ein, weil er für seinen Gott-Vater vor den Menschen in ganzer Hingabe eingetreten ist. In der

Konsequenz bedeutet dies, dass mit Jesu Einsamkeit und Verlassenheit am Kreuz auch die Gottheit seines Vaters selbst in Frage gestellt wird, wenn er nun seinen Sohn in dieser Verlassenheit belässt und Jesus dort am Kreuz vergeblich auf seine Hilfe hofft und damit zuschanden wird. Wenn sein Vater in dieser finsteren Stunde ihm untreu wird, dann hat er aufgehört, Vater zu sein. Dann ist er von seinem Wesen her nicht mehr Vater. Jürgen Moltmann hat bezüglich dieser Spannung einmal gesagt, dass man zu der Klage Jesu auch sagen könnte: „Mein Gott, mein Gott, warum hast du *dich* verlassen?"[60] Warum bist du dir selbst untreu geworden im Leiden und Sterben deines Sohnes?

Genau hier müssen wir ansetzen, wenn wir Gott verstehen und so etwas wie eine Gotteslehre entfalten wollen. Die Kreuzigung Jesu ist mit seiner Auferstehung das Herzstück aller Theologie. Hier ist auch der Ansatzpunkt für die Entwicklung eines Trinitätsverständnisses. Hier müssen wir beginnen, wenn wir Gott verstehen wollen als Vater, Sohn und Heiligen Geist, weil wir es hier am Kreuz mit einem Geschehen in Gott selbst zu tun haben. Vielleicht ist es gerade dieser Ort, der mich daran erinnert, dass wir um Jesu willen von Gott reden. Sonst verstehen wir ihn in seinem Wesen nicht.

Das Vaterherz Gottes

Wenn wir von Jesus und der Art und Weise reden, wie er gelebt hat und gehandelt hat, dann können wir gar nicht anders, als von der Liebe zu sprechen, mit der er Menschen begegnet ist. Die Evangelien sind ja prall gefüllt von Berichten, wie Menschen in ihrer Ohnmacht, Verzweiflung und Hilflosigkeit plötzlich und unerwartet diese Liebe erfahren haben. Diese Liebe hat Jesus aber immer an seinen Vater gebunden. Vielleicht wird dies nirgends so deutlich wie in dem Gleichnis vom verlorenen Sohn, das Jesus erzählt hat (vgl. Lk 15). Da ist dieser Sohn, der sein vorzeitig verlangtes Erbe verprasst hat und sich vor lauter Schuld- und Schamgefühlen eigentlich nicht mehr traut, den Heimweg anzutreten. Zu viel steht zwischen ihm und seinem Vater. Und seine aktuelle Lebenssituation als Schweinehirte ist für ihn zutiefst beschämend. Man kann an ihm nicht mehr erkennen, aus welchem Hause er eigentlich kommt, wer er einmal war und was er alles verloren hat. So kann er nicht mehr nach Hause kommen, bestenfalls als Tagelöhner. In dieser Geschichte malt Jesus seinen Zuhörern die alles ertragende, barmherzige und leidenschaftliche

60 Moltmann, J.: Der gekreuzigte Gott 144.

Liebe des Vaters zu seinem Sohn vor Augen, als dieser seinen Heimweg antritt: „Und er machte sich auf und ging zu seinem Vater. Als er aber noch fern war, sah ihn sein Vater und wurde innerlich bewegt und lief hin und fiel ihm um seinen Hals und küsste ihn“ (Lk 15,20).

Was will uns Jesus mit diesem Gleichnis sagen? An der Art und Weise, wie der Vater seinen heimkommenden Sohn empfängt, können wir das Wesen Gottes erkennen. So ist dieser Gott-Vater! So ist sein Vater! Pure Liebe von seinem Wesen her. Ich muss in diesem Zusammenhang wieder an die Aussage Jesu denken: „Wer zu mir kommt, den werde ich nicht hinausstoßen, denn ich bin vom Himmel herabgekommen, nicht, dass ich meinen Willen tue, sondern den Willen dessen, der mich gesandt hat“ (Joh 6,38).

Das Herabkommen des Gottessohnes aus dem Himmel bzw. die Menschwerdung Jesu ist die Realität hinter diesem bewegenden Gleichnis. Sein Vater im Himmel sieht uns und ist innerlich bewegt über uns, unsere Lebenskämpfe und unser Scheitern. Und dann beginnt der Aufbruch Gottes zu uns Menschen: In Jesus läuft uns nun der Vater entgegen, um uns zu drücken, zu küssen und in die Gemeinschaft mit sich zu nehmen. Jesus bindet in Joh 6,38 sein Kommen zu uns an den Willen des Vaters. Und dessen Wille ist es, dass wir sein Ja zu uns in seinem Sohn erfahren. Und sein Ja zu uns macht uns zu Töchtern und Söhnen Gottes. Das ist der Wille des Vaters. Das ist zugleich auch der Wille des Sohnes, weil sie wesenseins sind. Jesus will uns mit seinen Worten „nicht, dass ich meinen Willen tue“ nicht sagen, dass er gegen seinen Willen gekommen ist. Er will uns vielmehr etwas zeigen: das Vaterherz Gottes, das für uns schlägt und uns unendlich liebt. Das ist der Wille des Vaters. Dieser Wille ist ohne seine Liebe nicht zu denken. Der Wille Gottes ist vom Wesen Gottes her bestimmt. Und dieses Wesen Gottes ist Liebe, und damit kann auch sein Wille nicht lieblos sein.

Während ich hier vor dem Kreuz sitze, wird mir einmal mehr bewusst: Wer zu Jesus kommt, der kommt immer auch zum Vater, der hinter dem Sohn steht. Aber zum Vater können wir eben nur über Jesus kommen. Ich wünschte, der griechisch-orthodoxe Geistliche hätte dies in der Tiefe so verstanden, dass er die Jugendliche nicht abgewiesen hätte. Der verlorene Sohn hat seine Geschichte. Ich habe meine Geschichte. Wir alle haben unsere Geschichte. Aber da ist dieser Vater, der uns seinen Sohn schickt, um zu suchen und zu retten, was verloren ist.

Vater und Sohn: Einheit in der Trennung[61]

So sehr Gottes Liebe zu uns am Kreuz ihre Vollendung findet, so sehr findet eben auch dort Jesu Rettung ihren schmerzhaften Höhepunkt. Auf dem Felsen von Golgatha werden Vater und Sohn eins darin, dass sie sich trennen. Ihre Liebe wird zutiefst gestört. Jesus macht dort eine Erfahrung, die ihm zeitlebens fremd war: Sein Vater entzieht sich ihm. Und weil der Vater von seinem Wesen her Liebe ist, entzieht er mit sich dem Sohn auch seine Liebe. Man muss es mit Paulus noch drastischer und schockierender ausdrücken: „Der auch seinen eigenen Sohn nicht verschont hat, sondern hat ihn für uns alle dahingegeben" (Röm 8,32).

Das Wort *dahingeben* (griechisch: *paradidomi*) meint verwerfen, preisgeben, verstoßen bzw. dem Tod und seiner Macht ausliefern. Genau das tut der Vater mit seinem Sohn am Kreuz. Aus dem geliebten Sohn wird ein Verworfener, Verstoßener und Verlassener. Das ist der ganze Schrecken des Kreuzes. Mit dem Dahingeben handelt der Vater im tiefsten Widerspruch zu seinem Wesen als liebender Vater. Er verlässt nicht nur seinen Sohn, sondern sich selbst in seiner Eigenschaft als Vater. Und genau darin erleidet er den Tod seines Sohnes. Nicht nur der Sohn leidet unendlich; er erleidet ja das Sterben und im Sterben seine Verlassenheit vom Vater. Der Vater erleidet den Tod seines geliebten Sohnes.[62] Wenn der Sohn wesenseins mit dem Vater ist, auch in seinem Fühlen und Empfinden, dann können wir an dem Todesschrei des Sohnes erahnen, welchen Schmerz der Vater hat im Angesicht seines leidenden, sterbenden und schließlich toten Sohnes. Was hat dieser Todesschrei mit dem Herzen des Vaters gemacht? Hier in dieser dunklen Grabeskirche und in der Golgathakapelle versuche ich mir das vorzustellen.

Moltmann hat zu Recht darauf hingewiesen, dass hier am Kreuz nicht nur der Sohn, sondern auch der Vater stirbt – und zwar in seiner Eigenschaft als Vater.[63] Der Sohn verliert seinen Vater, und der Vater verliert seinen Sohn. Zugleich ist es aber nicht nur so, dass der Vater sich dem Sohn entzieht und ihn dahingibt. Auch Jesus gibt sich selbst dahin. Paulus schreibt im Brief an die Gemeinden in Galatien vom „Sohn Gottes, der mich geliebt und sich selbst für mich dahingegeben hat" (Gal 2,20). Jesus gibt sich am Kreuz aktiv und willentlich in diesen furchtbaren Tod.

---

61 In meinen folgenden Gedanken zur Trennung von Vater und Sohn am Kreuz habe ich mich von Moltmanns Kreuzestheologie inspirieren lassen: vgl. Moltmann, J.: Der gekreuzigte Gott.

62 Vgl. Moltmann, J.: Der gekreuzigte Gott 230.

63 Ebd.

Auch in dieser doppelten Dahingabe sind sich Vater und Sohn eins.[64] Sie sind sich willentlich eins darin, dass sie sich an diesem Ort trennen. Gerade diese Trennung steht aber im deutlichen Widerspruch zu ihrer Einheit und ihrem Wesen der Liebe. Am Kreuz zerreißt sich Gott für uns. Dunkler könnte diese Stunde auf Golgatha nicht sein.

Vor mir beugen sich die Menschen unter den Altar, um den Fels zu berühren. Ich wünsche mir und ihnen über die haptische Wahrnehmung des Felsens hinaus eine Berührung unserer Herzen. Wahrlich, hier kommt wirklich Gottes Liebe zu uns zur Vollendung: die Liebe des Sohnes und die Liebe des Vaters. Auch darin sind sie sich eins. Gott zerreißt sich für uns aus Liebe. Er verlässt sich selbst, weil er uns liebt. Und diese Liebe ist tatsächlich maßlos. Wie will man es sonst verstehen, wenn Jesus am Abend vor seiner Kreuzigung zu seinen Jüngern sagt: „Wie der Vater mich geliebt hat, habe auch ich euch geliebt" (Joh 15,9). Wenn ich diese Worte auf mich beziehe, kann ich das nicht denken und verstehen. Jesus liebt mich so, wie er von seinem Vater geliebt wird? Zwischen uns sind doch Welten! Aber ich will es glauben. Warum? Weil Jesus am nächsten Tag bereit ist, sich am Kreuz für uns dahinzugeben und darin die Gemeinschaft mit seinem Vater, der ihn doch so sehr liebt, aufzugeben. Er stirbt dort auch für mich, für jeden von uns. Ganz schlicht, weil er uns liebt.

Und so ist das Kreuz der Ort, an dem wir eine Ahnung bekommen, wer dieser Gott ist und wer er uns sein möchte. Das Kreuz ist der Ort, wo wir ansetzen müssen, wenn wir die Dreieinigkeit Gottes verstehen wollen. Wer ist Gott? Für viele Menschen ist Gott grundlegend allmächtig, vollkommen und ewig. Und damit unsterblich. Aber hier am Kreuz hängt der ewige Gottessohn, der in Jesus Mensch geworden ist. Und in diesem Menschen Jesus wird Gott leidensfähig, schwach und ohnmächtig – und ist damit nicht mehr vollkommen. Das ist doch nicht mehr Gott gemäß, mag mancher einwenden. So kann man doch Gott nicht denken. Kann Gott denn schwach sein? Ist er zum Todesschrei fähig? Ja, weil er liebt. Er ist ein Gott der Liebe, und Liebe ändert alles. Das Kreuz Jesu durchkreuzt auch unsere Gottesvorstellungen.

---

64 Moltmann, J.: Der Weg Jesu Christi 194.

6.4 DER GOTT DER GOTTVERLASSENEN

Ich blicke auf den Gekreuzigten am Kreuzigungsaltar. Sein Kopf ist zu seiner rechten Seite nach unten geneigt. Seine Augen sind geschlossen. Sein Gesicht ist von Leiden gezeichnet. Hier hängt der Verlassene und Verworfene. In meiner freikirchlichen Tradition ist das Kreuz leer. Es soll daran erinnern, dass Jesus nicht mehr am Kreuz hängt, sondern auferstanden ist. Vor mir sehe ich den gemalten Korpus Christi am Kreuz. Damit kann ich ihn neu am Kreuz erkennen – und mit mir all die vielen Menschen, die sich hier in der Grabeskirche eingereiht haben und geduldig darauf warten, ganz nahe an diesen Ort zu kommen, auf Christus zu schauen, sich unter den Altar zu beugen und den Fels zu berühren.

Wenn ich die Menschen vor mir beobachte, kommt mir als Pastor schnell die Frage nach ihrer Motivation. Was bewegt sie, hierher an diesen Ort zu kommen? Ist es die nachhaltige Empfehlung ihres Reiseführers? Oder sind sie auf der Suche nach Spiritualität? Bewegt sie eine religiöse Sehnsucht? Erinnern sie sich hier dankbar an die Fundamente ihres Glaubens? Oder suchen sie ganz gezielt den leidenden Christus auf, weil sie sich von ihm Trost und Gemeinschaft erhoffen?

Kreuzesmystik

Die letzte Frage berührt die Erfahrungsdimension der Kreuzes- und Passionsmystik, die Jesus in seinem Schmerz und seiner Gottverlassenheit in den Blick nimmt und daher eben nicht auf ein leeres Kreuz, sondern auf ein Kruzifix (lateinisch: *cruci fixus* – ans Kreuz geheftet) bzw. einen Corpus Christi ausgerichtet ist. Dort unter dem Leib des leidenden und von Gott verlassenen Christus finden sich all diejenigen ein, die sich selbst verlassen und verworfen fühlen und mit ihrer Schuld ringen. Dort finden sich diejenigen ein, denen ihre Würde genommen wurde und die sich selbst unwürdig fühlen. Dort finden sich diejenigen ein, die von ihren Lebensängsten und Nöten geplagt werden und Halt bei dem Gekreuzigten suchen. Und dorthin wurden und werden bis heute diejenigen getragen, die am Boden liegen und sich aus eigener Kraft nicht mehr aufrichten können: die Alten, Kranken und Schwachen.

Sie alle suchen nicht Hilfe oder Heilung bei Gott, dem Allmächtigen und Weltenherrscher, sondern bei dem gottverlassenen und leidenden Christus. Bei dem Mann der Schmerzen, der sie wie niemand anders in ihrer Not und Verzweiflung versteht. Im Schauen auf ihn erkennen sie, dass er einer von ihnen und doch zugleich der ganz Andere ist. Er schickt sie nicht weg und verschmäht sie nicht. In seinen eigenen Leiden spricht dieser Mann der Schmerzen zu denen, die in Schmerzen vergehen und zu denen sonst niemand spricht. Mit ihm, dem von Gott Verlassenen, haben sie Gemeinschaft in ihrer eigenen wahrgenommenen Gottesverlassenheit. Und wo sie mit ihm genau diese Gemeinschaft der Gottesverlassenheit erleben, können sie nicht mehr allein sein. Sie erleben, dass er nicht nur für sie, sondern auch mit ihnen leidet. Sie versenken sich mit ihrem Leid in sein Leid; sie werden eins mit ihm. Sie werden *eine* Leidensgemeinschaft. Und nicht selten wurden und werden sie durch das Schauen auf diesen Christus geheilt, innerlich und körperlich, weil sie im Schauen erfahren haben, dass seine eigenen Wunden und Leiden im Letzten Wunden und Leiden seiner Liebe zu ihnen sind. Seine Liebe zu ihnen hat ihn an dieses Kreuz, in dieses Leid und in diese Verlassenheit geführt. Seine Liebe hat ihn so ohnmächtig und schwach werden lassen. Und so können ihre Leiden durch die Leiden seiner Liebe überwunden werden. In dieser finsteren Stunde am Kreuz wird der Gottverlassene paradoxerweise als Gottessohn offenbar. Er ist der Gott der Gottverlassenen. Das ist Kreuzesmystik: In der von Gott und Menschen verworfenen Elendsgestalt wird der leidende und sterbende Jesus als der Gottessohn erkennbar. In ihm gibt sich Gott ein Gesicht für uns. In ihm schaut er uns an – jeden Einzelnen von uns.

Das Ende unseres Exils

Die Menschen vor mir in der Grabeskirche nehmen sich alle diesen einen kurzen Augenblick vor dem Kreuzigungsaltar, um auf ihn zu schauen. Werden sie ihn hier erkennen? Es ist schon erstaunlich und bewegend zugleich. Wenige hundert Meter von diesem Ort entfernt steht die Kotel, die für religiöse Juden ein heiliger Ort ist, weil dort für sie die Schechina weiterhin wohnt. Die Mauer als ein Ort der Gottesbegegnung. Hier in der Grabeskirche stehen nun gläubige Christen, die nicht eine Mauer, sondern den Fels von Golgatha berühren wollen. Hier starb Jesus. Hier hing die Schechina in ihrem äußersten Exil. Hier sollen wir sie bzw. ihn, den Sohn Gottes, erkennen. Hier am Kreuz offenbart sich die Schechina allen Menschen in dem verlassenen Christus.

Und genau an diesem Ort seines äußersten Exils soll unser Exil aufhören. Sein Todesschrei ist ein erlösender Schrei für uns alle. Sein Todesschrei ist das Heilsereignis für eine ganze gefallene, seufzende und leidende Schöpfung, die selbst so laut schreit. Unser Exil hört genau dort auf, wo er uns in die Gemeinschaft mit sich selbst nimmt. Und diese Gemeinschaft erleben wir durch den Heiligen Geist, der am Kreuz Gottes Heilswerk auf dieser Erde fortsetzt. Das Kreuzgeschehen ist ein trinitarisches, ein dreieiniges Geschehen.

6.5 DER TOD JESU UND DIE STUNDE DES GEISTES FÜR DIE SCHÖPFUNG

Der Geist Gottes will unsere Herzen dahingehend bewegen, dass wir in dem verlassenen und dahingegebenen Jesus den Christus und Sohn Gottes erkennen, seiner Liebe glauben und diese für uns annehmen. Gott zerreißt sich für uns am Kreuz; und genau darin öffnet er sich für uns. Und das tut er durch seinen Geist, der in uns und in dieser ganzen Schöpfung wohnen möchte. Dieser Geist wirkt am Kreuz. Er hat Jesus dorthin geführt. Durch seine Einwohnung in ihm wird auch der Geist zum Leidensgefährten Jesu. Die Passion Christi ist zugleich auch die Passion des Heiligen Geistes.

Der Geist verströmt sich aus dem sterbenden Tempel

Wenn der Gottessohn in Jesus Mensch wird, um zu suchen und zu retten, was verloren ist, dann findet diese Rettung am Kreuz ihre Vollendung. Am Kreuz ist die Antwort Gottes auf seine eigene Frage aus dem Garten Eden: „Wo bist du?“ (1Mo 3,9). Hier ist der Ort, an dem uns Gott aus unserem Versteck bzw. Exil holt. Diese Rettung vollzieht Jesus als lebendiger Tempel am Kreuz; „durch den ewigen Geist“ bringt er sich als Opfer seinem Vater dar (Hebr 9,14). Im Hinblick auf die Feststellung seines Todes lesen wir:

> *„Als sie aber zu Jesus kamen und sahen, dass er schon gestorben war, brachen sie ihm die Beine nicht, sondern einer der Soldaten durchbohrte mit einem Speer seine Seite, und sogleich kam Blut und Wasser heraus. Und der es gesehen hat, hat es bezeugt, und sein Zeugnis ist wahr; und er weiß, dass er die Wahrheit sagt, damit auch ihr glaubt.“* (Joh 19,33–35)

Es brauchte aufgrund des zuverlässigen Vollstreckungsdienstes der Römer kein eigenes Zeugnis von Johannes, um zu glauben, dass Jesus wirklich gestorben war. Offensichtlich geht es ihm vielmehr um die Hervorhebung und theologische Deutung von „Blut und Wasser“: Das Blut steht für das hingebende Leben. In der Opfersprache des Tempelkults liegt in dem Blut die versöhnende Kraft. Paulus deutet dies in Bezug auf das Blut Jesu wiederholt an (vgl. z. B. Kol 1,20; Eph 1,7). Das Wasser ist wie an zahlreichen Stellen des Alten und Neuen Testaments auch bei Johannes ein Bild für den Heiligen Geist. Die Linie, die vom Urtempel der Schöpfungsgeschichte zur Tempelvision in Hes 47 führte, findet hier bei der Kreuzigung Jesu ihren weiteren Berührungspunkt. Im Sinne der Mehrdimensionalität von Prophetie können wir in Joh 19 eine Erfüllungsdimension von Hes 47 sehen: Mit Jesu Sterben beginnt der Geist Gottes sein Neuschöpfungswerk. Aus diesem sterbenden Tempel fließt nun der Geist des Lebens in eine seufzende und vom Tode gezeichnete Schöpfung, um sie wieder lebendig zu machen – genau so, wie es Hesekiel in seiner prophetischen Schau gesehen hat. Der Geist wirkt als die lebensspendende, lebenserhaltene und lebenserneuernde Kraft in der Schöpfung.

Vielleicht muss diese Deutung im Lichte dessen gesehen werden, was Jesus am höchsten Tag des Laubhüttenfestes auf dem Tempelplatz gesagt hat, um diese Anknüpfung an Hes 47 noch klarer zu erkennen:

> *„Wenn jemand dürstet, so komme er zu mir und trinke! Wer an mich glaubt, wie die Schrift gesagt hat, aus seinem Leibe werden Ströme lebendigen Wassers fließen. Dies aber sagte er von dem Geist, den die empfangen sollten, die an ihn glaubten; denn noch war der Geist nicht da, weil Jesus noch nicht verherrlicht worden war.“* *(Joh 7,37–39)*

Es ist eine bewegende Zusage, die Jesus hier in diesem Bild seinen Nachfolgern macht. Die an ihn Glaubenden werden es erfahren, dass „Ströme lebendigen Wassers“ aus ihrem Leib fließen werden. Diese Erfahrung bindet der Evangelist Johannes in seiner Anmerkung an den noch ausstehenden Geistempfang, dem zunächst die Verherrlichung Jesu vorauslaufen muss, bevor sich dieses Verströmen lebendigen Wassers ereignen kann. Auch hier ist das Wasser ein Bild für den Heiligen Geist. Zudem ist der Tempel der zentrale Ort des berichteten Geschehens am Laubhüttenfest. Wie wir in Abschnitt 2.1 gesehen haben, liegt die Bedeutung des Laubhüttenfestes über ihren Erntefestcharakter zum Abschluss des Jahres hinaus in der eschatologischen Zusage, dass Gott in der Mitte seines Volkes wohnen möchte. Daran knüpft Jesus an. Mit seiner Aussage auf dem Tempelplatz am höchsten Tag des Festes macht er deutlich, dass nicht nur er als Geistträger, sondern auch seine Jünger zu einer Behausung des Geistes Gottes werden sollen. Auch sie sollen zu einem Tempel werden, in dem der Heilige Geist wohnen möchte. Durch ihr Sein und Handeln wird sich der Geist Gottes wie lebendiges Wasser verströmen, um Leben in eine leidende Schöpfung zu bringen. Durch sie soll sich auch das ereignen, was sie an Jesus als ihrem Herrn fortlaufend erlebt und erfahren haben.

Das Kreuz als Ort der Verherrlichung

Johannes macht in seiner Anmerkung einen weiteren zentralen Hinweis: „… denn noch war der Geist nicht da, weil Jesus noch nicht verherrlicht worden war" (Joh 7,37–39). Intuitiv denken wir an die Auferstehung oder die Himmelfahrt Jesu, wenn wir an seine Verherrlichung denken. Bei Johannes beginnt die Verherrlichung allerdings bereits bei der Kreuzigung Jesu. So sagt Jesus bei seinem Einzug in Jerusalem vor seiner Kreuzigung:

> *„Die Stunde ist gekommen, dass der Menschensohn verherrlicht werde. Wahrlich, wahrlich, ich sage euch: Wenn das Weizenkorn nicht in die Erde fällt und stirbt, bleibt es allein; wenn es aber stirbt, bringt es viel Frucht. … Jetzt ist meine Seele bestürzt. Und was soll ich sagen? Vater, rette mich aus dieser Stunde? Doch darum bin ich in diese Stunde gekommen. Vater, verherrliche deinen Namen! … Jetzt ist das Gericht dieser Welt; jetzt wird der Fürst dieser Welt hinausgeworfen werden. Und ich, wenn ich von der Erde erhöht bin, werde alle zu mir ziehen. Dies aber sagte er, um anzudeuten, welches Todes er sterben sollte."* (Joh 12,23–33)

Die Stunde seiner Verherrlichung wird von Jesus dargestellt als seine Erhöhung am Kreuz. Diese Erhöhung zum Tode am Kreuz ist die Stunde der Verherrlichung, weil er genau für diese Stunde gekommen ist. Hier erfüllt sich seine Sendung. Verherrlichung und Sterben Jesu sind aufeinander bezogen. Beginnt aber die Verherrlichung Jesu genau hier am Kreuz, müssen wir auch an diesem Ort den Beginn des endzeitlichen bzw. eschatologischen Geistwirkens am Kreuz als Ort der Verherrlichung erwarten: „denn noch war der Geist nicht da, weil Jesus noch nicht verherrlicht worden war" (Joh 7,39). Und so sind wir wieder bei dem Zeugnis von Johannes aus Joh 19,34 über die Folgen des Todes Jesu und der Speerdurchbohrung: „… und sogleich kam Blut und Wasser heraus".

Die Kenosis Jesu und des Heiligen Geistes

Jesus entleert sich; er vergießt sich in seine Schöpfung. Jesus macht sich selbst zu nichts. In der Theologie wird diesbezüglich auch von der *Kenosis* (griechisch: *Leerwerden, Entäußerung*) Gottes durch die Menschwerdung des Gottessohns und dessen Hingabe am Kreuz als Vollendung dieser Selbsterniedrigung gesprochen: „Aber er machte sich selbst zu nichts und nahm Knechtsgestalt an … er erniedrigte sich selbst und wurde gehorsam bis zum Tod, ja, zum Tod am Kreuz" (Phil 2,7 f.).

Diese Entleerung Jesu, dieses Verströmen des Geistes am Kreuz sieht Johannes geistlich. Wir können folglich mit Moltmann auch von „einer Kenosis des Heiligen Geistes sprechen".[65]

Bringen wir dieses Wirken des Geistes am Kreuz mit Hes 47 in Verbindung, dann können wir Folgendes sagen: Das, was Hesekiel prophetisch gesehen hat, beginnt sich nun durch das trinitarische Geschehen am Kreuz zu verwirklichen. Der Geist Gottes beginnt am Kreuz das Werk seiner Neuschöpfung inmitten unserer alten Schöpfung. Jesus ist in dieser heilsgeschichtlichen Dimension zuallererst der Tempel, aus dem Ströme lebendigen Wassers fließen. Wie wir noch sehen werden, ist damit die prophetische Schau von Hesekiel noch nicht erschöpfend erfüllt, aber sie findet hier ihren unumkehrbaren Ausgangspunkt. Dieser Strom des Lebens, der vom leidenden Christus ausgeht, ist nicht aufzuhalten. Alles, was mit ihm in Berührung kommen wird, soll leben. Das ist unsere Hoffnung für unsere leidende und seufzende Welt. Zur ganzen Entfaltung kommt das Wirken des Geistes dann zu Pfingsten: Er wird ausgegossen auf „alles Fleisch" (Apg 2,17).

---

65 Moltmann, J.: Der Weg Jesu Christi 113.

7.

DIE MORGENSTUNDE DER NEUEN SCHÖPFUNG

7.1 AUFERSTEHUNG: ZURÜCK IN DEN GARTEN MIT DEM BLICK NACH VORN

Nach meiner längeren geistlichen Betrachtung des Kreuzigungsaltars in der Golgathakapelle drängt es mich zum Ort der Auferstehung. Nach der Tradition ist dieser Ort nicht weit von Golgatha entfernt. So schreibt der Evangelist Johannes:

> *„Es war aber an dem Ort, wo er gekreuzigt wurde, ein Garten und in dem Garten eine neue Gruft, in die noch nie jemand gelegt worden war. Dorthin nun legten sie Jesus, wegen des Rüsttags der Juden, weil die Gruft nahe war." (Joh 19,41.42)*

Dieser Ort ist konsequenterweise ganz in meiner Nähe. Nur wenige Meter westlich von dem Salbungsstein entfernt befindet sich in der Mitte der mächtigen Grabrotunde die Grabkapelle. Tatsächlich umschließt die Grabeskirche die beiden wichtigsten Orte des christlichen Glaubens: Golgatha und das Auferstehungsgrab. Seit dem vierten Jahrhundert wird dieser Ort als der Ort der Auferstehung Jesu verehrt. Für die historische Authentizität von Golgatha und dem Auferstehungsgrab gibt es sowohl in der überlieferten Kirchengeschichte als auch in der Archäologie durchaus gewichtige Gründe. Allerdings sind beide Orte so umfassend überbaut, dass rein gar nichts mehr an ihre ursprüngliche Gestalt erinnert. Beide werden nahezu erdrückt von den gewichtigen Bauten, die in ihrer Summe die Grabeskirche ausmachen.

Das Gartengrab

Da mir aber gerade an diesem Ort die Atmosphäre eines Gartens wichtig ist, verlasse ich die Grabeskirche und gehe die Via Dolorosa zurück, bis ich zur dritten Leidensstation Jesu gelange, die sich neben dem österreichischen Hospiz befindet. Dort verlasse ich die Via Dolorosa und gehe nordwärts zum Damaskustor, um aus der Altstadt hinauszugehen. Rund 500 Meter nördlich vom Damaskustor befindet sich das Gartengrab Jesu: eine historische Felsengrabstätte, die bis heute inmitten eines liebevoll angelegten Gartens nördlich der Altstadt liegt. In der Nähe des Gartens befindet sich ein Felsvorsprung, der tatsächlich die Ähnlichkeit mit einem Schädel aufweist (der Name Golgatha wird aus dem Aramäischen abgeleitet und bedeutet Schädelstätte). Der weitläufige grüne Garten mit seinen schmalen Wegen, Nischen und kleinen Plätzen wird heute von der *Garden Tomb Association* verwaltet, die ihren Sitz in Großbritannien hat, und steht Besuchern zum Pilgern bzw. zur inneren Einkehr offen. Aufgrund seiner Ursprünglichkeit bevorzugen viele Pilger diesen Ort gegenüber der dunklen Grabeskirche – auch wenn archäologisch und historisch weitgehend Einigkeit darüber herrscht, dass dieser Ort nicht der ursprüngliche Ort der Kreuzigung und Grablegung sein kann. Der Garten ist nach der Lebhaftigkeit des Suq eine echte Oase. Er lädt mit seinen zahlreichen Bänken und Stühlen zum Verweilen ein. Immer wieder werden auch überdachte Plätze für Kleingruppen angeboten, an denen Menschen zum Singen, Beten, Bibelstudium oder zur Feier des Abendmahls zusammenkommen können. Das Herzstück des Gartens ist das offene und leere Felsengrab, das man auch betreten kann. In der Gruft befinden sich drei Grabstellen nebeneinander. Regelmäßig betreten viele Pilger die Grabstätte, um sich zu vergegenwärtigen, dass Jesus von den Toten auferstanden ist.

Trotz seiner fehlenden Authentizität zieht es auch mich immer wieder hierher, wenn ich in Jerusalem bin. Der Garten ist einfach ein wunderbarer Ort, um die Luft der neuen Schöpfung zu atmen. Ich setze mich auf eine der Bänke und lasse das leere Grab auf mich wirken. Vor mir gehen einzeln Touristen in die Gruft und kommen nach einigen Augenblicken wieder heraus, um den Wartenden hinter ihnen den Eintritt zu ermöglichen. Sie erinnern mich an Maria Magdalena und die Jünger Johannes und Petrus nach dem Auferstehungsbericht aus dem Johannesevangelium.

Das leere Grab und die Begegnung zwischen Maria und Jesus

Johannes berichtet uns, wie Josef von Arimathäa den Leichnam Jesu nach der Salbung in sein Familiengrab legt, das sich in einem nahegelegenen Garten befindet und bisher noch nicht als Ruhestätte genutzt wurde. Dann wälzt er nach dem Evangelisten Matthäus einen großen Stein vor die Tür der Gruft, während Maria Magdalena ihm dabei aus unmittelbarer Nähe zuschaut (Mt 27,60–61). Es ist später Freitagnachmittag, der sechste Tag der Woche. Mit dem Abend beginnt der Sabbat; an ihm sind keine Beerdigungen gestattet. Zudem gibt die Torah vor, dass Männer, die aufgrund einer Sünde hingerichtet wurden, am selben Tag begraben werden müssen (5Mo 21,22.23).

Am ersten Tag der Woche kommt Maria früh in der Morgendämmerung zum Grab; sie hat mit den anderen Frauen wohlriechende Öle und Salben für Jesu Leib vorbereitet. Dort entdeckt sie mit Schrecken, dass der Stein weggewälzt ist. Vor ihr befindet sich ein dunkles Loch. Nicht nur, dass Jesus gestorben ist: Zu ihrem Erschrecken ist nun auch noch sein Leichnam verschwunden. Sie rennt zurück zu den Jüngern und berichtet es Petrus und Johannes. Zwischen beiden entwickelt sich nahezu ein Wettlauf zum Grab. Johannes ist schneller, betritt aber die Gruft nicht, sondern wartet auf Petrus. Dann gehen beide in die Gruft, zuerst Petrus, dann Johannes. Beide sehen die Leinentücher, mit denen der Leichnam Jesu verbunden wurde, zudem auch das zusammengewickelte und extra abgelegte Kopftuch Jesu. Damit ist klar, dass der Leichnam nicht gestohlen sein konnte. Wer den Leichnam stehlen wollte, hätte sich nicht die Mühe gemacht, die Leinentücher in dieser dunklen Grabkammer abzuwickeln und das Kopftuch sorgfältig zusammenzulegen. Die Leinentücher lagen vielmehr so, als wenn der Leichnam von innen aus ihnen herausgetreten wäre. Aber wie konnte das sein? Was ist hier passiert? Petrus und Johannes gehen wieder heim.

Maria bleibt draußen vor der Gruft und weint. Nicht nur, dass ihr Herr tot war, nun war auch noch sein Leib verschwunden. Irgendetwas treibt sie an, sich noch einmal in die Gruft hineinzubeugen, und da entdeckt sie plötzlich zwei Engel, die zum Haupt und zu den Füßen der Einwölbung für den Leichnam sitzen. Diese beiden Engel haben Petrus und Johannes eben noch nicht in der Grabkammer sitzen sehen. Warum sitzen zwei Engel in der leeren Grabkammer? Offensichtlich sind sie in diese leere Grabkammer gesandt, um gerade Maria zu begegnen, ihr ganz persönlich. Und sie sprechen sie in ihrem Schmerz an: „Frau, was weinst du?“ Sie antwortet ihnen: „Weil sie meinen Herrn weggenommen und ich nicht weiß, wo sie ihn hingelegt haben“ (Joh 20,13). Es scheint so, als wenn sie zu betäubt ist, als dass sie diese ungewöhnliche himmlische Dimension überhaupt wahrnimmt. Maria bleibt im Irdischen: Wo ist der Leichnam?

Sie wendet sich wieder zurück nach draußen und sieht nun vor ihr einen fremden Mann. Es ist Jesus, aber sie erkennt ihn nicht. „Frau, was weinst du? Wen suchst du?“, fragt er sie (Joh 20,15). Maria glaubt, dass der Gärtner sie anspricht, der nach dem Sabbat wieder seine Arbeit aufgenommen hat. Sie fragt ihn nach dem Verbleib des Leichnams und will sich schon abwenden und weitergehen, weil sie offensichtlich von ihm keine hilfreiche Antwort erwartet, als sie plötzlich aus dem Mund dieses Fremden ihren Namen hört: „Maria“. Dieses eine Wort ändert alles in ihrem Leben. Es ist diese eine Stimme, die schon einmal ihren Namen ausgesprochen und sie aus tiefster Finsternis herausgerissen hat. Es ist seine vertraute Stimme. Es ist Jesus – er lebt! Sie wendet sich um und schaut ihn ungläubig an; eigentlich muss sie schon wieder weinen. Er ist es, so ganz vertraut und doch so anders. Und dann hat er eine Botschaft für sie – und für uns: „Ich fahre auf zu meinem Vater und zu eurem Vater und zu meinem Gott und zu eurem Gott“ (Joh 20,17).

Der Erste der neuen Schöpfung

Vor Maria steht der Auferstandene. Wenn Jesus durch die Kraft des Heiligen Geistes von den Toten auferstanden ist, dann bedeutet das nicht, dass er zurückgeführt wurde in sein altes Dasein als Jesus von Nazareth. Als Auferstandener ist er in eine neue Dimension hindurchgedrungen, die das Sterben und den Tod hinter sich gelassen hat. Der Tod musste Jesus freigeben. Damit hat er als der Erstgeborene aller Toten die Gesetzmäßigkeiten der alten Schöpfung durchbrochen; ihr Ende ist gekommen. Jesu Auferstehung macht deutlich, dass sein Sterben am Kreuz ein ganz anderes Sterben war als alles andere Sterben der gesamten Menschheitsgeschichte. Die Kreuzigung begründet diese neue Zeit. Die Auferstehung zeigt ihre neue Wirklichkeit an. Mit ihr ist Jesus als der Erste in eine neue Schöpfung eingetreten – inmitten der Vorläufigkeit der alten Schöpfung. Er ist ihr Anfang. Mit ihm beginnt etwas völlig Neues. Wir sprechen auch vom Anbruch des Reiches Gottes, in dem neue Gesetzmäßigkeiten herrschen und wir schon jetzt die „Kräfte des zukünftigen Zeitalters“ durch den Heiligen Geist schmecken können (Hebr 6,5).

Wenn Paulus Jesus den „Erstling der Entschlafenen“ nennt (1Kor 15,20), dann macht er damit eine zweifache Andeutung. Zum einen verweist er auf die Erfüllung des Festes der Erstlingsfrüchte, an dem Jesus von den Toten auferstanden ist. Dieses Fest wird immer am ersten Tag nach dem Sabbat im Rahmen des Festes der ungesäuerten Brote gefeiert, das selbst am 15. Tag des ersten Monats direkt nach dem Sederabend begann und sieben Tage andauerte. An jenem Fest der Erstlingsfrüchte wurden die ersten Früchte der Gerstenernte im Tempel Gott dargebracht – in der Erwartung einer nun beginnenden guten Ernte, die Gott schenken möge. Damit markierte dieses Fest einen besonderen Zeitabschnitt. Dieses Fest wurde mit Jesus in Erfüllung gebracht, so will es uns Paulus sagen. Wie bei jeder Opferdarbringung kommt es zentral auf dessen Annahme durch Gott an. Wenn Gott durch den Heiligen Geist Jesus an jenem Tag von den Toten auferweckt (vgl. Eph 1,20), dann bedeutet dies, dass der Vater das Sühneopfer seines Sohnes angenommen hat. Daraus resultiert nun die zweite Andeutung von Paulus, die sich aus dem Festgedanken ableiten lässt: „Denn wie in Adam alle sterben, so werden auch in Christus alle lebendig gemacht werden" (1Kor 15,22). Wir können also Christi Auferstehung nicht unabhängig von unserer eigenen denken. Hat Gott das Opfer seines Sohnes angenommen, dann ist seine Auferstehung eine Verheißung dafür, dass auch wir dem Erstling der Entschlafenen folgen werden. Oder um es mit Karl Barth zu sagen: „Indem wir bekennen: Christus ist auferstanden, und zwar leiblich auferstanden, müssen wir auch bekennen unsere künftige eigene Auferstehung."[66]

Hier im Garten mit dem Blick auf das leere Grab vor mir lasse ich die Worte Jesu an Maria nachklingen: „Ich fahre auf zu meinem Vater und zu eurem Vater und zu meinem Gott und zu eurem Gott" (Joh 20,17). Als der Auferstandene fährt er nun auf und wird zur Rechten des Vaters als Herr und König eingesetzt: hoch über jede Macht und Kraft und Herrschaft und jeden Namen, der nicht nur in diesem Zeitalter, sondern auch in dem zukünftigen genannt werden wird (vgl. Eph 1,20.21). Hoch über jede Macht heißt eben auch: hoch über jede Todesmacht! Alles Widergöttliche ist besiegt; die dunklen Gewalten und Mächte sind entwaffnet. Jesus hat einen Triumph über sie gehalten. Mit ihm beginnt die Durchsetzung der Gottesherrschaft in seiner Schöpfung.

Der sechste und der siebte Tag

Es ist bewegend, festzustellen, dass Jesu Kreuzigung nicht irgendwann einmal geschah, sondern am 14. Tag des ersten Monats im altjüdisch-biblischen Kalender, an dem man traditionell durch das Töten und Essen eines Lammes der Befrei-

66 Barth, K.: Die kirchliche Dogmatik. Die Lehre vom Wort Gottes – Prolegomena zur kirchlichen Dogmatik. 2. Halbband, Teilband 3: Die Offenbarung Gottes. 2. Abschnitt: Die Fleischwerdung des Wortes 129.

ung aus der ägyptischen Sklaverei gedachte (vgl. 1Mo 12). Dieser 14. Tag des ersten Monats konnte Jahr für Jahr je nach Mondphase an jedem Tag der Woche stattfinden. Es konnte ein Montag, Dienstag, Mittwoch oder auch irgendein anderer Tag der Woche sein. In jenem Jahr aber, als Jesus am Kreuz starb, war es der sechste Tag der Woche – unser Karfreitag. Ist das Zufall?

Welche Bedeutung hat der sechste Tag nach biblischem Verständnis? Es ist der Schöpfungstag des Menschen. Jesus wurde an dem Tag gekreuzigt, an dem Gott den Menschen nach der Schöpfungsgeschichte erschaffen hat. Hier können wir eine erstaunliche Parallele erkennen. So, wie Gott am sechsten Tag hinsichtlich der Erschaffung des Menschen nur feststellen konnte, dass sein Schöpfungswerk „sehr gut" war (1Mo 1,31), so rief der sterbende Jesus am Kreuz über sein Erlösungswerk aus: „Es ist vollbracht!" (Joh 19,30). Der Weg zur Neuschöpfung ist gebahnt. Darum wird Jesus auch von Paulus der zweite bzw. letzte Adam genannt (1Kor 15,45–47). Der Erlösungstag des Menschen ist der alte Schöpfungstag des Menschen. Alles, was Gott durch sein Schöpfungswerk ins Leben gerufen hatte und was durch die Sünde zerstört wurde, stellt Jesus wieder her. Und das ist zuallererst die Gemeinschaft mit Gott selbst. Der Vorhang, der im Tempel den Zugang zum Allerheiligsten versperrt, zerreißt von oben nach unten in zwei Stücke und gibt damit den Zugang zu Gott frei. Zugleich endet mit seinem Todesschrei am Kreuz die Finsternis, die sich in den letzten drei Stunden zuvor im ganzen Land ausgebreitet hat (vgl. Mk 15,33). Nicht nur der Vorhang zerreißt, sondern auch der Himmel reißt auf. Durch die Gemeinschaft, die Jesus uns dort am Kreuz eröffnet, können wir endlich ganz Mensch werden.

Dieser sechste Tag erinnert uns an diese Menschwerdung; dabei müssen wir auch Jesu Menschwerdung und sein Leben im Blick haben. Seine Geburt und sein Leben erschöpfen sich nicht von ihrer Bedeutung her in ihrer Voraussetzung für sein Sterben und seine Auferstehung. Das wäre ein rein funktionales Verständnis des Lebens Jesu – quasi in dem Sinne, dass er nun mal Mensch werden musste, um dann für uns zu sterben. Weit darüber hinaus sind Geburt und Leben Jesu bedeutsam für die Vollendung der Schöpfung. In Jesus zeigt sich wahres Menschsein. Er ist es, der uns als das wahre Ebenbild des Vaters wieder in die Gemeinschaft mit dem dreieinigen Gott hineinnimmt. Diese Gemeinschaft mit ihm ist ja der Grund unseres Seins bzw. unserer Schöpfung. In diese Gemeinschaft nimmt Jesus uns durch seinen Geist hinein. Unser wahres Menschsein kann beginnen. Jesus führt uns wieder in unsere Bestimmung.

Gehen wir noch einmal zurück in die Schöpfungsgeschichte: Gott erschafft sich den Menschen nach seinem Bilde. Er haucht ihn mit seinem göttlichen Odem an, damit er eine lebende Seele wird und vor ihm und mit ihm lebt. Das alles geschieht am sechsten Tag. Was folgt dem? Was passiert am siebten Tag? „Und Gott vollendete am siebten Tag sein Werk, das er gemacht hatte; und er ruhte am siebten Tag von all seinem Werk, das er gemacht hatte. Und Gott segnete den siebten Tag und heiligte ihn“ (1Mo 2,2–3). Der siebte Tag ist der Tag der Vollendung und der Ruhe. Diesen Tag sondert Gott in besonderer Weise für sich aus, er ist ein heiliger Tag. Das bedeutet in einem weiteren Schritt, dass der Mensch am ersten Tag nach seiner Erschaffung in diesen Schöpfungssabbat und die Gemeinschaft mit Gott selbst hineingenommen wird. Wenn wir als Menschen nach unserer höchsten und ersten Berufung oder Bestimmung fragen, dann können wir sie hier erkennen: Es ist unser Sein in der ruhenden Gemeinschaft mit Gott, der uns in der Freiheit seiner Liebe erschaffen hat. Für uns ist das heute in unserem Getriebensein, in der Unruhe und Rastlosigkeit unserer Zeit eine nur schwere vorstellbare Wirklichkeit. Aber hier geht es um nichts Geringeres als um den Kern unserer Identität.

Es ist bewegend, dass in der Schöpfungsgeschichte bei der Beschreibung des siebten Tages ein Nachsatz fehlt, der sonst bei allen vorherigen Tagen steht: „Und es wurde Abend und es wurde Morgen.“ Warum fehlt diese Beschreibung? Weil hier etwas angedeutet werden soll, was prophetische Dimensionen hat: Dieser Ruhetag, den Gott segnet und heiligt, wird einmal keinen Abschluss finden. Alle vorherigen Tage und Abschnitte der Menschheitsgeschichte werden ihren Abschluss finden, aber die Ruhe und Gemeinschaft bei Gott in der vollendeten Neuschöpfung werden kein Ende haben. Wir nennen dieses Phänomen Ewigkeit. Wenn Gott diesen Tag heiligt und segnet, dann bedeutet dies, dass er sich diesen letzten Abschnitt ganz für sich und uns reserviert.

Gehen wir zurück in das Passionsgeschehen. Was geschah damals am siebten Tag, dem Tag nach der Kreuzigung Jesu? An diesem Sabbat ruhte Jesus im Grab; es ist der Erlösungssabbat! Wie Gott lange Zeit zuvor von seinem Schöpfungswerk ruhte, so ruhte er nun von seinem Erlösungswerk am Kreuz. Es ist der erste Sabbat der Neuschöpfung und der Endzeit. Den letzten Sabbat der alten Schöpfung hat Jesus eine Woche zuvor in Bethanien erlebt, als Maria, die Schwester von Martha und Lazarus, mit dem Salböl von echter, kostbarer Narde Jesus salbte. Jesus kommentierte dies damals mit den Worten: „Möge sie es aufbewahrt haben für den Tag meines Begräbnisses!“ (Joh 12,7). Jesus wusste, dass dieser Sabbat der letzte der alten Weltordnung sein würde. Der nächste Sabbat war der Sabbat des Passahfestes. An jenem siebten Tag würde er von seinem Erlösungswerk am Kreuz in einer Gruft ruhen.

Diesem siebten Tag folgt der Auferstehungstag. Es ist der Tag, an dem sich Jesus Maria offenbart – interessanterweise in einem Garten. In einem Garten hat die Geschichte des Menschen nach seiner Schöpfung begonnen. In jenem Garten Eden hat seine Tragödie begonnen. Dort hat er sich vor seinem Schöpfer versteckt, der ihn aufgesucht hat. Dort ist die Gemeinschaft zwischen ihnen zerbrochen. Nun beginnt hier in diesem Garten, in dem das leere Grab liegt, eine neue Geschichte der Gemeinschaft zwischen Gott und uns. War es damals Gott, der Adam und Eva aufsuchte, so ist es nun Jesus, der Maria aufsucht. Im Garten Eden rief der suchende Gott aus: „Wo bist du?" (1Mo 3,9). Im Auferstehungsgarten sucht der Auferstandene Maria auf und fragt sie: „Frau, was weinst du? Wen suchst du?" (Joh 20,15). Zweifelsohne will Johannes hier eine Parallele zur Schöpfungsgeschichte ziehen, wie er es auch schon mit seinem Prolog (Joh 1,1–18) getan hat, die wesentliche inhaltliche Bezüge zur alttestamentlichen Schöpfungsgeschichte enthält und ebenso mit den Worten „im Anfang" beginnt.

7.2 NICHT VERWAIST!

Es ist erstaunlich und bewegend zugleich, dass diese neue Geschichte der Menschheit in diesem Garten mit der Begegnung zwischen Jesus und Maria Magdalena beginnt. Maria steht in den Evangelien wohl wie keine andere Person für die alte Schöpfung. Es hat sie zum Grab getrieben, weil dieser Jesus ihr ganzes Leben völlig und von Grund auf verändert hat. Es wird uns berichtet, dass sie zuvor von sieben Dämonen besessen war (Lk 8,1–3). Besessen bedeutet, dass das Zentrum ihrer Persönlichkeit unter der Fremdherrschaft des Bösen stand. Wir wissen nicht, wie sich das konkret bei ihr ausgedrückt hat. Ich habe als Pastor genügend Menschen erlebt, die dämonische Besessenheiten erfahren haben, sodass mir diese biblische Beschreibung alles andere als naiv erscheint. Sie war dem Willen des Bösen ausgesetzt und hatte ihm nichts entgegenzusetzen. Jesus hatte sie aus dieser Fremdherrschaft befreit und ihr eine neue Würde gegeben. Sie war eine seiner Jüngerinnen geworden und folgte ihm nach. Und gerade ihr begegnete er persönlich nach seiner Auferstehung im Garten. Er rief sie dort bei ihrem Namen. Mir scheint so, als wenn Johannes mit seinem Fokus auf Maria sagen möchte: Kein Leben kann so kaputt sein, dass Jesus es nicht von Grund auf erneuern könnte. Keine Lebensausprägung kann so abschreckend sein, dass Jesus uns nicht begegnen möchte. Für jeden von uns ist diese Neuschöpfung möglich.

Und gerade dieser Frau spricht Jesus zu (Joh 20,17): „Ich fahre auf zu meinem Vater und zu eurem Vater und zu meinem Gott und zu eurem Gott!“ Das ist Neuschöpfung! Jesus hätte auch sagen können: „Maria, mein Vater ist nun auch dein Vater!“ Das ist eine neue Identität, die Maria da zugesprochen bekommt. Sie gehört zu Jesus, und damit ist sein Vater nun auch ihr Vater. Sie ging in die Finsternis der Gruft, um dort einem Leichnam und dem Tod zu begegnen, und fand stattdessen im Garten den Auferstandenen und das Leben.

Der Auferstehungsgarten als Mikrokosmos der neuen Schöpfung

Da Johannes den Garten als Ort der Auferstehung Jesu und des Beginns der neuen Schöpfung betont, sollten wir dieses Geschehen in einen größeren Kontext einbinden. Für mich stehen die geheilte Maria mit dem Zuspruch ihrer neuen Identität und der Garten als Ort der Auferstehung wie ein Mikrokosmos dafür, dass Gott nun beginnt, seine geliebte Schöpfung neu umzugestalten und sie in seinen heilsamen und erlösenden Herrschaftsbereich hineinzunehmen. Maria steht als Kind Gottes für eine erneuerte Menschheit, die im Bewusstsein ihrer neuen Identität den ihr von Gott geschenkten Lebensbereich bzw. „Garten“ gestalten darf und soll. Das, was Gott mit den ersten Menschen im Garten Eden begonnen hat, findet nun in der Dimension der Neuschöpfung eine neue Ausdrucksform. Auch wenn Jesus Maria deutlich macht, dass er zum Vater auffahren wird, hat er doch diese Schöpfung bewusst im Blick. Sie soll auf andere und neue Weise erfahren, dass Gott in ihr wohnen möchte.

Hier in diesem Garten herrscht eine wunderbar friedliche und ruhige Atmosphäre. Ich bin nicht der Einzige, der diesen Ort zur inneren Einkehr aufgesucht hat. Um mich herum höre ich Kleingruppen, die Lobpreis- und Anbetungslieder singen. Wiederholt höre ich auch, wie Auferstehungstexte aus den Evangelien vorgelesen werden. Vor dem Felsengrab hat sich eine Schlange von Menschen gebildet, die nacheinander das leere Grab betreten wollen. Wohin ich auch blicke, habe ich den Eindruck, dass hier in diesem Garten Menschen unterwegs sind, die nicht nur eine touristisch bedeutsame Stätte aufsuchen, sondern Jesus wirklich von Herzen lieben und hier an diesem paradiesischen Ort ihrer Liebe zum Auferstandenen einen Ausdruck und Raum geben wollen. Dadurch wird dieser Ort in besonderer Weise zu einem Ort des Friedens: ein messianisches Friedensreich im Miniaturformat.

Ich stelle mir vor, wie es wäre, wenn sich dieser Friede, nach dem wir uns ja alle sehnen, dorthin ausbreiten würde, wo unsere Alltagsherausforderungen und

-kämpfe stattfinden: dorthin, wo unser Leben funktionieren und sich bewähren muss und wir mit Ungerechtigkeiten, Machtmissbrauch und dysfunktionalen Beziehungen und Herrschaften zu kämpfen haben. Ich denke an einen Satz aus dem Vater-Unser, den Jesus uns gelehrt hat zu beten: „Dein Reich komme. Dein Wille geschehe wie im Himmel, so auf Erden." Offensichtlich war und ist es Jesu Herzensanliegen, dass diese Erde, die so seufzt und stöhnt, das Reich Gottes erfährt.

Die Verheißung Jesu über das Kommen des Geistes

Wenn sich das Reich Gottes hier auf Erden ausbreitet, dann bedeutet dies, dass sich Gott eine neue Menschheit erschafft. Eine Menschheit, die wieder ein Abbild seiner Herrlichkeit darstellt. Dieses Abbild bekommt nun aber eine konkrete Form; sie findet ihre Orientierung im wahren Menschsein Jesu bzw. in seiner Vollendung unseres Menschseins. Dies geschieht durch den Heiligen Geist.

Ich muss wieder an den Abend vor seiner Kreuzigung denken, an dem Jesus mit seinen Jüngern den Sederabend zum Passahfest gefeiert hat. An jenem Abend bereitete Jesus seine Jünger auf seinen Heimgang zu seinem himmlischen Vater vor und versprach ihnen in diesem Zusammenhang das Kommen des Heiligen Geistes:

> *„Und ich werde den Vater bitten und er wird euch einen anderen Beistand geben, dass er bei euch sei in Ewigkeit, den Geist der Wahrheit, den die Welt nicht empfangen kann, weil sie ihn nicht sieht noch ihn erkennt. Ihr erkennt ihn, denn er bleibt bei euch und wird in euch sein. Ich will euch nicht verwaist zurücklassen; ich komme zu euch."* *(Joh 14,16–18)*

Aufgrund der Bitte Jesu wird der Vater uns einen anderen Tröster (griechisch: *parakletos*) geben. Der *Parakletos* ist ein Helfer bzw. ein Herbeigerufener, der uns als Beistand, Fürsprecher und eben auch als Tröster zur Seite steht. Je nachdem, welche Bibelübersetzung wir haben, kommen alle diese Worte vor, die in ihrer Vielfalt und unterschiedlichen Betonung beschreiben, wer der Heilige Geist uns sein will: Helfer, Beistand, Fürsprecher, Tröster.

Bisher war Jesus der Beistand der Jünger; nun würde der Vater ihnen einen anderen Tröster senden. In den Augen der Jünger fühlt sich das zunächst sicherlich wie ein Verlust an. Wer sollte diese Lücke ausfüllen können, die Jesus in ihrem Leben hinterlassen würde? Haben sie nicht alles aufgegeben, um ihm zu folgen? Und nun kommt an seiner Stelle ein Fremder? Ist das nicht ein billiger Trost? Aber dann kommt diese seltsame Aussage von Jesus: „Ihr kennt ihn …" Wie soll das gehen? Der andere Beistand ist noch gar nicht zu ihnen gekommen, aber sie sollen ihn bereits kennen. Haben wir etwas verpasst oder übersehen? Wenn Jesus hier von „kennen" spricht, dann ist damit kein abstraktes Wissen gemeint, sondern ein Erfahrungswissen. Die Jünger haben bereits mit ihm Erfahrungen gemacht. Sie sind mit ihm vertraut. Aber wie?

Jesus löst diese Spannung auf: „Ich komme zu euch" (Joh 14,8). Dieser andere Tröster ist nach der Selbstaussage Jesu kein anderer als er selbst! Er selbst würde in der Person des Heiligen Geistes zu den Jüngern kommen – als der Geist Jesu, der vom Vater ausgeht und auf geheimnisvolle Weise darin auch der Geist des Vaters ist, weil er der Geist Gottes ist: „Ich will euch nicht als Waisen zurücklassen."

Wir sollen keine Waisen sein. Für ein Kind ist es sicherlich der größte Schmerz, verwaist zu werden und ohne Mutter und Vater zu sein – ohne Trost, ohne Liebe, ohne Geborgenheit, ohne Hilfe, ohne Beistand. Wo wir eine solche Kindeserfahrung in unserem Umfeld persönlich mitbekommen, trifft es uns im Innersten. Aber wenn wir diesen Schmerz in uns wahrnehmen und spüren, dann haben wir eine Ahnung, dass unser Schmerz im Letzten ein Widerhall des Schmerzes Gottes ist, der nicht will, dass wir ohne ihn sind. Wir sollen keine Waisen sein. Was für ein Trost!

Aber wie ist dieses erneute Kommen Jesu für uns konkret erfahrbar? Einerseits sagt Jesus: „Ich gehe zum Vater" und andererseits: „Ich komme zu euch". Wohin denn nun? Tatsächlich beides; er sagt gleich anschließend: „Wenn jemand mich liebt, so wird er mein Wort bewahren, und mein Vater wird ihn lieben, und wir werden zu ihm kommen und Wohnung bei ihm machen" (Joh 14,23).

Diesen Satz darf man eigentlich nicht nur so eben lesen oder hören; man muss ihn meditieren – eigentlich ein Leben lang. Für mich persönlich ist dieser Vers einer der bewegendsten Verse und Zusprüche des Neuen Testaments: „… wir werden zu ihm kommen …". Wir, das ist der Heilige Geist, der der Geist des Vaters und eben auch der Geist Jesu ist: „… wir werden zu ihm kommen und Wohnung bei ihm machen". Unser Körper soll ein Tempel des Heiligen Geistes sein. Der Trösturgeist will in uns wohnen; er will uns wirklich unter die Haut kriechen. In uns soll ein Raum seiner Gegenwart und des Trostes entstehen. So hat es Jesus am Abend vor seiner Kreuzigung seinen Jüngern verheißen.

Empfangt Heiligen Geist!

Und genau daran knüpft er an, als er sich am Auferstehungstag abends seinen Jüngern neu offenbart. Wieder liegt Johannes in seinem Evangelium sehr viel daran, die größere Einbettung dieses Geschehens zu verdeutlichen: Die Offenbarung geschieht „an jenem Tag, dem ersten der Woche“ (Joh 20,19). Der Auferstehungstag ist nach dem Erlösungssabbat nicht nur der erste Tag der neuen Woche. Er ist damit zugleich der erste Tag der neuen Schöpfung, sozusagen der Kopf der neuen Schöpfung. Die Jünger haben sich „aus Furcht vor den Juden“ eingeschlossen (Joh 20,19). Sie sind an diesem Abend innerlich und äußerlich noch ganz gefangen von den Ereignissen der Kreuzigung und der Macht, die sich gegen sie erhoben hat. In ihre finstere Wirklichkeit kommt nun Jesus hinein und sagt zu ihnen: „Friede euch! … Und als er dies gesagt hatte, hauchte er sie an und spricht zu ihnen: Empfangt Heiligen Geist!“ (Joh 20,19–22).

Wieder baut Johannes eine Parallele zur Schöpfungsgeschichte auf: Hauchte Gott den Menschen ursprünglich an, damit dieser eine lebende Seele wird, so haucht Jesus nun seine Jünger an, um ihnen durch seinen Geist Anteil an der neuen Schöpfung zu geben. Johannes versteht dieses Ereignis am ersten Tag der neuen Woche als einen Akt der umfassenden Neuschöpfung. Sie wird erfahrbar durch den Geistempfang bzw. dessen Einwohnung in uns. Das ist das zentrale Anliegen der Neuschöpfung. Darum ist die Konsequenz von Ostern Pfingsten. Pfingsten ist der Tag, an dem sich die Verheißung der Geistausgießung vollumfänglich erfüllt: für die Jünger, aber auch für die Schöpfung, denn der Geist wird nach dem Propheten Joel „über alles Fleisch“ ausgegossen (Joel 3,1; Apg 2,17).

Die Neuschöpfung wird für den Gläubigen durch die Einwohnung des Heiligen Geistes erfahrbar. Es ist die „Schon-Jetzt-Erfahrung“ inmitten der alten Schöpfung. Schon jetzt können wir durch Jesu Geist Anteil haben an dieser neuen Welt. Wir haben eine Zukunft mit Hoffnung in der „Noch-nicht-Erfahrung“. „Noch nicht“ ist kein Nein, sondern ein eschatologischer Vorbehalt oder positiver formuliert: ein eschatologisches Versprechen. Alles ist durch das Wirken des Geistes auf die Vollendung der Neuschöpfung ausgerichtet, auch wenn diese Vollendung noch auf sich warten lässt.

Während ich noch die Idylle des Gartens um das leere Grab vor meinen Augen auf mich wirken lasse, muss ich an den Friedenszuspruch Jesu an seine Jünger denken. Dieser Friede ist ja nicht nur ein persönlicher Friede, der denen verheißen ist, die Jesus nachfolgen. Es ist umfassend ein eschatologischer Friede auf der Grundlage der eschatologischen Ereignisse der Kreuzigung und der Auferstehung. Dieser Friede will die ganze leidende Schöpfung erfassen und sie in die Ruhe Gottes führen. Ist dieser Jesus der Messias der Schöpfung, dann bringt er auch dieser Erde den ersehnten Sabbat. Die ganze Schöpfung wird dann auch darin die Gottesgerechtigkeit erfahren; diese ist nicht nur uns Menschen vorbehalten. So hat die Neuschöpfung aus dem Geist letztlich nicht nur die soziale, sondern auch die ökologische Gerechtigkeit im Blick. Der endzeitliche Sabbat, auf den der Geist hindrängt, schließt nicht nur die Versöhnung Gottes mit seinen Menschen und daraus resultierend ein versöhntes Miteinander zwischen den Menschen ein. Er umschließt auch die ganze Versöhnung des Menschen mit der Natur und Tierwelt.

7.3 PFINGSTEN: DAS ISRAELISCHE WOCHENFEST ERFÜLLT SICH

Es ist Sabbat in Jerusalem. Ich bin in der Altstadt unterwegs zur Christ Church, die gegenüber der Davidszitadelle am Jaffator liegt. Die Christ Church ist eine anglikanische Kirche, die 1849 als erste protestantische Kirche im Nahen Osten eröffnet wurde. Tatsächlich wurde sie aber ursprünglich insbesondere für Juden errichtet, die Jesus als ihren Messias erkannt haben. Initiator ihrer Errichtung war die *London Jews Society*, die von der Vision inspiriert war, dass Gott vor der Wiederkunft Jesu das jüdische Volk im Land wieder neu sammeln würde. Die Society hatte damals eine klare prophetische Sicht für die Wiederherstellung Israels. So schickte sie anglikanische Christen nach Jerusalem, damit sie unter der jüdischen Bevölkerung Menschen für Jesus gewinnen. Zudem wollten sie ihnen diakonisch helfen. Tatsächlich konnte die Society von den Türken ein Grundstück in der Altstadt erwerben, auf dem dann die Kirche gebaut und 1849 eröffnet wurde.

Wie durch ein Wunder für alle Beteiligten fügte es sich so, dass der erste Bischof der anglikanischen Kirche in Jerusalem ein jüdischer Rabbi namens Salomon Michael Alexander war, der sich durch Christen aus der *London Jews Society* zu Jesus bekehrte und anschließend Bischof in Jerusalem wurde. Mit diesem jüdischen anglikanischen Bischof entstand in der Mitte des 19. Jahrhunderts nach Jahrhunderten wieder eine messianisch-jüdische Gemeinde in Jerusalem. Salomon Michael Alexander übersetzte damals sowohl das anglikanische Gebetbuch als auch das Neue Testament ins Hebräische. Nach ihm wird heute noch das hintere Gästehaus der Christ Church benannt, das sich im Innenhof des Grundstücks befindet.

Eine jüdisch-messianische Gemeinde in der Jerusalemer Altstadt

In der Christ Church trifft sich heute am Sabbat die *Congregation of the Lamb on Mt. Zion*. Sie ist die einzige jüdisch-messianische Gemeinde in der Altstadt und wird von den Brüdern Benjamin und Ruben Berger geleitet. Als ursprünglich orthodoxe Juden aus New York kamen sie 1971 nach Israel und haben sich fortan der jüdisch-messianischen Bewegung im Land angeschlossen.[67] Heute gehören sie zu den prägenden Leitern dieser Bewegung in Israel. Beide stehen in einem weltweiten Verkündigungsdienst.

Die *Congregation of the Lamb on Mt. Zion* versteht sich als eine messianische Gemeinde mit internationaler Ausrichtung. Viele der Gemeindemitglieder sind messianische Juden. Zudem halten sich zahlreiche Menschen aus den Nationen zu dieser Gemeinde. Der Gottesdienst wird auf Hebräisch gefeiert; zudem gibt es Übersetzungsangebote in unterschiedlichen Sprachen. Oftmals plane ich meine Reisen so, dass ich am Sabbat hier vor Ort sein kann, um an der Gottesdienstfeier teilnehmen zu können.

Das Kirchengebäude befindet sich im Innenhof des Grundstücks der anglikanischen Kirche. Hier befindet sich auch ihr Außencafé, das vor und nach dem Gottesdienst gut besucht wird und zu zahlreichen Gesprächen und Begegnungen einlädt. Ich betrete die Kirche, deren innere Ausgestaltung manche Ähnlichkeit mit einer Synagoge aufweist. Die farbigen Kirchenfenster beinhalten jüdische Symbole und hebräische Inschriften. Das Gebäude ist wie alle Synagogen auf den Tempelberg ausgerichtet. Vor mir steht am Kopfende ein Altartisch, auf dessen Vorderseite in großen hebräischen Buchstaben *Immanuel* steht. Darüber befindet sich eine Krone, darunter der Stern Davids. Die Botschaft ist eindeutig: Immanuel ist der König Israels. Darüber befinden sich auf Hebräisch die Worte Jesu, die er zur Einsetzung des Abendmahls am Sederabend des Passahfestes gesprochen hat: „Dies tut zu meinem Gedächtnis."

Eine Herde, ein Hirte

Während der Lobpreiszeit, in der wir sowohl hebräische als auch englische Lieder singen, muss ich wiederholt an die Ausgießung des Heiligen Geistes zum Pfingstfest in Jerusalem denken. Das Pfingstfest ist nach dem jüdisch-biblischen Kalender das vierte Fest des Jahres (vgl. 3Mo 23).[68] Der hebräische Name dieses Festes heißt

67 In ihrer Autobiografie „Der Weg, der gute Weg… unseres Lebens mit Jeschua im Land Israel" berichten die Brüder ausführlich über ihren Glaubens- und Lebensweg.

68 Zuvor finden das Passahfest, das Fest der ungesäuerten Brote und das Fest der Erstlingsfrüchte statt. Da diese drei Feste eng beieinander liegen (vgl. Abschnitt 7.1), sind sie im Laufe der Zeit zu einem Passahfest „verschmolzen". Im Neuen Testament finden wir aber punktuell noch Hinweise auf die anderen beiden Feste. So wird z. B. in den Evangelien bzgl. des Passahfestes vom Fest der ungesäuerten Brote gesprochen (vgl. z. B. Lk 22,7).

Shawuot (deutsch: *Wochen*). Es wird als Wochenfest bezeichnet, weil Gott seinem Volk geboten hat, vom Fest der Erstlingsfrüchte an, dem Auferstehungstag Jesu, sieben Wochen – also 49 Tage – abzuzählen (3Mo 23,15) und am Tag danach eben dieses vierte Fest zu feiern. Das Wochenfest muss demnach genau 50 Tage nach den Erstlingsfrüchten stattfinden. Nach dem griechischen Wort *Pentecoste,* der Fünfzigste, nennt man das Fest auch Pfingsten (vgl. Apg 2,1). Dieses Fest wurde als Wallfahrtsfest gefeiert, d. h. alle Männer sollten zum Zeitpunkt des Festes vor dem HERRN in Jerusalem erscheinen (5Mo 16,16). Bei diesem Fest brachte das Volk die Erstlingsfrüchte der Weizenernte sowie zwei Brote aus Sauerteig und feinem Mehl im Tempel dar. Diese zwei Brote symbolisieren das jüdische Volk und die Nationen, die durch das Ausgießen des Heiligen Geistes in Jesus eins wurden (Eph 2,14).

Wenn ich hier in der Christ Church mit den Gläubigen aus den Nationen und den messianischen Juden im Lobpreis vor dem König Israels und der ganzen Welt stehe, dann spüre ich etwas von dieser tiefen Einheit in Jesus, die uns der Heilige Geist geschenkt hat. Es wird dann sekundär, ob wir aus den Nationen kommen oder zu Israel gehören: Wir sind eins in Jeshua bzw. Jesus: „Da ist nicht Jude noch Grieche … denn ihr alle seid einer in Christus Jesus", sagt Paulus in Gal 3,28. Diese Einheit zwischen den Nationen und Israel, die hier an jedem Sabbat erfahrbar wird, ist mir immer ein Vorgeschmack auf die große Einheit in Vollendung, die Jesus einmal schenken wird. Es wird so sein, wie es Jesus prophetisch gesagt hat: „… und es wird *eine* Herde, *ein* Hirte sein" (Joh 10,16).

Was wurde am Pfingstfest gefeiert?

Damit wird neben der Weizenernte, die zu Shawuot eingebracht wird, bereits die tiefere geistliche Dimension des Pfingstfestes angedeutet. Dass wir an Pfingsten die Ausgießung des Heiligen Geistes und die Geburtsstunde der Gemeinde Jesu feiern, erscheint uns wie selbstverständlich. Und doch ergeben sich beim Nachsinnen über dieses Ereignis einige sehr interessante Fragen: Was wurde eigentlich damals an Pfingsten traditionell in Israel bzw. Jerusalem gefeiert? Ausschließlich die Einholung der Weizenernte und die Darbringung ihrer Erstlingsfrüchte im Jerusalemer Tempel? Tatsächlich hatte das Volk damals noch mehr vor Augen, als es sich in Jerusalem zum Fest versammelte.

Man kann sich gut vorstellen, dass bei diesem Pilgerfest ganz Jerusalem von Pilgern überfüllt war. Zudem glaubte man nach jüdischer Tradition, dass König David zu Pfingsten sowohl geboren wurde als auch gestorben ist, sodass man an diesem

Fest auch König David feierte.[69] Damit hatte dieses Fest zur Zeit Jesu auch eine messianische Spitze: Feierte man neben der Ernte auch König David, dann war damit zugleich auch die Hoffnung auf das Kommen seines Sohnes als der Messias Israels verbunden. Viele Juden haben daher auch am Wochenfest das Grab Davids aufgesucht, um dort die Nacht über zu verweilen und in den Heiligen Schriften zu lesen.[70] Auch vor diesem Hintergrund wird verständlich, warum Petrus in seiner Pfingstpredigt wiederholt auf David Bezug genommen hat.

Lukas berichtet uns, dass alle Jünger Jesu in Jerusalem beisammen waren, „als der Tag des Pfingstfestes erfüllt war" (Apg 2,1). Wenn Lukas in seinem Evangelium und seiner Apostelgeschichte das Wort „erfüllt" benutzt, dann meint er mehr als lediglich „gekommen". Bei ihm gibt es vielmehr Zeiten der Erfüllung, an denen Gott seine Heilsgeschichte mit uns Menschen in eine neue Dimension führt. Der Heilige Geist kam auf die Jünger und erfüllte sie. In ihnen wurde das Reich Gottes geboren: Jesus selbst kam zu ihnen in der Person des Heiligen Geistes. Die „Zungen wie von Feuer" symbolisieren diese heiligende Kraft, die nun an ihnen wirksam war. Sofort standen die Jünger in voller Verfügung des Geistes und taten, was er ihnen eingab: Sie redeten „von den großen Taten Gottes" (Apg 2,11). Mit anderen Worten: Das erste Wirken des Heiligen Geistes an den Jüngern führte in das Lob Gottes über sein Wirken. Warum geschah dies aber genau zum Erntefest?

Aufgrund der 50 Tage Differenz zwischen dem Fest der Erstlingsfrüchte und Shawuot wird das Wochenfest immer in der ersten Woche des dritten Monats gefeiert. Nun befand sich das Volk Israel nach der Befreiung aus der Knechtschaft Ägyptens zu Beginn dieses dritten Monats am Berg Sinai, um dort mit dem Gott Abrahams, Isaaks und Jakobs durch Mose einen Bund zu schließen (2Mo 19,1). Der Bundesschluss am Sinai fand also zum Zeitpunkt des von Gott festgesetzten Pfingstfestes statt. Aufgrund der zeitlichen Übereinstimmung hat man im Judentum die Torahgabe am Sinai mit dem Wochenfest in Verbindung gebracht.[71]

Im ersten Kapitel dieses Buches haben wir uns mit der Textstelle aus 2Mo 24,15–16 vor Augen geführt, dass sich die Herrlichkeit des HERRN am Sinai niederließ. Das dort benutzte hebräische Verb *schakan*, das mit *einwohnen* oder *Wohnung*

69 Vgl. Berger, B.: Die heiligen Versammlungen Israels 41.

70 Ebd. 42.

71 Im späten Rabbinertum wurde das Pfingstfest zum Gedenktag des Bundesschlusses am Sinai. Das Erntefest ist mit der Zerstörung des zweiten Tempels zugunsten des Bundesfestes in den Hintergrund gerückt.

nehmen übersetzt werden kann, wird in dieser Textstelle zum ersten Mal in der Bibel mit Gott selbst in Verbindung gebracht. Gottes Herrlichkeit will in der Mitte des Volkes wohnen.

Das jüdische Wochenfest findet nun mit der Ausgießung des Heiligen Geistes seine eigentliche Erfüllung. So sagt Petrus in seiner Pfingstpredigt: „Diesen Jesus hat Gott auferweckt, wovon wir alle Zeugen sind. Nachdem er nun durch die Rechte Gottes erhöht worden ist und die Verheißung des Heiligen Geistes vom Vater empfangen hat, hat er diesen ausgegossen, was ihr seht und hört" (Apg 2,33). Was im Sinaigeschehen bereits mit der Niederlassung der Herrlichkeit Gottes auf den Berg erstmals angezeigt wurde, erfüllt sich jetzt zum Wochenfest in Jerusalem: Gottes Herrlichkeit kommt mit seinem Geist auf sein Volk. Wieder sucht Gott sich auf dieser Erde einen Ort seiner besonderen Gegenwart.

Es ist nicht von ungefähr, dass die Haftara, die wöchentliche Lesung aus den Prophetenbüchern am Sabbat, für das Wochenfest die Textlesung aus Hes 1,1–28 vorsieht. In der dort vom Propheten beschriebenen Vision sieht Hesekiel die Herrlichkeit des Herrn in einem Sturm. Der Herr selbst sitzt auf einem Thron oberhalb der Himmelsfeste, die von vier lebenden Wesen getragen wird. Ihre Erscheinung war wie Feuerkohlen und ihre Dynamik wie Feuerfackeln, „sodass es aussah wie Blitze" (Hes 1,14). Diese Wesen wurden vom Geist Gottes geführt: „Und sie gingen ein jedes gerade vor sich hin; wohin der Geist gehen wollte, dahin gingen sie" (Hes 1,12; vgl. auch Hes 1,20). Weiter heißt es: „Und wenn sie gingen, hörte ich das Rauschen ihrer Flügel, wie das Rauschen großer Wasser, wie die Stimme des Allmächtigen …" (Hes 1,24). Zuletzt sieht der Prophet die „Herrlichkeit des HERRN", die ihn dazu bewegt, auf sein Angesicht zu fallen (Hes 1,28).

Die äußeren Phänomene am Sinai ähneln denen aus der Vision Hesekiels und dem Kommen des Geistes zu Pfingsten: „Die Erscheinung der Herrlichkeit des HERRN aber war vor den Augen der Söhne Israel wie ein verzehrendes Feuer auf dem Gipfel des Berges. Mose aber ging mitten in die Wolke hinein …" (2Mo 24,17–18). Wenige Kapitel zuvor lesen wir, dass das Kommen Gottes am Sinai mit Blitzen, Donner, Rauch, Feuer, Beben und Hörnerschall begleitet wurde (vgl. 2Mo 19,16–19). Bei seiner Verabschiedung östlich des Jordans erinnert sich Mose an dieses Geschehen mit folgenden Worten: „Diese Worte redete der HERR auf dem Berg zu eurer ganzen Versammlung mitten aus dem Feuer, dem Gewölk aus dem Dunkel mit gewaltiger Stimme …" (5Mo 5,22). Lukas beschreibt dann schließlich in seiner Apostelgeschichte das Kommen des Geistes so:

„Und als der Tag des Pfingstfestes erfüllt war, waren sie alle an einem Ort beisammen. Und plötzlich geschah aus dem Himmel ein Brausen, als führe ein gewaltiger Wind daher, und erfüllte das ganze Haus, wo sie saßen. Und es erschienen ihnen zerteilte Zungen wie von Feuer und sie setzten sich auf jeden Einzelnen von ihnen. Und sie wurden alle mit Heiligem Geist erfüllt und fingen an, in anderen Sprachen zu reden, wie der Geist ihnen gab auszusprechen." *(Apg 2,1–4)*

Die Naturphänomene Wind und Feuer finden sich auch hier beim Pfingstfest in der Apostelgeschichte. Mittendrin in diesen Phänomenen offenbart sich Gott selbst. Das, was auf dem Sinai begann und Hesekiel später in einer Vision schaute, erfüllte sich dann in Jerusalem auf besondere Weise: „Und sie wurden alle mit Heiligem Geist erfüllt." Die Gläubigen erfuhren die Bewegung des Heiligen Geistes zu ihnen hin. Genau dorthin wollte der Geist Gottes. Er nahm Wohnung inmitten seines Volkes. Die Schechina kehrte nach Jerusalem zurück. Die kommende Gegenwart Gottes als Schechina ist der Heilige Geist. Moltmann fasst dies so zusammen: „Geisterfüllung ist *schechina* Gottes. Damit wird das Volk selbst in seinem geschichtlichen und alltäglichen Leben zum ‚Tempel' des Geistes Gottes und zur *schechina* des Höchsten."[72]

Die Bindung der Schechina an das Volk Israel haben wir umfassend in Kapitel 5 bewegt. Diese bekommt nun eine erweiterte Dimension durch die Einwohnung des Geistes Gottes in den Gläubigen. Die Schechina-Tempeltheologie wird jetzt einerseits auf das Volk als Gemeinschaft der Gläubigen, andererseits aber auch auf den Einzelnen ausgeweitet und neu dimensioniert. Auch darin ist uns die Menschwerdung und das Menschsein Jesu als ein lebendiger Tempel, in dem sich Himmel und Erde vereinen, ein Vorbild.

7.4 DIE SCHECHINA IN DER GEMEINDE UND IM EINZELNEN

Hätte ich vor rund 2000 Jahren Jerusalem besucht, dann hätte ich einige hundert Meter weiter nördlich den Tempelplatz aufgesucht. Als eine Person aus den Nationen wäre ich zumindest in den Vorhof der Nationen gelangt. Wäre ich ein Jude gewesen, hätte ich mich sogar bis in den Vorhof der Israeliten bewegen können. Ich

72 Moltmann, J.: Geist des Lebens 68 f.

hätte versucht, möglichst nahe an den Ort zu gelangen, wo sich Himmel und Erde vereinen und die Schechina Gottes zu finden ist.

Unser Leib als Tempel des Heiligen Geistes

Nun aber bin ich hier in der Christ Church an einem Ort, wo sich messianische Juden und Gläubige aus den Nationen im Lobpreis vereinen, um Jesus als den Messias Israels und der ganzen Welt anzubeten. Wir können einerseits der Zusage Jesu vertrauen: „Denn wo zwei oder drei versammelt sind in meinem Namen, da bin ich in ihrer Mitte" (Mt 16,20). Andererseits können wir bewusst noch einen Schritt weitergehen: Wir finden durch die Einwohnung des Heiligen Geistes in uns konsequenterweise auch das Allerheiligste in uns. Wer diesen Geist empfangen hat, muss nicht mehr an irgendeinen Ort pilgern, um Gott zu finden oder zu erfahren. Er ist selbst zu einem Tempel Gottes geworden. Der Apostel Paulus erinnert die Gemeinde in Korinth an diese neue Wirklichkeit: „Oder wisst ihr nicht, dass euer Leib ein Tempel des Heiligen Geistes in euch ist, den ihr von Gott habt, und dass ihr nicht euch selbst gehört?" (1Kor 6,19).

Mit diesem einwohnenden Geist vereinen sich auch in uns Himmel und Erde; durch ihn haben wir bereits jetzt Gemeinschaft mit Gott und Anteil an der neuen Schöpfung. In seinem Gebet für die Gemeinde in Ephesus greift Paulus diese neue Wirklichkeit auf. Wenn wir genau lesen, erkennen wir darin aber auch eine Rückbindung an die Torah und unseren ersten Ansatzpunkt für das Wohnen Gottes in seiner Schöpfung:

> *„Deshalb beuge ich meine Knie vor dem Vater, von dem jede Vaterschaft in den Himmeln und auf Erden benannt wird: Er gebe euch nach dem Reichtum seiner Herrlichkeit, mit Kraft gestärkt zu werden durch seinen Geist an dem inneren Menschen; dass der Christus durch den Glauben in euren Herzen wohne und ihr in Liebe gewurzelt und gegründet seid …"* *(Eph 3,14–17)*

Zwei Wörter möchte ich aus diesem Gebet hervorheben: *Herrlichkeit* und *wohnen.* Sie waren uns eine erste Orientierung in unserer Frage, wo Gott nach dem Verlust des Gartens Eden in seiner Schöpfung wohnt. Sie haben uns zum Sinaigeschehen geführt: „Und die Herrlichkeit des HERRN ließ sich auf dem Berg Sinai nieder …" (2Mo 24,16). Unsere beiden zentralen hebräischen Wörter waren darin *kabod* (Herrlichkeit) und *schakan* (wohnen, niederlassen). Im Neuen Testament haben wir nun zwei griechische Wörter, die dasselbe ausdrücken: *doxa* (Herrlichkeit) und *katoikeo* (wohnen).[73] Ganz offensichtlich hat Paulus mit seinem Gebet genau diese Parallele vor Augen: Was am Sinai mit der Einwohnung der Herrlichkeit Gottes begonnen und dann Fortsetzung im Jerusalemer Tempel gefunden hat, findet nun hier seinen bisherigen heilsgeschichtlichen Höhepunkt: Die Herrlichkeit Gottes will in uns wohnen; der transzendente Gott wird uns zum immanenten Gott. Die Herrlichkeit wird nun aber explizit an Christus gebunden, der durch seinen Geist in uns Raum gewinnen möchte. Die christologische Ausrichtung der Geisteinwohnung finden wir auch im Römerbrief:

> *„Ihr aber seid nicht im Fleisch, sondern im Geist, wenn wirklich Gottes Geist in euch wohnt. Wenn jemand Christi Geist nicht hat, der ist nicht sein. Ist Christus aber in euch, so ist der Leib zwar tot der Sünde wegen, der Geist aber Leben der Gerechtigkeit wegen." (Röm 8,9.10)*

Der Geist Gottes im Einzelnen wird hier von Paulus eindeutig als der Geist Christi identifiziert. Die Einwohnung des Geistes bedeutet nichts Geringeres als die Christuspräsenz im Gläubigen. Der Geist Jesu ist die neue Schechina: „Christus in euch, die Hoffnung der Herrlichkeit" (Kol 1,27). So haben wir es heilsgeschichtlich mit einer erneuten Erniedrigung Gottes zu tun. In seiner Selbstunterscheidung nimmt er sich als Geist Gottes so weit zurück, dass er unseren menschlichen Leib, diesen hinfälligen Körper, zu seiner Wohnung nimmt, um uns in uns zu begegnen und für uns da zu sein. Damit vereinen sich in uns Himmel und Erde.

Die Präsenz Gottes in seiner Gemeinde

Diese individuell-pneumatologische Sichtweise mit christologischer Zuspitzung hat bei Paulus aber auch eine kollektive bzw. ekklesiologische Entsprechung. Paulus greift auch hier auf die jüdische Schechina-Überlieferung zurück. Wie in der israelischen Tempel- und Bundestheologie richtet Paulus sein Augenmerk darauf, dass Gott in der Mitte seines Volkes wohnen möchte. Paulus greift diesen Gedanken auf, wenn er die Präsenz Gottes in seiner Gemeinde direkt aus der Torah (3Mo 26,11.12) ableitet: „Denn wir sind der Tempel des lebendigen Gottes; wie Gott gesagt hat: ‚Ich will unter ihnen wohnen und wandeln, und ich werde ihr Gott sein, und sie werden mein Volk sein'" (2Kor 6,16). Die Gemeinde Christi wird von Paulus mit

73 Beim Evangelisten Johannes und in der Offenbarung finden wir alternativ das Verb *skenoo*.

dem Tempel Gottes identifiziert. Dies schein über Paulus hinaus das Allgemeinverständnis in den Gemeinden gewesen zu sein. So ist zumindest seine Frage in 1Kor 3,16 zu deuten, die im Gegensatz zu 1Kor 6,19 nicht individuell-pneumatologisch, sondern kollektiv bzw. ekklesiologisch zu verstehen ist: „Wisst ihr nicht, dass ihr Gottes Tempel seid und der Geist Gottes in euch wohnt?"

Das bedeutet dann aber auch, dass Gott in seiner Gemeinde in besonderer Weise erfahrbar werden möchte. Die Gemeinde wird zum Ort, wo sich Himmel und Erde berühren, mehr noch: wWo die Fülle Christi erfahrbar ist. So schreibt Paulus in Eph 1,22 über Christus und seine Gemeinde: „Sie ist sein Leib, und er lebt in ihr mit seiner ganzen Fülle – er, der alles und alle mit seiner Gegenwart erfüllt" (NGÜ).

Der Gott-Vater hat seinen Sohn zum Herrscher über das ganze Universum eingesetzt und ihn zum Haupt der Gemeinde gemacht. Sie ist sein Tempel bzw. Leib, und er wohnt darin mit seiner ganzen Fülle. Diese Aussagen sind für mich immer noch *der* gewichtige Grund, warum ich an die Zukunft der Kirche glaube, auch wenn manche Ortsgemeinde aufhören wird zu existieren. Ich erlebe es in meiner Gemeinde in der Braunschweiger Friedenskirche, hier in der Christ Church und an vielen anderen Orten: Es liegt eine besondere Verheißung darauf, wenn wir uns in seinem Namen zur Anbetung, zur Predigt oder zum Empfang der Sakramente versammeln. Gott will in der Mitte seines Volkes wohnen.

Hier in der messianischen Gemeinde in der Christ Church wird mir dieses Geschenk in besonderer Weise deutlich, weil in dieser Ortsgemeinde in Jerusalem so offensichtlich wird, dass wir aus den Nationen hinzugefügt wurden. Wir Nicht-Juden sind nicht mehr „Fremde und Nichtbürger", sondern wir sind durch Christus „Mitbürger der Heiligen und Gottes Hausgenossen" geworden (Eph 2,19). Eine Kirche aus Juden und Heiden, beide in Christus, bilden nun den Tempel Gottes: „In ihm zusammengefügt wächst der ganze Bau zu einem heiligen Tempel im Herrn, und in ihm werdet auch ihr aufgebaut zu einer Behausung Gottes im Geist" (Eph 2,21).

7.5 DIE VERWANDELNDE KRAFT UND DAS NEUE HERZ

Während unserer Lobpreiszeit blicke ich mich dezent um und lasse die Atmosphäre des Raums auf mich wirken. Hier im „Tempel Gottes" sehe ich zahlreiche „einzelne Tempel", die sich in ihren Liedern und Gebeten ganz auf Gott ausrichten. Wie damals direkt nach der Ausgießung des Geistes zu Pfingsten preisen sie Gott für seine großen Taten und drücken zugleich ihre Liebe zu Jesus bzw. Jeshua aus. Blicke ich in ihre Gesichter, dann wird mir einmal mehr bewusst, dass der Geist Gottes in ihnen wirkt. Und natürlich will ich das auch für mich hoffen und in Anspruch nehmen. Tempel Gottes zu sein, bedeutet nicht, dass wir selbst auf geheimnisvolle Weise vergöttlicht werden. Wir werden vielmehr durch das Wirken des Geistes in uns vermenschlicht: Wir werden immer mehr diejenigen, die wir von Gott her sein sollen. Der Geist Christi löscht unsere Persönlichkeit nicht aus; wir werden vielmehr durch ihn heile Persönlichkeiten. Er verwandelt uns dabei in das Wesen Jesu. Wir verlieren uns nicht, wir finden uns selbst in Christus. Paulus schreibt zu diesem Prozess der Verwandlung: „Unser ganzes Wesen wird so umgestaltet, dass wir ihm immer ähnlicher werden und immer mehr Anteil an seiner Herrlichkeit bekommen. Diese Umgestaltung ist das Werk des Herrn; sie ist das Werk seines Geistes" (2Kor 3,17.18; NGÜ).

Die jesuanische DNA

Der Geist Gottes wirkt in uns. Er gestaltet uns um, er verwandelt uns. Nun ist es aber nicht so, dass wir wie in der Schöpfungsgeschichte zu Beginn der Bibel in das Bild Gottes ganz allgemein verwandelt werden. Gemäß dem Geist Christi werden wir in das Bild seines Sohnes bzw. des wahren Menschen verwandelt: „dem Bilde seines Sohnes gleichförmig" gemacht, wie es Paulus in Röm 8,29 beschreibt. Mit dem Geist Jesu kommt die ganze göttliche bzw. jesuanische DNA in unsere Persönlichkeit hinein.

Mit dieser jesuanischen DNA in uns schmecken wir etwas von dem Leben, das Gott schon immer für uns erdacht hat: ein Leben in Fülle. Dabei will uns der Geist immer mehr Anteil an der Herrlichkeit Gottes geben. Christus soll sich in uns entfalten; die Schechina will in uns Raum gewinnen. Entfaltung bzw. Verwandlung braucht aber Zeit, und Reifung geschieht prozesshaft. Was Paulus hier anspricht, ist im Kern eine Metamorphose!

In diesem Prozess verändern sich unser Denken, unser Wille, unsere Gefühle und unser Handeln. Wir können auf einmal unser Leben und diese Welt von Gott her denken. Wir wollen jetzt, dass sein Wille geschieht. Wir bekommen ein Gespür dafür, was Gott bewegt, wo er handeln und eingreifen will. Das ist ein Lernprozess.

Geisterfahrung ist Freiheitserfahrung

Diesem Verwandlungsprozess stellt Paulus folgende Aussage voran: „Der Herr aber ist der Geist; wo aber der Geist des Herrn ist, da ist Freiheit" (2Kor 3,17).

Paulus deutet hier seine Exodus-Theologie an, die er auch in anderen Briefen wiederholt entfaltet. Wo der Geist Gottes hineinkommt, erfolgt eine Rückführung aus dem Exil und der Gefangenschaft in die unmittelbare Gemeinschaft mit Gott. Wir haben es nicht nur mit einer Exilsschechina, sondern auch mit einer Exodusschechina zu tun. Der Geist Gottes führt uns zurück in die Freiheit. Geisterfahrung ist Freiheitserfahrung. Diese Freiheitserfahrung manifestiert sich zuallererst in der Kindheitserfahrung:

> *„Denn so viele durch den Geist Gottes geleitet werden, die sind Söhne Gottes. Denn ihr habt nicht einen Geist der Knechtschaft empfangen, wieder zur Furcht, sondern einen Geist der Sohnschaft habt ihr empfangen, in dem wir rufen: Abba, Vater! Der Geist selbst bezeugt zusammen mit unserem Geist, dass wir Kinder Gottes sind."* *(Röm 8,14–16)*

Paulus führt hier die Exoduserfahrung des Volkes Israel mit der Geisterfahrung zusammen. Das Volk Gottes wurde durch die Wolken- und Feuersäule in das verheißene Land geführt. Nun ist es der Geist Gottes, der die Gläubigen an Christus in die Freiheitserfahrung der Kinder Gottes führt. Ähnlich drückt Paulus es im Brief an die Galater aus: „Weil ihr aber Söhne seid, sandte Gott den Geist seines Sohnes in unsere Herzen, der da ruft: Abba, Vater! Also bist du nicht mehr Sklave, sondern Sohn; wenn aber Sohn, so auch Erbe durch Gott" (Gal 4,6.7). Der Sklave im Exil wird von Gott befreit und von ihm in ein Land geführt, das Gott ihm zugedacht hat. Nun aber ist es nicht mehr nur ein Land, sondern das Reich Gottes bzw. die neue Schöpfung. Die Exodustheologie ist auch hier unverkennbar; sie wird nun aber in ein pneumatologisches Licht gestellt.

Die Torah ins Herz geschrieben

Ich blicke in unserer gemeinsamen Lobpreiszeit auf das Altarbild. Es erinnert vom Aufbau her an einen Torahschrein, auch wenn dieses hier dauerhaft einsehbar ist. Das Altarbild beinhaltet drei Teile. Auf der linken Seite befindet sich das apostolische Glaubensbekenntnis, in der Mitte sind die zehn Gebote aufgeführt. Im rechten Flügel ist das Vater-Unser zu lesen. Ich bleibe innerlich bei den zehn Geboten hängen, weil ich gedanklich noch mit dem Wochenfest und der Ausgießung des Heiligen Geistes beschäftigt bin.

Die zehn Gebote stehen zentral für den Bund, den Gott mit seinem Volk bzw. Sohn Israel (vgl. 2Mo 4,22) am Sinai geschlossen hat, als sich die Herrlichkeit Gottes auf dem Sinai niederließ. Dieser Bund beinhaltete eine unglaubliche Verheißung, war aber auch an eine Bedingung geknüpft: „Und nun, wenn ihr willig auf meine Stimme hören und meinen Bund halten werdet, dann sollt ihr aus allen Völkern mein Eigentum sein … Und ihr sollt mir ein Königreich von Priestern und eine heilige Nation sein" (2Mo 19,5.6).

Wir wissen aus der Geschichte Israels und der Tragödie der Tempelzerstörungen, dass Israel an diesem Anspruch Gottes gescheitert ist. Und dennoch bleibt Gott seinem Volk treu und wird durch seinen ewigen Sohn in der Menschwerdung Jesu einer von ihnen. Als der einzige und damit wahre Israelit erfüllt er den Bund und seine Bedingungen. Als das wahre Passahlamm gibt er sich für sein Volk und eine ganze Menschheit zum Passahfest in den Tod. Zum Fest der Erstlingsfrüchte wird er mit seiner Auferstehung zum Erstling der Entschlafenen (1Kor 15,20). Zum Wochenfest gibt er seinem Volk seinen Geist. Mit diesem Fest erfüllt sich die Verheißung Gottes aus den Propheten Hesekiel und Jeremia, die beide die Wiedergeburt des Volkes aus dem Geist geschaut haben:

> *„Und ich werde euch ein neues Herz geben und einen neuen Geist in euer Innerstes geben … Und ich werde meinen Geist in euer Inneres geben; und ich werde machen, dass ihr in meinen Ordnungen lebt und meine Rechtsbestimmungen bewahrt und tut."* *(Hes 36,26–27)*

> *„Siehe, Tage kommen, spricht der HERR, da schließe ich mit dem Haus Israel und mit dem Haus Juda einen neuen Bund: nicht wie der Bund, den ich mit ihren Vätern geschlossen habe an dem Tag, als ich sie bei der Hand fasste, um sie aus dem Land Ägypten herauszuführen – diesen meinen Bund haben sie gebrochen, obwohl ich doch ihr Herr war, spricht der HERR. Sondern das ist der Bund, den ich mit dem Haus Israel nach jenen Tagen schließen werde, spricht der HERR: Ich lege mein Gesetz in ihr Inneres und werde es auf ihr Herz schreiben. Und ich werde ihr Gott sein, und sie werden mein Volk sein."* *(Jer 31,31–33)*

Beide Propheten haben visionär die Erneuerung der Herzen vor Augen – als Voraussetzung dafür, dass der von Gott eingeforderte Gehorsam vom Volk erbracht und geleistet werden kann. Diese Erneuerung muss und kann aber nur von Gott her bzw. von seinem – dem neuen – Geist erfolgen. Dieser Geist bewirkt, dass das Volk die Torah erfüllen und in den Ordnungen Gottes leben kann. Die äußere Torah bzw. das Gesetz wird dem Volk ins Innerste gelegt, auf sein Herz geschrieben. Bereits Mose hat es prophetisch gesagt: „Und der HERR, dein Gott, wird dein Herz und das Herz deiner Nachkommen beschneiden, damit du den HERRN, deinen Gott liebst, mit deinem ganzen Herzen und mit deiner ganzen Seele“ (5Mo 30,6). Paulus drückt es durch das Pfingstereignis so aus: „… denn die Liebe Gottes ist ausgegossen in unsere Herzen durch den Heiligen Geist, der uns gegeben worden ist“ (Röm 5,5). Der Geist Gottes verändert unsere Herzen. Er befähigt uns zum Liebesgehorsam. Er ist unser Liebesbefähiger.

7.6 MOBILE TEMPEL VERSTRÖMEN SICH

Auch der schönste Gottesdienst geht einmal zu Ende, zumindest auf dieser Erde. Der Sammlung der Gläubigen folgt ihre Sendung. Die „mobilen Tempel“ verlassen mit dem Abschlusssegen „den Tempel“. Bevor ich aus Christ Church heraustrete, muss ich nochmals an die Worte Jesu denken, die er damals zum Höhepunkt des Laubhüttenfestes auf dem Tempelplatz von Jerusalem ausgerufen hat:

> *„‚Wenn jemand dürstet, so komme er zu mir und trinke! Wer an mich glaubt, wie die Schrift gesagt hat, aus seinem Leibe werden Ströme lebendigen Wassers fließen.‘ Dies aber sagte er von dem Geist, den die empfangen sollten, die an ihn glaubten; denn noch war der Geist nicht da, weil Jesus noch nicht verherrlicht worden war.“* *(Joh 7,37–39)*

Ein Gottesdienst ist ein Kommen zum dreieinigen Gott, der sich in Jesus offenbart hat. Er ist ein Trinken aus der Quelle des Lebens. In ihm soll sich ereignen, dass wir neu mit dem Geist Jesu erfüllt werden. Wir kommen als die Bedürftigen und gehen als die Gesegneten bzw. Erfüllten. Und wir gehen mit der Zusage, dass „Ströme lebendigen Wassers“ von uns ausgehen. Das Bild aus Hes 47 findet auch in dem Leben von denen, die Jesus nachfolgen, eine prophetische Erfüllungsdimension. Jesus hat heute unzählige Nachfolger bzw. mobile Tempel auf dieser Erde. Und es werden noch mehr werden. Wir alle sind durch den Geist hineingenommen in die Mission Gottes: in die Liebesbewegung des Vaters durch Jesus zu den Menschen. Da der Geist Gottes in uns wohnt und sich durch uns verströmen möchte, ist er der Herr der Mission.

Zwischen Sammlung und Sendung

In Analogie zum Leben und Wirken Jesu ist unser Leben als mobiler Tempel kenotischer Natur. Wie Jesus geben wir uns für diese Welt hin und entleeren uns für sie. Christus (bzw. die Christologie) bestimmt unsere Mission (bzw. die Missiologie). Und von dieser Mission her wird dann die Kirche (bzw. die Ekklesiologie) mit ihren Erscheinungsformen bestimmt. Eberhard Jüngel hat dabei die Botschaft der Sendung sehr pointiert auf das Wohnen Gottes unter uns ausgerichtet:

> *„Evangelisieren heißt auf jeden Fall: mit Hilfe des Wortes etwas sehen lassen ... Was sieht man da? Die Antwort ist von elementarer Einfachheit. ‚Siehe, die Hütte Gottes bei den Menschen. Und er wird bei ihnen wohnen' (Apk 21,3). Das also sieht man: daß Gott mit den Menschen zusammenkommen, zusammensein und zusammenleben will ... das ist der Sinn, das ist die Funktion und die Intention dessen, was man mit Mission und Evangelisation im biblischen Sinne zu nennen pflegt: nämlich der Welt zu verstehen geben, daß Gott mit ihr zusammenkommen, mit ihr zusammensein und zusammenleben will."*[74]

Im Bild von Hes 47 und Joh 7 gesprochen bedeutet das, dass Gott in das Leidende und Seufzende einer bedrohten Schöpfung kommen möchte, um sie mit seiner Gegenwart lebendig zu machen und zu heilen. Er will sich dorthin verströmen, und dorthin sendet er seine „mobilen Tempel". In Hes 47 wird davon gesprochen, dass die Bäume, die am Ufer des Stromes wachsen, dauerhaft „frische Früchte" als Speise tragen und ihre „Blätter als Heilmittel" dienen. Zudem macht der Strom alles lebendig, wohin er auch kommt. Und er will den tiefsten Punkt der Erde erreichen. Kein Bereich soll von seiner Lebenskraft ausgespart bleiben. Nichts soll so verloren oder hoffnungslos sein, als dass er es nicht erreichen und zum Leben erwecken könnte. Das sind für mich eindrückliche und ermutigende Bilder für das Wirken des Geistes in und durch uns in dieser Schöpfung. Unsere Sammlung als Gemeinde und unsere Sendung in diese Welt stehen in einem eschatologischen Erwartungshorizont. In der Sammlung des Gottesdienstes haben wir soeben den gegenwärtigen Christus gefeiert. In unserer Sendung weisen wir auf die Ausbreitung und Vollendung seiner Herrschaft mit seinem Kommen hin. Christus ist die Zukunft der Schöpfung. Das ist unsere Zukunft, von der wir zeugen, „damit kein Winkel dieser Welt ohne die Verheißung Gottes auf Neuschöpfung aus der Kraft

74 Jüngel, E.: Mission und Evangelisation 127.

der Auferstehung bleibe".[75] Der Strom will durch viele mobile Tempel fließen. Das Tote soll leben.

75 Moltmann, J.: Theologie der Hoffnung 302.

8.

DAS DRÄNGEN DES GEISTES

8.1 KRAFTWIRKUNGEN IM KONTEXT DER NEUEN SCHÖPFUNG

Ein neuer Tag hat begonnen. Ich bin bereits früh unterwegs, weil ich noch in der Kühle und Ruhe des Tages auf den Ölberg möchte, der östlich vom Tempelberg liegt. Ich entscheide mich, die Altstadt entlang der Via Dolorosa durch das Löwentor zu verlassen. Das Tor wird auch Stephanstor genannt, weil man hier in der Nähe die Steinigung des Diakons Stephanus vermutet, die uns in Apg 7,54–60 berichtet wird. Stephanus war der erste Märtyrer der messianischen Gemeinde in Jerusalem. Bevor ich durch das östliche Tor die Altstadt verlasse, sehe ich zu meiner Linken den Zugang zum Teich Betesda, dem zur Zeit Jesu und auch noch später heilende Kräfte zugesprochen wurden. Betesda heißt übersetzt „Haus der Barmherzigkeit" und diente damals als eine Art Lazarett oder Krankenhaus.

Heilungen: Erbarmungen Gottes und Vorzeichen des umfassenden Heils

Hier legte man die Kranken, Schwachen, Gebrechlichen, Gelähmten und Blinden ab – oftmals täglich in den frühen Morgenstunden, um sie dann abends wieder mit nach Hause zu nehmen. Es kursierte damals das Gerücht, dass von Zeit zu Zeit ein Engel käme, um das Wasser anzurühren. Derjenige, der als Erster während dieser Wasserbewegung ins Wasser stiege oder spränge, erführe eine übernatürliche Heilung. Aberglaube oder Gottesgeschenk? Tatsächlich gibt es von diesem Teich außerbiblische Heilungsberichte aus den ersten Jahrhunderten. Menschen berichteten darin, dass es ihnen nach einem Bad in dem Teich besser ginge. Allerdings wurde die Glaubwürdigkeit dieser Heilungsberichte wiederholt in Frage gestellt.

Betesda, eigentlich ein schöner Ort. Man kann diese archäologische Ausgrabungsstätte noch heute in der Altstadt in unmittelbarer Nähe zum Tempelplatz zwischen dem Beginn der Via Dolorosa und dem Stephanstor besichtigen. Der Teich war ein Ort der Hoffnung für die Hoffnungslosen; so möchte man meinen. Worin aber liegt die Barmherzigkeit, wenn sich nur die Schnellsten und Stärksten Hoffnung auf Heilung machen können? Wie soll z. B. ein Blinder eine Wasserbewegung erkennen? Und wie soll ein Gelähmter in dieses Wasser gelangen? Und wer von den Bedürftigen wird bei einer Chance auf Heilung freiwillig zurückstehen wollen, weil es um seinen Nächsten noch schlimmer steht? Rettet sich nicht letztlich jeder selbst, sofern er es kann?

Nach Joh 5,1–16 hat Jesus dort einen Gelähmten am Sabbat geheilt, der bereits über 38 Jahre unter seiner Krankheit gelitten hat. Eigentlich war Jesus auf dem Weg zu einem „Fest der Juden", wie Johannes es berichtet. Offensichtlich ging auch er durch das damalige Schaftor, um dann gleich direkt zum Tempelplatz weiterzugehen. Aber er unterbrach sein Vorhaben, als er den Gelähmten am Teich erblickte. Er bog ab, ging zu ihm hin und heilte ihn – und das am Sabbat.

Diese Heilung am Sabbat brachte Jesus einmal mehr eine Menge Ärger ein, weil er damit nach dem Verständnis der Schriftgelehrten den Sabbat gebrochen hatte. Jesus hat sich darin allerdings ganz im Einklang mit dem Willen seines Vaters gesehen: „Wahrlich, wahrlich, ich sage euch: Der Sohn kann nichts von sich selbst tun, außer was er den Vater tun sieht; denn was der tut, das tut ebenso auch der Sohn" (Joh 6,19). Für ihn ist die Heilung am Sabbat kein Bruch des Sabbats, sondern vielmehr dessen Aufrichtung. Mit der Heilung gelangte der Gelähmte inmitten aller Vorläufigkeit von Heilungen in den Friedens- und Heilsbereich Gottes. Inmitten der Vergänglichkeit schmeckte er bereits etwas von den „Kräften des zukünftigen Zeitalters" (Hebr 6,5). Seine Heilung war ein Zeichen der neuen Schöpfung. An ihr wurde deutlich, dass mit Jesu Kommen das Reich Gottes angebrochen war.

Sowohl bei Jesu Wirken als auch bei seinen Nachfolgern soll erkennbar werden, dass es bei Zeichen und Wundern nicht um abstruse Ereignisse, Mirakelspiele oder Effekthaschereien geht. Sie sind vielmehr im Kontext des Reiches Gottes und der Neuschöpfung zu deuten. In diesem Kontext sind alle Kraftwirkungen des Geistes Jesu von ihrem Wesen her Erbarmungen Gottes und Vorzeichen des umfassenden Heils: der heilen Welt, die Gott für uns bereitet hat. In diesem Zusammenhang sprechen die vollmächtigen Zeichen und Wunder ihre eigene Sprache. Sie weisen auf den Gott hin, der eine Zukunft für diese Welt hat. Sie sind Ausdruck dessen, was Jesus seinen Nachfolgern verheißen hat: Ströme lebendigen Wassers sollen von ihnen ausgehen. Heilungen sind ein Ausdruck dieser Ströme. Sie zeigen an, dass der Geist Gottes inmitten dieser kranken und vom Tode gekennzeichneten Schöpfung wohnt und am Werk ist. Und was dieser Geist berührt, soll lebendig werden; und wenn es ein Mann ist, der 38 Jahre lang auf diesen Moment der Barmherzigkeit Gottes warten musste.

8.2 HILF DOCH, HERR, DEM SOHN DAVIDS!

Kurze Zeit später verlasse ich durch das Löwentor die Altstadt. Ich drehe mich kurz um und schaue mir das Tor von der Eingangsseite an. Hier hat am 7. Juni 1967 ein für den Staat Israel ganz bedeutsames Ereignis stattgefunden: Israelische Fallschirmjäger haben das Tor im Kampf gegen Jordanien eingenommen. Wenig später war die Altstadt in israelischer Hand. Für den noch jungen Staat war die Eroberung der Altstadt der sicherlich bedeutsamste Moment seiner bisherigen Geschichte. Endlich hatte das jüdische Volk nach Jahren des Ausschlusses aus der Altstadt wieder Zugang zur Klagemauer.

Jesus wird als Messias gefeiert

Es geht ein wenig bergab, bis ich zum Tiefpunkt des Kidrontals komme. Von dort aus geht es den Ölberg steil bergauf. Dabei gelange ich zum Garten Gethsemane, der um diese Zeit noch verschlossen ist. In wenigen Stunden wird hier sicherlich wieder Hochbetrieb sein. Für uns Christen gehört dieser Garten am Fuße des Ölbergs im Kidrontal zu den bedeutsamsten Orten im Heiligen Land, wenngleich er vergleichsweise klein ist und aufgrund der zahlreichen Touristen, die ihn regelmäßig besuchen, nicht wirklich zur inneren Einkehr einlädt. Jesus suchte diesen Garten häufig mit seinen Jüngern auf, wenn er in Jerusalem war (Lk 22,39; Joh 18,2). Nach den Zeugnissen der Evangelien hat Jesus dort auch übernachtet (Lk 21,37; Joh 8,1). Als er zum schicksalhaften Passahfest nach Jerusalem kam, suchte er auch am Abend vor seiner Kreuzigung diesen Ort auf, nachdem er mit seinen Jüngern das Passahmal gefeiert hatte. Matthäus berichtet uns in seinem Evangelium davon, dass sie zuvor zum Abschluss des Passahmahls „ein Loblied gesungen hatten" (Mt 26,30). Es ist davon auszugehen, dass es sich um den Psalm 118 handelte. Die Psalmen 115–118 bilden den zweiten Teil des sogenannten Hallel. Er wird traditionell nach dem Schlussgebet des Passahmals gesungen. Zum Ende des Psalms 118 heißt es: „Ach, HERR, hilf doch! Ach, HERR, gib doch gelingen! Gesegnet sei, der kommt im Namen des HERRN" (Ps 118,25.26).

Mit diesem Lied im Ohr hat Jesus mit seinen Jüngern den Garten aufgesucht. Wenige Tage zuvor, als Jesus in Jerusalem einzog, hat die Volksmenge ihm bereits diese Verse zugerufen: „Hosianna dem Sohn Davids! Gepriesen sei, der da kommt im Namen des HERRN" (Mt 21,9). Hosianna heißt übersetzt „Hilf doch (Herr)!" Der Hilferuf ist an Gott bzw. Jahwe selbst gerichtet. Von ihm wird alle Rettung und Erlösung erwartet. Diese wird aber nun an den Sohn Davids gebunden. Schon damals hat man diesen Vers mit dem Messias in Verbindung gebracht, der in dem Sohn Davids nach 2Sam 7,12–14 gesehen wurde. Mit dieser Proklamation wird nun deutlich, dass das Volk einen Hilferuf an Gott sendet mit der Bitte, diesem Sohn Davids, Jesus, in seinem messianischen Handeln zu helfen. Mit dem zweiten Satz bei Jesu Einzug wird deutlich, dass das Volk Jesus als den Messias und Gesandten Gottes preist. Er selbst kommt im Namen des HERRN.

Während ich auf dem Weg bin, den steilen Aufstieg zum Ölberg zu nehmen, ist Jesus damals auf einem Eselfohlen den Berg heruntergekommen. Als die Menschen Jesus so kommen sahen, mussten sie neben dem Psalm 118 zwei weitere Bibelstellen vor Augen gehabt haben: Sach 14,4 und Sach 9,9. Beide beziehen sich auf das Kommen des Messias. In Sach 14,4 lesen wir über den Messias Gottes: „Und seine Füße werden an jenem Tag auf dem Ölberg stehen, der vor Jerusalem im Osten liegt …" Von dort aus sollte er nach prophetischer Verheißung kommen. Dass das Volk an diese Prophetie dachte, lag daran, dass Jesus mit seinem Kommen vom Ölberg zugleich die Prophetie aus Sach 9,9 „inszenierte". Als er mit seinen Jüngern in ein Dorf namens Betfage in der Nähe des Ölbergs kam, bat Jesus seine Jünger darum, ihm aus dem Dorf eine angebundene Eselin mit ihrem Fohlen zu bringen. Dann geschah Folgendes:

> *„Als aber die Jünger hingegangen waren und getan hatten, wie Jesus ihnen aufgetragen, brachten sie die Eselin und das Fohlen und legten ihre Kleider auf sie, und er setzte sich darauf. Und eine sehr große Volksmenge breitete ihre Kleider aus auf den Weg, andere aber hieben Zweige von den Bäumen und streuten sie auf den Weg. Die Volksmengen aber, die vor ihm hergingen und nachfolgten, riefen und sprachen: Hosanna dem Sohn Davids! Gepriesen sei, der da kommt im Namen des Herrn!"* *(Mt 21,6–9)*

Dass die Jünger ihre Kleider auf die Tiere legten, ist als ein Akt der Huldigung zu verstehen, den Jesus angenommen hat. Er bejahte damit ihr Verständnis, dass er der Messias ist. Offensichtlich dadurch ermutigt, fingen nun viele aus der Volksmenge an, ihre Kleider auf den Weg nach Jerusalem auszubreiten oder den Weg mit abgeschlagenen Zweigen zu schmücken. Ihre Botschaft war eindeutig: Sie wollten damit den kommenden König ehren und ihm darin einen Weg in seine Stadt Jerusalem ebnen. Das ganze Geschehen wurde umsäumt von ihren messianischen Preisungen. Mit Jesus kam nun der Sohn Davids zurück in die Stadt Davids. Dem Hosianna folgt eine eschatologische Akklamation: „Gepriesen sei, der da kommt im Namen des Herrn!" Mit dem Messias kam für sie Jahwe selbst zum Zion zurück.

Wir sollten an dieser Stelle insbesondere die ausgelegten Zweige beachten. Sie gehören traditionell nicht zum Passahfest, sondern haben ihren Platz beim Laubhüttenfest. Mit ihnen hat man die Hütten bedeckt, in denen man sieben Tage wohnen sollte. Wir haben uns bereits vor Augen geführt, dass die geistliche Bedeutung dieses Festes über die Einholung der letzten Jahresernte hinaus in dem Bewusstsein liegt, dass Gott in der Mitte seines Volkes wohnen möchte und er eines Tages durch seinen Messias in einer besonderen Heilszeit, einem messianischen Friedensreich, gegenwärtig sein wird.

Wenn nun die Menschen solche Zweige vor dem reitenden Jesus ausgebreitet haben, dann war dies ein Ausdruck von spontaner Ergriffenheit über das, was sie mit ihren Augen sahen und in ihnen an Hoffnung schlummerte: Mit Jesus als dem kommenden Sohn Davids beginnt nun die lang ersehnte Heilszeit. Gott selbst kommt mit ihm zum Zion zurück, um dort in der Mitte seines Volkes zu wohnen. Diese Hoffnung bzw. Erwartung hatten sie, weil sie bei dem auf einem Eselfohlen reitenden Jesus zwangsläufig an die Prophetie aus Sach 9,9 denken mussten. Und offensichtlich war es genau die Absicht Jesu, dass sie dieses Wort vor Augen hatten:

> *„Juble laut, Tochter Zion, jauchze, Tochter Jerusalem! Siehe, dein König kommt zu dir: Gerecht und siegreich ist er, demütig und auf einem Esel reitend, und zwar auf einem Fohlen, einem Jungen der Eselin. Und ich rotte die Streitwagen aus Ephraim und die Pferde aus Jerusalem aus, und der Kriegsbogen wird ausgerottet. Und er verkündet Frieden den Nationen. Und seine Herrschaft reicht von Meer zu Meer und vom Strom bis an die Enden der Erde." (Sach 9,9.10)*

Dieser Jubelruf erscholl damals vor den Toren Jerusalems, als das Volk Jesus auf dem Fohlen vom Ölberg, dem Berg des Messias nach Sach 14,4, kommen sah. Oftmals hat er zuvor verkündigt, dass mit ihm das Reich Gottes angebrochen sei. Und mit zahlreichen Wundern und Zeichen hat er seinen Worten Taten folgen lassen. Sie haben die neue Wirklichkeit angezeigt, die er mit seinen Worten ausrief. Das Matthäus-Evangelium berichtet uns, dass sich mit Jesu Kommen das Prophetenwort aus Sach 9 erfüllt hat (vgl. Mt 21,4).

Aber die Art und Weise, wie Jesus in Jerusalem siegen würde, war so ganz anders, als das Volk es sich vorgestellt hatte. Der Sieg wird nicht nur so demütig sein, wie ein König auf einem Fohlen reiten kann. Er wird sich in tiefster Ohnmacht am Kreuz ereignen. Sein ohnmächtiges und von Gott und Menschen verlassenes Sterben wird die Art und Weise sein, wie er zum siegreichen König für Israel und die Nationen werden wird.

Im Garten Gethsemane

Um sich auf diesen Weg zum Kreuz vorzubereiten, ging Jesus vier Tage nach seinem gefeierten Einzug in Jerusalem nach dem Passahmahl mit seinen Jüngern in „seinen" Garten mit Namen *Gethsemane* (hebräisch: *Gat Schemanim*, deutsch: *Ölkelter* bzw. *Ölpresse*), um dort die bisher dunkelste Anfechtung seines Lebens zu erfahren. Eben hat er noch mit ihnen die letzten Verse aus Psalm 118 gesungen: „Ach, HERR, hilf doch! Ach, HERR, gib doch gelingen! Gesegnet sei, der kommt im Namen des HERRN" (Ps 118,25.26). Nun sucht er im Garten als der Sohn Davids genau diese Hilfe bei seinem Vater. Dabei fängt er an, „betrübt und geängstigt zu werden" (Mt 26,37): „Mein Vater, wenn es möglich ist, so gehe dieser Kelch an mir vorüber. Doch nicht wie ich will, sondern wie du willst" (Mt 26,39).

Jesus erfährt es mit seiner ganzen Existenz, dass er die Hilfe seines Vaters braucht, um diesen Weg als der Messias Israels und der ganzen Welt gehen zu können. Und offensichtlich bewegt ihn im Gebet vor Gott auch die Frage, ob es neben diesem Kelch des Leidens einen anderen Weg der Erlösung geben könnte. Diesen Weg gibt es offensichtlich nicht. Und so ereignet sich im Garten der entscheidende Moment dafür, dass Jesus seinen Auftrag erfüllen kann: Er übereignet sich voraussetzungslos seinem Vater: „Doch nicht wie ich will, sondern wie du willst" (Mt 26,39). Dieses Gebet macht ihn frei dafür, sich nun den Mächten und Gewalten zu stellen, die nachfolgend über sein Schicksal entscheiden sollen und wollen. In allem weiß er sich im Willen des Vaters – bis dahin, dass er zuletzt am Kreuz ausruft: „Es ist vollbracht!" (Joh 19,30).

Der Einzug Jesu in Jerusalem war von dem geistlichen und emotionalen Geschehen her für die Volksmenge ergreifend und bewegend. Entscheidend aber war für seinen späteren Sieg am Kreuz das Gebet im Garten Gethsemane. Die dunkle und einsame Stunde im Garten formte ihn zu dem, der er sein musste, um in den anstehenden Überlieferungen bestehen zu können. Was hätten wir heute für diese Erde noch zu hoffen, wenn Jesus in der Nacht seiner Überlieferung nicht diesen Garten aufgesucht hätte? Aber weil er diesen Weg in den Garten gegangen ist, kann ich nun hoffnungsvoll meinen Weg hinauf zum Ölberg fortsetzen.

8.3 DER MESSIAS UND DAS GOLDENE TOR VON JERUSALEM

Bald nach dem Garten geht der Weg steil bergauf. Zu meiner Linken ragen die goldenen Zwiebeltürme der russisch-orthodoxen Maria-Magdalena-Kirche empor. Bald erscheint nach ihr die Dominus-Flevit-Kirche der Franziskaner (deutsch: *Der Herr hat geweint*). Ihre Kuppel hat die Form einer Träne. Die Kirche erinnert an den Schmerz Jesu über das kommende Gericht über Jerusalem, als er auf dem Eselfohlen den Ölberg hinunterritt: „Und als er sich näherte und die Stadt sah, weinte er über sie und sprach: Wenn auch du an diesem Tag erkannt hättest, was zum Frieden dient! Jetzt aber ist es vor deinen Augen verborgen" (Lk 19,41.42). Lukas ist der Einzige der Evangelisten, der uns diesen tiefen persönlichen Einblick in die Gemütsverfassung Jesu schenkt, als dieser von den Massen als der Sohn Davids und Messias gefeiert wurde. In der Stunde seines vielleicht größten öffentlichen Triumphs kostet Jesus zu keiner Sekunde seine Huldigung aus, die die Volksmenge ihm entgegenbringt. Vielmehr hat er einen tiefen Schmerz um die Menschen um sich herum, die keinesfalls erahnen, welchen Weg er gehen muss, um sie von ihrer Not zu erlösen. Auch ahnen sie nichts von der anstehenden Zerstörung des Tempels durch die Römer, die sich 70 n. Chr. ereignen würde – und zwar, um es mit den Worten Jesu zu sagen, „dafür, dass du die Zeit deiner Heimsuchung nicht erkannt hast" (Lk 19,44).

Das vermauerte Tor

Gegenüber der Dominus-Flevit-Kirche befindet sich ein jüdischer Friedhof mit zahllosen Gräbern, die den Westhang des Ölbergs bedecken. Man schätzt die Zahl der Grabsteine auf nahezu 300 000. Die ältesten Gräber gehen auf die Zeit Davids zurück. Er gilt als der älteste und auch bedeutendste Friedhof der Welt. Dies liegt daran, dass mit dem Erscheinen des Messias auf dem Ölberg die Auferstehung der Toten einhergehen soll. Dieses Verständnis ist sowohl im Judentum als auch im Christentum präsent (vgl. z. B. 1Thess 4,16, Offb 19,11–20,5). Wer demnach auf dem Ölberg begraben ist und beim Kommen des Messias aus dem Tod auferweckt wird, der wird ganz nahe am Geschehen sein, wenn der Messias in seine Stadt Jerusalem einziehen wird.

Auf der Höhe der Dominus-Flevit-Kirche befindet sich etwas abseits vom Weg ein erster kleiner Aussichtsplatz mit Blick auf die östliche Mauer des Tempelplatzes und der Jerusalemer Altstadt. Ich setze mich auf die Bank, die zum Ausruhen einlädt, und blicke auf das zugemauerte Tor der Mauer, das auch *Goldenes Tor* genannt wird. Suleiman, Sultan des Osmanischen Reiches, restaurierte ab 1537 die Stadtmauer. Dabei ließ er das Goldene Tor zumauern. Auf ungefähr dieser Höhe der früheren Altstadt- bzw. Tempelmauer ist Jesus rund 1500 Jahre zuvor durch das damalige Tor geritten, als die Massen ihm zujubelten.

Warum Suleiman das Tor zumauern ließ, ist bis heute ungeklärt. Es könnten schlicht allgemeine Sicherheitsgründe gewesen sein. Jedes Stadttor ist grundsätzlich ein mögliches Einfallstor für Feinde. Wiederholt wird aber auch vermutet, dass er messianischen Heilserwartungen entgegenwirken wollte. Immerhin war vom Judentum her bekannt, dass die Schechina vor der Zerstörung den Tempel in östliche Richtung verlassen hat und sich hinauf zum Ölberg bewegte. Daran anknüpfend gab es durch eine weitere Vision des Propheten Hesekiel die messianische Erwartung, dass die Schechina über das östliche Tor zurück nach Jerusalem kommen würde (Hes 43,1). Hesekiel wird in der Vision von einem Boten Gottes geführt: „Und er führte mich zum Tor, dem Tor, das in östliche Richtung weist. Und siehe, die Herrlichkeit des Gottes Israels kam vom Osten her, und ihr Rauschen war wie das Rauschen großer Wasser, und die Erde leuchtete von seiner Herrlichkeit" (Hes 43,1.2).

Diese zurückkehrende Schechina brachte man mit dem Kommen des Messias in Verbindung; deshalb soll Suleiman das Tor verschlossen haben. Interessanterweise berichtet auch Hesekiel von einem verschlossenen Osttor des äußeren Heiligtums:

> *„Und er führte mich zurück auf dem Weg zum äußeren Tor des Heiligtums, das nach Osten weist. Das aber war verschlossen. Und der HERR sprach zu mir: Dieses Tor soll verschlossen sein; es soll nicht geöffnet werden, und niemand soll durch es hineingehen! Denn der HERR, der Gott Israels, ist durch es hineingegangen, so soll es verschlossen sein. Was den Fürsten betrifft, er, der Fürst, soll darin sitzen …"* *(Hes 44,1–3)*

Offensichtlich wurde das Tor nach der Rückkehr der Herrlichkeit Gottes aus Hes 43,1.2 verschlossen. Es wird Menschen nicht gestattet, dieses Tor zu benutzen. Es scheint so, als wenn Gott dieses Tor für sich absondert. Nur ein zukünftiger Fürst darf darin sitzen. Wer damals im Tor saß, hatte eine Ehrenstellung und zugleich die Macht über die Stadt inne. Er war zuständig für die Aufrechterhaltung der Gerechtigkeit einer Stadt. Da es sich zugleich um das Tor handelt, das zum Heiligtum führt, ist mit dieser Positionierung zugleich ein priesterliches Amt verbunden. Nach Hes 34,24 und Hes 37,25 ist dieser „Fürst“ niemand anders als der künftige David bzw. der kommende Messias: „Und ich werde einen Hirten über sie einsetzen, der wird sie weiden, und der wird ihr Hirte sein. Und ich, der HERR, werde ihnen Gott sein, und mein Knecht David wird Fürst in ihrer Mitte sein“ (Hes 34,23.24).

Vor diesem prophetischen Hintergrund hat das Goldene Tor bis heute eine besondere Bedeutung. Viele Juden und Christen vermuten, dass eines Tages der Messias durch dieses Tor hindurch als der Fürst Israels nach Jerusalem zurückkehren wird, um von hier aus sein messianisches Reich bis zu den Enden der Erde aufzurichten.

8.4 „UNSERE ZUKUNFT IST NICHT VERHANDELBAR!“

Während ich auf der Bank sitze und auf das verschlossene Tor blicke, versuche ich mir dieses Reich vor meinen inneren Augen auszumalen. Welch eine Hoffnung ist doch für diese Erde mit dieser besonderen Heilszeit auf Erden verbunden. Und doch lassen wir als Christen diese Hoffnung auf ein messianisches Reich in unseren Gottesdiensten nur selten aufstrahlen. Erst die durch die globale Klimakrise entstandene *Fridays-for-Future*-Bewegung hat manche Gemeinde neu dafür sensibilisiert, nach der Zukunft unserer Schöpfung zu fragen. Dabei umfasst dieses Thema weit mehr als nur eine ökologische Dimension. Diese ist vielmehr eingebettet in eine heilsgeschichtliche Dimension, die wir uns vor Augen führen müssen. Es ist keineswegs so, dass wir als Kirche mit der Schöpfungsbewahrung ein Mainstreamthema aufgreifen, um als gesellschaftsrelevant wahrgenommen zu werden. Die ökologische Krise ist für uns bedeutsam, weil wir vom Wort Gottes her glauben, dass diese Schöpfung eine Zukunft hat und wir daraus für uns eine Ethik der Hoffnung ableiten können und sollten.[76] Diese Zukunft verbinden wir untrennbar mit der Wiederkunft Jesu und der Aufrichtung seines Reiches auf dieser Erde.

76 Vgl. hierzu ausführlich Rust, H. C.: Zuhause in der Schöpfungsgemeinschaft. Dimensionen einer ökologischen Spiritualität.

Klimatische Erschütterungen

Meine Gedanken wandern von Jerusalem nach Berlin. Nach der Bundestagswahl im Herbst 2021 haben wir als Familie einige Tage in Berlin verbracht. Als wir auf dem Weg vom Potsdamer Platz zum Brandenburger Tor waren, stießen wir auf eine Demonstration der *Fridays-for-Future*-Bewegung. Unmissverständlich thematisierten die hochgehobenen Plakate den Klimawandel und forderten zum Systemwechsel auf. Am Brandenburger Tor angekommen, sahen wir eine noch größere Menschenmenge, die sich westlich vom Tor die „Straße des 17. Juni" in Richtung Siegessäule hinunterzog. Vor dem Tor war eine Bühne aufgebaut, auf der eine junge Frau eine Rede hielt. Das Motto des Klimastreiks lautete: „Ihr lasst uns keine Wahl". Nicht ganz zufällig begannen an jenem Tag zeitgleich die sogenannten Ampel-Koalitionsverhandlungen. Wir blieben stehen und hörten der Frau zu, die wütend und entschlossen zugleich sprach. Sie kritisierte das Sondierungspapier der beteiligten Parteien, das als Grundlage für die beginnenden Koalitionsgespräche diente. Ihr Fazit: zu viele Einzelmaßnahmen zum Klimaschutz und zu wenig Systemwechsel, um eine echte Korrektur zur Abwendung der drohenden Katastrophe herbeizuführen. „Es ist nicht fünf vor Zwölf, es ist fünf nach Zwölf!", rief sie aus.

Wir alle, die wir ihr zuhörten, standen noch unter dem Eindruck der schweren Flutkatastrophe in Deutschland wenige Monate zuvor sowie der Hitzewelle in Südeuropa mit den verheerenden Waldbränden und dem aktuellen Klimabericht des Weltklimarates, der bereits für die 30er-Jahre unseres Jahrhunderts eine Erderwärmung von über 1,5 Grad Celsius prognostizierte. Das alles hat viele Menschen in unserem Land bewegt. Ich erinnere mich an ein Gespräch, das ich kurz zuvor mit einer Person aus unserer Nachbarschaft geführt hatte. In der Verarbeitung all der ökologischen Erschütterungen sagte sie zu mir: „Weißt du, ich habe wirklich Angst. Ich empfinde das alles als sehr beklemmend."

Dieses beklemmende Gefühl haben doch viele von uns gespürt, als sich die erschütternden Bilder über die ökologische Not in unseren vielfältigen Medien so nachhaltig ballten. Diese Bilder und Nachrichten können wohl die wenigsten von uns einfach so abschütteln. Und gerade im Hinblick auf die durch den extremen Starkregen bedingte Flutkatastrophe an der Grenze zwischen Nordrhein-Westfalen und Rheinland-Pfalz im Sommer 2021 stellt sich für uns alle die Frage, ob hier einfach nur eine Naturkatastrophe vorlag, wie sie immer wieder mal unter sehr unglücklichen Wetterkonstellationen vorkommen kann, oder ob wir es hier mit einer Katastrophe zu tun haben, die ihren Grund in der menschengemachten Erderwärmung hat. Manche wissenschaftlichen Untersuchungen beschäftigen sich aktuell mit dieser Frage. Eine internationale Forschergruppe hat diesen möglichen

Zusammenhang mit ihren ersten Ergebnissen bestätigt und darin bekräftigt, dass die Erderwärmung solche extremen Wetterereignisse zukünftig wahrscheinlicher machen werde.[77]

Solche Aussagen sind für die Menschen aus den betroffenen Gebieten beunruhigend, weil sie uns plötzlich vor Augen führen, dass es selbst mitten in Westeuropa dazu kommen kann, dass Menschen zu Klimaflüchtlingen werden. Sie verlieren ihr Zuhause, ihre berufliche Existenz, ihre Hoffnung und verlassen ihre Heimat, weil sie dort für sich keine Zukunft mehr sehen. Der gesamte Wiederaufbau der betroffenen Region wird Jahre dauern, und niemand kann sagen, ob und wann das nächste Extremwetterereignis kommen wird und die Menschen wieder bei null anfangen müssten. Was sollen die Bewohner dieser Region tun? Gehen oder bleiben?

Die Umweltorganisation Greenpeace geht davon aus, dass wir es im Jahr 2040 weltweit mit bis zu 200 Millionen Klimaflüchtlingen zu tun haben werden. Bereits heute sind es über 20 Millionen Menschen, die aufgrund der Klimaerwärmung gezwungen sind, ihre Heimat zu verlassen, um zu überleben. Und wieder einmal trifft es besonders die ärmsten Regionen dieser Erde, die durch die Erderwärmung noch mehr als bisher unter Wassermangel und Hunger oder eben unter verheerenden Überschwemmungen leiden. Und alle wissen, dass sie nicht die Verursacher dieses Klimawandels sind. Manche Landstriche vertrocknen dauerhaft, manche versinken dauerhaft. Werden die Verursacher für die Not der Flüchtlinge aufkommen? Haben die Flüchtlinge ein Recht auf Entschädigung durch diejenigen, die den größten Klimaschaden anrichten? Wie kann das aussehen? Haben die Geflüchteten bei uns ein Recht auf Asyl? Müssen wir ihnen einen neuen Lebensraum anbieten? Gerade an dieser Stelle merken wir, wie eng die Themen Klimawandel und weltweite soziale Gerechtigkeit miteinander verbunden sind.

Zum Ende ihrer Rede stimmte die Rednerin immer wieder mit den Demonstranten zwei Kernsätze an, die dann noch häufiger auf dem sich anschließenden Demonstrationszug zu hören waren: „Unsere Zukunft ist nicht verhandelbar!" und: „Wir sind hier, wir sind laut, weil ihr uns die Zukunft klaut!"

---

77 World Weather Attribution: https://www.worldweatherattribution.org/wp-content/uploads/Scientific-report-Western-Europe-floods-2021-attribution.pdf.

Geht die Schöpfung den Bach runter?

Als ich in die Gesichter der vielen Jugendlichen vor dem Brandenburger Tor schaute, musste ich an meine eigene Jugend denken. Damals gab es einen Slogan, der die Grundstimmung meiner Generation ausgedrückt hat: *No Future*. Dieser Slogan war eine bunte Mischung aus Depression, Verzweiflung, Protest und Widerstand zugleich. Wir alle litten damals unter dem Kalten Krieg zwischen Ost und West. Wir fürchteten uns vor der Bedrohung eines Atomkrieges. Wir waren geprägt von der Nuklearkatastrophe von Tschernobyl im Jahr 1986. Radioaktive Wolken zogen damals über Europa. Die Strahlenwerte gingen zum Teil erheblich nach oben. In den Medien wurde intensiv darüber diskutiert, ob man Gemüse essen und Milch trinken dürfe. Eltern wurden aufgefordert, ihre Kinder nach dem Spielen im Freien gründlich abzuduschen. Luftverschmutzung, Waldsterben und saurer Regen waren bei uns im Alltag und im Schulunterricht *die* großen Themen. Wir haben intensiv mit unseren Lehrerinnen und Lehrern diskutiert, und viele von uns sahen einfach keine Perspektive mehr für unsere Erde, eben „No Future"! Damals war es die *No-Future*-Bewegung, heute haben wir die *Fridays-for-Future*-Bewegung. Im Hinblick auf die Bewahrung der Schöpfung sind unsere Probleme sicherlich nicht kleiner geworden. Können wir als Erdenbürger und Weltgemeinschaft noch das Ruder irgendwie herumreißen oder wird unsere Schöpfung den Bach runtergehen?

Während ich der jungen Frau zuhörte und die ganze Atmosphäre auf mich wirken ließ, muss ich an eine Begebenheit denken, die sich an diesem „Platz des 18. März" vor dem Brandenburger Tor nur zwei Tage zuvor abgespielt hat. Dort trafen wir an dieser Stelle auf eine Gruppe von evangelisierenden Christen. Einige von ihnen schwangen Fahnen vor dem Tor, während eine ältere Frau sprach. Wie die junge Frau von der *Fridays-for-Future*-Bewegung sprach sie ähnlich beherzt und eindringlich. Aber nur wenige Menschen blieben stehen, um ihr zuzuhören. Sie erzählte davon, wie Jesus ihr Leben verändert und wie er sie vor einem schweren Schicksalsschlag bewahrt habe. Daran anknüpfend, sprach sie von Buße, Bekehrung und ewigem Leben und forderte ihre wenigen Zuhörer auf, ihre Sünden vor Jesus zu bekennen und sich ihm anzuvertrauen, um Vergebung und ewiges Leben zu empfangen. Himmelwärts, das war das Ziel ihrer Kurzpredigt. Darauf sollte alles hinauslaufen. Wem vergeben ist, dem steht der Himmel offen.

Der Kontrast zwischen ihren Worten und den Worten der jungen Frau der *Fridays-for-Future*-Bewegung konnte nicht größer sein. Die eine ringt um den Erhalt der Erde und die Bewahrung der Schöpfung, die andere „wirbt" für ein ewiges Leben im Himmel bei Gott. Eine Botschaft für ein Leben mit Gott auf dieser Erde hatte sie nicht. Hat Gott sie für uns? Oder ist ihm die seufzende und leidende Schöpfung egal? Kann die Erde den Bach runtergehen, weil es für uns ja himmelwärts geht? Ist ihre Zukunft für uns irrelevant?

Ich möchte der Evangelistin nicht zu nahe treten und auch keine Bewertung ihrer Theologie nach den wenigen Minuten ihrer Kurzpredigt vornehmen, aber ihre Worte passen leider nur zu gut in die Theologie der europäischen Neuzeit, die dem Säkularisierungsprozess dadurch Vorschub geleistet hat, dass sie die Weltimmanenz Gottes zunehmend aufgegeben hat. Wenn Gott aber nur noch der Schöpfung fern gegenüber steht und in ihr nicht mehr zu finden ist, dann droht die Schöpfung zu einem Objekt des Raubbaus und des Verwertungsinteresses der Mächtigen zu verkommen. Hier braucht es dringend von theologischer Seite her einen Gegenakzent. So lädt Heinrich Christian Rust zu einem Trialog zwischen Gott, Menschen und Kosmos ein:

> *„Die Erde und mit ihr der gesamte Kosmos sind nicht nur Bereiche, die wir in der Beziehung zu Gott gestalten und lieben sollen, sondern es sind Mitgeschöpfe Gottes, mit denen wir in einer gemeinsamen spirituellen Koexistenz stehen. So lade ich Sie ein, diesen Trialog einer wechselseitigen spirituellen Kommunikation und Liebe zwischen Gott, Mensch und Kosmos in einer ökologischen Spiritualität in den Blick zu nehmen. Das ist keine Aufforderung zum Pantheismus, der Natur und Gott gleichsetzt. Auch meine ich nicht eine Naturreligion, die alle Dinge* in *Gott sieht und deutet (Panentheismus). Doch es ist eine Einübung in eine partnerschaftliche, von Gottes Geist bestimmte Gemeinschaft aller Geschöpfe Gottes mit Gott."*[78]

Im Sinne der Immanenz geht Gottes durch seinen Geist in seine Schöpfung ein, ohne in ihr aufzugehen. So kann unsere Erde durch seinen lebenspendenden Geist in ihr Leben schaffen und hervorbringen. Wir stehen mit ihr und allem Leben in einer Schöpfungsgemeinschaft, nicht aber aus uns selbst heraus, sondern aus der Kraft des Heiligen Geistes und dadurch in tiefer Abhängigkeit von Gott. Die ganze Schöpfung lebt auf ihn bezogen.

Wenn ich all die jungen (und älteren) Menschen auf der Demonstration vor Augen habe, dann spüre ich in ihrem Anliegen auch etwas von Gottes Schmerz um seine geliebte Schöpfung. Und wenn sie in Berlin ausrufen: „Unsere Zukunft ist nicht verhandelbar!", dann tröste ich mich mit dem Gedanken, dass Gottes Zukunft

78 Rust, H. C., a. a. O. 104 f.

für diese Schöpfung nicht verhandelbar ist. Niemand wird sie ihm rauben können. Er wird mit ihr zu seinem Ziel kommen.

Mit ihrem leidenschaftlichen Anliegen, die Schöpfung zu bewahren und globale Fehlentwicklungen zu korrigieren, ist mir die jüngere Generation Vorbild und Mahnung zugleich. Zu Recht schaut sie auch darauf, wie sich die Kirchen zu diesen Themen positionieren und was sie auch ganz praktisch tun. Sind wir nur eine Kirche des Wortes oder auch der Tat? Und was drücken wir mit unseren Taten aus? Und was sagen wir eigentlich, wenn wir nichts tun? Was sagt das über uns und unseren Glauben aus? Wenn Kirche sich von Christus her verstehen will, dann kann sie nur eine Ethik der Hoffnung leben.

8.5 HOFFEN FÜR DIESE WELT

Vom biblischen Zeugnis her bin ich zutiefst überzeugt, dass sich der Geist Gottes nicht aus dieser Welt zurückgezogen hat. Er ist vielmehr intensiv in ihr wirksam und drängt auf die Vollendung der neuen Schöpfung inmitten der Leiden und dem Seufzen der alten Schöpfung; er bereitet unsere Welt auf die Wiederkunft Jesu vor. Aber wie sieht diese Vollendung aus? Was ist damit gemeint? Im Kern geht es dabei zunächst um die Frage, ob wir für unsere Erde noch etwas erwarten dürfen. Hat diese Erde eine Zukunft? Wir erinnern uns, dass Himmel und Erde zwei Seiten der geschaffenen Wirklichkeit Gottes sind, die am Anfang untrennbar miteinander verbunden waren, aber durch den Sündenfall auseinandergerissen wurden.

Himmel und Erde werden eins in Jesus

Durch Jesu Sieg am Kreuz und seine Auferstehung hat Gott begonnen, Himmel und Erde wieder miteinander zu verbinden, ja diese Schöpfung wieder mit sich selbst zu versöhnen. Im Hinblick auf das besondere Werk des ewigen Gottessohnes schreibt Paulus nun im Kolosserbrief:

> *„Er ist das Bild des unsichtbaren Gottes, der erstgeborene Sohn des Vaters, aller Schöpfung voraus und ihr weit überlegen. Denn in ihm ist alles erschaffen worden, was im Himmel und auf der Erde lebt, die sichtbaren Geschöpfe auf der Erde und die unsichtbaren im Himmel – die Thronenden, die Herrschenden, die Mächte, die Gewalten. Alles hat Gott durch ihn geschaffen, und*

> *alles findet in ihm sein letztes Ziel. Er steht über allem, und alles besteht durch ihn."* *(Kol 1,15–17; GNB)*

Gott ist vor allem. Er ist der Ursprung und die Quelle allen Lebens. Der ewige Gott-Vater hat durch seinen Sohn in der Kraft des Heiligen Geistes alles erschaffen. Es gibt nichts, weder im Himmel noch auf der Erde, weder im Sichtbaren noch im Unsichtbaren, was außerhalb von ihm bzw. ohne ihn erschaffen wurde. Alles ist durch seinen liebenden und bejahenden Schöpferwillen erschaffen. Darüber hinaus macht Paulus deutlich, dass alles durch ihn besteht; alles wird durch ihn erhalten.

Wenn wir wie selbstverständlich ein- und ausatmen und unbewusst unterstellen, dass uns dies jeden Moment neu „gelingen" wird, dann geschieht dies doch nur durch seinen Geist, der uns erhält. Zu meiner Linken erblicke ich hier am Westhang des Ölbergs zahllose Gräber. Sie beinhalten die sterblichen Überreste von Menschen, die einmal gelebt haben. Irgendwann kam dann in ihrem Leben der Moment des letzten Atemzugs; sie hauchten ihr Leben aus: „Du nimmst ihren Lebensatem weg: Sie vergehen und werden wieder zu Staub" (Ps 104,29). Und doch sollen wir alle in dem ewigen Gottessohn unser letztes Ziel finden – nicht nur wir Menschen, sondern tatsächlich die ganze Schöpfung, die jetzt noch (und sicherlich mehr als jemals zuvor) leidet und stöhnt. Diese Schöpfung soll ihr Ziel in Jesus finden. Und so schreibt Paulus weiter:

> *„Er ist der Anfang der neuen Schöpfung, der Erstgeborene aller Toten, der zuerst zum neuen Leben gelangt ist, damit er in jeder Hinsicht der Erste sei. Denn Gott gefiel es, in ihm die ganze Fülle des Heils Wohnung nehmen zu lassen. Durch ihn wollte Gott alles versöhnen und zu neuer, heilvoller Einheit verbinden. Alles, was gegeneinander streitet, wollte er zur Einheit zusammenführen, nachdem er Frieden gestiftet hat durch das Blut, das Jesus am Kreuz vergoss; alles, was auf der Erde und im Himmel lebt, sollte geeint werden durch ihn und in ihm als dem letzten Ziel."* *(Kol 1,18ff; GNB)*

Die gesamte Schöpfung, nicht nur der Mensch, wird in Jesu Erlösungswerk hineingenommen. Sie hat ihren Fokus in der neuen Schöpfung, in der er selbst als der „Erstgeborene aller Toten" durch seine Auferstehung der Erste ist. Damit ist der Gottessohn nicht nur der Anfänger aller Schöpfung, sondern er ist auch ihr Vollender. Diese Vollendung geschieht dadurch, dass in Christus als dem Haupt des Universums alles vereint wird, was im Himmel und auf Erden ist. Diese Vereinigung ist der zentrale eschatologische Fluchtpunkt, der mir so bedeutsam erscheint, dass ich ihn in ähnlicher Form aus dem Epheserbrief zitieren möchte. Wenn wir also danach fragen, worauf es mit dieser Schöpfung hinauslaufen wird, dann können wir dies zentral mit Paulus so zusammenfassen: „Unter ihm, Christus, dem Oberhaupt des ganzen Universums, soll alles vereint werden – das, was im Himmel, und das, was auf der Erde ist“ (Eph 1,10; NGÜ).

Alles hat in Christus das letzte Ziel; auf ihn wird alles hinauslaufen. Und zwar auf eine solche Weise, dass er Himmel und Erde wieder zusammenführen wird. Dieses Zusammenführen ist allerdings keine Rückführung in das Ursprüngliche, sondern dessen Vollendung. Immer wieder konnten wir uns dies bis hierher auf unterschiedliche Weise vor Augen führen, wie Gott auf seinen Heilswegen mit seiner geliebten Schöpfung Orte der Vereinigung von Himmel und Erde schafft: im Garten Eden, auf dem Sinai, in der Stiftshütte, im Tempel, in Jesus selbst und dann nach der Ausgießung des Geistes zu Pfingsten auch in seinen Nachfolgern. Diese Vereinigung von Himmel und Erde wird final von kosmischer Dimension sein.

Jesus, der Erbe aller Dinge

Die Grundlage dieser Zusammenführung in Jesus ist sein Kreuzigungstod. Wenn aber alles in ihm und durch ihn geeint wird, dann bedeutet dies auch konsequenterweise, dass Jesus durch sein Sterben am Kreuz zum Erben dieser Schöpfung geworden ist. So sagt uns der Verfasser des Hebräerbriefes, dass Gott seinen Sohn „zum Erben aller Dinge eingesetzt hat, durch den er auch die Welten gemacht hat“ (Hebr 1,2). Der ewige Gottessohn, durch den die Welten erschaffen wurden, hat dadurch, dass er sein Leben für seine Schöpfung gelassen hat, einen Anspruch auf sie. Diese ganze Schöpfung gehört dem Sohn. Er hat ein Anrecht auf alle Dinge, uns eingeschlossen. Er hat sie nicht nur erschaffen, er trägt sie nicht nur heute, sondern sie sind auch sein Erbteil. Jesus erbt alles. Diese neutestamentlichen Aussagen sind im Kern bereits alte messianische Verheißungen. So heißt es im bedeutenden messianischen Ps 2 über den Sohn, den Gott auf Zion zum König bzw. Messias einsetzen wird: „Fordere von mir, und ich will dir die Nationen zum Erbteil geben, zu deinem Besitz die ganze Erde“ (Ps 2,8).

Nicht immer lohnt sich eine Erbschaft. Manchmal wissen die potenziellen Erben vorab, dass außer Schulden nichts zu erben ist, und winken dankend ab. Niemand will ein Erbe antreten, das unterm Strich Schulden aufzuweisen hat. Und wenn ich dann auf unsere Erde und Menschheit schaue mit all der Not, der Verzweiflung, der Ungerechtigkeit, den Kriegen, dem Sterben, dem Klimawandel und all dem anderen Unheilvollen, dann ist doch die Frage naheliegend: Wer will denn das alles erben? Wer will diese Schulden einer ganzen Menschheit übernehmen? Wer will die Rechnung begleichen? Den Kopf hinhalten? Jesus. Jesus will diese kaputte und so sehr leidende Schöpfung haben. Er hat dafür den Preis am Kreuz bezahlt. Es war der Höchstpreis. Er hat es aus Liebe getan. Er wollte der Erbe dieser Welt und unseres persönlichen Lebens sein.

Als Erbe ist Jesus dann aber auch zum Herrn dieser Welt eingesetzt. Der Erbe ist der Herr. Diese Sicht weckt in mir in diesen trüben Zeiten eine Melodie der Hoffnung. Diese Schöpfung wird nicht den Bach runtergehen, weil Jesus sie mit sich versöhnt hat. Damit geht unsere Erde einer Herrlichkeit entgegen, die ihre bisherige Herrlichkeit übertreffen wird. Und diese Herrlichkeit ist an Jesus und seine Herrschaft gebunden. Diese Herrschaft wird einmal sichtbar werden. Dann aber muss es für diese Schöpfung noch eine messianische Friedenszeit geben, in der Jesus in seinem Reich mit seinen Heiligen herrschen wird.

9.

REICH GOTTES UND GESCHICHTLICHE ESCHATOLOGIE

9.1 DIE TREUE DES MESSIAS UND DAS NEUE BUNDESVOLK

Ich verlasse meine Bank am Westhang des Ölbergs und gehe die letzte Wegstrecke zum Gipfel hinauf. Kurz vor dem Gipfelaussichtspunkt gelange ich zu den sogenannten „Gräbern der Propheten“. Hier sollen nach alter Überlieferung die letzten drei Propheten des Alten Testaments – Haggai, Sacharja und Maleachi – begraben sein. Sie alle heben die alte messianische Verheißung der Hoffnung für diese Welt noch einmal hoch. Gerade der Prophet Sacharja hat bei den Propheten des Alten Testaments eine Sonderstellung, da er sowohl das erste als auch das zweite Kommen des Messias prophetisch vor Augen hat.

Das zweifache Kommen des Messias

Diese differenzierte Einsicht haben wir allerdings erst, wenn wir vom Neuen Testament her kommen und Sacharja mit der Kenntnis seiner Texte lesen. Das erste Kommen, das Sacharja prophetisch sieht, haben wir beim Einzug Jesu in Jerusalem in Abschnitt 8.2 bewegt. Es handelt sich um die Textstelle aus Sach 9,9.10, die Matthäus aufgegriffen hat mit den Worten:

> *„Dies aber ist geschehen, damit erfüllt würde, was durch den Propheten geredet ist, der spricht: ‚Sagt der Tochter Zion: Siehe, dein König kommt zu dir, sanftmütig und auf einer Eselin reitend, und zwar auf einem Fohlen, dem Jungen eines Lasttiers.‘“* (Mt 21,4.5)

Ganz offensichtlich lag es Jesus durch seine Inszenierung mit dem Reiten auf einem Fohlen auf dem Herzen, dass in den Menschen vor den Toren Jerusalems genau diese Stelle aus Sacharja wachgerufen wird. Sie sollten in ihm den König bzw. Messias Israels erkennen. Mit dieser Handlung hat Jesus sein Selbstverständnis öffentlich zum Ausdruck gebracht. Nun weckt Sacharja bei seinem Volk aber einen weiteren Jubelruf, den wir von Sach 9,9 abgrenzen müssen:

> *„Juble und freue dich, Tochter Zion! Denn siehe, ich komme und werde in deiner Mitte wohnen, spricht der HERR. Und an jenem Tag werden viele Nationen sich dem HERRN anschließen. So werden sie mein Volk sein. Und ich werde in deiner Mitte wohnen, und du wirst erkennen, dass der HERR der Heerscharen mich zu dir gesandt hat. Und der HERR wird Juda als sein Erbteil besitzen im heiligen Land und wird Jerusalem aufs Neue erwählen. Alles Fleisch schweige vor dem HERRN! Denn er hat sich aufgemacht aus seiner heiligen Wohnung." (Sach 2,14–17)*

Wir haben es hier mit einer vielschichtigen Prophetie zu tun. Sie ist eingebunden in die dritte Nachtvision, die Sacharja empfängt (Sach 2,5–17). In ihr geht es zunächst um einen jungen Mann, der mit einer Messschnur das zukünftige Jerusalem vermessen soll. Diesem Mann wird durch einen Engel folgendes Wort Gottes gesagt: „Eine offene Stadt wird Jerusalem bleiben wegen der Menge an Menschen und Vieh in seiner Mitte. Und ich selbst werde ihm ringsherum eine feurige Mauer sein, spricht der HERR, und ich werde zur Herrlichkeit in seiner Mitte sein" (Sach 2,8.9). Das zukünftige Jerusalem wird keine Mauer mehr benötigen, weil Gott selbst diese Schutzmauer sein wird. Neben der Rückkehr des Volkes zum Zion bedeutet dies aber auch eine Rückkehr Gottes nach Jerusalem, um in dieser Stadt dauerhaft gegenwärtig zu sein. Seine Herrlichkeit in der Mitte der Stadt drückt dies eindrücklich aus. Daran knüpft Sach 2,14–17 an. Wenn dies zu erwarten ist, dann hat die Tochter Zion allen Grund zum Jubel und zur Freude; sie darf das Kommen Gottes erwarten.

So macht Vers 14 deutlich, dass Gott selbst kommen wird, um in der Mitte der Tochter Zion, also Jerusalem, zu wohnen. Hier haben wir es wieder mit dem Wortpaar *Herrlichkeit* (kabod) und *wohnen* (schakan) zu tun, das uns nachhaltig begleitet. Auch für das zukünftige Jerusalem wird es genau darum gehen. Die Herrlichkeit Gottes will dort dauerhaft Wohnung nehmen. Dieses Wohnen Gottes kommt aber nicht nur den Bewohnern Jerusalems zugute, die auch repräsentativ für das Volk Israel stehen. Das Kommen Gottes hat weltumspannende Auswirkungen. Wir finden hier die prophetische Zionstheologie wieder, die bereits Jesaja begründet hat (vgl. Abschnitt 4.4): Zion soll der universale Ort der Anbetung Gottes für alle Völker werden (vgl. Jes 2,2–5). Sacharja sieht, dass diese Völkereinbindung entscheidende Konsequenzen für Israels Bundesmonotheismus hat: War bisher Israel „mein Volk", so gilt dies nun auch für die Nationen: „So werden sie mein Volk sein." Hier erfüllt sich das Ziel der Erwählung Israels, Licht für die Völker zu sein. Wenn es zum Licht für die Völker geworden ist, dann bedeutet dies in der Konsequenz, dass auch die Nationen zum Volk Gottes werden. Sacharjas Worte geben uns an dieser Stelle keinen direkten prophetischen Einblick, wie diese Einbindung der Völker erfolgen wird. Er kann an dieser Stelle nur das aussprechen, was er von Gott empfangen hat.

Weiterführend erfährt sein Wort aber eine erstaunliche Wendung. Hat er eingangs mit dem Jubelruf die Aussage getätigt, dass der HERR selbst kommen wird, um in der Mitte der Tochter Zion zu wohnen, so bekommt dieses Wort nun eine bemerkenswerte Konkretisierung: „Und ich werde in deiner Mitte wohnen, und du wirst erkennen, dass der HERR der Heerscharen mich zu dir gesandt hat." Ist der HERR eingangs der Einwohnende, so ist er nun der Sendende. Es stellt sich die Frage, wer dann der Gesandte ist, der in Vers 15 sagt: „Und ich werde in deiner Mitte wohnen." Wer ist diese Person, die vom HERRN selbst nach Zion gesandt wird? Mancher Ausleger vermutet, dass damit der Prophet selbst oder der Engel gemeint ist.[79]

Ich gehe allerdings davon aus, dass dieser Gesandte der Messias selbst ist.[80] In ihm bzw. durch ihn wird der HERR in der Mitte seines Volkes wohnen. In diesem Messias muss dann auch die Ermöglichung dessen liegen, dass auch die Nationen zum Volk Gottes werden können. Damit nähern wir uns Vers 17: „Alles Fleisch schweige vor dem HERRN! Denn er hat sich aufgemacht aus seiner heiligen Wohnung." Diesen Vers können wir aus der Perspektive des Neuen Testaments trinitarisch deuten: Der Messias ist der ewige Gottessohn, der die Herrlichkeit beim Vater verlassen hat, um zum Messias Israels und der ganzen Welt zu werden.

Und zugleich liegt in diesem Vers eine weitere Erfüllungsdimension, da dieser Gottessohn sich noch einmal aufmachen wird, um seinen Thron zur Rechten

---

79 Vgl. z. B. Lux, R.: Jerusalem – Stadt der Treue. JHWHs Schekina in Zion nach Sacharja 1–8 60. Ebenso Klein, G. L.: Zechariah 127.

80 So auch Berger, B.: Der König kommt … und baut sein Reich 117. Ebenso Laubach, F.: Sacharja 46.

des Vaters zu verlassen und in Jerusalem den Thron Davids einzunehmen. Beide Kommen müssen wir im prophetischen Wort bei Sacharja im Blick behalten. Mit seinem ersten Kommen lassen sich diese Verse nicht erschöpfend deuten. Ihre eigentliche Erfüllungsdimension finden sie in der Wiederkunft Jesu. Erst dann wird Jerusalem neu erwählt und erfährt mit ihm die eschatologische Einwohnung Gottes in Herrlichkeit. Erst dann wird es zu einer weltumspannenden Völkerwallfahrt um des Messias willen kommen. Erst dann wird alles Fleisch schweigen. Interessant ist in diesem Zusammenhang die Verbindung von heiligem Land und heiliger Wohnung. Hier erkennen wir einmal mehr, wie Jesus in sich Himmel und Erde miteinander verbinden wird (vgl. Eph 1,10). Wenn er kommt, werden beide Sphären in ihm und durch ihn wieder miteinander verbunden. Letztlich wird das Land durch seine einwohnende Gegenwart und Herrlichkeit in Jerusalem heilig.

Doppelte Treue

Beginnen wir mit dem ersten Kommen des Gottessohnes aus seiner heiligen Wohnung. Dieser Messias ist der Sohn Gottes und der Sohn Davids zugleich. Als der Sohn Davids ist er der Repräsentant Israels. Sein herausragendes Merkmal ist seine Treue zu Gott, und so verkörpert er in der Kraft des Heiligen Geistes das treue Israel.[81] Genau an dieser Treue sollte auch Israel als Bundesvolk erkennbar sein. Daran ist Israel gescheitert. Aus bundesmonotheistischer Perspektive löste nun Jesus durch seine Treue den von Gott an Israel geforderten Gehorsam ein und wurde darin der wahre Sohn Israels. Im Sinne der Erwählung Israels, Licht für die Völker zu sein, liegt in seiner einzigartigen Treue die Autorität, das Licht der Welt zu sein und die Völker in den neuen Bund mit Gott einzuladen.

In dem Messias drückt sich eine doppelte Treue aus: Die Treue Gottes zu Israel, indem der Gottessohn durch seine Menschwerdung Teil seines Bundesvolkes wird, und zugleich die Treue des wahren Israeliten zu Gott. Dessen Treue geht so weit, dass er am Kreuz das Sch'ma Israel in Vollendung auslebt: „Höre Israel: Der HERR ist unser Gott, der HERR allein! Und du sollst den HERRN, deinen Gott, lieben mit deinem ganzen Herzen und mit deiner ganzen Seele und mit deiner ganzen Kraft" (5Mo 6,4). Nirgendwo wird diese von Gott geforderte Hingabe konsequenter gelebt als dort am Kreuz von Golgatha, als Jesus sich selbst als Opfer dem Vater hingibt.

81 Zur Treue des Messias vgl. ausführlich Wright, N. T.: Paul and the faithfulness of God 836 ff.

In Jerusalem offenbart sich Jesu Treue gegenüber seinem Vater in vollem Umfang. Zugleich kommt auch die Treue Gottes zu seinem Sohn als Repräsentanten Israels in Jerusalem zur Vollendung: Dort erweckt er ihn von den Toten.

Sacharja spricht in unserem Textabschnitt davon, dass der HERR „Jerusalem aufs Neue erwählen" wird (Sach 2,16). In der Neuerwählung drückt sich die unbedingte Treue Gottes zu seinem Volk und seiner Stadt aus. Ähnlich heißt es schon in Sach 1,17: „So spricht der HERR der Heerscharen: Meine Städte sollen noch überfließen von Gutem; und der HERR wird Zion noch trösten und Jerusalem noch erwählen." Da nach Sacharja Gottes Treue aber auch die Nationen im Blick hat und auch sie „mein Volk" sein sollen, wird bereits hier angedeutet, dass die Treue des kommenden Messias den Begriff der Erwählung verändern wird. Erwählung, so können wir es aus neutestamentlicher Perspektive sagen, wird nun an der Treue des Messias festgemacht, an der auch die Menschen aus den Nationen durch ihren Glauben an ihn Anteil haben sollen.

Darum legt Sacharja bezüglich der Einwohnung des HERRN in der Mitte seines Volkes den Fokus auf den Gesandten des HERRN, weil sich gerade in ihm die Treue Gottes ausdrückt. Und an seine Treue können sich neben Israel die Nationen binden – mit ihrem Glauben bzw. ihrer Treue. Nirgendwo sonst wird sich diese Treue so nachhaltig ausdrücken wie in dieser Stadt. In diesem Zusammenhang ist Gottes Aussage in Sach 8,3 zu verstehen: „Ich kehre nach Jerusalem zurück und wohne mitten in Jerusalem. Und Jerusalem wird ‚Stadt der Treue' genannt werden und der Berg des HERRN der Heerscharen ‚heiliger Berg'."

Paulus wird dann später in seinen Briefen an die Römer und Galater bezüglich der Frage nach dem erwählten Volk bzw. dem Volk Gottes eine neue Grenzmarkierung setzen. Die alten Grenzmarkierungen des Judentums werden durch den Messias Israels aufgehoben. Es wird nicht mehr die Zugehörigkeit zu den zwölf Stämmen sein, auch nicht die Beschneidung oder die Einhaltung der Torah, des Sabbats sowie der Speise- und Reinheitsgebote, die darüber entscheiden sollen, wer zum Volk Gottes gehört oder nicht. Die neue Grenzmarkierung ist der Messias Jesus. Zu den Erwählten bzw. zum Bundesvolk dürfen sich nun diejenigen zählen, die zum Messias gehören und seinen Geist empfangen haben. Und Sacharja ruft bereits im sechsten Jahrhundert v. Chr. aus, dass auch die Nationen Teil des eschatologischen Bundesvolkes werden sollen.

9.2 DER ÖLBERG ZWISCHEN GERICHT UND HEIL

Nun spricht Sacharja in Sach 2,14–17 besonders vom zweiten Kommen des Messias. Dem wollen wir uns nun widmen. Und nicht von ungefähr befinden sich die Gräber der letzten drei Propheten des Alten Testaments direkt am Oberhang des Ölbergs. Schon oftmals bin ich an diesen Gräbern vorbeigegangen, aber tatsächlich habe ich sie bisher niemals besucht, da sie sich auf einem Privatgrundstück einer arabischen Familie befinden. Dieses Mal spüre ich mir ein Drängen des Heiligen Geistes, nicht an diesem Ort vorüberzugehen. Das Grundstück lädt in seiner ersten Erscheinungsform nicht nachhaltig dazu ein, es zu betreten und die Gräber zu besichtigen. Gleich zu Beginn wird mit einem Schild vor einem Schäferhund gewarnt. Das ganze Erscheinungsbild des Grundstücks macht zudem deutlich, dass es eben privat und nicht öffentlich ist.

Wenn man die erste Hemmschwelle überwindet, sieht man von weitem ein altes verrostetes Schild, das offensichtlich auf den Eingang der Gräber hinweisen möchte. Das Schild wirkt auf mich wie ein Relikt aus früheren Zeiten. Können die Gräber tatsächlich heute noch besichtigt werden? Ich bin skeptisch, taste mich aber langsam auf dem Grundstück vor, weil ich zu gerne diese Gräber einmal sehen möchte. Wiederholt halte ich Ausschau nach dem Schäferhund; er ist aber weder zu sehen noch zu hören. Dann endlich stoße ich auf eine Steintreppe, die in großen Stufen ins Erdreich hinuntergeht. Die letzte für mich erkennbare Stufe führt in ein dunkles Loch. Ich stocke und bin unsicher, ob ich einfach so in diese Höhle steigen kann; weit und breit ist kein Mensch zu sehen.

Die Gräber der Propheten

Plötzlich tritt aus der Dunkelheit der Höhle ein älterer Herr heraus, der mich freundlich zu einer Führung einlädt. Es scheint mir so, als wenn er und das alte Hinweisschild ungefähr denselben Jahrgang haben. Ich nehme die Einladung gerne an und gehe die Steintreppe hinunter. Unten angekommen, befinde ich mich in einer runden und recht hohen Höhle, von der unterschiedliche Gänge ausgehen. In ihr befindet sich kein elektrisches Licht, sodass mir der Mann zunächst eine Kerze reicht, die aber hier im Vorraum der Höhle aufgrund des hereinscheinenden Tageslichts noch nicht nötig ist. Rechts in der Felsenwand befindet sich ein altes Waschbecken, das wohl für rituelle Zwecke genutzt wurde.

Wie sich herausstellt, heißt der Mann Jamil und ist in dem Haus gegenüber dem Höhleneingang aufgewachsen. Als er zehn Jahre alt wurde, hat sein Vater ihn angeleitet, Führungen in dieser Prophetenhöhle anzubieten. Jamil ist arabischer Christ. Er liebt die Höhle – zum einen, weil sie Teil seines langen Lebens ist, zum anderen aufgrund ihrer prophetischen Bedeutung an diesem Ort des Ölberges. Ohne lange zu zögern, zitiert er Sach 14,4: „Und seine Füße werden an jenem Tag auf dem Ölberg stehen, der vor Jerusalem im Osten liegt." Jamil strahlt mich an, als er die Stelle wörtlich wiedergibt, und ergänzt: „Dorthin wird der Messias kommen." Diese Höhle befindet sich nur wenige Meter unter dem Gipfel. Ich frage Jamil nach der Authentizität der Gräber, wobei mir bewusst ist, dass er aufgrund seiner persönlichen Betroffenheit und Lebensgeschichte hier vor Ort diese sicherlich nicht in Frage stellen wird. Und so antwortet er mir: „Sacharja hat das Kommen des Messias auf den Ölberg prophezeit. In seinem Grab liegt er dem kommenden Messias quasi zu Füßen, und bei der Auferstehung der Toten wird er seinen Messias hier oben auf dem Ölberg sehen. Wo sonst sollte der Prophet, der mit Haggai zur Zeit des Aufbaus des zweiten Tempels in Jerusalem gewirkt hat, begraben sein?"

Tatsächlich gehen hier die Gräber auf dem Ölberg bis in die Zeit Davids zurück. Es ist sehr wahrscheinlich, dass die sterblichen Überreste der drei Jerusalemer Propheten am Westhang des Ölbergs begraben wurden. Warum dann nicht hier? Jamil erzählt mir, dass die anderen Gräber später den Prophetenschülern und weiteren Nachfolgern gedient hätten. „Du musst den Geist dieses Ortes spüren", erklärt mir Jamil. „Die meisten Touristen kommen in die Höhle, blicken sich kurz um und gehen wieder. Aber sie erspüren nicht die Spiritualität dieses Ortes."

Dann führt mich Jamil durch das nahezu symmetrisch angeordnete Gängenetz, das aus einem inneren und einem äußeren Halbbogen besteht. Der innere Halbbogen dient besonders dem Gebet. An einem markanten Punkt ist ein Steintisch in die Wand geschlagen. Auf diesem wurden die Verstorbenen einbalsamiert. Jamil leitet mich weiter in den äußeren Bogen. Ich folge ihm mit meiner Kerze, die immer wieder durch den Luftzug auszugehen droht. Schützend halte ich meine Hand vor den brennenden Docht. In den Wänden des äußeren Halbbogens befinden sich die Nischen mit den Gräbern. Alle Nischen haben oben einen Halbbogen, mit Ausnahme von drei Gräbern, die eher rechteckig geformt sind. Diese sollen die Prophetengräber von Sacharja, Haggai und Maleachi sein. Ich bleibe vor dem Grab von Sacharja stehen. Über seinem Grab ist in die Steinwand sein Name geritzt. Ich blicke in das offene Grab und sehe zahlreiche gefaltete Zettel und kleine Kerzenstummel. „Dies sind die geschriebenen Gebete der Juden, die hier regelmäßig zum Gebet kommen", erklärt mir Jamil. Wir halten einen Moment inne und schweigen. Ganz im Sinne von Jamil versuche ich, den Geist dieses Ortes zu erspüren.

Wie an so vielen Orten in diesem Land und dieser Stadt muss ich die Spannung zwischen Authentizität und Legende bzw. Tradition aushalten. Aber auch eine Legende will ja auf ihre Weise eine Wahrheit zum Ausdruck bringen. Ich weiß, dass dieser Ort hinsichtlich der Authentizität der drei Prophetengräber umstritten ist. Archäologen vermuten, dass die ältesten Gräber aus dieser Höhle vermutlich aus der späten Zeit des zweiten Tempels stammen. Man setzt ihre Entstehungszeit auf das erste Jahrhundert v. Chr. an. Damit wären sie rund 500 Jahre jünger als Haggai und Sacharja, die im sechsten Jahrhundert gewirkt haben. Möglicherweise sind aber auch die älteren Gräber damals im ersten Jahrhundert v. Chr. so aus- und umgebaut worden, dass sich ihr Ursprungsalter nicht mehr rekonstruieren lässt. Die jüngeren Gräber stammen offensichtlich aus der byzantinischen Zeit. Man vermutet, dass hier christliche Pilger begraben wurden, die sich in Jerusalem aufgehalten haben und während ihres Aufenthalts verstorben sind.

Hier unten will ich mich aber nicht länger mit historischen Fragen beschäftigen, sondern etwas von dem erahnen, was dieser Ort eigentlich ausdrücken will. Ich befinde mich hier an der obersten Stelle des Friedhofs am Ölberghang. In Jamil spüre ich etwas von dieser tiefen Sehnsucht nach dem Kommen des Messias. Ein arabischer Christ, der auf einen jüdischen Messias wartet, der zugleich der Messias der ganzen Welt ist. Sein ganzes Leben an diesem kleinen Ort steht für die Sehnsucht nach der Erfüllung dieser alten Prophetie von Sacharja. Auch in diesem alten Mann bleibt die prophetische Stimme lebendig. Jeden Tag neu erzählt er den Menschen von dieser Vision. Seine Sehnsucht ist es, dass diese prophetische Stimme in jedem weiterlebt, der diesen Ort besucht hat. So auch in mir.

Als ich die Höhle verlasse, blicke ich auf von dieser wunderbaren Anhöhe auf Jerusalem. Ich sehe die fromme Altstadt und die pulsierende Neustadt mit den vielen Baukränen. Ich sehe die arabischen und die jüdischen Viertel – und mittendrin die Busse, die täglich neue Touristen hierherbringen. Jerusalem ist eine laute und eine leise Stadt zugleich. Sie kann unglaublich anstrengend sein, und bietet doch zugleich einen Raum dafür, eschatologische Luft zu atmen – selbst in einer dunklen Höhle am Ölberghang.

Auf dem Gipfelplateau des Ölbergs

Ich verlasse das Grundstück von Jamil und gehe die letzten Stufen zum Ölberg hinauf. Oben auf dem Gipfelplateau lasse ich noch einmal diesen gewaltigen Panoramablick auf mich wirken. Hier oben gibt es einige halbrunde Sitznischen aus Stein, die zum Verweilen und Betrachten der Stadt einladen. Ich denke nochmals an die letzten beiden Verse aus Sach 2,14–17: „Und der HERR wird Juda als sein Erbteil besitzen im heiligen Land und wird Jerusalem aufs Neue erwählen. Alles Fleisch schweige vor dem HERRN! Denn er hat sich aufgemacht aus seiner heiligen Wohnung“ (Sach 2,16.17). Wenn wir das zweite Kommen Christi vor Augen haben, dann bedeutet dies ja, dass er noch einmal seine heilige Wohnung verlassen wird. Sein Ankunftsort auf dieser Erde wird dieser Berg sein, auf dem ich gerade stehe.

Dieser Ort hat im Hinblick auf die Bewegungen Gottes eine herausragende Geschichte. Vor der Zerstörung des Salomonischen Tempels hat es die Schechina hierhergezogen. Wir haben uns diese Stelle aus Hes 11,23 bereits in Abschnitt 5.2 angeschaut: „Und die Herrlichkeit des HERRN stieg auf, mitten aus der Stadt hinweg, und stellte sich auf den Berg, der im Osten der Stadt ist.“ Was daran anknüpfend mit der Schechina geschah, hat Hesekiel uns nicht berichtet. Wir wissen nur, dass sie das Allerheiligste und den Tempel zum Ölberg hin verlassen hat. Wir haben uns dann mit der Exilsschechina beschäftigt.

Warum aber hat Gott dem Propheten diese Herrlichkeitsschau auf dem Ölberg gegeben? Worin liegt die prophetische Bedeutung? Ich bin davon überzeugt, dass dieses Bild mehr als eine Gerichtsschau ist, wenngleich die Gerichtsdimension zweifelsohne mitschwingt. Ich glaube, dass Hesekiel mit uns sehen sollte, dass die Schechina dorthin auf den Ölberg zurückkehren wird, um dann anschließend wieder in Jerusalem zu wohnen. Der Blick des Propheten wird auf diesen Berg gelenkt und mit ihm und Sacharja soll auch unser Blick auf diesen Berg gelenkt werden.

Jesus und die Schechina auf dem Ölberg

In ähnlicher Weise erleben wir es dann bei Jesus selbst. Es ist doch erstaunlich, dass seine Himmelfahrt ausgerechnet auf diesem Berg erfolgt und eben nicht auf dem Zionsberg oder dem Tempelberg. Am Tag seiner Himmelfahrt ging Jesus mit seinen Jüngern auf den Ölberg. Lukas schreibt dazu: „Er führte sie aber hinaus bis gegen Bethanien und hob seine Hände auf und segnete sie. Und es geschah, während er sie segnete, schied er von ihnen und wurde hinaufgetragen in den Himmel“ (Lk 24,50.51). In seiner Apostelgeschichte führt Lukas dieses Ereignis weiter aus:

> *„Und als sie gespannt zum Himmel schauten, wie er auffuhr, siehe, da standen zwei Männer in weißen Kleidern bei ihnen, die auch sprachen: Männer von Galiläa, was steht ihr und seht hinauf zum Himmel? Dieser Jesus, der von euch weg in den Himmel aufgenommen worden ist, wird so kommen, wie ihr ihn habt hingehen sehen in den Himmel. Da kehrten sie nach Jerusalem zurück von*

> *dem Berg, welcher Ölberg heißt, der nahe bei Jerusalem ist, einen Sabbatweg entfernt."* *(Apg 1,10–12)*

Wir wissen nicht explizit von Jesus bzw. aus den Evangelien, warum er mit ihnen diesen Weg an seinem letzten Tag auf dieser Erde gegangen ist. Wir wissen lediglich aus dem Beginn der Apostelgeschichte, dass er mit ihnen zuvor vierzig Tage über das Reich Gottes gesprochen hat. Mich würde es nicht wundern, wenn er darin auch über die vergangene und zukünftige Bedeutung des Ölbergs geredet hat. Ähnlich wie bei seinem Einzug in Jerusalem auf einem Eselfohlen vom Ölberg kommend, wollte er zweifelsohne auch mit seiner Himmelfahrt die messianisch-eschatologische Bedeutung dieses Ereignisses hervorheben.

So, wie sich die Schechina in Hes 11,23 auf den Ölberg stellte, so stand er nun vor ihnen auf dem Ölberg. So, wie Hesekiel der Stadt Jerusalem das Gericht ankündigte, so kündigte auch Jesus der Stadt das Gericht an. Bei Hesekiel hatte dies die Zerstörung des ersten Tempels zur Folge, bei Jesus die Zerstörung des zweiten Tempels. Und gerade in der Zerstörung des Tempels sollte die Rehabilitierung Jesu liegen.[82] An der Zerstörung des Tempels sollten die Menschen erkennen, dass er der Messias ist. Zuvor hatte er noch den Einwohnern von Jerusalem gesagt: „Siehe, euer Haus wird euch öde gelassen …" (Mt 22,38) sowie: „Hier wird nicht ein Stein auf dem anderen gelassen werden, der nicht abgebrochen werden wird" (Mt 24,2).

Die Parallelen zwischen Hesekiel und Jesus sind erstaunlich. In beiden Fällen haben wir abschließend das Bild von der Schechina auf dem Ölberg. Einmal als Herrlichkeitswolke, einmal als auferstandener Herr. Aber zugleich haben wir in den Gottesgerichten selbst auch Zeichen des Heils. Nicht für immer wird sich die Schechina aus Jerusalem zurückziehen. Hesekiel sieht, wie die Herrlichkeit Gottes vom Osten her (vom Ölberg) nach Jerusalem zurückkehrt: „Und siehe, die Herrlichkeit des Gottes Israels kam vom Osten her, und ihr Rauschen war wie das Rauschen großer Wasser, und die Erde leuchtete von seiner Herrlichkeit" (Hes 43,2). Die beiden Männer mit weißen Kleidern erzählen den Jüngern, dass Jesus auf dieselbe Weise zurückkehren wird, wie er von ihnen gegangen ist; damit ist offensichtlich auch derselbe Ort gemeint.

Hier können wir eine Verbindungslinie zu Sach 14,4 ziehen. Dem Gericht folgt das Heil, das in der Kreuzigung und Auferstehung Jesu bereits wirksam ist. Wenn Jesus nun eines Tages auf den Ölberg zurückkommen wird, dann offensichtlich

82 Vgl. hierzu ausführlich Wright, N. T.: Jesus und der Sieg Gottes 419 ff.

mit dem Ziel, um als der Erbe und König inmitten seiner Schöpfung zu wohnen – und dies in der Stadt, die er selbst als die „Stadt des großen Königs" bezeichnet hat (Mt 5,35).

Hesekiel vernimmt nach der Schau der Rückkehr der Schechina folgende Worte Gottes: „Menschensohn, sieh die Stätte meines Thrones und die Stätte meiner Fußsohlen, wo ich mitten unter den Söhnen Israels wohnen werde für ewig" (Hes 43,7). Hesekiel sieht also zusammengefasst die Rückkehr der Schechina, um in der Mitte der Söhne Israels zu wohnen. Auch hier findet sich wieder das für uns zentrale Wortpaar *Herrlichkeit* (kabod) und *wohnen* (schakan). Und genau diese prophetische Schau der Einwohnung der Herrlichkeit in Jerusalem haben wir auch in der dritten Nachtvision bei Sacharja gesehen. Dort haben wir sie mit dem Messias, dem Gesandten des HERRN, in Verbindung gebracht: Gottes Herrlichkeit will wieder in Jerusalem wohnen.

Ganz offensichtlich ist diese Prophetie nicht mit dem ersten Kommen Jesu erschöpfend erfüllt. Dies können wir in der Zusammenführung der hier betrachteten Texte aus Hesekiel, Sacharja und der Apostelgeschichte gut erkennen. Wenn Jesus der Erbe aller Dinge ist und die ganze Schöpfung für sich erlöst hat und ihr Herr geworden ist, dann steht dieser geplagten Erde noch eine besondere Heilszeit bevor. Diese vor uns liegende Zeit ist uns sowohl aus dem Judentum als auch aus dem Christentum bekannt.

9.3 JÜDISCHER MESSIANISMUS

Die Hebräische Bibel bzw. das Alte Testament ist von dieser Hoffnung einer zukünftigen Heilszeit auf Erden durchzogen. Wir finden in ihr nur wenige Hinweise auf eine personale Eschatologie (Was passiert mit mir, wenn ich sterbe?) bzw. auf ein ewiges Leben im Himmel. Sprechen die Propheten von den zukünftigen Dingen, dann liegt ihr Fokus darauf, dass Gott sein Volk und das ihm zugesprochene Land wieder zusammenführen wird, um in seiner Mitte zu wohnen – nicht ohne die dazu notwendige Reinigung bzw. Beschneidung der Herzen vorzunehmen. Hiervon spricht bereits die Torah in 5Mo 30: Wenn das Volk aufgrund seines Ungehorsams im Exil ist und es dort umkehrt zum HERRN, dann wird er sich erbarmen und es aus der Zerstreuung wieder zurück in sein Land bringen: „Und der HERR, dein Gott, wird dein Herz und das Herz deiner Nachkommenschaft beschneiden, damit du den HERRN, deinen Gott, liebst mit deinem ganzen Herzen und mit deiner ganzen Seele, dass du am Leben bleibst" (5Mo 30,6).

„Ich werde …"

Daran knüpfen die Propheten an, entfalten diese Worte und verweisen darin immer wieder auf eine besondere Zeit, in der dies umfassend geschehen wird. Beispielhaft und auszugsweise soll dies an Hes 36 deutlich werden:

> *„Und **ich werde** euch aus den Nationen holen und euch aus allen Ländern sammeln und euch in euer Land bringen. Und **ich werde** reines Wasser auf euch sprengen, und ihr werdet rein sein; von all euren Unreinheiten und von all euren Götzen **werde ich** euch reinigen. Und **ich werde** euch ein neues Herz geben und einen neuen Geist in euer Inneres geben; und **ich werde** das steinerne Herz aus eurem Fleisch wegnehmen und euch ein fleischernes Herz geben. Und **ich werde** meinen Geist in euer Inneres geben; und **ich werde** machen, dass ihr in meinen Ordnungen lebt und meine Rechtsbestimmungen bewahrt und tut. Und ihr werdet in dem Land wohnen, das ich euren Vätern gegeben habe, und ihr werdet mir zum Volk, und ich, **ich werde** euch zum Gott sein … An dem Tag, da ich euch von all euren Sünden reinige, da **werde ich** die Städte bewohnt sein lassen, und die Trümmerstätten sollen aufgebaut werden. Und das verwüstete Land soll bebaut werden, statt dass es als Einöde daliegt vor den Augen jedes Vorüberziehenden. Und man wird sagen: Dieses Land da, das verwüstete, ist wie der Garten Eden geworden, und die verödeten und verwüsteten und niedergerissenen Städte sind befestigt und bewohnt. Und die Nationen, die rings um euch her übrig bleiben, werden erkennen, dass ich, der HERR, das Niedergerissene aufbaue, das Verwüstete bepflanze. Ich, der HERR, habe geredet, **ich werde** es auch tun." (Hes 36,24–36; Hervorhebungen durch den Autor)*

Wir können an dieser Textstelle sehr gut erkennen, dass die Initiative zur Wiederherstellung des Volkes sowie der Einheit von Volk, Land und Gott von Gott ausgeht. Es ist erstaunlich, wie häufig Gott in diesem Text „ich werde" sagt. Er wird es sammeln, reinigen, durch seinen Geist erneuern, zum Gehorsam befähigen und mit seiner Gegenwart beschenken. Er wird dafür sorgen, dass das Land und die Städte wieder aufgebaut und bewohnbar werden. In all dem kommt seine Bundestreue zu seinem Volk zur Vollendung. Nichts von dieser Wiederherstellung könnte Wirklichkeit werden, wenn Gott es nicht tun würde. Darauf ruhen bis heute die Hoffnungen der religiösen Juden. Vieles von dem, was Gott hier ankündigt, ist bis heute noch nicht eingetroffen. Aber die Zusage steht: „Ich, der HERR, habe geredet, ich werde es auch tun." Diese Verse sind bei Hesekiel im größeren Kontext zu lesen und einzuordnen. Wichtig an dieser Stelle ist die Verbindung zum Messias Israels, die in Hes 34 zum Ausdruck kommt:

> *„Und ich werde einen Hirten über sie einsetzen, der wird sie weiden: meinen Knecht David, der wird sie weiden, und der wird ihr Hirte sein. Und ich, der HERR, werde ihnen Gott sein, und mein Knecht David wird Fürst in ihrer Mitte sein."* *(Hes 34,23.24)*

Der Hirte ist in der Hebräischen Bibel oftmals ein Bild für den König. Auch darin drückt sich die Treue Gottes aus. Zum Zeitpunkt der Prophetie ist König David bereits über 500 Jahre tot. Auch der Stamm Juda ist mit Benjamin in Gefangenschaft gegangen; sein Königtum ist mit der babylonischen Gefangenschaft untergegangen. Aber die Verheißung, die Gott König David durch den Propheten Nathan gegeben hat, steht:

> *„Wenn deine Tage erfüllt sind und du dich zu deinen Vätern gelegt hast, dann werde ich deinen Nachwuchs, der aus deinem Leib kommt, nach dir aufstehen lassen und werde sein Königreich festigen. Der wird meinem Namen ein Haus bauen. Und ich werde den Thron seines Königtums festigen für ewig."* *(2Sam 7,12–14)*

Diese alte Prophetie kommt nun bei Hesekiel erneut zum Ausdruck. Der Sohn Davids soll König bzw. Fürst seines Volkes werden. Es ist in diesem Zusammenhang interessant, dass die klassische Beschreibung, dass Gott in der Mitte seines Volkes wohnen möchte, nun auf David übertragen wird. Wir finden bereits hier einen Hinweis, dass sich in diesem Knecht David Gott selbst durch seinen Sohn offenbaren wird. So heißt es folgerichtig im selben Kapitel: „Ich selbst will meine Schafe weiden, und ich selbst will sie lagern, spricht der Herr, HERR" (Hes 34,15). Er wird durch David als der Hirte Israels auftreten.

Die vorherrschenden Themen des jüdischen Messianismus sind daher das Ende des Exils für das Bundesvolk, die Rückführung in das verheißene Land, die Beseitigung des Bösen aus seiner Mitte bzw. die Erneuerung der Herzen durch den Geist Gottes und die Gegenwart Gottes in der Mitte seines Volkes durch den Messias bzw. Sohn Davids. Diese Elemente machen im Kern das Reich Gottes bzw. das messianische Friedensreich nach jüdischem Verständnis aus. Sie sind eine Fortsetzung dessen, was bereits im Garten Eden angelegt war; nicht zufällig finden wir in unserer Textstelle aus Hes 36 den Hinweis auf diesen Garten (V. 35), dem Urbild der Einheit von Mensch, Land und Gott.

Die Vision von den Totengebeinen

In besonderer Weise kommt dieses Verständnis vom messianischen Reich in der sich anschließenden Prophetie von den Totengebeinen aus Hes 37 zum Ausdruck. Hesekiel wird vom Herrn in ein wahres Todestal voller Gebeine geführt. Erdrückender kann der Zustand des Volkes nicht dargestellt werden. Die Gebeine sind völlig vertrocknet, sie zerfallen nahezu zu Staub. „Menschensohn, werden diese Gebeine wieder lebendig?", so die Frage des HERRN an den Propheten (Hes 37,3). Was soll der Prophet darauf antworten? Rein menschlich besteht keine Möglichkeit mehr; es ist zu spät, vorbei. Aber wenn der HERR diese Frage stellt, dann birgt diese Frage bereits in sich den Keim einer Verheißung. Und dann bekommt Hesekiel den Auftrag, im Namen des HERRN über diese Gebeine zu weissagen. Er soll Leben in das Tote und Verstaubte hineinsprechen:

> *„Siehe, ich bringe Odem in euch, dass ihr wieder lebendig werdet. Und ich lege Sehnen an euch und lasse Fleisch über euch wachsen und überziehe euch mit Haut, und ich gebe Odem in euch, dass ihr wieder lebendig werdet. Und ihr werdet erkennen, dass ich der HERR bin."* *(Hes 37,5.6)*

Die Parallele zur Erschaffung des Menschen aus 1Mo 2,7 ist offensichtlich: Nicht weniger als eine Neuschöpfung, eine Wiedergeburt des Volkes, eine nationale Wiederherstellung soll Hesekiel prophezeien. Gott will seinen Geist in das Totgesagte einhauchen, es aufstehen lassen und ihm eine neue Struktur und Ordnung geben. Hesekiel prophezeit daraufhin, wie ihm befohlen wurde.

Der Prophet hört ein „Getöse und die Gebeine rücken zusammen" (Hes 37,7). Ein Getöse ist alles andere als lautlos. Es ist ein Lärm, der gehört wird – auch auf der Weltbühne. Zum ausgehenden 19. Jahrhundert begannen die Einwanderungswellen des jüdischen Volkes zurück in das Land, das Gott ihnen nach der Hebräischen Bibel gegeben hatte. Und je mehr kamen, desto lauter wurde es. Es erregte weltweit Aufsehen. Es zerriss fast die Welt, weil sie nicht wusste, wie sie darauf reagieren sollte. Viele Juden waren aufgerieben von den vielen Pogromen und Verfolgungen, die sie besonders in Ost- und Mitteleuropa erlitten hatten und die letztlich in den Holocaust mündeten – mit dem grausamen Ziel Nazi-Deutschlands, alles jüdische Leben auf dieser Erde auszulöschen. Die weltweite Betroffenheit über die Judenfeindlichkeit und -verfolgung wurde allerdings durch den Anstieg der arabischen Empörung über die zunehmende Immigration der Juden nach Palästina gedämpft. Der Kampf um das Land zwischen ansässigen Arabern und den neuen jüdischen Siedlern begann. Immer mehr Gebeine rückten zusammen; das Getöse wurde lauter. Die Gebeine organisierten sich in Palästina, bauten Siedlungen auf, errichteten eine Infrastruktur, förderten Bildungseinrichtungen, entwickelten Landwirtschaft, Handel und Gewerbe. Die Gebeine bekamen Sehnen, Fleisch wuchs, Haut entstand.

Am Ende stand der Staat Israel im Mai 1948: Eine Nation wurde geboren. Im Zusammenhang mit der Wiederherstellung spricht der Prophet folgendes Gotteswort aus: „Siehe, ich öffne eure Gräber und lasse euch aus euren Gräbern heraufkommen als mein Volk und bringe euch ins Land Israel" (Hes 37,12). Die Totgesagten kommen als Gottes Volk zurück in ein Land, das sie noch nicht kennen. In diesem Zusammenhang möchte ich das Zeugnis eines jungen Mannes aus dem Buch *Gelobtes Land* von Ari Shavit zitieren, das zu den bewegendsten und erfolgreichsten Büchern der jüngeren israelischen Literatur gehört. Dieser junge Mann war in den 1920er-Jahren von Europa nach Palästina geflohen:

> *„Wir waren auf uns allein gestellt. Wir haben die Vergangenheit hinter uns gelassen. Wir haben uns von allem abgeschnitten, wer wir waren. ... Über Nacht wurden wir herausgerissen aus der reichen Erde der Kultur unserer Eltern ... Dann, nachdem wir entwurzelt wurden, wurden wir mit Gewalt durch eine höhere Hand auf dieses unfruchtbare Land geworfen ... Im Angesicht mit diesen Elementen, im Angesicht mit dieser brutalen Existenz gibt es keinen Schutz. Und hier müssen wir unser neues Leben formen. Aus diesen Felsen müssen wir unser neues Fundament herausmeißeln. Wir müssen graben, tief graben, um die Quelle zu finden, die unser neues Leben nähren und inspirieren wird."*

Sie kamen allein, und doch in Gottes Augen als „mein Volk" (Hes 37,12). Aufgrund der furchtbaren Pogromerfahrungen in Europa und der darin empfundenen Gottverlassenheit haben die meisten Siedler ihren Glauben an Gott bewusst hinter sich gelassen, ebenso ihr Ghettoleben. So fühlen sie sich „durch eine höhere Hand" in dieses Land geführt; von Gott selbst sprechen sie nicht mehr. In diesem Land graben sie tief, um die Quelle zu finden, von der sie leben können. Sie brauchen um jeden Preis ein fruchtbares Land, um überleben zu können. Zurück nach Europa können sie nicht mehr. Wenn dieser Neuanfang nicht gelingt, dann gibt es für sie kein Leben mehr; so ist ihre Grundstimmung.

„Wir gehören doch zusammen!"

Aus mittlerweile weit über 150 Nationen sind die Juden seit der Staatsgründung Israels gekommen. Auch wenn sie Juden sind, könnten sie aufgrund ihrer vielfältigen sozio-kulturellen Prägungen unterschiedlicher nicht sein: Sie kommen aus Mittel- und Osteuropa, aus Südamerika, den USA, aus Fernost, aus Afrika und natürlich aus den Staaten der ehemaligen Sowjetunion. Sie sind sich fremd in Sprache, Kultur und Sozialisation. Viele sind säkular, manche streng gläubig. Einige kommen aus arabischen Kulturen, andere sind westlich geprägt. Aber sie sind sich eins in ihrer Geschichte und in dem Gott, der sie als Volk ins Leben gerufen hat und seither mit ihnen Geschichte schreibt.

Ich muss an eine meiner Israelreisen denken, die ich vor einigen Jahren geleitet habe. Wir waren in einem Bus mit über 50 Personen unterwegs und machten eine Mittagspause in einem kleinen Falafel-Restaurant. Es handelte sich um eine Rotunde, wo man drinnen und draußen bestellen und essen konnte. Ins Restaurant passten ungefähr 15 Personen hinein, der Rest musste draußen über ein geöffnetes Fenster bestellen. Die Besitzer waren ein Ehepaar, das fleißig unsere Bestellungen entgegennahm. Ich war in der Rotunde und sah, dass sich bereits nach wenigen Minuten unser Guide und unser Busfahrer hinter den Tresen stellten und mitarbeiteten: Sie nahmen Bestellungen entgegen, belegten die Falafelbrote und gaben auch Getränke aus. Zu viert bedienten sie uns. Ich nahm wahr, dass sie sich offensichtlich kannten. Als wir mit dem Bus weiterfuhren, sagte ich zu unserem Guide: „Itzik, waren das Freunde von dir?" Er antwortete „Nein, ich kannte sie nicht." Ich antwortete erstaunt: „Wie, du kanntest sie nicht? Waren es Freunde unseres Busfahrers?" Er verneinte. Ich hakte nach: „Ihr habt doch eben gerade mitgearbeitet und bedient. Wie geht das denn, wenn ihr euch nicht kennt?" Er schaute mich an und antwortete mir ganz ruhig, nahezu belehrend: „Michael, wir sind doch ein Volk. Wir gehören doch zusammen!"

Mich hat diese Aussage tief bewegt: Vier Juden, die sich nicht kennen, machen sich eins, als wenn sie aus einer Familie kämen. Sie haben trotz zahlreicher sozialer Spannungen im Land ein Zusammengehörigkeitsgefühl, das man menschlich in dem Maße nicht initiieren kann. Es ist eine von Gott geschenkte Gabe, die sich nicht nur auf ihr Miteinander beschränkt, sondern sich auch auf ihre Liebe zum Land bezieht. Immer wieder bezeugen es Juden, wenn sie einwandern bzw. Alija machen: Sie verlassen das Flugzeug, betreten israelischen Boden und wissen plötzlich in der Tiefe ihres Herzens, dass sie nach Hause gekommen sind – trotz aller Probleme und Sorgen, die mit einer solchen Einreise und Einbürgerung auch verbunden sind.

Eine geistliche Wiedergeburt

Und doch fehlt noch etwas. Auch das erkennt Hesekiel. Er sieht ein Zusammenrücken der Gebeine. Er sieht, wie Sehnen und Fleisch um sie herum wachsen und sich Haut darüber bildet. Aber dann ruft er aus: „Es war noch kein Odem in ihnen" (Hes 37,8): Eine nationale Wiederherstellung hat stattgefunden, aber noch keine geistliche Neugeburt. Der Odem, der Geist Gottes, war noch nicht da. Und Hesekiel soll noch einmal prophetisch reden:

> *„Weissage dem Odem, weissage Menschensohn, und sprich zu dem Odem: So spricht der Herr, HERR: Komm von den vier Winden her, du Odem, und hauche diese Erschlagenen an, dass sie wieder lebendig werden! Da weissagte ich, wie er mir befohlen hatte; und der Odem kam in sie, und sie wurden wieder lebendig…"* (Hes 37,9.10)

Auch wenn das jüdische Volk, das zuletzt lediglich aus den Stämmen Juda und Benjamin bestand, nach der Heimführung aus der babylonischen Gefangenschaft etwas von dem erfahren hat, was Hesekiel hier geistlich schaut, ist diese Prophetie mit der Rückkehr nur ansatzweise erfüllt worden. Auch sind damals unter der Leitung von Serubbabel und Jeschua lediglich 42 360 Personen zurückgekommen (vgl. Esr 2,64). Zudem geht es über die nationale Wiederherstellung hinaus um die Wiedergeburt Israels aus dem Geist Gottes. Genau so legt Gott dieses Bild für Hesekiel aus: „Und ich gebe meinen Geist in euch, dass ihr lebt…" (Hes 37,14). Das ganze Volk soll erweckt und zum Geistträger werden. Mit dieser Geisterfüllung will Gott unter ihnen wohnen. Man muss es in dieser ganzen Konsequenz zum Ausdruck bringen: Gott verheißt nichts Geringeres, als dass sein Volk Israel selbst zur Schechina Gottes wird.

Man kann nicht sagen, dass sich diese Prophetie zu Pfingsten für Israel erfüllt hätte. Die Ausgießung des Heiligen Geistes hat nicht in der Breite des Volkes dazu geführt, dass es Jesus als seinen Messias erkannt hätte. Auch der zweite Tempel wurde in 70 n. Chr. zerstört, und danach folgte das längste Exil bis zum Ende des 19. Jahrhunderts. Seit der Wiedervereinigung Jerusalems im Sechs-Tage-Krieg 1967 wächst die messianische Gemeinde im Land stetig. Der Geist drängt; er zieht sein Volk zu dem, auf den es noch wartet: zum Messias. Und so empfängt Hesekiel ein abschließendes Wort des HERRN:

> *„Siehe, ich nehme die Söhne Israel aus den Nationen heraus, wohin sie gezogen sind, und ich sammle sie von allen Seiten und bringe sie in ihr Land. Und ich*

> *mache sie zu einer Nation im Land, auf den Bergen Israels, und ein einziger König wird für sie alle zum König sein … Und ich werde sie retten aus all ihren Treulosigkeiten, mit denen sie gesündigt haben, und werde sie reinigen; und sie werden mir zum Volk und ich werde ihnen zum Gott sein. Und mein Knecht David wird König über sie sein, und sie werden alle einen Hirten haben; und sie werden in meinen Rechtsbestimmungen leben und meine Ordnungen bewahren und sie tun. Und sie werden in dem Land wohnen, das ich meinem Knecht Jakob gegeben habe, in dem eure Väter gewohnt haben; und sie werden darin wohnen, sie und ihre Kinder und ihre Kindeskinder, bis in Ewigkeit; und mein Knecht David wird ihr Fürst sein für ewig. Und ich schließe mit ihnen einen Bund des Friedens, ein ewiger Bund wird es mit ihnen sein; den gebe ich ihnen und lasse sie zahlreich werden und setze mein Heiligtum in ihre Mitte für ewig. Und meine Wohnung wird über ihnen sein; und ich werde ihnen zum Gott und sie werden mir zum Volk sein. Und die Nationen werden erkennen, dass ich der HERR bin, der Israel heiligt, wenn mein Heiligtum für ewig in ihrer Mitte ist.“* *(Hes 37,21–28)*

Diese besondere Zeit steht für Israel noch aus. Das hier erwähnte Heiligtum ist der Tempel, der dann ab Hes 40 genauer beschrieben wird und der uns in der Vision von Hes 47 intensiver beschäftigt hat und noch beschäftigen wird. In diesen Worten von Hesekiel bündeln sich alle messianischen Hoffnungen des Volkes. In der messianischen Zeit wird das Volk in den ersehnten eschatologischen Frieden geführt. Selbst die Schöpfung ist darin eingebunden. Jesaja sieht in seiner berühmten Vision aus Jes 11, dass es zu einer Versöhnung zwischen Menschen und Tieren und auch zwischen den Tieren kommen wird.

Jeder Sabbat ist bis dahin im Kern ein messianischer Appetizer in der Zeit. Mit dem Kommen des Messias wird dann die ersehnte Friedenszeit anbrechen. Im Judentum bzw. im Alten Testament gibt es für diese ersehnte Zeit eine schlichte Beschreibung: „An jenem Tag, spricht der HERR, werdet ihr einer den anderen einladen unter den Weinstock und unter den Feigenbaum“ (Sach 3,10). Wer damals im Frieden unter seinem Weinstock oder Feigenbaum saß, der drückte damit äußerlich über das natürliche Bedürfnis nach Ruhe und Erholung seine Sehnsucht nach dem messianischen Friedensreich aus.[83]

---

83 Dies ist auch der Hintergrund der Begegnung zwischen Jesus und Nathanael (vgl. Joh 1,47–49). Jesus sieht in Nathanael zu dessen Verwirrung einen „wahrhaftigen Israeliten“. Als

Der Sohn Davids und der Menschensohn

Dass dieses Reich nicht nur für Israel, sondern weltumspannend ist und die Völker im Blick hat, wird besonders beim Propheten Jesaja deutlich, der eine prophetische, völkerumspannende Zionstheologie begründet hat, die wir bereits in Abschnitt 4.4 kurz betrachtet haben. Zion soll der universale Ort der Anbetung Gottes für alle Völker werden:

> *„Das Wort, das Jesaja, der Sohn des Amoz, über Juda und Jerusalem geschaut hat: Und es wird geschehen am Ende der Tage, da wird der Berg des Hauses des HERRN fest stehen als Haupt der Berge und erhaben sein über die Hügel. Und alle Nationen werden zu ihm strömen, und viele Völker werden hingehen und sagen: Kommt, lasst uns hinaufziehen zum Berg des HERRN, zum Haus des Gottes Jakobs, dass er uns aufgrund seiner Wege belehrt und wir auf seinen Pfaden gehen! Denn von Zion wird Weisung ausgehen und das Wort des HERRN von Jerusalem. Und er wird richten zwischen den Nationen und Recht sprechen für viele Völker. Dann werden sie ihre Schwerter zu Pflugscharen umschmieden und ihre Speere zu Winzermessern. Nicht mehr wird Nation gegen Nation das Schwert erheben, und sie werden den Krieg nicht mehr lernen." (Jes 2,1–4)*

Dies soll „Am Ende der Tage" geschehen. Wenn dieser knapp 800 Meter hohe Berg zum Haupt der Berge werden soll, dann kann dies nur am gegenwärtigen Messias auf dem Zion liegen. Wenn Schwerter zu Pflugscharen umgeschmiedet werden und Speere zu Winzermessern, dann kann dies nur durch den Friedefürsten gelingen – welch eine Zeit, die diesem Ort und der ganzen Erde noch bevorsteht!

Ich lege meine Bibel zur Seite und blicke hinüber auf den Tempelberg und den Straßenverkehr im Kidrontal. Mittlerweile ist es mit der Ruhe der Morgenstunden vorbei. Zahlreiche Busse stehen vor dem Garten Gethsemane. Viele Touristen sind unterwegs auf den Spuren Jesu, der einmal hier war und noch einmal wiederkommen wird. Etwas von dieser Verheißung schmecken und sehen wir ja heute schon. Menschen aus vielen Nationen reisen regelmäßig nach Israel, weil sie hier ihren christlichen Glauben vertiefen und sich auf die Spuren Jesu begeben wollen. Sie treffen sich in Kleingruppen, lesen biblische Texte, hören Auslegungen und

---

dieser nach einer Begründung fragt, antwortet Jesus ihm: „Ehe Philippus dich rief, als du unter dem Feigenbaum warst, sah ich dich." Der wahrhaftige Israelit erwartet das messianische Friedensreich. Aufgrund dieser Herzensschau kann Nathanael Jesus nur antworten: „Rabbi, du bist der Sohn Gottes, du bist der König Israels."

Andachten zu und beten und singen. Sie alle bekennen Jesus als ihren Herrn. Sie wollen hier von ihm unterwiesen werden und im Glauben ermutigt nach Hause fahren. Von ihnen geht sein Friede aus. Ihnen ist etwas von seinem Wesen abzuspüren. Mögen sie als Touristen auch manchmal etwas schräg oder anstrengend sein: Von ihnen geht keine Gefahr aus und man braucht auch keine Sicherheits- oder Polizeikräfte, um einer möglichen Eskalation durch sie vorzubeugen. Und ich bin einer von ihnen und komme immer wieder hierher.

Wer hier vor Ort ist, weiß allerdings nur zu genau, dass die Zeit der Schwerter und Speere noch nicht vorbei ist. Die Stadt ist noch in Unruhe und in ständigem Aufruhr. Gleiches gilt für diese Welt. Aber die ersehnte Zeit rückt näher. Das zur Zeit Jesu am meisten beachtete Buch in dieser Gegend war das Buch Daniel. Im Angesicht der römischen Fremdherrschaft war dieses Buch ein wahres Trostbuch für die Juden der damaligen Zeit, da sie gerade in Dan 2 und Dan 7 die Errichtung eines messianischen Königreiches von weltumspannendem Ausmaß nach großer Bedrängnis erhoffen durften.

In Dan 7 ist von einem Menschensohn die Rede; Jesus hat ihn wiederholt mit sich in Verbindung gebracht, besonders in Mt 26 vor dem jüdischen Hohen Rat, als er von dem Hohen Priester gefragt wurde, ob er der Christus, der Sohn Gottes sei. Daraufhin antwortet ihm Jesus in Rückbindung an Dan 7,13.14: „Du hast es gesagt. Doch ich sage euch: Von nun an werdet ihr den Sohn des Menschen sitzen sehen zur Rechten der Macht und kommen mit den Wolken des Himmels“ (Mt 26,64). Diesem Menschensohn wird nach Dan 7,14 von Gott selbst vor seinem Thron „Herrschaft und Ehre und Königtum gegeben, und alle Völker, Nationen und Sprachen dienten ihm. Seine Herrschaft ist eine ewige Herrschaft, die nicht vergeht, und sein Königtum so, dass es nicht zerstört wird“.

Der jüdische Messianismus kann demnach je nach Akzentuierung stärker israelzentrisch oder unter Beachtung von Dan 7 stärker universal wahrgenommen werden – je nachdem, ob man eher den Sohn Davids bzw. Messias im Blick hat oder den Menschensohn nach Dan 7. Es wird allerdings deutlich, dass die Erfüllung der Hoffnungen Israels zugleich einhergehen muss mit dem Heil für die Völker. Das Hoffen auf das messianische Reich für Israel ist von dessen Erwählung, Licht für die Völker zu sein, nicht zu trennen.

Jesus macht deutlich, dass sich in ihm beide Personen vereinen: Er ist sowohl der Sohn Davids als auch der Menschensohn nach Dan 7. So sieht es auch die Johannesapokalypse, die in Verbindung mit Dan 7,13.14 zu sehen ist: Der Menschensohn aus Daniel ist in Offb 5 das Lamm, das von dem, der auf dem Thron sitzt, die versiegelte Schriftrolle und damit alle Macht empfängt (Offb 5,7.8). Und das Lamm wird wiederum vor dem Thron Gottes als „der Löwe aus dem Stamme Juda, die Wurzel Davids" identifiziert (Offb 5,5). Der Messias ist der Sohn Davids und zugleich der Menschensohn.

9.4 CHRISTLICHER MILLENNARISMUS

Mit dem Zitieren von Mt 26 und Offb 5 sind wir bereits beim christlichen Millennarismus angekommen. Diese alte messianische Hoffnung wurde auch von der frühen Kirche geteilt. Auch sie erwartete eine Zeit, in der nach dem Kommen des Messias „die Toten in Christus zuerst auferstehen" (1Thess 4,16) und mit Christus tausend Jahre herrschen werden (vgl. Offb 20,4). In dieser Zeit ist der Teufel gebunden. Das Wort „tausend" kommt expressis verbis lediglich in Offb 20 vor. In diesem Sinne ist dieses Reich als ein Zwischenreich auf Erden zu verstehen, bevor Gott nach Offb 21,1 einen neuen Himmel und eine neue Erde erschaffen wird.

Da im Griechischen das Wort „tausend" *chilia* heißt, spricht man vom *Chiliasmus* bzw. *Millennium* (lat.). Der Begriff steht für die Erwartung dieses Tausendjährigen Reiches auf dieser Erde – entweder nach (*Prämillennarismus*) oder vor der Wiederkunft Jesu (*Postmillennarismus*).[84] Der Postmillennarismus nimmt an, dass die Wiederkunft Jesu diese Zeit beenden wird. Vor dem Hintergrund des jüdischen bzw. alttestamentlichen Messianismus unter der Vorstellung einer Präsenz des Messias in der Mitte seines Volkes erscheint der Postmillennarismus zunächst abwegig. Gott will ja gerade durch ihn präsent sein und bei seinem Volk wohnen. Dennoch hat er in der Kirchengeschichte seine Bedeutung erhalten, auf die wir noch zurückkommen werden.

Die Zahl „tausend" muss durchaus nicht wortwörtlich verstanden werden. Wie manch andere Zahl in der Offenbarung kann die Zahl auch symbolisch für den vollkommenen Zustand dieser herausragenden irdischen Zeit stehen. Der Chiliasmus ist die geschichtliche und damit diesseitige Dimension der Eschatologie und die Verwirklichung zahlreicher Hoffnungen und Heilszusagen des Alten und Neuen Testaments. Eschatologie ist zweifelsohne aufgrund der Schöpfung der neuen Erde und des neuen Himmels nach Offb 21 umfassender als der Chiliasmus, ohne ihn jedoch bleiben die Schöpfung, ihre Erlösung und ihre Vererbung an

84 Die Vorsilben Prä und Post sind jeweils auf das Kommen Jesu vor oder nach dem Reich bezogen.

Christus unvollendet. Konsequenterweise bezeichnet Moltmann den Chiliasmus als „geschichtliche Relevanz“[85] der Eschatologie.

Christus regiert mit seinen Nachfolgern

Diese Zeit soll demnach geprägt sein von dem Anliegen Gottes, das bereits damals zum Ausdruck kam, als Gott sein Geschöpf als sein Ebenbild in den Garten Eden setzte, um ihn zu bebauen und zu bewahren. So geht es nun in dieser Zwischenzeit darum, dass diejenigen, die durch den Geist Christi in sein Ebenbild verwandelt wurden, nun lebendig werden und mit ihm herrschen sollen. Hier ist eine klare inhaltliche Verbindungslinie von Dan 7,18, Offb 5,9.10 und Offb 20,4.5 zu erkennen:

> *„Aber die Heiligen des Höchsten werden das Reich empfangen, und sie werden das Reich besitzen bis in Ewigkeit.“ (Dan 7,18)*

> *„... denn du bist geschlachtet worden und hast durch dein Blut Menschen für Gott erkauft aus jedem Stamm und jeder Sprache und jedem Volk und jeder Nation und hast sie unserem Gott zu einem Königtum und zu Priestern gemacht, und sie werden über die Erde herrschen.“ (Offb 5,9.10)*

> *„... und ich sah die Seelen derer, die um des Zeugnisses Jesu und um des Wortes Gottes willen enthauptet worden waren, und die, welche das Tier und sein Bild nicht angebetet und das Mahlzeichen nicht an ihre Stirn und an ihre Hand angenommen hatten, und sie wurden lebendig und herrschten mit dem Christus tausend Jahre. Die Übrigen der Toten wurden nicht lebendig, bis die tausend Jahre vollendet waren. Dies ist die erste Auferstehung.“ (Offb 20,4.5)*

Hier ist ein ganz anderes Herrschen gemeint als die Zementierung von bestehenden Machtverhältnissen, die wie ein dunkler Schatten auf der Kirchengeschichte liegen. Die in dieser Zeit herrschen werden, sind diejenigen, die mit ihrem Messias zuvor gelitten haben. Sie sind die Gedemütigten, die Verworfenen, die Verachteten, die Benachteiligten, die Ausgeschlossenen, die Ohnmächtigen, die Märtyrer und einfach nur die Christusnachfolger, die ihm treu gefolgt sind und in ihrem Alltag bereit waren, dafür einen Preis zu zahlen – wie hoch er auch gewesen sein mochte.

85 Moltmann, J.: Das Kommen Gottes 222.

Dem Wesen ihres Herrn gemäß sollen sie in diesem messianischen Friedensreich der Schöpfung so dienen, wie es Gott schon immer für sie auf dem Herzen hatte. Und wo sie zuvor auf dieser Erde gelitten haben, da dürfen und sollen sie nun herrschen. Sie tun dies in der Kraft des Geistes Christi, der in ihnen wohnt. Ihre Auferstehung ist Gottes gnädiges Handeln an ihnen. Er rehabilitiert sie mit ihrer Auferstehung; sie ist ihre Rechtfertigung. Ihre Auferstehung macht deutlich und zeigt an, dass sie zu Christus gehören. Sie folgen dem auferstandenen Christus zur Teilhabe am Auferstehungsleben in seinem Reich, in dem sie als königliche Priesterschaft dienen.

Der Hinweis, dass die übrigen Toten nicht lebendig wurden, führt zu einem eschatologischen Verständnis, das bewusst zwischen einer Auferstehung *von* den Toten und einer Auferstehung *der* Toten unterscheidet. Damit haben wir es mit einer *christologischen Eschatologie* zu tun, bei der alle eschatologische Hoffnung in Jesus und seinem Erlösungswerk begründet ist, die wir so auch bei Paulus finden: „Zuerst ist Christus auferstanden. Als nächstes werden, wenn er wiederkommt, die auferstehen, die zu ihm gehören" (1Kor 15,23; NGÜ). Zu diesen Menschen möchte auch Paulus gehören (vgl. Phil 3,10.11). Jürgen Moltmann schreibt diesbezüglich:

> *„Die Auferstehung ‚**von** den Toten' aber führt notwendigerweise in ein Reich Christi **vor** der universalen Totenauferstehung zum Endgericht, also in ein messianisches Reich in der Geschichte vor dem Ende der Welt oder ein Reich des Übergangs von dieser vergehenden Weltzeit in die neue Welt Gottes."*[86]

Da Jesus sich selbst mit dem Menschensohn aus Dan 7 identifiziert hat, ist auch die Vision von Dan 7 in ihm präsent und zugleich Teil seiner Reich-Gottes-Botschaft. Als seine Jünger ihn nach der Auferstehung fragten, ob er in dieser Zeit für Israel das Reich wiederherstellen würde (Apg 1,6), stellte Jesus den Inhalt dieser Frage bzw. die Realität des zukünftigen Reiches nicht ansatzweise in Frage; er wies lediglich die Beantwortung der zeitlichen Dimension zurück. Nicht zuletzt hat er mit seinem Einzug in Jerusalem genau diese Hoffnung auf das Reich in den Herzen und Köpfen der Menschen geweckt. Die ganze Atmosphäre in seinem Umfeld auf der letzten Wegstrecke nach Jerusalem war eschatologisch „geladen". In diesem Kontext ist auch die Frage der Mutter der Zebedäusbrüder an Jesus vor Jerusalem zu verstehen: „Bestimme, dass diese meine zwei Söhne einer zu deiner Rechten

86 Ebd. 220.

und einer zu deiner Linken sitzen möge in deinem Reich!“ (Mt 20,21). Aus dem Gedankengut der heiligen Schriften dachte sie keineswegs an himmlische Throne; sie hatte das messianische Reich auf dieser Erde vor Augen, dessen Anbruch sie möglicherweise zeitnah zum Passahfest in Jerusalem erwartete.

In diesem Gesamtkontext der messianisch-jüdischen Erwartung und deren Aufgreifen durch Jesus in seinen Worten und Taten ist auch davon auszugehen, dass Jesus beim Passahabend, als er den traditionellen Erlöserkelch und das Brotbrechen im Passahmahl neu auf sich und sein Leiden deutete, mit seinen abschließenden Worten nicht an den Himmel, sondern zuallererst an das messianische Reich auf dieser Erde dachte: „Ich sage euch aber, dass ich von nun an nicht mehr von diesem Gewächs des Weinstocks trinken werde bis zu jenem Tag, da ich es neu mit euch trinken werde in dem Reich meines Vaters“ (Mt 26,29).

Sollte Jesus mit seinen Worten das messianische Friedensreich im Blick gehabt haben, dann wäre seine Aussage prämillennaristisch zu verstehen. Letztlich ist nur der christliche Prämillennarismus mit dem jüdischen Messianismus vereinbar. Ein tausendjähriges Friedensreich in der Abwesenheit Jesu würde mit einem leeren Thron Davids einhergehen. Er bliebe unbesetzt. Gleichwohl hat der Engel Gabriel zu Maria über ihren zukünftigen Sohn gesagt:

> *„Und siehe, du wirst schwanger werden und einen Sohn gebären, und du sollst seinen Namen Jesus nennen. Dieser wird groß sein und Sohn des Höchsten genannt werden; und der Herr, Gott, wird ihm den Thron seines Vaters David geben; und er wird über das Haus Jakobs herrschen in Ewigkeit, und seines Königtums wird kein Ende sein.“* *(Lk 1,31–33)*

Wir haben bereits in Abschnitt 2.4 den Thron Davids bewusst vom Thron Gottes unterschieden. Der Thron Davids ist ein irdischer Thron. Bei seinem ersten Kommen hat Jesus diesen Thron nicht bestiegen. Im Sinne der Prophetie des Engels Gabriel ist die Zeit für die Einnahme des davidischen Throns somit die Zeit des Friedensreiches. Auch diese Aussage ergibt nur prämillennaristisch Sinn; und sie steht im tiefen Einklang mit dem jüdischen Messianismus. Die Inthronisation findet ihren Grund bzw. ihre Legitimation in der Kreuzigung und Auferstehung Jesu zum Herrn dieser Welt. Damit ist aber der Gedanke an ein messianisches Friedensreich oder eine chiliastische Eschatologie nicht das Produkt einer Träumerei oder Schwärmerei, sondern sie ist christologisch begründet. Das Kommen des Messias ist damit der gemeinsame Fokus der jüdischen und christlichen Hoffnungen.

Der Verlust der chiliastischen Hoffnung auf ein zukünftiges Friedensreich

Auch im Hinblick auf unsere zentrale Frage, wo Gott wohnt, ist der Unterschied zwischen einem Prä- und Postmillennarismus von Bedeutung. Es geht dabei um *die* Zukunftshoffnung für diese Schöpfung. Ein Vertreter des Postmillennarismus kann durchaus eine ganz andere Position einnehmen, da er je nach der Verortung des Beginns dieses Tausendjährigen Reiches dieses gegebenenfalls schon hinter sich sieht. Tatsächlich war die chiliastische Hoffnung auf ein zukünftiges irdisches Friedensreich in der Kirchengeschichte bald umstritten, obwohl sie in der Zeit bis Kaiser Konstantin vorherrschend war.[87] Als ursprünglich jüdische Sekte mit wiederholter Märtyrererfahrung war die junge Gemeinde auf das Kommen ihres Messias Jesus ausgerichtet, der sein Reich aufrichten und sie rehabilitieren würde – insbesondere diejenigen, die aufgrund ihres Glaubens an ihn ihr Leben lassen mussten.

Schrittweise wurde diese Hoffnung durch ein neues Verständnis abgelöst, das durch unterschiedliche Strömungen beeinflusst und geprägt wurde. Da war zum einen die ausbleibende Wiederkunft Jesu. Dadurch inspiriert, wuchs die Zahl derjenigen Christen, die das zukünftige Reich zunehmend im Himmel verorteten. Damit einhergehend, distanzierte man sich von der „fleischlichen" Lehre mit ihren jüdischen Wurzeln. Der griechische Idealismus mit seiner Leibfeindlichkeit gewann gegenüber dem urchristlichen Realismus die Oberhand. Mehr und mehr setzte sich in der Exegese die allegorische Auslegung durch.

Zum anderen wandelte sich der alte Märtyrerglaube durch Kaiser Konstantin zum Herrscherglauben. Galt Rom zuvor als das „Tier, das aus dem Abgrund heraufsteigt" (Offb 11,7), so wurde es nun als das *Imperium Christianum* gesehen. Das Christentum wurde Staatsreligion; Rom wurde zur heilsgeschichtlichen Macht, um das Tausendjährige Reich auf Erden zu verwirklichen. Damit hatte man aber das erhoffte Friedensreich nicht mehr vor sich, sondern war mittendrin. Der präsentische Millennarismus löste den Prämillennarismus ab. Aus der kirchlichen Theologie wurde eine Reichstheologie; ein Heiliges Reich entstand, bei dem der Kaiser als Stellvertreter Christi auf Erden herrschte. Offb 20 und Dan 7 hatten sich nach diesem präsentischen Verständnis in der Geschichte erfüllt.

Das bedeutete in der Konsequenz aber auch, dass kein zukünftiges Reich mehr erhofft werden durfte. Jede alternative eschatologische Sichtweise hatte das Poten-

87 Für die folgenden Ausführungen hat mich besonders das Buch „Das ewige Reich – Geschichte einer Hoffnung" von Walter Nigg inspiriert.

zial, als subversive Kritik gedeutet zu werden. Mit diesem präsentischen und politischen Millennarismus unter Konstantin begann eine dauerhafte Zementierung von Machtverhältnissen – und eine Legitimierung der gewaltsamen Ausbreitung dieses Reiches, das als von Gott eingesetztes Reich kein weiteres Reich neben sich dulden durfte. Monotheismus und Monarchie verbanden sich untrennbar: *ein* Gott, *ein* Kaiser, *ein* Reich, an dessen Spitze der von Gott erwählte Repräsentant Kaiser Konstantin stand.

Das Reich wird verkirchlicht

Aus dieser Entwicklung heraus war es nur konsequent, dass auf dem Konzil von Ephesus im Jahr 431 der Chiliasmus als „Entgleisung und Fabelei" verworfen wurde. Ein Jahr vor Beginn des Konzils verstarb der lateinische Kirchenvater und Bischof Augustinus von Hippo, der das Konzil damit nur noch indirekt durch sein theologisches Gewicht als Kirchenlehrer beeinflussen konnte. Augustinus prägte eine andere Form des präsentischen Millennarismus: den kirchlichen Chiliasmus, nach dem das Tausendjährige Reich spirituell zu verstehen sei. Für Augustinus ist die Kirche „jetzt schon das Reich Christi und das Himmelreich".[88] Mit anderen Worten: das Reich wird verkirchlicht. Mit dieser gewichtigen Aussage macht der Kirchenvater eine uralte Sehnsucht „kurzerhand zu einer Angelegenheit bereits eingetroffener Erfüllung".[89] Ein Traum war ausgeträumt, weil ja alles schon in der Kirche da war. Die Taufe als Sakrament der Kirche wurde als erste Auferstehung verstanden. Augustinus deutete die Zeit des Tausendjährigen Reiches auf die Zeit der Kirche, deren Gründung nach der Himmelfahrt Jesu und der Geistausgießung zu Pfingsten begann und bis zu seiner Wiederkunft andauern wird. Wurde zuvor das Judentum mit seinen messianischen Hoffnungen verworfen, so gerieten nun alle Christen unter Druck, die jenseits dieses kirchlich-präsentischen Chiliasmus ein zukünftiges Reich Christi auf der Erde erhofften: „Durch diese radikale Umdrehung, die das Reich von einem Gegenstand der Hoffnung zu einem solchen des Besitzes verwandelte, wurde die Kraft der Reichserwartung gebrochen."[90]

Nach dem Konzil von Ephesus 431 wurde der Prämillennarismus mehr oder weniger als ein Phänomen und Deutungsmuster von sektiererischen Kreisen wahr-

88 Augustinus: Vom Gottesstaat XX, 9.

89 Nigg, W.: Das ewige Reich 135.

90 Ebd. 136.

genommen. West- und Ostkirche waren sich über die Verbannung bzw. Ausstoßung des Chiliasmus einig. Mit der Verkirchlichung des Reiches haben die Ämter in der Kirche eine enorme Aufwertung erhalten. So konnte im Bischof von Rom Gottes Stellvertreter bzw. Statthalter auf Erden gesehen werden. Mit der Verkirchlichung des Reiches war aber zugleich ein weiterer Schritt angebahnt, der dann auf dem 17. Konzil von Ferrara-Florenz (1438–1445) als Dogma festgeschrieben wurde: „Außerhalb der Kirche (gibt es) kein Heil" (*extra ecclesiam nulla salus*).

Man muss sich bewusst machen, dass dieser Prozess der Verkirchlichung des Reiches im starken Kontrast zum prophetischen Bild aus Hes 47 steht, das ja gerade verdeutlicht, dass sich Gottes Geist nicht eingrenzen, einsperren oder vergattern lässt, sondern sich in eine leidende Schöpfung verströmen will. Das Reich Gottes lässt sich nicht verkirchlichen. Gottes Präsenz bzw. Einwohnung lässt sich nicht auf Kirche beschränken, wie auch immer wir Kirche verstehen oder definieren wollen.

Das Mittelalter und die Erwartung der großen Trübsal

Zu Beginn des elften Jahrhunderts bis in die 30er-Jahre des Jahrhunderts erwartete die Kirche das Jüngste Gericht, da nun die tausend Jahre abgelaufen waren. Dieser Jüngste Tag trat allerdings nicht ein.[91] Stattdessen entwickelte sich eine apokalyptische Stimmung. Ein mit Angst besetztes Endzeitgefühl breitete sich aus; und mit ihm setzte sich das Verständnis des Postmillennarismus durch, da man nach dem Millennium und vor der Wiederkunft Jesu die Lösung des bis dahin gebundenen Satans erwartete: „Und wenn die tausend Jahre vollendet sind, wird der Satan aus dem Gefängnis losgelassen werden und wird hinausgehen, die Nationen zu verführen, die an den vier Ecken der Erde sind, den Gog und den Magog, um sie zum Krieg zu versammeln" (Offb 20,7.8).

Die Kirche befürchtete durch die Lösung des Satans nichts Geringeres als eine Zeit der großen Trübsal und des Abfalls. Durch diese Zeit musste sie nun gehen, bevor es mit der Wiederkunft Jesu zu einem apokalyptischen Endkampf zwischen ihm und dem Satan kommen würde. Ihm würde dann das Weltgericht nach Offb 20,11 ff. folgen. Das Spätmittelalter war von dieser dunklen Stimmung mit apokalyptischer Gegenwartsdeutung durchdrungen. Alles lief auf das Auftreten des

---

91 Der kirchliche Millennarismus setzte seine Berechnungen zum Ablauf des Reiches bei Christi Geburt oder alternativ bei seiner Kreuzigung und Auferstehung im Jahr 33 an. Der politische Millennarismus errechnete von Kaiser Konstantin an (324) das Ende des Tausendjährigen Reiches für das Jahr 1324.

Teufels hinaus. Es war dann auch Luther, der – geprägt vom Postmillennarismus seiner Zeit – in dem römischen Stuhl Petri den Thron des Antichristen sah. Konsequenterweise lehnt die *Confessio Augustana* von 1530 den Prämillennarismus ab:

> *„Item werden hie verworfen auch etlich judisch Lehren, die sich auch itzund eräugen, daß vor der Auferstehung der Toten eitel Heilige, Fromme ein weltlich Reich haben und alle Gottlosen vertilgt werden." (Conf. Aug. Artikel XVII)*

Auf vergleichbare Weise formuliert die *Confessio Helvetia posterior* von 1556:

> *„Wir verwerfen außerdem die jüdischen Träume, dass dem Gerichtstag ein goldenes Zeitalter auf Erden vorausgehe, wobei die Frommen nach Niederwerfung ihrer gottlosen Feinde die Reiche der Welt erlangen werden."*

In beiden Bekenntnisschriften kann man die tiefe Trennung erkennen, die beide Kirchen gegenüber dem jüdischen Messianismus vollzogen haben. Sie verwerfen die jüdischen Lehren bzw. Träume von einem zukünftigen Friedensreich, die doch tief in den alttestamentlichen Schriften verwurzelt sind.

Wenn ich von der Aussichtsplattform des Ölbergs aus auf dessen Westhang hinunterblicke, sehe ich zwischen den zahllosen jüdischen Gräbern einzelne Kirchen unterschiedlicher Konfessionen. Und wenn ich hinüber zur Altstadt blicke, dann sehe ich zahlreiche Kirchen und Synagogen, die nicht enger beieinander stehen könnten. Und doch liegen zwischen ihnen theologische Welten. Selbst die messianische Gemeinde in der Christ Church nimmt diese kritische Distanz ihr gegenüber wahr, obgleich auch sie Jesus als den Messias verehrt und anbetet. Im theologischen Diskurs mit den Kirchen in Jerusalem wird ihr wiederholt die Hoffnung auf eine zukünftige Heilszeit, in der sich Gott noch einmal in besonderer Weise über das jüdische Volk erbarmen wird, abgesprochen. Die Kirchen folgen darin der Aussage beider reformatorischer Bekenntnisschriften – und auch dem alten kirchlichen Konzilsbeschluss von Ephesus 431. Ein jüdischer Messianismus hat in den Dogmen und Bekenntnisschriften der etablierten Kirche keinen Platz.

Dennoch ist die Hoffnung auf ein zukünftiges messianisches Friedensreich bis heute nicht erloschen. Mit Beginn der Neuzeit brachen neue millennaristische bzw. messianische Hoffnungen auf. Beispielhaft können hier der Chiliasmus der Täuferbewegung und die Reichserwartung im Pietismus genannt werden. Für sie war die Leugnung eines zukünftigen Friedensreiches biblisch-exegetisch nicht nachvollziehbar. Nigg würdigt die Leistung des Pietismus hinsichtlich der Neubelebung der Reich-Gottes-Erwartung:

> *„Wenn man sich den ungeheuren Einfluss von Augustins Umprägung des Reiches vergegenwärtigt, von dem sich auch die Reformatoren nicht befreien konnten, so muß die Auffassung vom erst noch kommenden Reich als die große Errungenschaft des Pietismus bezeichnet werden. Es bedeutete keine geringe Leistung, den mächtigen Augustin aus dem Sattel zu heben… Und nicht genug damit. Mit dem noch bevorstehenden Reich war der Christenheit wieder eine Zukunft geschenkt; sie hatte wieder eine Hoffnung erhalten.“*[92]

92 Ebd. 281.

10.

DAS KOMMEN DES MESSIAS

10.1 DIE SCHWANGERE SCHÖPFUNG

Um diese Hoffnung auf ein zukünftiges messianisches Friedensreich geht es mir zentral: Diese Erde soll noch einmal zu einem umfassenden und sichtbaren Wohnraum für den Gottessohn werden, der sein Leben für seine Schöpfung hingegeben hat. Auf dieses Ereignis wirkt der ausgegossene Geist Gottes hin, wie auch Heinrich Christian Rust betont: „Der Geist Gottes hat sich eben nicht aus dieser Welt zurückgezogen, sondern er ist zugleich in ihr wirksam und drängt auf die Vollendung des angebrochenen Reiches Gottes.“[93] Haben wir aufgrund dieses Drängens des Heiligen Geistes und der Vollendung des Reiches Christi im messianischen Zeitalter eine Hoffnung für die Zukunft der Erde, dann müssen wir zum Seufzen der Schöpfung zurück, wie sie Paulus in Röm 8,22 zum Ausdruck bringt: „Denn wir wissen, dass die ganze Schöpfung zusammen seufzt und zusammen in Geburtswehen liegt bis jetzt.“ Diesem seltsam anmutenden Bild aus Röm 8 läuft die Beschreibung eines Lebens im Heiligen Geist voraus, das geprägt ist von dessen Einwohnung und Wirken in den Christusnachfolgern – bis hin zur Bestätigung ihrer neuen Identität als Kinder Gottes.

Die Geburtswehen der alten Schöpfung

Paulus skizziert die damit verbundene eschatologische Hoffnung: „Wenn aber der Geist Gottes, der Jesus aus den Toten auferweckt hat, in euch wohnt, so wird er, der

93 Rust, H. C.: Geist Gottes – Quelle des Lebens 87.

Christus Jesus aus den Toten auferweckt hat, auch eure sterblichen Leiber lebendig machen wegen seines in euch wohnenden Geistes“ (Röm 8,11). Der Apostel spricht hier von der Auferstehung derjenigen, die durch den Heiligen Geist zu einem lebendigen Tempel gemacht wurden. In diesem Kontext greift Paulus das Bild von der seufzenden Schöpfung auf. Es ist ein Geburtsbild. Vor einer Geburt werden die Wehen intensiver und ihre Abstände werden kürzer; entsprechend wird das Seufzen bzw. Stöhnen der werdenden Mütter lauter. Aber trotz der zunehmenden Schmerzen sind sie doch voller Hoffnung.

Jede Schwangere geht, sofern keine besonderen Komplikationen vorliegen, doch auch voller Hoffnung und Vorfreude in den Kreißsaal bzw. in den Geburtsprozess. Am Ende wird sie Ihr Baby in ihren Armen halten. Ihr vorheriges Seufzen ist daher ein Seufzen voller Hoffnung. Sie wird aus ihrem Innersten ein neues Leben hervorbringen.

Warum gebraucht Paulus dieses Bild? Die natürliche Geburt ist im Judentum eine verbreitete Metapher für das Kommen des messianischen Zeitalters. Paulus greift dieses altjüdische Bild auf, um ausdrücken, dass die alte, gefallene Schöpfung durch den Geist Gottes die neue Schöpfung hervorbringen wird. Sie ist durch ihn schwanger. Man könnte dieses Bild auch mit der Schwangerschaft von Maria, der Mutter Jesu, vergleichen. So, wie sie durch den Heiligen Geist schwanger wurde und den Messias zur Welt gebracht hat, so ist nun diese Schöpfung durch den Geist schwanger und bringt eine neue Schöpfung hervor.

Zuvor aber liegt die alte Schöpfung in schmerzhaften Geburtswehen. Diese Wehen werden intensiver und kommen in immer kürzeren Abständen. Jesus spricht in Mt 24 sehr ausführlich von diesen zunehmenden Geburtswehen in Form von Bedrängnissen, Verfolgungen, Kriegen, Erschütterungen, Verhärtungen, Zerwürfnissen und Verführungen. All das führt die Schöpfung in ein zunehmendes Seufzen und Stöhnen. Zugleich ist dieses Seufzen der Schöpfung auch ein Seufzen des Geistes Gottes, der ja immanent in ihr ist und diese auf die Wiederkunft Jesu vorbereitet. Und so ist dieses Seufzen wie bei einer natürlichen Geburt ein Seufzen auf Hoffnung hin; es darf und soll von Vorfreude auf das kommende Friedensreich begleitet sein.

Alles wird offenbar bei Jesu Wiederkunft

Dieses neue Zeitalter wird zur Geburt gebracht, wenn Jesus als der Erlöser und Erbe dieser Schöpfung kommt. Mit seinem Kommen geschieht aber dann auch das, was Paulus zuvor skizziert hat: die Auferstehung derer aus den Toten, die Gottes Geist empfangen haben. Es wird offenbar, wer die Verstorbenen sind: Kinder Gottes. Damit wird nicht nur der Messias selbst offenbar, sondern mit ihm auch diejenigen, die jetzt schon Träger seiner Gegenwart sind: „Ja, die gesamte Schöpfung wartet sehnsüchtig darauf, dass die Kinder Gottes in ihrer ganzen Herrlichkeit sichtbar werden“ (Röm 8,19; NGÜ). Hier können wir wieder an Röm 4,13 anknüpfen, wo Paulus deutlich macht, dass Abraham „der Welt Erbe sein sollte“. Jesus, der Same Abrahams, wird dann gemeinsam mit denen, die zu ihm gehören und die damit zugleich Kinder Abrahams sind, dieses Erbe antreten.

In diesem Zusammenhang wird verständlich, warum die Schöpfung selbst hofft, „von der Knechtschaft der Vergänglichkeit frei gemacht“ zu werden (Röm 8,21). Hier ist nicht von einer zukünftigen Auflösung der Schöpfung die Rede. Es geht vielmehr um das zukünftige Sichtbarwerden ihrer am Kreuz geschehenen Erlösung mit der Ankunft Christi in Herrlichkeit, was ihrer Neugeburt durch den Geist gleichkommt. Das ist die Hoffnung der Schöpfung. Es ist die Sehnsucht nach der Offenbarung ihrer Erlösung, die noch durch ihre erlebte Vergänglichkeit verborgen ist. Ihre Neugeburt geschieht durch die Vereinigung mit der himmlischen Dimension – konkreter: Mit der Einwohnung Gottes durch seinen Messias in ihr selbst.

Die Erde geht einer Herrlichkeit entgegen, die die Herrlichkeit ihres Ursprungs übertreffen wird. Sie wird vorbereitet, mit der Wiederkunft Jesu Gott selbst zu empfangen und für ihn zu einer Wohnung zu werden. Er wird in seiner ganzen Fülle und Herrlichkeit in ihr zu finden sein. Die Erde wird zu ihrem Ziel geführt werden, wie es schon die alten Propheten geschaut haben: „Die ganze Erde ist erfüllt mit seiner Herrlichkeit“ (Jes 6,3) oder: „Denn die Erde wird davon erfüllt sein, die Herrlichkeit des Herrn zu erkennen, wie das Wasser den Meeresgrund bedeckt“ (Hab 2,14; vgl. auch Jes 11,9). Ich teile die Aussage von Geri Keller: „Diese Botschaft vom Tausendjährigen Reich ist für mich ein leuchtendes Juwel, ein Edelstein [...] Gott will noch einmal real werden in dieser Welt! Diese Welt soll noch einmal sehen und erkennen, wie es ist, wenn Gott in dieser Welt lebt und herrscht und regiert!“[94]

94 Keller, G.: Prophetische Botschaften 232 f.

10.2 DER KAMPF UM JERUSALEM

Während ich hier oben auf dem Ölberg über die Zukunft dieser Welt nachsinne, kommt ein Bus mit amerikanischen Christen an. Schnell ist es mit der Ruhe vorbei. Nachdem die ersten Fotos gemacht wurden, stimmen sie ein Lied über Jerusalem an. Sie besingen darin insbesondere den Frieden dieser Stadt; ein Friede, der schon in Jesus da ist und doch noch ersehnt wird. Nach dem Lied leitet der Leiter seine Gruppe direkt zum Gebet an: „Come on, let's pray for the peace of Jerusalem and the coming of Christ!" Und schon beten sie laut – nur wenige Meter von mir entfernt. Ich muss schmunzeln, weil ich das bei amerikanischen Reisegruppen in Israel häufig erlebe. Wenn es um die geistliche Dimension geht, kommen sie schnell „zur Sache" und lassen sich von nichts abhalten oder stören. Eine Frau aus der Gruppe zitiert laut den Psalm 122:

> *„Ich freute mich, als sie zu mir sagten: ‚Wir gehen zum Haus des HERRN!' Unsere Füße standen dann in deinen Toren, Jerusalem. Jerusalem, die du aufgebaut bist als eine fest in sich geschlossene Stadt, wohin die Stämme hinaufziehen, die Stämme Jahs, ein Mahnzeichen für Israel, um den Namen des HERRN zu preisen. Denn dort stehen Throne zum Gericht, die Throne des Hauses David. Erbittet Heil für Jerusalem! Ruhe sollen die haben, die dich lieben! Heil sei in deinen Festungswerken, sichere Ruhe in deinen Palästen. Wegen meiner Brüder und meiner Freunde will ich sagen: Heil sei in dir! Wegen des Hauses des HERRN, unseres Gottes, will ich dein Bestes suchen."*

Dem Psalm folgt ein mehrfaches lautes Amen. Manche greifen einzelne Verse auf und machen sie zu ihrem persönlichen Gebet. Es ist eine erfrischende und lebendige Gebetsgemeinschaft, der ich mich innerlich anschließe. Frieden und Heil hat Jerusalem so sehr nötig. Und wenn das Seufzen dieser Schöpfung zunimmt, dann wird sicherlich auch das Seufzen dieser Stadt in der Zukunft zunehmen. Nicht nur, weil sie mit all dem Leben in ihr Teil dieser Schöpfung ist, sondern deshalb, weil dieser Stadt das Kommen des Messias verheißen ist.

Die Geburtswehen Jerusalems

So werden dieser Stadt noch besonders intensive Geburtswehen bevorstehen. Wir müssen uns nüchtern vor Augen führen, dass es Mächte gibt, die verhindern wollen, dass Gott eines Tages sein Volk, das Land und den Messias zusammenführen wird.

Darum geht es im Letzten. Wer dies verhindern möchte, wird versuchen, das Volk zuvor auszulöschen oder ihm das Land zu nehmen. Nicht von ungefähr hat kein anderes Volk in der Geschichte so sehr gelitten wie Israel bzw. das jüdische Volk – bis hin zur Schoa bzw. zum Holocaust. Und auch der Streit um das Land, der weltweite Beachtung findet, ist nicht nur menschlicher Natur – und zudem menschlich nicht zu lösen.[95] Vor diesem Hintergrund ist es nicht verwunderlich, dass wir bei Sacharja vor dem Kommen des Messias eine sehr aufwühlende Drohkulisse finden. Dort wird von Gott gesagt:

> *„Siehe, ich mache Jerusalem zu einer Taumelschale für alle Völker ringsum. Und auch über Juda: Es wird in Bedrängnis geraten zusammen mit Jerusalem. Und es wird geschehen an jenem Tag, da mache ich Jerusalem zu einem Stemmstein für alle Völker; alle, die ihn hochstemmen wollen, werden sich wund reißen. Und alle Nationen der Erde werden sich gegen es versammeln." (Sach 12,2.3)*

Eine Taumelschale ist einer Schale voller Wein: Wer daraus trinkt, wird schließlich taumeln wie ein Betrunkener. Er berauscht sich an Jerusalem. Es ist interessant, dass es zunächst die „Völker ringsum" sind, die nach Jerusalem greifen. Es sind die Nachbarn, die Jerusalem und das angrenzende Land antasten wollen. Sie machen Jerusalem zur Streitsache. Dieser zunächst regionale Konflikt wird sich nach Sacharjas Prophetie weltweit ausbreiten. Alle Völker werden letztlich involviert sein und sich gegen die Stadt versammeln. Dieses Versammeln wird in politischen Versammlungen und Beratungsgremien erfolgen, offensichtlich aber dann auch militärisch. Gegen kein anderes Land der Erde hat die UNO-Vollversammlung in ihrer Geschichte mehr Resolutionen verabschiedet als gegen Israel. Nach Sacharja wird sich hier eine politische Einheit gegen Israel formieren, die weltumspannend sein wird. Das bedeutet, dass man sich auf rationaler Ebene in der Bewertung der

---

95 Es würde sowohl den Rahmen als auch das Anliegen dieses Buches sprengen, den Konflikt um das Land sowohl biblisch-theologisch als auch politisch bzw. völkerrechtlich zu beleuchten. Ich möchte aber einen hoffnungsvollen und trostreichen Ausblick der Versöhnung für die messianische Zeit mit Hes 47,21.22 geben: „Und ihr sollt dies Land austeilen unter die Stämme Israels, und wenn ihr das Los werft, um das Land unter euch zu teilen, so sollt ihr die Fremdlinge, die bei euch wohnen und Kinder unter euch zeugen, halten wie die Einheimischen unter den Israeliten; mit euch sollen sie ihren Erbbesitz erhalten unter den Stämmen Israels, und ihr sollt auch ihnen ihren Anteil am Lande geben, jedem bei dem Stamm, bei dem er wohnt, spricht Gott der HERR." Dass diese Versöhnung nur in Jesus möglich ist und nur so geschehen kann, ist offensichtlich.

Situation völlig einig sein wird. Wir können letztlich trotz aller Erfahrungen aus den zahlreichen Kriegen seit der Staatsgründung Israels nicht erfassen, wie diese internationale Einheit aufgrund welcher Vorkommnisse zustande kommen wird. Und doch müssen wir sie im Blick behalten und geistlich sensibel die Entwicklungen im Nahen Osten beobachten. Mich leitet diesbezüglich immer wieder das Wort aus 2Petr 1,19: „Und so besitzen wir das prophetische Wort umso fester, und ihr tut gut, darauf zu achten als auf eine Lampe, die an einem dunklen Ort leuchtet, bis der Tag anbricht und der Morgenstern in euren Herzen aufgeht." An einem dunklen Ort gibt es nichts Wichtigeres als eine leuchtende Lampe. Wenn sie erlischt, dann gibt es keine Orientierung mehr; dann ist man der Finsternis hilflos ausgeliefert. Petrus macht deutlich, dass wir bis zum anbrechenden (eschatologischen) Tag das prophetische Wort Gottes wie eine leuchtende Lampe an dunklen Orten brauchen, damit wir eine Orientierung haben.

Diese Einheit gegen das jüdische Volk bzw. den Staat Israel ist im tieferen Kern eine Einheit gegen Gott selbst als Urheber dieses Volkes und gegen seinen Messias. Sach 12 steht in einem inhaltlichen Zusammenhang mit dem messianischen Psalm 2, in dem es heißt:

> *„Warum toben die Nationen und sinnen Eitles die Völkerschaften? Es treten auf Könige der Erde, und Fürsten tun sich zusammen gegen den HERRN und seinen Gesalbten: ‚Lasst uns zerreißen ihre Bande und von uns werfen ihre Stricke!' Der im Himmel thront, lacht, der Herr spottet über sie … Habe doch ich meinen König geweiht auf Zion, meinem heiligen Berg!'"* (Ps 2,1–6)

Hier geht es über einen Nationenkonflikt auf menschlicher Ebene hinaus um einen geistlichen Konflikt, der offensichtlich den Messias und Jerusalem betrifft. Wenn Gott hier von seinem heiligen Berg spricht, dann liegt darin wohl eine Andeutung, dass es sich um einen Rechtsstreit um die Stadt handelt, der bis heute ungeklärt ist. Der UN-Teilungsplan von 1947 hat eine Landteilung des damaligen Palästina vorgesehen und darin Jerusalem unter einen internationalen Status gestellt bzw. zum *corpus separatum* erklärt – mit gleichberechtigtem Zugang der Religionen zu den heiligen Stätten. Der anschließende Unabhängigkeitskrieg sowie der Sechs-Tage-Krieg von 1967 führten aus völkerrechtlicher Perspektive zu widerrechtlichen Situationen, die bis heute die Welt in Spannung halten. Jerusalem wurde weder neutral noch stand es unter internationaler Hoheit. Im Sinne des Völkerrechts waren weder die Eroberung Westjerusalems durch Israel noch die Eroberung Ostjerusalems durch Jordanien legal. Daran anknüpfend ist auch die im Jahr 1980 erfolgte Annexion Ostjerusalems durch Israel widerrechtlich erfolgt. Rein menschlich erscheint der Konflikt unlösbar; vielmehr wird er sich sowohl politisch als auch militärisch aufheizen. Der prophetisch angekündigten Völkerwallfahrt nach Jes 2 steht nach Sach 12 zuvor ein Völkersturm gegenüber. Benjamin Berger schreibt hierzu:

> *„Es wird eine Zeit sein, in der die Nationen gegen Jerusalem herankommen werden. Es fällt uns heute nicht schwer, uns das vorzustellen, weil die Jerusalemfrage immer mehr zu der entscheidenden Frage werden wird. Zuvor wird man versuchen, dieses und jenes Problem zu lösen, aber schließlich bleibt das Problem Jerusalem ungelöst. Dann wird der Kampf um die Stadt entbrennen. Und weil Jerusalem die Stadt des großen Königs ist und er dort seinen Thron errichten wird, werden die Nationen in Rebellion gegen das kommende Reich toben, wie wir es in Psalm 2 sehen. Es geht um einen Kampf zwischen dem Reich Gottes und den Reichen dieser Welt.“*[96]

10.3 DIE AUSGIESSUNG DES GEISTES ÜBER DAS JÜDISCHE VOLK

Was wird passieren, wenn Israel in eine solche ausweglose Situation geraten wird? Ich gehe davon aus, dass besonders der jüdische Anteil der Bevölkerung vermehrt nach Gott fragen wird. Er wird sich neu auf den Kern seiner Identität besinnen; er wird zurück zu seinen Wurzeln finden. Wer über einen längeren Zeitraum die israelischen Medien verfolgt, nimmt einen sehr interessanten und zugleich bewegenden Prozess in der israelischen Bevölkerung wahr. Da ist auf der einen Seite ein zunehmender Frust im Hinblick auf den nicht enden wollenden Konflikt mit der palästinensischen Bevölkerung zu spüren, der zudem durch die weltweite mediale Darstellung des Konflikts gespeist wird. Die israelischen Medien sprechen von einer „Niemand-liebt-uns-Einstellung“ innerhalb der jüdischen Bevölkerung. Und genau dieses Phänomen führt auf der anderen Seite in den israelischen Medien zunehmend zu einer zentralen Frage: der Frage nach der eigenen Identität: Wer sind wir eigentlich? Was macht uns so anders? Warum werden wir weltweit so besonders wahrgenommen, beobachtet und beurteilt? Was ist unsere Position,

96 Berger, B.: Die heiligen Versammlungen Israels 74.

unsere Rolle in dieser Welt? Sogar in den eher säkular orientierten Medien wird vermehrt die Gottesfrage gestellt.

Versöhnt mit dem Messias

Die jüdische Bevölkerung erinnert sich mehr und mehr an ihre geistlichen Wurzeln. Waren es in den 1980er-Jahren lediglich um die 30 Prozent der Juden in Israel, die ihren Glauben gemäß der Torah und der religiösen Gesetze praktizierten, so sind es mittlerweile weit über 50 Prozent – so die Forschungsarbeiten des deutsch-jüdischen Historikers Michael Wolffsohn. Im konservativ-orthodoxen Milieu der jüdischen Bevölkerung macht man sich zudem Sorgen aufgrund der zugleich zu beobachtenden Liberalisierung in Teilen des Judentums. Insbesondere im Einzugsbereich von Tel Aviv ist eine nie geahnte Freizügigkeit in der Gesellschaft wahrzunehmen. Man beobachtet den großen Abfall von Gott und erwartet als Folge dessen das zukünftige Gericht Gottes. War er es doch, der Volk und Land wieder zusammengeführt hat: erst 1948 im Unabhängigkeitskrieg und dann 1967 im Zuge des Sechs-Tage-Krieges. Kündigt sich also in Sach 12 ein weiteres Mal das an, was man bereits mit dem babylonischen König Nebukadnezar im frühen sechsten Jahrhundert v. Chr. und dann 70 n. Chr. durch die Römer erlebt und erlitten hat? Folgt eine weitere Eroberung bzw. Zerstörung der Stadt als Gericht Gottes, dieses Mal durch eine internationale Gemeinschaft? Werden wieder zahllose Juden vertrieben? Wie wird Gott darin gegenwärtig sein und in dieser Situation handeln?

> *„Aber über das Haus Davids und über die Bewohner von Jerusalem gieße ich den Geist der Gnade und des Flehens aus, und sie werden auf mich blicken, den sie durchbohrt haben, und werden über ihn wehklagen, wie man über den einzigen Sohn wehklagt, und werden bitter über ihn weinen, wie man bitter über den Erstgeborenen weint."* *(Sach 12,10)*

Nach diesen Worten Sacharjas wird es zu einer echten Buß- und Erweckungsbewegung im jüdischen Volk kommen, weil Gott seinen Geist der Gnade und des Flehens ausgießen wird. Die Geistausgießung wird das Volk dazu lenken, auf Gott selbst, „auf mich", zu blicken, „den sie durchbohrt haben". Hier stellt sich die Frage, wann und wo das Volk Gott selbst durchbohrt haben soll. Diese Aussage bleibt zunächst ein Geheimnis. Gleich anschließend aber spricht Gott über eine weitere Person, über die sein Volk wehklagen und bitter weinen wird. Aus neutestamentlicher Perspektive bekommen wir Licht in dieses geheimnisvolle Wort. Wie bereits bei Sach 2,15 spricht Gott hier über seinen Messias. In ihm wird Gott am Kreuz durchbohrt. Diese Erkenntnis hat das jüdische Volk in der Breite bis heute nicht. Sie kann nur vom Geist Gottes her erfolgen. Es ist interessant, dass sich der Geist Gottes hier als der Geist der Gnade und des Flehens offenbart. Es wird deutlich, dass das Volk im geistlichen Schauen auf den Gekreuzigten genau das erfährt, was jeder im Schauen auf das Kreuz erfahren soll: Gnade. Gott wird sich seinem Volk zuallererst in Gnade offenbaren. Sicherlich wird es auch in dem Erleben einer nie da gewesenen Weltverworfenheit und Gottverlassenheit sensibler sein als jemals zuvor für den von Gott verlassenen Leidensmann am Kreuz.

Darüber hinaus wird Gott als der Geist des Flehens wirken, der beim jüdischen Volk ein Weinen und Wehklagen auslösen wird. Bis heute darf es im Judentum nicht sein, dass der Messias bereits damals in Jesus gekommen sein soll. Und sein Volk hat ihn nicht erkannt, sondern hat ihn an die Römer zur Kreuzigung ausgeliefert. Damit hat es Gott selbst durchbohrt. So wird es trotz aller Gnade auch bitterlich über diese Erkenntnis weinen.[97]

Im Judentum wird in der Breite angenommen, dass diese Geistausgießung an einem zukünftigen Versöhnungstag (hebräisch: *Jom Kippur*), der jährlich am zehnten Tag des siebten Monats gefeiert wird, erfolgen wird.[98] An ihm ging der Hohepriester in das Allerheiligste, um Sühnung für sich und das ganze Volk zu erwirken (vgl. 3Mo 16). Er gilt bis heute als der heiligste Tag des Jahres, der durch Gebet und Fasten geprägt ist. *Kippur* leitet sich vom hebräischen Wort *kafar* ab, das „sühnen" oder „zudecken" bedeutet. Man bekennt Gott seine Schuld und vertraut darauf, dass er diese zudeckt. So findet bereits am Vorabend eine gewissenhafte und ritualisierte Umkehr zu Gott statt, bei der die Gläubigen ihr Herz und ihre Gedanken ganz darauf ausrichten, mit Gott und den Menschen ihres Umfeldes im Reinen zu sein. Die Folge der zukünftigen Geistausgießung wird für das Volk schicksalsverändernd und grundlegend heilsam sein: „An jenem Tag wird für das Haus David und die Bewohner von Jerusalem eine Quelle geöffnet sein gegen Sünde und gegen Befleckung" (Sach 13,1). Mit dieser Aussage erfüllt sich final das geistliche Anliegen des Versöhnungstages: Das Bundesvolk erkennt seinen Messias, der selbst die

---

97 Die Offenbarung von Josef gegenüber seinen Brüdern in Ägypten gibt uns einen Einblick in dieses prophetische Geschehen (vgl. 1Mo 45). Die Brüder hätten Josef nicht erkannt, wenn er ihnen nicht gesagt hätte, dass er ihr Bruder ist. Als sich Josef dann seinen Brüdern offenbarte, war dies für beide Seiten sehr emotional und tränenreich.

98 Vgl. Brown, M. L.: Answering Jewish objections to Jesus. Volume one 83 f.

Quelle der Reinigung für sein Volk ist. In ihm liegt die Versöhnung. Benjamin Berger schreibt hierzu:

> *„Jedes Fest oder jeder heilige Tag findet seine erste Erfüllung in Israel. Wenn wir über den Versöhnungstag reden, so reden wir über jenen Tag, an dem Israel seinen Messias erkennen wird. Wir warten auf diesen Augenblick, an dem es eine nationale Erlösung in Israel gibt. Heute erleben wir, dass mehr und mehr Menschen zum Glauben an den Messias kommen, aber wir sind noch nicht so weit, dass wir eine nationale Erlösung haben. Gott hat zu Israel eine Beziehung, die die ganze Nation umfasst. Wenn es um Gericht geht, ist es ein nationales Gericht. Wenn es um Segen geht, gibt er ihn der ganzen Nation. Die nationale Erlösung haben wir noch nicht erfahren. Wo finden wir eine solche Ankündigung in den Propheten? Ich glaube, was wir in Sacharja 12 lesen, ist diese prophetische Erfüllung ... Es wird eine tiefe Buße über unser Volk kommen. In dieser nationalen Erlösung wird der Versöhnungstag seine Erfüllung finden.*[99]

Eine Vision der Offenbarung Gottes gegenüber seinem Volk

Ich erinnere mich noch sehr gut an eine Vision, die ich vor einigen Jahren in meinem Hotelzimmer im Kibbuz am See Genezareth erhalten habe. Es war ein Film, der vor meinem inneren Auge ablief. Ich sah, wie das jüdische Volk in großer Not und Eile auf der Flucht war. Die Menschen konnten kaum Gepäck mitnehmen, so schnell mussten sie fliehen. In ihren Augen sah ich große Angst und Schrecken, Erschöpfung, Zermürbung und Hilflosigkeit. Und ich sah mich, wie ich die ganze Zeit auf Abstand neben ihnen herlief und mit Sorge und innerer Anteilnahme auf sie schaute. Es waren so viele Menschen auf der Flucht, dass ich das Ende ihrer Menge nicht erblicken konnte. Nach einiger Zeit erschien plötzlich ein gleißendes Licht, das über ihnen aufging, erstrahlte und sie auf nicht beschreibbare Weise in Jesu Gegenwart nahm. Ich sah in den Gesichtern der Juden zunächst ein Erschrecken, dann ein ungläubiges, ja fassungsloses Staunen. Dem folgten Tränen der Freude, in denen zugleich ein tief sitzender Schmerz gelöst wurde. Es war für dieses ganze Volk wie ein Nach-Hause-Kommen, eine Heimkehr, ein tiefes Ankommen bei dem, durch den sie sind und dem sie gehören.

---

99 Berger, B.: Die heiligen Versammlungen Israels 73 ff.

Dann erlebte ich in der Vision plötzlich einen Szenenwechsel. Ich sah mich, wie ich intensiv Ahnenforschung in einem Raum vor einem Computer betrieb – in der Hoffnung, dass ich jüdischer Abstammung sein könnte und auch ich zu diesem Volk gehören möge. Als ich mich so sah – ich hatte in der Vision ja keinen Einfluss auf mein Handeln –, sagte ich zu Gott: „Herr, was passiert hier? Was mache ich da? Ich gehöre zu dir und habe deinen Geist, der in mir lebt. Warum sollte ich mir wünschen, ein Jude zu sein?" Und dann sprach der Heilige Geist zu mir und sagte: „Meine Zuwendung zu meinem Volk wird so gewaltig sein, dass jeder sich wünschen wird, ein Jude zu sein. So sehr will ich mich in Liebe meinem Volk zuwenden." Dann gab mir der Heilige Geist zu diesem Bild noch ein Wort aus Jesaja: „Der HERR wird dir zum ewigen Licht sein und die Tage deiner Trauer werden ein Ende haben" (Jes 60,20). Seither bewegt und begleitet mich diese Vision intensiv im Hinblick auf die Prophetie aus Sacharja.

Natürliches oder geistliches Schauen?

Immer wieder wird in der biblischen Auslegung bewegt, ob dieses Schauen in Sach 12,10 ein natürliches oder ein geistliches Schauen ist: „… und sie werden auf mich blicken, den sie durchbohrt haben". Das hebräische Verb *nabat* ist in erster Linie als ein natürliches, wahrnehmendes Tätigkeitswort zu verstehen: Sie sehen, erblicken, schauen an – mit ihren eigenen Augen. Das Wort kann aber auch für einen inneren Erkenntnisprozess gebraucht werden – in dem Sinne, dass einem plötzlich die Augen geöffnet werden. So betet der Psalmist in Ps 119,18: „Öffne meine Augen, damit ich schaue die Wunder aus deinem Gesetz." Auch Ps 34,6 ist als ein geistliches, inneres Schauen zu verstehen: „Alle, die zu ihm aufschauen, werden strahlen vor Freude! Nie werden sie beschämt sein" (NGÜ).

Ich gehe davon aus, dass es sich an Jom Kippur um ein geistliches Schauen handeln wird, dem dann mit dem Kommen des Messias, wahrscheinlich zum Laubhüttenfest, ein natürliches Schauen folgen wird. Das geistliche Schauen richtet sich auf den Durchbohrten am Kreuz; das natürliche Schauen auf den Kommenden in Herrlichkeit. Hierzu gibt es im Neuen Testament zwei Entsprechungen: So sieht der Evangelist Johannes in der Kreuzigung Jesu explizit eine Erfüllung von Sach 12,10 (vgl. Joh 19,34–37). Zudem greift der Seher Johannes im Kontext der Wiederkunft Jesu ebenfalls Sach 12,10 auf (vgl. Offb 1,7).

Für ein ausschließlich natürliches Schauen brauchte es keine vorherige Geistausgießung. Auch brauchte es für die Annahme des Messias als Herrn keinen Glauben mehr. Denn der Glaube ist „… eine Wirklichkeit dessen, was man hofft, ein Überzeugtsein von Dingen, die man nicht sieht“ (Hebr 11,1). Bei aller Erwählung wird auch für das jüdische Volk gelten, dass der Gerechte aus Glauben leben wird (vgl. Hab 2,4; Gal 3,11). Die Einladung zum Glauben an Jesus als den Messias Israels und der ganzen Welt läuft auch für das jüdische Volk dem Kommen des Weltenrichters zeitlich voraus. Wenn der Geist zum Ende der Tage in besonderer Weise auf das jüdische Volk ausgegossen wird, dann wird er zunächst das tun, was er zuvor schon immer in der Geschichte nach der Kreuzigung Jesu getan hat: Er wird die Aufmerksamkeit der Menschen auf den Gekreuzigten lenken. Dorthin soll auch sein altes Bundesvolk schauen und in dem Durchbohrten seinen Messias, ja Gott selbst, erkennen. Dieser Blick wird den Juden in der Tiefe ihrer Herzen die Augen öffnen, sodass sie vorbereitet sind, ihn dann auch mit ihren natürlichen Augen zu sehen. In diesem Zusammenhang komme ich zu einer Aussage Jesu, die ich mit dem oben genannten Vers aus der Offenbarung in Verbindung bringen möchte:

> *„Jerusalem, Jerusalem, die da tötet die Propheten und steinigt, die zu ihr gesandt sind! Wie oft habe ich deine Kinder versammeln wollen, wie eine Henne ihre Küken versammelt unter ihre Flügel, und ihr habt nicht gewollt! Siehe, euer Haus wird euch öde gelassen; denn ich sage euch: Ihr werdet mich von jetzt an nicht sehen, bis ihr sprecht: ‚Gepriesen sei, der da kommt im Namen des Herrn!‘“* *(Mt 23,37–39)*

> *„Siehe, er kommt mit den Wolken, und jedes Auge wird ihn sehen, auch die, welche ihn durchstochen haben, und wehklagen werden seinetwegen alle Stämme der Erde.“* *(Offb 1,7)*

Der erste Teil der Aussage Jesu ist im Kern eine Zusammenfassung des dauerhaften Anliegens Gottes, das Volk zu sich im Land zu versammeln – dorthin, wo er verheißen hat zu wohnen und für sein Volk gegenwärtig und erfahrbar zu sein. Das Bild von der Henne und den Küken ist ein versorgendes und schützendes Bild. Und die Existenz der Küken liegt in der Henne begründet – wie beim Volk Israel, das nur durch Gott und in ihm zu begreifen ist. Daran anknüpfend, spricht Jesus aufgrund des anhaltenden Ungehorsams und Widerstandes ein Gerichtswort: „… euer Haus wird euch öde gelassen.“ Dies ist ein Hinweis auf die zukünftige Zerstörung des Tempels durch die Römer 70 n. Chr. Im weiteren Sinn ist das Haus aber auch das Land, das durch die damit einhergehende weltweite Zerstreuung des jüdischen Volkes wieder leer bzw. öde werden wird. Zugleich aber müssen wir im Blick haben, dass hier mit anklingt, dass Gott selbst im Vollzug des Gerichts sein

Haus verlassen wird; Jesus begründet die Öde des Hauses mit folgendem Kausalsatz: „... denn ich sage euch: Ihr werdet mich von jetzt an nicht sehen ...“ Auch mit dieser Formulierung erhebt Jesus implizit den Anspruch, Gottes Sohn zu sein. Es ist letztlich seine Gegenwart, die den Tempel erfüllt. Wo seine Schechina nicht mehr ist, ist auch der Tempel leer und öde.

Auf bestimmte Art und Weise finden wie in der Kreuzigung Jesu zwei Seiten wieder: Gericht und Heil. Einerseits zerreißt der Vorhang im Tempel nach Jesu Tod und lädt uns als Glaubende ein, nun in Freimütigkeit zum Gnadenthron Gottes zu kommen (vgl. Hebr 4,16). Der geistliche Weg ist für uns frei. Andererseits ist der zerrissene Vorhang auch ein äußerer Ausdruck dessen, dass Gottes Schechina – wie damals bei Hesekiel – nun den Tempel verlässt, um ihn dem Gericht der Zerstörung zu überlassen. Wir wissen, dass Jesus um die neunte Stunde, also nachmittags um 15 Uhr, verstarb (vgl. Mt 27,45). Um diese Zeit waren aber die Priester, Schriftgelehrten und Ältesten, die zuvor noch vor seinem Kreuz über ihn gespottet hatten (vgl. Mt 27,41), zum Nachmittagsgebet im Tempel. Wie werden sie das Zerreißen des Vorhangs wahrgenommen haben? Als Zeichen des Heils oder als Zeichen des Gerichts vor dem Hintergrund von Hes 9–11 (vgl. Abschnitt 5.2)?

Das Gerichtswort Jesu wird abschließend in ein Heilswort überführt: „Ihr werdet mich von jetzt an nicht sehen, bis ihr sprecht: ‚Gepriesen sei, der da kommt im Namen des Herrn!‘“ Diesen Satz kennen wir bereits aus seinem Einzug in Jerusalem und dem damit in Verbindung stehenden Psalmwort aus Ps 118,26. Jesus kündigt mit diesem Wort seine Abwesenheit an. Es ist die Abwesenheit des Gottessohnes und des Messias Israels und der ganzen Welt. Aber diese Abwesenheit ist befristet. Sie endet dann, wenn sein Volk diesen messianischen Ausruf aus Ps 118,26 neu ausrufen und ganz bewusst mit ihm, Jesus, in Verbindung bringen wird. Dies setzt eine Erweckung im jüdischen Volk voraus und eine Bekehrung zum Juden Jesus von Nazareth als Sohn Gottes und Messias Israels. Diese Messiaserkenntnis wird eine Gotteserkennntnis sein, die aller Voraussicht nach an einem zukünftigen Versöhnungstag erfolgen wird. Und die Messiasliebe wird eine Gottesliebe sein. Dies wird der Geist des Messias in seinem Volk bewirken – in aller Not und Bedrängnis, die uns in Sach 12 beschrieben wird. Er wird die Herzensbeschneidung bewirken, die bereits die Torah gefordert und verheißen hat (vgl. 5Mo 10,16; 5Mo 30,6) und wovon auch die Propheten gesprochen haben (vgl. Hes 36,26; Jer 31,33).

Keine Wiederkunft Jesu ohne geistliche Erweckung im jüdischen Volk

Mit diesem Jesuswort können wir nun aber im Hinblick auf Sach 12,10 sagen: Das Volk schaut nicht zuerst natürlich Jesus als den Messias und fängt dann an zu glauben. Es ist vielmehr so, dass es zuerst zum Glauben an ihn kommt, bevor es ihn sehen wird. Diese Buß- und Erweckungsbewegung steht bei allen erwecklichen Aufbrüchen im Land noch aus. Aber Sacharja sieht, dass dies geschehen wird. Nun betrachten wir vor diesem Hintergrund den Vers aus der Offb: „Siehe, er kommt mit den Wolken, und jedes Auge wird ihn sehen, auch die, welche ihn durchstochen haben, und wehklagen werden seinetwegen alle Stämme der Erde“ (Offb 1,7).

Dieser Vers ist für uns Christen eine große Ermutigung. Er bestätigt unsere tiefe Hoffnung und Sehnsucht, dass Jesus, um dessen Offenbarung es ja in der Johannesapokalypse geht, eines Tages mit den Wolken kommen wird, wie es bereits die Männer in Weiß am Ölberg den Jüngern bei der Himmelfahrt Jesu prophezeit haben. Auch wenn wir aus Sach 14,4 und Apg 1,11 wissen, dass der Ölberg der Ort seines Kommens sein wird, wird dieses Kommen doch weltumspannend sein: „... jedes Auge wird ihn sehen“. Niemand wird das Kommen Jesu als Messias verpassen können; es wird von globaler Beachtung und Bedeutung sein.

Nun kommen wir hier aber zu einem ganz besonderen Punkt, dem nach meiner Wahrnehmung vor dem Hintergrund von Mt 23,37–39 und Sach 12,10 im Christentum zu wenig Beachtung geschenkt wird: Wenn das jüdische Volk Jesus erst dann wiedersehen wird, wenn es ihn zuvor als den Messias erwartet, die ganze Welt ihn aber bei seinem Kommen mit den Wolken sehen wird, dann können wir als Christen lange und letztlich vergeblich auf seine Wiederkunft warten, wenn wir das jüdische Volk von der christlichen Hoffnung ausschließen und es als von Gott verworfen erachten. Wenn wir es also den Juden nicht „zugestehen“, dass Jesus zuerst für sie als der Messias Israels kommen darf, dann werden wir sein Kommen vergeblich erwarten.

Wenn wir wirklich die Wiederkunft Jesu auf diese Erde sehen wollen, dann können wir nichts Besseres tun, als diesen Geist der Gnade und des Flehens für das jüdische Volk im Gebet zu erbitten. Unsere Fürbitte wird das jüdische Volk mit dem zunehmenden Seufzen der ganzen Schöpfung dringend nötig haben. Aber die Bekehrung des jüdischen Volkes wird letztlich den Himmel aufreißen – im wahrsten Sinne des Wortes. Das ist die bleibende tiefe Verbundenheit zwischen Jesus und seinem Volk; die Vollendung des Reiches Gottes hier auf Erden ist für Jesus ohne Israel nicht denkbar.

Im letzten Teil des Verses aus Offb 1,7 ist wieder von einem Wehklagen um Jesu Willen die Rede. Dieses Mal betrifft es aber „alle Stämme der Erde“. Damit sind im

Gegensatz zu Sach 12,10 die Menschen aus den Nationen gemeint, die bis zuletzt Jesus als ihren Herrn abgelehnt haben und bei seinem sichtbaren Kommen über ihren fatalen Irrtum zutiefst erschrocken sein werden.

10.4 DIE WIEDERKUNFT JESU

Ich sitze mittlerweile auf der Dachterrasse meiner Unterkunft in der Altstadt und blicke direkt auf den Ölberg. Vor mir liegt das jüdische Viertel, dahinter erhebt sich der Felsendom mit seiner goldenen Kuppel, in der sich das Sonnenlicht spiegelt. Die Architektur der Altstadt ist schon sonderbar. Auf den Dächern der vor mir liegenden Häuser befinden sich öffentliche Wege, Sitzbänke und Dachterrassen. Zu meiner Linken liegt vor der Erlöserkirche eine etwas größere Aussichtsplattform, auf der sich im Laufe des Tages die unterschiedlichsten Gruppen und Personen aufhalten. Manchmal sind es jüdische Männer, die ihr Torahstudium in den angrenzenden Jeshiwot unterbrechen und dort eine Pause machen. Manchmal sind es Kinder aus den umliegenden Schulen, die den Platz zum Spielen nutzen. Und oftmals sind es Touristengruppen, die von ihrem Guide eine Unterweisung erhalten und dabei diesen Aussichtspunkt zum Fotografieren nutzen. Nicht zuletzt kommen auch Gruppen von Soldatinnen und Soldaten hierher, die im Rahmen ihrer Ausbildung in der Altstadt unterrichtet werden.

Hier auf meiner Dachterrasse habe ich einen Perspektivwechsel vorgenommen. Stand ich zuvor noch oben auf der Aussichtsplattform des Ölberges, so bin ich nun ihm gegenüber und schaue auf ihn hinauf. Am Toten Meer kam mir der eindrückliche Gedanke, dass das Tote leben soll, selbst dort unten am tiefsten Punkt der Erde. Es soll gespeist werden vom Wasser aus dem Tempel, das von hier oben aus Jerusalem über das Kidrontal hinunterfließen soll. Wie aber soll man sich das konkret vorstellen? Die natürliche Dimension kann man sich unten am Toten Meer anschauen, wo bereits ein kleines Paradies in *Ein Tzukot* entstanden ist (vgl. Abschnitt 1.1). Aber es muss ja noch mehr passieren, damit sich darin auch die geistliche Dimension ausdrücken kann.

Das führt mich wieder zum Propheten Sacharja und dem Kommen des Messias. Mit der Ausgießung des Geistes und der durch sie bewirkten Erweckung des jüdischen Volkes ist die Drohkulisse um Jerusalem noch nicht beendet. Aber etwas Entscheidendes ist geschehen: Das jüdische Volk erwartet nun nicht mehr nur den Messias, sondern nach Jesu Worten aus Mt 23,39 ihn selbst als den Messias. Und genau darin bahnt es einen Weg für sein Kommen:

„Dann wird der HERR ausziehen und gegen jene Nationen kämpfen, wie er schon immer gekämpft hat am Tag der Schlacht. Und seine Füße werden an jenem Tag auf dem Ölberg stehen, der vor Jerusalem im Osten liegt; und der Ölberg wird sich von seiner Mitte aus nach Osten und nach Westen spalten zu einem sehr großen Tal, und die eine Hälfte des Berges wird nach Norden und seine andere Hälfte wird nach Süden weichen ... Und es wird geschehen an jenem Tag, da wird lebendiges Wasser aus Jerusalem fließen, die eine Hälfte zum östlichen Meer und die andere Hälfte zum hinteren Meer; im Sommer wie im Winter wird es so sein. Und der HERR wird König sein über die ganze Erde; an jenem Tag wird der HERR einzig sein und sein Name einzig." (Sach 14,3–9)

Hier wird man sich sicherlich keine große Schlacht vorstellen dürfen, wie man sie aus manchem Hollywoodstreifen kennt. In der Offb 19 heißt es bezüglich des Kommens Christi: „Und aus seinem Mund geht ein scharfes Schwert hervor, damit er mit ihm die Nationen schlage" (Offb 19,15). Dieses scharfe Schwert ist sein Wort. Sein Wort allein wird ausreichen, um diesen Kampf zu beenden.

Mit Jesus wird zugleich die Herrlichkeit Gottes auf diese Erde kommen. Was auf dem Sinai mit der Einwohnung der Herrlichkeit Gottes begann, wird nun mit seinem Kommen seine Vollendung finden. Jesus selbst sagt dazu: „... und sie werden den Sohn des Menschen kommen sehen auf den Wolken des Himmels mit großer Macht und Herrlichkeit" (Mt 24,30).

Eine weitere Erfüllungsdimension von Hes 47

Nachdem Jesus auf den Ölberg gekommen ist, spaltet sich dieser und schafft einen weiten Raum. Blicke ich hier von meiner Dachterrasse auf den Ölberg, sprengt dessen vom Propheten angekündigte Spaltung mein Vorstellungsvermögen. Aber wenn Gott nur das wirken würde, was ich mir von meinem Verstand her vorstellen kann, wäre sein Handlungsspielraum doch sehr eingegrenzt. Gott entgrenzt unser Denken für seine Möglichkeiten. Nun heißt es hier explizit, dass „lebendiges Wasser aus Jerusalem fließen" wird. Von Jerusalem aus wird lebendiges Wasser zum Mittelmeer (hinteres Meer) und zum Toten Meer (östliches Meer) strömen. Beide werden von diesem Wasser aus Jerusalem gespeist. In Jerusalem selbst, dieser wasserarmen Stadt, wird eine unversiegbare Quelle lebendigen Wassers sein. Diese Quelle wird Jesus als Messias in offenbarer Herrlichkeit sein. Von ihm geht der Strom des Lebens aus.

Wieder muss ich an die Vision vom neuen Tempel und dem Lebensstrom aus Hes 47 denken. Offensichtlich wird Jesus selbst diese Prophetie mit seinem Kommen in eine neue Erfüllungsdimension führen. Er wird zuletzt für Jerusalem der lebendige Tempel sein, aus dem sich sein Geist so verströmen wird, wie es in der Vision von Hesekiel so bewegend und heilsam beschrieben wird. Wenn Jesus auf dem Höhepunkt des Laubhüttenfestes in Jerusalem über die Ströme lebendigen Wassers sprach, die von ihm und dann auch von seinen Nachfolgern durch den Geist Gottes ausgehen sollen (vgl. Joh 7,37–39), dann waren diese Ströme prophetische Appetizer auf den nun fließenden Lebensstrom im anbrechenden messianischen Friedensreich, der von dem in Jerusalem herrschenden Messias ausgehen wird.

Die Frage nach dem dritten Tempel

Immer wieder wird in der Theologie die Frage nach dem dritten Tempel diskutiert, der noch vor dem Kommen des Messias und damit vor dem Beginn des messianischen Zeitalters gebaut werden soll. Inspiriert wird diese Hoffnung durch die Schau des neuen Tempels ab Hes 40 ff. Und genau in diese Kapitel ist ja auch unser prophetisches Bild aus Hes 47 eingebunden. Die ausführlichen Messungen und Beschreibungen des Tempels machen es schwer, diese dezidierten Ausführungen allegorisch deuten zu wollen. Zugleich aber bleiben manche Aussagen über den zukünftigen Tempel im Dunkeln und können für eine messianische Zeit kaum befriedigend gedeutet werden. Denken wir z. B. an die Ausführungen zum Opferdienst, die nicht zu Jesus als dem letzten und vollkommenen Opfer passen wollen. Diese Spannung ließe sich allerdings dadurch heilen, dass der dritte Tempel vor dem Kommen des Messias durch ein frommes Judentum errichtet wird, über das der Geist der Gnade und des Flehens noch nicht ausgegossen wurde. Ein solches Judentum würde ohne Zweifel den Opferdienst in diesem Tempel aufrichten und kontinuierlich fortführen, bis es Jesus als den Messias Israels erkennt. Wenn ich heute mit messianischen Leitern in Israel spreche, merke ich, dass diese Frage nach dem dritten Tempel eine nur untergeordnete Relevanz spielt, weil für sie die zukünftige Gegenwart Jesu als der lebendige und lebensspendende Tempel in der Mitte seines Volkes entscheidend ist. Diesem Verständnis kann ich mich gut anschließen.

10.5 DAS MESSIANISCHE LAUBHÜTTENFEST

Dieser christozentrische Chiliasmus führt uns zur Erfüllung des Laubhüttenfestes im messianischen Reich. Wir haben uns bereits vor Augen geführt, dass das Laubhüttenfest das letzte Fest des jüdischen Festkalenders nach 3Mo 23 ist. Über die Einbringung der letzten Ernte des Jahres hinaus liegt seine geistliche Bedeutung in der Einwohnung Gottes in der Mitte seines Volkes; final wird dies durch seinen Sohn und davidischen König im messianischen Friedensreich bzw. im Tausendjährigen Reich geschehen. Dieses Fest ist traditionell ein Fest der Freude:

> *„Und der HERR redete zu Mose: Rede zu den Söhnen Israel: Am fünfzehnten Tag dieses siebten Monats ist das Fest der Laubhütten sieben Tage für den HERRN ... Und ihr sollt euch am ersten Tag prächtige Baumfrüchte nehmen, Palmwedel und Zweige von dicht belaubten Bäumen und von Bachpappeln und sollt euch vor dem HERRN, eurem Gott, sieben Tage freuen ... In Laubhütten sollt ihr wohnen sieben Tage ... damit eure Generationen wissen, dass ich die Söhne Israel in Laubhütten habe wohnen lassen, als ich sie aus dem Land Ägypten herausführte." (3Mo 23,33–43)*

> *„Das Fest der Laubhütten sollst du sieben Tage lang feiern, wenn du den Ertrag von deiner Tenne und von deiner Kelterkufe einsammelst. Und du sollst dich an deinem Fest freuen ... Sieben Tage sollst du für den HERRN, deinen Gott, das Fest feiern an der Stätte, die der HERR erwählen wird." (5Mo 16,13–15)*

Die historischen Wurzeln des Festes

Die historischen Wurzeln dieses Festes liegen nach 3Mo 23,43 in der 40-jährigen Wüstenwanderung des Volkes Israel nach dem Auszug aus der ägyptischen Gefangenschaft. All die Jahre haben sie in Zelten bzw. Hütten gelebt und in der Unwirtlichkeit und Dürre der Wüste erfahren, dass Gott in ihrer Mitte wohnt und sie versorgt. Das jährliche Wohnen in Laubhütten soll an diese Zeit erinnern; es ist über diese Erinnerung hinaus zugleich eine Vergegenwärtigung vergangener Erfahrungen als Bundesvolk. Interessanterweise kommen die in 3Mo 23 genannten Bäume mit Ausnahme der Palmen an Oasenplätzen in der Wüste überhaupt nicht vor. Es scheint so, dass die Laubhütten mit dieser Üppigkeit und Schönheit über die Wüstenzeit hinaus an den Garten Eden erinnern sollen: an den Ort des Urtempels, wo Himmel und Erde noch eine Einheit gebildet haben und Gott mit seinen ersten Geschöpfen Gemeinschaft hatte. Wenn wir uns dies vor Augen führen, wird deutlich, dass dieses letzte aller Feste Israels sowohl ein Fest der Wiederherstellung als auch der Vollendung ist. Dieses Fest wurde im Land weitergefeiert, bezeichnenderweise aber dann an dem Ort, den Gott für seine Wohnung auserwählt hat: Jerusalem – und damit auch an dem Ort, wo möglicherweise das Herzstück des Gartens lag (vgl. Abschnitt 3.3).

Wir haben uns bereits in den Abschnitten 6.5 und 7.6 angeschaut, wie Jesus zum Höhepunkt des Laubhüttenfestes den Durstigen die Einwohnung des Heiligen Geistes verheißen hat: „Wenn jemand dürstet, so komme er zu mir und trinke! Wer an mich glaubt, wie die Schrift gesagt hat, aus seinem Leibe werden Ströme lebendigen Wassers fließen. Dies aber sagte er von dem Geist, den die empfangen sollten, die an ihn glaubten" (Joh 7,37–39). Mit dieser Aussage hatte er damals zugleich deutlich gemacht, dass mit ihm Gott zum Zion zurückgekehrt ist. Mit seiner Einladung zum Geistempfang hat er zudem angezeigt, worum es im Kern bei diesem Fest geht: Um die Einwohnung Gottes im Einzelnen und in seinem Volk.

Mit seinem Auftreten auf dem Tempelplatz „störte" Jesus eine Zeremonie, die am letzten Tag des Festes praktiziert wurde.[100] An diesem höchsten Festtag ging der Hohepriester vom Tempel zum Teich Siloah, der etwa einen Kilometer südlich bergab lag. Er wurde begleitet von einem fröhlichen Festzug mit Musikern. Dabei trug er einen Krug und füllte ihn mit dem Wasser aus dem Teich, dessen Name übersetzt „Gesandter" bedeutet. Im Vollzug dieser Handlung erinnerte er sich an das Wort aus Jesaja 12,3: „Mit Freude werdet ihr Wasser schöpfen aus den Quellen des Heils". Jesus hat mit seinen Worten dieses priesterliche Wirken auf sich selbst bezogen. Letztlich werden die Durstigen aus seiner Fülle schöpfen. Bei ihm ist die Quelle des Heils. Bei ihm ist wahre Freude.

Und dann zogen sie wieder zurück zum Tempelberg. Der Priester ging mit dem Festzug und dem Wasserkrug durch das Südtor, das aufgrund des Wasserkruges auch Wassertor genannt wurde. Sobald die Priester im Tempelhof den Hohenpriester durch das Wassertor schreiten sahen, riefen sie laut aus: „Mit Freude werdet ihr Wasser schöpfen aus den Quellen des Heils!" Dann ging der Hohepriester mit dem Wasserkrug zum Opferaltar, um das Wasser dort als Opfergabe für den HERRN auszugießen. Damit war zugleich das Gebet um Regen und einen offenen Himmel verbunden: „Gieße doch aus, Herr, ströme lebendigen Wassers!" Parallel dazu sang der Chor der Tempeldiener die Psalmen 113–118. Bei Psalm 118 stimmte

100 Vgl. hierzu ausführlich den Traktat Sukkah der Mischna.

das Volk mit folgendem Worten ein: „Ach, HERR, hilf doch! Ach, HERR, gib doch Gelingen! Gesegnet sei, der kommt im Namen des HERRN!" (Ps 118,25.26). Diesen Vers kennen wir schon aus dem Kontext des Passahfestes und des Einzugs Jesu in Jerusalem (vgl. Abschnitt 8.2). Zum Laubhüttenfest bekommt er noch einmal eine besondere Bedeutung. Der Messias wird herbeigerufen. Sein Kommen wird sehnsüchtig erwartet.

Die endzeitliche Erfüllung des Laubhüttenfestes

Die Kernelemente dieses Festes greift Sacharja in ihrer endzeitlichen Erfüllung in Kapitel 14 auf. Er beschreibt, wie der Messias nach Jerusalem kommen und seinen Fuß auf den Ölberg setzen wird. Er skizziert in seiner Prophetie, dass lebendiges Wasser aus Jerusalem fließen wird. Das traditionelle Gebet um Regen und Ströme lebendigen Wassers und die Anrufung Gottes zur Sendung des Messias werden nun in dem Kommen des Messias endzeitlich erfüllt. Wir merken an dieser Stelle, dass die Vision aus Hes 47 und das Laubhüttenfest aufeinander bezogen sind. Hat das Laubhüttenfest einen in der Tendenz verengenden Fokus auf die Einwohnung Jesu in Jerusalem, so zeigt die Vision aus Hes 47 als Gegenakzent eindringlich, dass sich der Geist Gottes in die ganze Schöpfung verströmen will, ohne dass es zu einer Abnahme der Herrlichkeit Gottes kommt. Selbst der tiefste Punkt der Erde wird von diesem Lebensstrom erfasst und lebendig. Wir werden mit ihm an den Strom erinnert, der ehemals durch den Garten Eden floss (1Mo 2,10). Da auch die Laubhütte an diesen Garten erinnert, finden wir mit der Erfüllung des Laubhüttenfestes durch das Kommen Jesu eine Vollendung dessen, was bereits in den Anfängen der Schöpfung und in der Geschichte Israels prophetisch zum Ausdruck kam: Die ganze Erde wird im Tausendjährigen Reich zu einem Garten Gottes.

Mit dem Messias wird Gott sein Friedensreich aufrichten: „Und der HERR wird König sein über die ganze Erde; an jenem Tag wird der HERR einzig sein und sein Name einzig" (Sach 14,9). Sieht das jüdische Volk seinen Messias zum Fest der Versöhnung am zehnten Tag des siebten Monats geistlich als den Durchbohrten und Leidenden am Kreuz, so sieht es ihn äußerlich als den Kommenden mit den Wolken wenige Tage später zum Laubhüttenfest, das am 15. Tag des siebten Monats beginnt. Es gibt also eine tiefe geistliche Verbindung zwischen dem Versöhnungsfest und dem Laubhüttenfest. Und so heißt es dann bei Sacharja abschließend: „Und es wird geschehen: Alle Übriggebliebenen von allen Nationen, die gegen Jerusalem gekommen sind, die werden Jahr für Jahr hinaufziehen, um den König, den HERRN der Heerscharen, anzubeten, und das Laubhüttenfest zu feiern“ (Sach 14,16). In diesem einen Satz drückt sich das gesamte Selbstverständnis Israels in Vollendung aus. Der Messias wird als der König Israels und der Nationen in Jerusalem wohnen und herrschen. Genau darauf soll alles hinauslaufen; das ist das Ziel der Geschichte Gottes mit seinem Volk und den Nationen, die ebenfalls durch Jesus zu seinem Volk werden. Am Ende haben wir es wieder mit der Einheit von Volk, Land und Gott zu tun.

Diese Erwartung schürt auch der Prophet Haggai, der mit Sacharja gemeinsam zur Zeit des Aufbaus des zweiten Tempels wirkte. Auch er hat neben Sacharja dieses messianische Laubhüttenfest im Blick. Er schreibt:

> *„Im siebten Monat, am 21. des Monats, geschah das Wort des HERRN durch den Propheten Haggai: Sage doch zu Serubbabel, dem Sohn Schealtiëls, dem Statthalter von Juda, und zu Jeschua, dem Sohn Jozadaks, dem Hohen Priester, und zu dem Rest des Volkes und sprich: Wer ist unter euch noch übrig geblieben, der dieses Haus in seiner früheren Herrlichkeit gesehen hat? Und wie seht ihr es jetzt? Ist es nicht wie nichts in euren Augen? Und nun sei stark, Serubbabel!, spricht der HERR. Und sei stark Jeschua, Sohn des Jozadak, du Hoher Priester, und seid stark, alles Volk des Landes, spricht der HERR, und arbeitet! Denn ich bin mit euch, spricht der HERR der Heerscharen. Das Wort, das ich mit euch vereinbart habe, als ihr aus Ägypten zogt, und mein Geist bleiben in eurer Mitte bestehen: Fürchtet euch nicht! Denn so spricht der HERR der Heerscharen: Noch einmal – wenig Zeit ist es noch – und ich werde den Himmel und die Erde und das Meer und das Trockene erschüttern. Dann werde ich alle Nationen erschüttern, und die Kostbarkeiten aller Nationen werden kommen, und ich werde dieses Haus mit Herrlichkeit füllen, spricht der HERR der Heerscharen. Mein ist das Silber und mein das Gold, spricht der HERR der Heerscharen. Größer wird die Herrlichkeit dieses künftigen Hauses sein als die des früheren, spricht der HERR der Heerscharen, und an diesem Ort will ich Frieden geben, spricht der HERR der Heerscharen.“ (Hag 2,1–9)*

Wenn wir nicht die Sensibilität für die Feste des Herrn haben, werden wir manchem Datum in der Bibel keine Beachtung schenken. Aber dann verpassen wir Wesentliches und verstehen nicht die umfassendere prophetische Bedeutung. Haggai empfängt das Wort Gottes am 21. des siebten Monats. Dieser Tag ist kein geringerer Tag als der höchste Tag des Laubhüttenfestes. Und er empfängt das Wort in einer Zeit, als das Volk zu entmutigt war, um an dem Tempel in Jerusalem weiterzubauen. Wenn er aber eben an diesem Tag das Wort Gottes empfängt, dann soll das Volk auf besondere Art und Weise nochmals vor Augen geführt bekommen, dass bei allem, was äußerlich entmutigend ist und zu einer Vernachlässigung ihres Auftrags geführt hat, den Tempel aufzurichten und einzuweihen, die göttliche Zusage bestehen bleibt, dass er in der Mitte seines Volkes wohnen will – jetzt und in der Vollendung des messianischen Friedensreichs.

Gott erinnert sie an das Haus in seiner früheren Herrlichkeit; er malt ihnen den Salomonischen Tempel mit der Schechina Gottes noch einmal vor Augen. Vergleichsweise dazu erscheint das Fundament des neuen Tempels als zu klein (vgl. auch Esr 3,12). Wie beim Exodus aus Ägypten zugesagt, wird sein Geist in ihrer Mitte bleiben. Seine Gegenwart allein ist entscheidend dafür, dass sie weiterbauen. Nun wissen wir um die Vielschichtigkeit bzw. Mehrdimensionalität des prophetischen Wortes. Haggai und Sacharja waren Propheten für ihre Zeitgenossen. Ihr Dienst trug maßgeblich dazu bei, dass der Tempelbau vollendet werden konnte (vgl. Esr 5,1.2 sowie Esr 6,14.15). Aber sie haben auch weit über ihre Zeit hinaus prophezeit. Insbesondere der letzte Teil der Prophetie spricht von einer Zeit, die noch vor uns liegt. Noch sind wir nicht in die Zeit gekommen, in der alle Nationen erschüttert werden, auch wenn die Wehen dieser Schöpfung zugenommen haben.

Auch ist dieses zukünftige Haus, von dem Haggai spricht, offensichtlich nur ansatzweise der damalige Tempel gewesen, der 516 v. Chr. zunächst vollendet und dann später durch König Herodes den Großen zu einem gewaltigen Tempelberg-Komplex erweitert wurde. Mit den Kostbarkeiten der Nationen war nicht das Geld von Herodes und mit der größeren Herrlichkeit war nicht der so beeindruckende Herodianische Tempel gemeint. Sowohl Haggai als auch Sacharja weisen in ihren Prophetien auf den Wiederaufbau bzw. die Vollendung des Tempels unter der Leitung eines Königs aus der Linie David hin. Insofern konnte auch der Tempel des Herodes, der ein Idumäer und ein Vasallenkönig des Römisches Reiches war, nicht der eschatologische Friedenstempel sein, von dem Haggai spricht. Auch kennt der zweite Tempel nach biblischem Zeugnis nicht die Einwohnung der Herrlichkeit Gottes, wie wir sie bei der Stiftshütte in 2Mo 40 und bei dem Salomonischen Tempel in 1Kön 8 nachlesen können. Ihr fehlte es an der Bundeslade, die seit der Zerstörung des Salomonischen Tempels verschwunden war.[101]

Die Textstelle erschließt sich uns in ihrer ganzen Fülle, wenn wir am Tag ihres Ausspruches ansetzen: dem letzten und großen Tag des Laubhüttenfestes, an dem

101 Dennoch geht Jesus in Mt 23,21 weiterhin davon aus, dass Gottes Gegenwart im Tempel wohnt.

auch Jesus in Joh 7 im zweiten Tempel prophetisch aufgetreten ist. Die größere Herrlichkeit ist dann das zukünftige Kommen des Sohnes David als Messias Israels und aller Völker zum Laubhüttenfest, um hier auf der Erde sein Friedensreich aufzurichten. Sein Volk, bestehend aus messianischen Juden und den Gläubigen aus den Nationen, wird dann den Tempel aus lebendigen Steinen repräsentieren. Wir finden in dieser Textstelle aus Haggai eine wichtige Ergänzung zur Völkerwallfahrt zum messianischen Laubhüttenfest nach Sach 14,16. Dieser Zeit wird eine Zeit der Erschütterungen vorauslaufen, wie sie Sach 12 fokussiert beschreibt. Von diesen Erschütterungen lesen wir auch in Jesu Endzeitreden in den Evangelien (vgl. insbesondere Mt 24 und Lk 21).

Das erste messianische Laubhüttenfest mit den Nationen im Jahr 2001

Ich kann mich noch gut an das Jahr 2001 erinnern, als die messianischen Juden zum ersten Mal die Nationen nach Jerusalem eingeladen haben, um mit ihnen dort im Kibbuzhotel *Ramat Rachel* das Laubhüttenfest zu feiern. Die messianischen Gemeinden im Land hatten damals den Eindruck, dass die Zeit gekommen sei, die Nationen zu diesem Fest nach Jerusalem einzuladen, um einen Weg für das Kommen des Messias Jesus zu bereiten. Meine Frau und ich sind damals dieser Einladung gefolgt. Aus über 100 Nationen sind Christen nach Jerusalem gekommen. In der Kongresshalle stand in großen Buchstaben auf einem Banner: „Baruch haba b'Shem Adonai" – Gelobt sei, der da kommt im Namen des HERRN. In jenen Tagen haben wir alle einen Vorgeschmack von der Erfüllung dieses Festes im messianischen Zeitalter erfahren. Wir waren beidseitig sehr bewegt: Zum einen die messianischen Juden, weil so viele ihrer Einladung nach Jerusalem gefolgt sind; zum anderen die Nationen, da sie sich vom Geist Gottes nach Jerusalem gezogen fühlten und die Treue Gottes zum jüdischen Volk mit ihrem Kommen zum Ausdruck bringen wollten – und dies nur wenige Tage nach jenem 11. September, der die Welt nachhaltig verändern sollte.

Ich weiß noch, dass wir damals mit einer gewissen Anspannung nach Israel geflogen sind. Direkt nach dem 11. September konnte niemand die Konsequenzen der Anschläge auf die USA einschätzen. Vergeltungsschläge der Amerikaner gegen den Irak standen im Raum. Diese wiederum hätten mit einer gewissen Wahrscheinlichkeit zu Raketenangriffen auf Israel geführt. So war bei unserer Ankunft das ganze Land wie leergefegt; nahezu der ganze Tourismus kam zum Erliegen. Die ohnehin schon hohe Militärpräsenz im Land stieg nochmals an. Als meine Frau und ich mit einem öffentlichen Bus vom Norden Israels nach Jerusalem gefahren sind, waren wir die einzigen Zivilpersonen im Bus. Dafür waren nahezu alle restlichen Plätze mit bewaffneten israelischen Soldaten belegt. In dieser angespannten Situation verbrachten wir damals auf der Konferenz zunächst den großen Versöhnungstag mit Beten und Fasten, um dann wenige Tage später in das Fest der Freude überzugehen und gemeinsam das Laubhüttenfest zu feiern.

Vor dem Hintergrund der immensen internationalen Anspannungen und des Ausnahmezustandes im Land lag uns das Gebet *Baruch haba b'Shem Adonai* nachhaltig auf dem Herzen. Zugleich war uns vor dem Hintergrund der Drohkulisse aus Sach 12 bewusst, dass wir noch längst nicht am Ende der Geburtswehen waren. Aber der Geist Gottes ist dabei, zu wirken; er bereitet Israel und die Nationen auf diese Geburt und das Kommen Jesu zum Laubhüttenfest vor.

Die Herbstfeste im Blick haben

Ich bin mir bewusst, dass die enge Verbindung zukünftiger Ereignisse mit bestimmten jüdischen Festtagen durchaus irritieren kann. Dabei geht es mir hier keineswegs um Spekulation. Es sollte jedoch im Verlauf des Buches deutlich geworden sein, dass die Feste nach 3Mo 23 nicht nur das altisraelische Kalenderjahr abbilden, sondern tatsächlich auch Gottes Heilswirken mit uns Menschen anzeigen: von der Erlösung zum Passahfest bis zur göttlichen Einwohnung zum Laubhüttenfest. Insofern geht es mir hier um die geistliche Bedeutung der Feste und um das, was Gott uns mit ihnen sagen will.

Ich möchte uns an dieser Stelle für ein bedeutsames Phänomen sensibilisieren: Nach 3Mo 23 gibt es insgesamt sieben „Feste des HERRN": vier Frühjahrs- und drei Herbstfeste. Zu den Frühjahrsfesten gehören das Passahfest, das Fest der ungesäuerten Brote, das Fest der Erstlingsfrüchte und abschließend das Wochen- bzw. Pfingstfest. Betrachten wir die Frühjahrsfeste in ihrer Gesamtheit, so können wir feststellen, dass Jesus sie allesamt bei seinem ersten Kommen erfüllt hat – und zwar am selben Tag ihres Feierns! Jesus starb nicht irgendwann am Kreuz, sondern zum Passahfest. Er lag nicht irgendwann im Grab, sondern zum Fest der ungesäuerten Brote. Er stand nicht irgendwann von den Toten auf, sondern zum Fest der Erstlingsfrüchte. Und er goss auch nicht irgendwann seinen Geist aus, sondern zum Wochenfest. Zudem erfüllten sich diese Feste mit ihm innerhalb weniger Wochen im selben Jahr, und damit in sehr kurzer Zeit.

Dies müssen wir unbedingt vor Augen haben, wenn wir auf die drei Herbstfeste blicken, zu denen das Fest des Hornblasens, der Versöhnungstag und abschließend das Laubhüttenfest gehören. Zum ersten Herbstfest lesen wir: „Im siebten Monat, am Ersten des Monats, soll euch Ruhe sein, eine Erinnerung durch Lärmblasen, eine heilige Versammlung. Keinerlei Dienstarbeit sollt ihr tun, und ihr sollt dem HERRN ein Feueropfer darbringen" (3Mo 23,24.25). Dem Hörnerschall ist das Volk erstmals in 2Mo 19 begegnet, als es sich am Sinai vor Gott versammelte und Gottes Herrlichkeit sich auf den Berg niederließ. Wir haben uns diesen erstmaligen Akt der Einwohnung der Herrlichkeit Gottes auf dieser Erde in Abschnitt 1.2 angeschaut:

> *„Erst wenn das Widderhorn anhaltend ertönt, sollen sie zum Berg hinaufsteigen ... Und es geschah am dritten Tag, als es Morgen wurde, da brachen Donner und Blitze los, und eine schwere Wolke lagerte auf dem Berg, und ein sehr starker Hörnerschall ertönte, sodass das ganze Volk, das im Lager war, bebte. Mose aber führte das Volk aus dem Lager hinaus, Gott entgegen, und sie stellten sich am Fuß des Berges auf. Und der ganze Berg Sinai rauchte, weil der HERR im Feuer auf ihn herabkam. Und sein Rauch stieg auf wie der Rauch eines Schmelzofens, und der ganze Berg erbebte heftig. Und der Hörnerschall wurde immer stärker. Mose redete, und Gott antwortete ihm mit einer lauten Stimme. Und der HERR stieg auf den Sinai herab, auf den Gipfel des Berges, und der HERR rief Mose auf den Gipfel des Berges, und Mose stieg hinauf." (2Mo 19,14–20)*

Das Fest des Hornblasens erinnert an dieses Geschehen. Es ist ein Fest der Versammlung und der inneren Vorbereitung, Gott zu begegnen. Hierzu hörte das Volk den lang anhaltenden Ton eines Widderhorns (hebräisch: *Schofar*). Dieser Hörnerschall hat einen Aufrufcharakter: Das Volk soll sich bereit machen, Gott zu begegnen. Und Gott selbst macht sich bereit, seinem Volk entgegenzukommen. Paulus bezieht sich in 1Thess 4 auf diese Stelle, wenn er in Andeutung an dieses Ereignis die Wiederkunft Jesu beschreibt:

> *„Denn der HERR selbst wird beim Befehlsruf, bei der Stimme eines Erzengels und bei dem Schall der Posaune Gottes herabkommen vom Himmel, und die Toten in Christus werden zuerst auferstehen; danach werden wir, die Lebenden, die übrig bleiben, zugleich mit ihnen entrückt werden in Wolken dem Herrn entgegen in die Luft; und so werden wir allezeit beim Herrn sein." (1Thess 4,16.17)*[102]

---

102 Ich teile die Auffassung von N. T. Wright, dass es sich hier nicht um die Entrückung der Gemeinde handelt, sondern um einen feierlichen Auszug der Christusnachfolger zu ihrem Herrn hin, um dann mit ihm auf die Erde zurückzukehren. Das würde sowohl dem Sinaigeschehen entsprechen als auch dem traditionellen Verhalten von Bürgern aus der

Das Fest hat von seinem Entstehungsgeschehen her einen Versammlungs- und Weckcharakter. Es bereitet auf den Versöhnungstag und auf das Laubhüttenfest vor; es bereitet auf die göttliche Reinigung und auf Gottes Kommen vor. Aufgrund des Versammlungscharakters gehe ich zudem davon aus, dass bis zu dessen Erfüllung am Ende der Tage auch die weltweite Sammlung des Volkes Israel abgeschlossen sein wird. Lesen wir hierzu abschließend den Zusammenhang zwischen dem Fest des Hornblasens und dem Versöhnungstag bei Hesekiel:

> *„Und sie werden erkennen, dass ich der HERR, ihr Gott bin, da ich sie zwar gefangen zu den Nationen weggeführt habe, sie aber wieder in ihr Land sammle und keinen mehr von ihnen dort zurücklasse. Und ich werde mein Angesicht nicht mehr vor ihnen verbergen, wenn ich meinen Geist über das Haus Israel ausgegossen habe, spricht der Herr, HERR."* *(Hes 39,28.29)*

Wir können diese Textstellen deutlich besser verstehen, wenn wir die Herbstfeste in unserem Bewusstsein wachhalten. Natürlich wissen wir nicht, in welchem Jahr Jesus wiederkommen wird. Angesichts der Tatsache, dass Jesus die Frühjahrsfeste bei seinem ersten Kommen „taggenau" und in einem Jahr erfüllt hat, neigen wir wohl nicht zur Spekulation, wenn wir in Betracht ziehen, dass bei seinem zweiten Kommen die Herbstfeste und deren endgültige Erfüllung eine zentrale Bedeutung haben könnten. Es könnte durchaus sein, dass Jesus diese auch zum Zeitpunkt ihres Feierns und im selben Jahr, und damit innerhalb weniger Wochen, erfüllen wird.

Vielleicht müssen wir als Christen unseren Blick für diese Feste neu schärfen, insbesondere vor dem Hintergrund der herausragenden Bedeutung des Laubhüttenfestes, in das alles münden wird. Dieser Blick könnte uns helfen, eine neue

---

paulinischen Zeit, wenn sie kaiserlichen Besuch in ihrer Stadt bzw. Provinz erhielten: Sie zogen aus der Stadt ihm entgegen, um ihn dann zurück dorthin zu begleiten, wo er gegenwärtig sein wollte. So bedeutet das griechische Wort *parousia* nicht primär „Kommen", sondern zunächst „Gegenwart" bzw. „Anwesenheit". Es geht im Hinblick auf die Erfüllung des Laubhüttenfestes im Friedensreich um die Gegenwart des Messias in der Mitte seines Volkes, nicht aber um die Entrückung der Gemeinde in den Himmel. Wright schreibt hierzu: „Wenn Paulus von der ‚Begegnung' mit dem Herrn ‚in der Luft' spricht, dann geht es gerade nicht darum, dass die geretteten Gläubigen irgendwo in der Luft schweben bleiben, von der Erde entfernt, wie wir es in der populären Entrückungstheologie finden. Es geht um Folgendes: Nachdem sie herausgegangen sind, um ihrem Herrn zu begegnen, werden sie ihn königlich in seinen Herrschaftsbereich begleiten, also zurück an den Ort, von dem sie kommen" (Wright, T.: Von Hoffnung überrascht 162).

Hoffnungs- und Heilsperspektive für diese Schöpfung zu entwickeln. Und eben aus dieser Perspektive können wir eine Ethik der Hoffnung in unserem Alltag entfalten, die allen apokalyptischen Endzeitszenarien trotzen kann, weil sie die Vereinigung von Himmel und Erde in Christus vor Augen hat.

Die Laubhütte als prophetisches Zeichen

Ich betone dies hier so nachhaltig, weil wir nach meiner Einschätzung Gefahr laufen, dass wir vor dem Hintergrund unserer postmillennaristischen Prägung den Blick für die Zukunft der Erde verlieren. Auch unser 21. Jahrhundert, das aufgrund seiner immensen Anzahl von Krisen mittlerweile als das Krisenjahrhundert bezeichnet wird, trägt dazu bei, den Blick auf die Ewigkeit zu richten. Eschatologie ohne Chiliasmus führt jedoch nur zum Abbruch der Geschichte, nicht aber zur Vollendung der Schöpfung. Sie führt zur Aufgabe der Hoffnung, dass Jesus diese Erde einmal regieren und in den messianischen Sabbat führen wird. Dem Abbruch der Geschichte folgt unmittelbar nur noch das letzte Gericht.

Das Laubhüttenfest erzählt uns eine andere Geschichte. Es ist die Geschichte der Sehnsucht Gottes, diese leidende Schöpfung mit seiner Herrlichkeit zu erfüllen. Diese Erde selbst soll durch die Wiederkunft und Einwohnung Jesu zu einem Tempel werden. Einem Ort, an dem sich Himmel und Erde vereinen, einem göttlichen Garten. Die leidende und seufzende Schöpfung wird wieder aufblühen. Die Laubhütte ist uns dafür bis heute ein prophetisches Zeichen.

Es ist nicht zufällig, dass das Laubhüttenfest als das letzte aller Feste sieben Tage lang gefeiert wird. Die Zahl sieben steht für die Vollkommenheit und sie deckt zugleich alle Schöpfungstage ab. Dieses Fest soll die ganze Schöpfung in die Ruhe vor Gott führen. Und so kommt das Fest der Freude in der messianischen Heilszeit zu seiner Vollendung auf dieser Erde. Jetzt endlich kommt völlig zum Ausdruck, was es in der Geschichte zuvor immer nur ansatzweise angezeigt hat.

11.

DER NEUE HIMMEL UND DIE NEUE ERDE

11.1 SCHABBAT SCHALOM!

Es ist später Freitagnachmittag. Bald wird die Sonne untergehen und der Sabbat beginnen. Schon in den Stunden zuvor grüßen die Menschen einander mit „Schabbat Schalom". Die jüdischen Ladenbesitzer in der Altstadt Jerusalems schließen frühzeitig ihre Geschäfte, um den Ruhetag mit ihren Familien begehen zu können. Wer nicht selbst sein Schabbat-Brot gebacken hat, der hat sich noch eins aus einer Bäckerei oder einem Lebensmittelgeschäft um die Ecke besorgt. Die Brote liegen zahlreich aus und erfüllen mit ihrem Duft die schmalen Gassen. Auf jedem Brotlaib befindet sich ein Koscher-Zertifikat, das hier in der Altstadt eigentlich überflüssig ist. Und doch ist diese Information für den Verzehr nach den jüdischen Speisevorschriften natürlich unverzichtbar.

Ich mache mich auf, um an der Klagemauer den Sabbatbeginn mitzuerleben. Die Mauer wird am Freitagabend immer gut besucht. Die Gläubigen verrichten hier ihre Gebete, um anschließend zu Hause im Familienkreis den Sabbat mit einem Abendessen feierlich zu begehen. Während ich durch das jüdische Viertel gehe, sehe ich die ersten Familien, die sich mit mir zur Kotel aufmachen. Bis zu den kleinsten Kindern sind sie feierlich angezogen. Auch über ihre Kleidung drücken sie aus, dass nun ein besonderer Tag anbricht, der ihnen heilig ist.

Sabbat an der Kotel

An der Klagemauer ist es noch verhältnismäßig leer und ruhig. Ich setze eine Kippa auf und suche mir vor der Kotel ein Lesepult für meine Bibel. Mein Beruf als Pastor hat es mit sich gebracht, dass ich mir einen anderen Ruhetag als den Sonntag wählen musste. Um mehr Zeit mit meiner Familie verbringen zu können, habe ich anstelle des klassischen Pastorenmontags den Samstag zur Ruhe und Erholung gewählt, sofern ich an ihm keine dienstlichen Verpflichtungen habe. Insofern ist der jüdische Sabbat auch mein Ruhetag, und ich habe es mir zur persönlichen Tradition gesetzt, ihn am Freitagabend mit einer Textlesung in der Bibel zu beginnen. Sie hilft mir sehr, alle Verpflichtungen und Aufgaben der Woche bewusst abzulegen und mich bewusst in die Ruhe vor Gott zu begeben. Und so wähle ich heute diesen besonderen Ort für meine persönliche Stille.

Dass sich diese Stille heute ganz anders gestalten wird, ahne ich noch nicht, als ich mit meiner Textlesung beginne. Nach und nach füllt sich sowohl auf der Seite der Männer als auch auf der Seite der Frauen der Gebetsbereich vor der Mauer. Immer mehr Juden kommen hinzu: ultraorthodoxe, orthodoxe, religiöse und offensichtlich auch eher liberal eingestellte Juden. Zudem sehe ich auch einige Soldaten, die sich hier zum Gebet versammeln. Viele nehmen sich wie ich ein kleines Lesepult, andere versammeln sich um größere Tische herum oder verzichten auf Ablagen. Bald ist zu meiner Überraschung der Platz um mich herum so gefüllt, dass man sich kaum noch bewegen kann. Alle murmeln laut ihre Gebete, die sie aus ihren Gebetbüchern ablesen. Wiederholt werden die Gebete durch Lieder unterbrochen, die Einzelne spontan anstimmen und die von der Masse mitgesungen werden. Dabei hüpfen und tanzen die Männer um mich herum, so gut es ihnen bei dem Gedränge möglich ist. Wenn ein Lied vorbei ist, gehen alle wieder ins Gebet, bis jemand das nächste Lied anstimmt.

Der ganze Platz wird zunehmend von einer tiefen Freude erfüllt, die mir unter die Haut geht. Wie wird sich ihre Freude erst ausdrücken, wenn sie eines Tages mit dem Geist Jesu erfüllt werden? Und zugleich stimmt mich ihre Freude nachdenklich im Hinblick auf die gelebte Glaubenspraxis in unserer christlichen Gemeindelandschaft. Wie selten ist doch in unseren Ortsgemeinden etwas von dieser tiefen und ungetrübten Freude an Gott zu spüren. Dabei erheben ja gerade wir als Christen den Anspruch, durch unseren Glauben an Jesus den Juden gegenüber „im Vorteil“ zu sein – sowohl in unserer göttlichen Erkenntnis als auch in unserer gelebten Spiritualität. Als dieser Christ erlebe ich mich nun hier vor der Klagemauer inmitten von Juden, die in großer Dankbarkeit und nahezu mitreißender Hingabe an Gott ihren Sabbat und darin das Leben feiern. Und die sogenannte Klagemauer wird plötzlich am Sabbat zu einem Ort der unbeschwerten Freude vor Gott.

Der Sabbat als das Fest der Schöpfung

Während ich auf die Menschen um mich herum blicke, habe ich den Eindruck, dass an solchen Sabbattagen alle Last von ihnen abfällt. Hier an diesem Tag und an diesem Ort, von dem sie glauben, dass Gott immer noch mit seiner Schechina anwesend ist, kommen sie in eine Ruhe, die sonst so sehr in diesem Land und in ihrem Leben umkämpft ist; sie erleben eine Unterbrechung der unruhigen Zeit in der Gegenwart Gottes. Der heutige Sabbat gibt ihnen und uns einen Geschmack von dem zukünftigen Sabbat in der messianischen Zeit und der neuen Welt, in der Gott zuletzt „alles in allem" ist (1Kor 15,28). So weist jeder Sabbat über sich hinaus auf die Vollendung; er verbindet die alte mit der neuen Schöpfung. Der Sabbat in unserer Zeit ist die „Präsenz der Ewigkeit".[103] Durch ihn wird die neue Schöpfung bereits jetzt für uns erfahrbar. Vollendung bedeutet zentral, dass die ganze Schöpfung in die Ruhe Gottes einkehrt. Diese Vollendung verheißt der Sabbat wöchentlich. Nach der Schöpfungsgeschichte münden die ersten sechs Tage in den Tag, den Gott heiligt. Er vollendet sein Werk, indem er ruht. Er ist der einzige Tag in der Schöpfungsgeschichte, der keinen Abschluss hat in der Formulierung von: „Und es wurde Abend, und es wurde Morgen …" Der eschatologische Sabbat kennt keine Nacht, weil er kein Ende haben wird. So ist es nicht abwegig, dass im Judentum der Sabbat als das „Fest der Schöpfung"[104] bezeichnet wird. Um seinetwillen wurde alles ins Leben gerufen, und auf ihn soll alles hinauslaufen, da in ihm Gottes pure Präsenz erfahrbar sein wird:

> *„Der Sabbat ist das Fest der Schöpfung, aber einer Schöpfung, die um der Erlösung willen geschah. Er ist offenbart am Ende der Schöpfung und als der Schöpfung Sinn und Ziel. Deswegen feiern wir das Fest des uranfänglichen Werks nicht am ersten Schöpfungstag, sondern an ihrem jüngsten, – am siebten Tag."*[105]

Diese Worte verdeutlichen, dass die Schöpfung um des Sabbats willen erschaffen wurde. Die ganze Schöpfung existiert, damit sie in dieses ewige Fest der Freude münden kann. Damit wird der Sabbat zur Krone der Schöpfung. In ihm ist bereits die Erlösung der Schöpfung angelegt. Und wenn um mich herum die Juden an

103 Heschel, A. J.: God in Search of Man 417.

104 Rosenzweig, F.: Der Stern der Erlösung 345.

105 Ebd. 349.

der Kotel dicht gedrängt den Sabbat mit ihren Gebeten und Liedern feiern, dann feiern sie ihre zukünftige Erlösung; sie nehmen sie vorweg und holen sie in die Gegenwart. Sie feiern den Sabbat an diesem Ort, weil für sie hier immer noch die Schechina wohnt. Gerade hier an der Kotel wollen sie vor ihr zur Ruhe kommen. Ruhe bedeutet darin mehr als ein Heraustreten aus der Arbeit oder eine innere Sammlung für die anstehende Arbeit. Es ist ein Sich-Hineinbegeben in die Gegenwart Gottes, um an der ewigen Freude und Erlösung im kommenden Reich schon jetzt teilzuhaben. Abraham Heschel schreibt: „Der Sabbat ist die Gegenwart Gottes in der Welt; er ist offen für die Seele des Menschen."[106] Diese Präsenz Gottes soll in besonderer Weise am Sabbat erfahrbar sein. Er ist nach der Zerstörung des Tempels zum „Palast in der Zeit"[107] geworden. Er ist daher traditionell nicht nur ein Fest der Schöpfung, sondern auch ein Fest der Offenbarung. In ihrer Zusammenführung weisen sie auf die Erlösung hin, sodass wir den Sabbat eben auch als ein Fest der Erlösung zu verstehen haben:

> *„Faßt man beides zusammen, den Sabbat als Vollendung der Schöpfung und den Sabbat als Offenbarung des ruhenden Daseins Gottes in seiner Schöpfung, dann weisen diese beiden Elemente des Sabbat über den Sabbat hinaus in eine Zukunft, in der Schöpfung und Offenbarung eins werden. Das ist die Erlösung. Die Erlösung muss deshalb als der ‚ewige Sabbat' und zugleich als die ‚neue Schöpfung' verstanden werden."*[108]

11.2 AUF DEM WEG IN DIE NEUE SCHÖPFUNG

Den ersten Schritt in die neue Welt haben wir uns bereits mit dem messianischen Zeitalter und der Erfüllung des Laubhüttenfestes erschlossen. Für eine gesetzte Zeit soll die Erde das erfahren, was ihr bisher in der Menschheitsgeschichte geraubt wurde: umfassender Friede und tiefe Ruhe durch die Einwohnung des Gottes in Herrlichkeit. Dies alles wird mit dem Kommen des Messias bzw. mit der Wiederkunft Jesu möglich werden. Auf geheimnisvolle Weise wird auch Gott erst dann zur Ruhe kommen. Als König David anstrebte, die Bundeslade nach Jerusalem zu

106 Heschel, A. J.: The Sabbath XIV (Übersetzung des Verfassers).

107 Ebd. 14 f.

108 Moltmann, J.: Gott in der Schöpfung 290.

führen, rief er aus: „Mache dich auf, HERR, zu der Stätte, wo du ruhen kannst, du und die Bundeslade, das Sinnbild deiner Majestät!" (Ps 132,8; NGÜ). Was bewegt David, eine solche Aussage zu treffen bzw. Gott zur Ruhe einzuladen? Die Antwort finden wir in der geistlichen Erkenntnis, die Gott David geschenkt hat und die dieser wenige Verse später ausruft: „Denn der HERR hat Zion erwählt, hat ihn begehrt zu seiner Wohnstätte: Dies ist meine Ruhestatt für immer, hier will ich wohnen, denn ich habe ihn begehrt" (Ps 132,13.14). David weiß prophetisch: Solange Gott auf dem Zion in Jerusalem noch nicht angekommen ist und wohnt, so lange ruht er noch nicht.

Die messianische Ruhe

Dieser Psalm 132 ist prophetisch und messianisch zugleich. Die Ruhe Gottes wird in ihm mit dem Kommen des Messias verbunden: „Der HERR hat David einen Treueid geschworen, er wird nicht davon abweichen: ‚Von der Frucht deiner Lenden will ich auf deinen Thron setzen'" (Ps 132,11). Mit dieser Verheißung ist final der Sohn Davids bzw. der Messias gemeint, der bis heute noch nicht auf dem Thron seines Vaters in Jerusalem sitzt. Zugleich wissen wir, dass dieser Sohn Davids zugleich Jesus ist, der Sohn Gottes. So können wir sagen: Mit Jesus wird Gott selbst auf dem Zion ankommen, um dort zu wohnen und zur Ruhe zu gelangen. Jerusalem und Gott selbst werden erst dann zur Ruhe kommen, wenn Jesus wiederkommen wird, um das Laubhüttenfest zu erfüllen. Dies gilt ausgeweitet für die ganze Schöpfung: Sie wird erst dann zur Ruhe kommen, wenn der Gottessohn in ihr einwohnt. Ruhte Gott am Schöpfungssabbat *von* seinen Werken, so ruht er dann *in* seinen Werken: Er wird gegenwärtig in dem sein, was er erschaffen hat. Dann bricht endlich die ungetrübte Freude auf, die dieses Laubhüttenfest schon immer gekennzeichnet hat. Dann endlich beginnt der große Sabbat für diese noch leidende, seufzende und so unruhige Erde.

Diese besondere Zeit des Tausendjährigen Reichs wird im Judentum auch als *Schabbatzeitalter* bezeichnet. Benjamin Berger schreibt: „Dieses Reich ist der Anfang des Schabbatzeitalters, das dann in die Ewigkeit hineinführt, wo Gott einen neuen Himmel und eine neue Erde schafft und das himmlische Jerusalem auf die neue Erde herabkommt."[109] Mit diesem Friedensreich ist bereits der nächste Schritt in die neue Schöpfung gebahnt; sie macht sie für uns denkbar. Wir gehen quasi

109 Berger, B.: Die heiligen Versammlungen Israels 82.

vom Tag der Vollendung der Schöpfung in den Tag der neuen Schöpfung. Der Tag der Vollendung der Schöpfung ermöglicht den neuen Tag, in den Jesus durch seine Auferstehung von den Toten bereits gegangen ist. Sabbat und Auferstehung stehen in einem untrennbaren Verhältnis zueinander.

Das Schabbatzeitalter findet seinen Abschluss, wenn Jesus den Satan endgültig unterworfen hat und sein „Reich dem Gott und Vater übergibt … Wenn ihm aber alles unterworfen ist, dann wird auch der Sohn selbst dem unterworfen sein, der ihm alles unterworfen hat, damit Gott alles in allem sei" (1Kor 15,24 ff.). Wenn Gott zuletzt „alles in allem" ist, dann können wir im Hinblick auf die neue Schöpfung von einer *kosmischen Eschatologie* sprechen. Ist durch den trinitarischen Gott alles erschaffen, dann wird er auch final mit seiner Einwohnung alles zu sich hin vollenden. Dorthin führt uns die messianische Eschatologie. Sie ist die Konsequenz dessen, dass in Jesus alles miteinander vereint werden soll: „… das, was in den Himmeln, und das, was auf der Erde ist" (Eph 1,10). Der Schöpfergott ist auch der Erlösergott.

Das neue Jerusalem und das Laubhüttenfest in der neuen Schöpfung

Wenn wir nun diesen weiteren Schritt in die neue Schöpfung gehen, dann können wir diese herausgestellten Merkmale der messianischen Zeit als Orientierung für die neue Schöpfung nehmen: Sie wird geprägt sein vom ewigen Erlösungssabbat in der unmittelbaren Gegenwart und Einwohnung Gottes. Die Zukunft der Schöpfung ist somit nach altjüdischer Sprache die Schechina Gottes, die Himmel und Erde erfüllen wird:

> *„Und ich sah einen neuen Himmel und eine neue Erde; denn der erste Himmel und die erste Erde waren vergangen, und das Meer ist nicht mehr. Und ich sah die heilige Stadt, das neue Jerusalem, aus dem Himmel von Gott herabkommen, bereitet wie eine für ihren Mann geschmückte Braut. Und ich hörte eine laute Stimme vom Thron her sagen: Siehe, das Zelt Gottes bei den Menschen! Und er wird bei ihnen wohnen, und sie werden sein Volk sein, und Gott selbst wird bei ihnen sein, ihr Gott. Und er wird jede Träne von ihren Augen abwischen, und der Tod wird nicht mehr sein, noch Trauer noch Geschrei noch Schmerz wird mehr sein; denn das Erste ist vergangen. Und der, welcher auf dem Thron saß, sprach: Siehe, ich mache alles neu. Und er spricht: Schreibe! Denn diese Worte sind gewiss und wahrhaftig."* *(Offb 21,1–5)*

Am Ende wird nicht der Himmel allein auf uns warten, wie wir es so häufig in der kirchlichen Alltagssprache hören. Johannes sieht in seiner Offenbarung einen neuen Himmel *und* eine neue Erde. Diese neue Schöpfung kann das neue Jerusalem fassen, das zwei geistliche Dimensionen aufweist:[110] Zum einen ist es die Heimat bzw. Wohnstätte des Volkes Gottes. Zum anderen ist es die strahlende Braut des Lammes (vgl. Offb 21,9–11). Sie kommt „aus dem Himmel von Gott herab", darum ist sie auch mit Herrlichkeit geschmückt. Herrlichkeit zeichnet sowohl die Braut als auch ihre Wohnstätte aus. Johannes vernimmt in der geistlichen Schau dieser Vision eine Stimme: „Siehe, das Zelt Gottes bei den Menschen! Und er wird bei ihnen wohnen, und sie werden sein Volk sein."

Irritierend erscheint in diesem Zusammenhang das Wort „Zelt" (oder „Hütte" in anderen Übersetzungen). Dieses Wort wirkt angesichts der wahrgenommenen Herrlichkeit als unpassend und als deutlich zu klein. Es ist aber ganz zentral, weil es ein abschließender Hinweis auf das große eschatologische Laubhüttenfest in der neuen Schöpfung ist: Gott wohnt in der Mitte seines Volkes. Leuchtete dieses Laubhüttenfest in Sach 14,16 bereits als das zentrale Fest im messianischen Zeitalter auf, so findet es nun in der neuen Schöpfung seine letzte Erfüllung. So wird die Stadt, die durch ihre kubische Architektur an das Allerheiligste des altjüdischen Tempels erinnert, zum Tempel und Wohnort Gottes. Gott ist ganz in seiner Schöpfung. Zugleich aber ist diese Stadt bzw. die Braut in Gott; er ist ihr Tempel: „Und ich sah keinen Tempel in ihr, denn der Herr, Gott, der Allmächtige, ist ihr Tempel und das Lamm" (Offb 21,22). Darum ist sie voller Herrlichkeit. Wir sehen, dass die neue Schöpfung das vollendet, was wir uns auf unserer Reise zu ihr immer wieder angeschaut haben: Die Herrlichkeit Gottes (*kabod/doxa*) nimmt Wohnung in der Mitte des Bundesvolkes und der neuen Schöpfung. Die Schöpfung selbst wird zum Tempel Gottes, in dem er in der Mitte seines Volkes ruhen kann. Die Schechina gelangt damit zu ihrer finalen Einwohnung. Zugleich ist dieser Raum in Gott selbst, in dem sein Volk zur Ruhe kommt. Wir werden hier wieder an die Zimzum-Lehre erinnert (vgl. Abschnitt 3.2): Die neue Schöpfung ist außerhalb von Gott und zugleich in ihm. Es ist eine wechselseitige Einwohnung. Sie wird für uns vielleicht ansatzweise vorstellbar, wenn wir uns als Christusnachfolger unsere wechselseitige Beziehung zu ihm vor Augen führen: Wir sind in Christus – und somit eine neue

110 Vgl. Berger, K.: Die Apokalypse des Johannes, Teilband 2, 1401, sowie Maier, G.: Die Offenbarung des Johannes 446.

Schöpfung (2Kor 5,17) –, und doch ist er auch in uns als Hoffnung der Herrlichkeit (Kol 1,27).

11.3 ZUM VERHÄLTNIS VON ALTER UND NEUER SCHÖPFUNG

Wenn nun aber der erste Himmel und die erste Erde vergangen sind, dann stellt sich die Frage, in welchem Verhältnis alte und neue Schöpfung zueinanderstehen. Wird die alte Schöpfung beseitigt bzw. vernichtet, wie es das orthodoxe Luthertum annimmt? Oder wird sie vergöttlicht, wie es die ostkirchliche Orthodoxie unterstellt? Während die lutherische Orthodoxie von der Kreuzestheologie kommend das Vergehen der alten Schöpfung im Blick hat, hat die Ostkirche die Vision von der Vergöttlichung der Welt im Sinne einer Vergeistigung des Kosmos – in Analogie zur Teilhabe der Menschen an der göttlichen Natur durch den Geist Gottes.

Was passiert mit der alten Schöpfung?

Die altkirchliche und reformierte Theologie hat entgegen diesen Positionen die Verwandlung der alten Schöpfung im Blick. Sie entspricht dem altjüdischen Verständnis: „... und du machst neu das Antlitz der Erde" (Ps 104,30, LUT). Wir haben uns in den vorherigen Kapiteln wiederholt vor Augen geführt, dass es sich bei der neuen Schöpfung nicht um eine Rückführung in das anfänglich von Gott Gedachte handeln wird – quasi im Sinne einer Restauration oder Wiederherstellung des Ursprünglichen –, sondern dass bereits das Ursprüngliche der Schöpfung und des Gartens Eden über sich hinaus auf diese zukünftige Zeit und das Ende gewiesen haben. Moltmann schreibt hierzu: „Dieses Ende entspricht wohl dem Anfang, sofern der Anfang vollendet wird und nicht etwas anderes an seine Stelle tritt. Aber das Ende ist viel mehr, als der Anfang war".[111] Es geht demnach um Vollendung dessen, was Gott zum Beginn der Schöpfung ins Leben gerufen hat. Nach diesem Verständnis kommt die alte Schöpfung erst mit ihrer Neuschöpfung und Gottes Einwohnung in ihr zu ihrem eschatologischen Ziel.

Moltmann greift an dieser Stelle die theologisch umstrittene Frage auf, was die Zukunft der Erde in der neuen Schöpfung ist: „sofern der Anfang vollendet wird und nicht etwas anderes an seine Stelle tritt." Hat unsere Erde eine Zukunft, oder

111 Moltmann, J.: Das Kommen Gottes 290.

wird sie von einer neuen Erde abgelöst? Sah Johannes eine andere Erde, die an die Stelle der alten tritt, oder sah er, dass die alte Erde neu geschaffen wurde, um das neue Jerusalem empfangen und zu einem Wohnraum Gottes bzw. der Schechina werden zu können? Was also ist die Zukunft der alten Schöpfung: Vernichtung, Verwandlung oder Vergöttlichung?

Zur Beantwortung dieser Frage müssen wir neu bei Christus und seinem Heilswirken ansetzen. Bereits bei der Begründung des Chiliasmus haben wir von der Kreuzigung und Auferstehung Jesu her argumentiert. Der ewige Gottessohn ist in diese Schöpfung eingegangen und ist durch seine Inkarnation Teil von ihr geworden. Er hat sie am Kreuz erlöst und sie zugleich für sich erkauft. Er hat sie geerbt und ist durch seine Auferstehung zu ihrem Herrn geworden.

Mit seiner Auferstehung ist er zudem in die neue Schöpfung eingegangen. Er tat dies als der „Erstling der Entschlafenen" (1Kor 15,20) bzw. der „Anfang, der Erstgeborene aus den Toten" (Kol 1,18). Nach diesem geistlichen Prinzip werden wir ihm in die neue Schöpfung folgen: durch Tod und Auferstehung. Dabei haben wir bereits jetzt schon durch seinen Geist Anteil an ihr: „Daher, wenn jemand in Christus ist, so ist er eine neue Schöpfung; das Alte ist vergangen, siehe, Neues ist geworden" (2Kor 5,17). Nun wissen wir, dass das Alte zwar vergangen ist, gleichwohl haben wir aber unser altes Leben nicht gänzlich hinter uns gelassen. Wir müssen verstehen, was „das Alte" ist, das vergangen ist, und was dauerhaft zu uns gehört und damit „das Neue" ist, das der Geist Gott in uns lebendig gemacht hat.

Zwischen der alten und der neuen Schöpfung gibt es offensichtlich eine Kontinuität und eine Diskontinuität. Die Kontinuität liegt in der Erhaltung und Vollendung der Schöpfung in Gottes neuer Welt: Am Ende wird nicht nur ein neuer Himmel stehen, sondern auch eine neue Erde. Die Diskontinuität drückt sich aber darin aus, dass die neue Schöpfung keine Veredelung oder Evolution der bisherigen Schöpfung ist. Hier ist im Angesicht des Bösen und der von ihm infizierten Schöpfung kein Raum für eine Weiterentwicklung des Bisherigen oder für einen naiven Fortschrittsglauben. Ein Bruch muss her, etwas Neues muss geboren werden. Es muss durch Gott selbst geschehen. So, wie es bei den Menschen nur durch den Geist Gottes geschehen kann, so muss es auch beim Rest der Schöpfung erfolgen. Die alte Kirche sprach schon früh diesbezüglich von einer Schöpfung aus dem Alten (*creatio ex vetere*), nicht aber im Sinne einer Wiederherstellung in den vorherigen Stand, sondern im Sinne der Erneuerung aller Dinge durch Verwandlung der Welt (*transformatio mundi*) – also ein Schaffen von Neuem aus dem Alten durch den Geist Gottes. Klaus Berger schreibt hierzu:

> *„Die Neuheit der Neuen Schöpfung bezieht sich nicht darauf, dass Konstruktionsmängel oder Fehler der Alten Schöpfung von Gott dadurch korrigiert werden müssten, dass Gott noch einmal von vorne alles ‚aus dem Nichts' neu erschafft. Dazu bestand jedenfalls vom Werk Gottes her gesehen kein Anlass ... Vielmehr wird sie verwandelt und umgestaltet ... Diese Neuordnung und Umgestaltung geschieht bei Paulus durch den Hl. Geist."*[112]

Gott schafft am Ende nicht etwas Neues, sondern macht alles neu. Es ist eine Neuformung des Bestehenden, um es in die Vollendung zu erheben. Vernichtet wird nicht die alte Schöpfung selbst, sondern das sie beherrschende gefallene System und ihr von Sünde und Tod durchdrungener Zustand. Das ist das Alte, das keinen Zugang zur neuen Schöpfung hat:

> *„Die neue Welt wird wie die jetzige sein mit all ihrer Schönheit, Kraft, Freude, Zartheit und Herrlichkeit ... Die neue Welt wird wie die gegenwärtige sein, aber ohne all die Eigenschaften (insbesondere Tod, Tränen und alles, was sie verursacht), die unsere Welt zu dem macht, was sie ist."*[113]

Durch Tod und Auferstehung – wie bei Jesus und jedem Einzelnen von uns – geht auch die alte Schöpfung in den Tod, um über ihre Auferstehung ihre Verwandlung zur neuen Erde und zum neuen Himmel zu erfahren. Gott vernichtet nicht seine Schöpfung, die er erschaffen hat, sondern er befreit sie von allem Zerstörerischen, um sie sich durch seine Einwohnung völlig zu eigen zu machen. So verweist auch 2Petr 3,11 explizit darauf, dass der neue Himmel und die neue Erde durch Gerechtigkeit geprägt sein werden. Was der Sohn erlöst und geerbt hat, das führt er in die trinitarische Gemeinschaft.

11.4 DER LEBENSSTROM AUS DEM THRON GOTTES UND DES LAMMES

Ganz allmählich leert sich der Platz vor der Kotel. Nach all den Gebeten und Gesängen breitet sich eine spätabendliche Ruhe aus, die etwas Ewiges und Zeitloses hat. Ich fühle mich erfrischt von dieser ungeahnten und freudigen Gemeinschaft zu

---

112 Berger, K., a. a. O. 1430.

113 Wright, N. T.: Offenbarung für heute 216 f.

Beginn dieses Sabbats in der Zeit, der ja in sich die Verheißung der Erlösung trägt. Zugleich wird die Zukunft der Schöpfung der ewige Sabbat sein. Und mit ihm wird der trinitarische Gott selbst die Zukunft der Schöpfung sein.

Ich verlasse die Western-Wall-Plaza und gehe einige Treppen hinauf zu einer Aussichtsplattform, die einen Blick auf den Ölberg und das Kidrontal gewährt. Unweigerlich muss ich an diesem Ort wieder an die Vision aus Hes 47 denken. Mit dieser Vision hat am Toten Meer unsere biblisch-theologische Reise begonnen. Sie endet in der neuen Schöpfung, die Hesekiels Vision und den Garten Eden nochmals aufgreift: „Und er zeigte mir einen Strom von Wasser des Lebens, glänzend wie Kristall, der hervorging aus dem Thron Gottes und des Lammes. In der Mitte ihrer Straße und des Stromes, diesseits und jenseits, war der Baum des Lebens…" (Offb 22,1–2).

Johannes darf zum Abschluss seiner Visionen den Garten Eden im neuen Jerusalem erblicken. Hier in der neuen Schöpfung, wo Himmel und Erde eine untrennbare Einheit bilden, ist der Garten wieder zugänglich. Auch diese Verbindung vom neuen Jerusalem und dem Garten ist messianischen Juden ein Hinweis darauf, dass das Zentrum des Gartens ursprünglich dort war, wo später der Tempel gebaut wurde. Was Johannes sieht, ist eine Vollendung dessen, was Hesekiel geschaut hat. Sah Hesekiel einen Tempel, von dem der Strom des Lebens ausging, so erblickt Johannes den „Thron Gottes und des Lammes", aus dem das Lebenswasser hervorgeht. Ihre Einheit ist so innig, dass Johannes nur *einen* Thron sieht. Wenn wir anfänglich danach gefragt haben, welcher Tempel in Hes 47 gemeint sein könnte, so können wir nun abschließend sagen: Gott und das Lamm bzw. Vater und Sohn sind in Einheit dieser Tempel. Und aus ihrer Einheit heraus verströmt sich der Geist Gottes als Strom des Lebens in die neue Schöpfung. In Anlehnung an die Schechina-Lehre können wir hinzufügen: In der kosmischen Gartenstadt wohnt die „kosmische Schechina"[114] ein.

Johannes sieht, wie die Prophetie aus Hesekiel in der kosmischen Gartenstadt mit dem Baum des Lebens aufgeht. Der Garten kommt wieder in die Welt und sein Strom durchtränkt alles. Und in der Mitte des Stromes steht der Baum des Lebens, der im Überfluss an beiden Seiten des Stromes Früchte und Heilungsblätter trägt. Er ist das „Holz des Lebens"; er weist auf das Kreuz Christi hin. Dieses Holz ermöglicht den Zugang zu dieser neuen Schöpfung und zum Thron Gottes und des

114 Moltmann, J.: Das Kommen Gottes 348.

Lammes. Inmitten seiner neuen Schöpfung ist der dreieinige Gott die offenbare Quelle allen Lebens.

11.5 EIN SEUFZEN IN DER HERRLICHKEIT DES ALLTAGS

Ich verlasse meine Aussichtsplattform und gehe zurück zu meiner Unterkunft und bald auch zurück in meinen Alltag. Ich spüre in mir ein Seufzen, aber auch eine Vorfreude. Ein Seufzen, weil ich mit der ganzen Schöpfung an dem Riss zwischen Himmel und Erde leide. Und wie die Geburtswehen dieser alten Schöpfung intensiver und schmerzhafter werden, so spüre ich auch in mir, dass mein Seufzen in den letzten Jahren zugenommen hat. Zugleich aber habe ich auch erfahren, dass die Schriftprophetie des Alten und Neuen Testaments mir Kraft und Orientierung geben, und darüber hinaus eine tiefe Freude, die in Gott ihre Quelle hat. Ich bin zuversichtlicher als jemals zuvor, dass Jesus diesen Riss heilen und diese Schöpfung in eine ungeahnte Ruhe führen wird.

Bis dahin lasse ich mich von der finalen Aufforderung der Offenbarung leiten: „Und der Geist und die Braut sagen: Komm! Und wer es hört, spreche: Komm! Und wen dürstet, der komme! Wer da will, nehme Wasser des Lebens umsonst!" (Offb 21,17) Ich will! Jeden Tag will ich jetzt schon von diesem Wasser des Lebens trinken und leben. Wenn der Geist Gottes mich einlädt, dann will ich mit Zuversicht kommen und trinken. Ich habe es nötig. Ich brauche ihn; ich brauche sein Lebenswasser.

Und zugleich komme ich nicht nur als Bedürftiger. Als Christusnachfolger bin ich auch Teil der Braut, gehöre ich auch zu denen, aus deren Leib Ströme lebendigen Wassers fließen sollen. Ich will mit dem Geist Gottes dem Bedürftigen zurufen: „Komm und trinke von diesem Strom des Lebens!" Weil der Geist Gottes auch in mir lebt, gehöre auch ich mit vielen anderen Menschen zu den Trägern seiner Gegenwart. Auch ich bin ein lebendiger Tempel und eine lebendige Hoffnung. Durch den Geist in uns kann diese Welt jetzt schon „die Kräfte des zukünftigen Zeitalters schmecken" (Hebr 6,5). Diese Welt soll durch uns wieder auf den göttlichen Geschmack kommen.

Wir leben eine Ethik der Hoffnung, weil der Geist in uns wirkt und wir die Zukunft Gottes anzeigen. Wie drückt sich das aus, wenn der Geist heute über alles Seufzen hinaus durch uns wirken will? Wie drückt sich das aus, wenn wir als lebendige Tempel in dieser Welt unterwegs sind? Wie drücken wir darin Jesus aus? Ich möchte abschließend eine Skizze für die Herrlichkeit unseres Alltags zeichnen:

- *Wir erneuern unser Denken: Wir denken in den Kategorien des angebrochenen Reiches Gottes und der neuen Schöpfung, an der wir durch den Heiligen Geist Anteil haben.*

- *Als lebendige Tempel lassen wir uns durch den Geist Jesu in sein Bild verwandeln. Wir bringen alle Bereiche unseres Lebens mit Jesus in Verbindung. Wir glauben an seine erlösende Kraft und an die Heiligung unseres Lebens.*

- *Als mobile Tempel gehen wir den Weg Jesu: Wir leiden und weinen mit den Leidenden, Kranken und Schwachen. Wir helfen, wo wir können. Wir teilen mit den Armen und Bedürftigen. Wir warten auf das Abwischen aller Tränen durch Gott selbst.*

- *Wir verströmen uns in eine unbarmherzige Welt: Wir stiften Frieden, wo immer es uns möglich ist. Wir hungern und dürsten nach Gottes Gerechtigkeit; wir befreien und stärken die Unterdrückten und Gedemütigten, wo immer wir können. Gottes Barmherzigkeit soll für sie durch uns erfahrbar werden.*

- *Auf dem Weg Jesu laden wir zur Nachfolge Jesu ein. Wir verkündigen im Evangelium seine erlösende und befreiende Herrschaft. Wir machen seine Gnade erfahrbar. Wir laden ein, von der Quelle des Lebens zu trinken.*

- *Unter der Leitung und in der Kraft des Heiligen Geistes wirken wir Zeichen und Wunder. Wir heilen Kranke, wir treiben Dämonen aus. Wir verstehen diese Kraftwirkungen als Erbarmungen Gottes und Vorzeichen des zukünftigen umfassenden Heils in der neuen Schöpfung.*

- *Wir beten für die Geistausgießung über das Volk Israel. Wir tragen die tiefe Hoffnung in uns, dass sich Jesus seinem Volk als der Messias Israels offenbaren wird.*

- *Wir erwarten die Wiederkunft Jesu, die Verwandlung und Erneuerung dieser leidenden Schöpfung durch ihn und die Einwohnung Gottes in ihr mit all seiner Herrlichkeit.*

- *In dieser Erwartung feiern wir das Leben und in der Ruhe Gottes den messianischen Sabbat, der wöchentlich als das Fest der Schöpfung und Erlösung über sich hinaus auf den Sabbat der zukünftigen messianischen Zeit und den ewigen Sabbat Gottes hinweist.*

> *Mit unserer Ruhe einhergehend, geben wir auch der Natur die Ruhe, die sie braucht. Wir leiden mit ihr. Wir geben den zerstörerischen Herrschaftsanspruch über sie auf. Anstelle eines Raubbaus bewahren und gestalten wir sie in Fürsorge und verstehen uns als ein Teil von ihr. Wir nehmen bereits jetzt die Einwohnung Gottes in ihr durch den Geist wahr.*

> *Im Lobpreis und in der Anbetung nehmen wir schon jetzt an der Verherrlichung Gottes in der Vollendung der neuen Schöpfung teil.*

Wir merken: Wir leben nicht nur von Traditionen, sondern auch von Antizipationen bzw. von der Vorwegnahme der Zukunft Christi im Hier und Jetzt. Zu einem solchen Leben hat der Ökumenische Rat der Kirchen auf seiner vierten Vollversammlung in Uppsala 1968 in seiner Abschlussbotschaft aufgerufen. Der Aufruf hat an Aktualität nichts eingebüßt: „Im Vertrauen auf Gottes erneuernde Kraft rufen wir euch auf: Beteiligt euch an der Vorwegnahme des Reiches Gottes und lasst heute schon etwas von der Neuschöpfung sichtbar werden, die Christus an seinem Tag vollenden wird."

Gott kommt mit seiner ganzen Schöpfung zu seinem Ziel. Seine Treue inspiriert uns daher zu einer Ethik der Hoffnung. Weil Gott jetzt schon durch seinen Geist in seiner Schöpfung einwohnt und eine Zukunft für sie hat, will ich auf Hoffnung seufzen und bei ihrer Verwandlung in der Kraft des Geistes mitwirken. Wir alle sind von ihm dazu eingeladen.

LITERATURVERZEICHNIS

Armstrong, Karen, 1999. *Jerusalem – die Heilige Stadt*. München: Orbis.

Augustinus von Hippo, 2021. *Zweiundzwanzig Bücher über den Gottesstaat*. Band 2, XX. Altenmünster: Jazzybee.

Barth, Karl, 1989. *Die kirchliche Dogmatik. Die Lehre vom Wort Gottes – Prolegomena zur kirchlichen Dogmatik. 2. Halbband, Teilband 3: Die Offenbarung Gottes. 2. Abschnitt: Die Fleischwerdung des Wortes*. Zürich: Theologischer Verlag Zürich.

Berger, Benjamin. *2002. Eine Herde – ein Hirte*. Erzhausen: Schönbach-Druck.

Berger, Benjamin. 2007. *Die heiligen Versammlungen Israels*. Toffen: Echad.

Berger, Benjamin & **Berger**, Ruben. 2010. *Der Weg, der gute Weg*. Toffen: Echad.

Berger, Benjamin. 2012. *Der König kommt und baut sein Reich*. Toffen: Echad.

Berger, Klaus. 2017. *Die Apokalypse des Johannes*. Teilband 2. Freiburg: Herder.

Bieberstein, Klaus. 1995. *Die Hagia Sion in Jerusalem*. Akten des XII. Internationalen Kongresses für christliche Archäologie (543–551). Münster: Aschendorffsche Verlagsbuchhandlung.

Brown, Michael L. 2004. *Answering Jewish Objections to Jesus*. Volume one. Grand Rapids: Baker Books.

Goldberg, Arnold Maria. 1969. *Untersuchungen über die Vorstellung von der Schekhinah in der frühen rabbinischen Literatur*. Berlin: Walter de Gruyter.

Heschel, Abraham Joshua. 1979. *The Sabbath*. New York: Farrar, Straus and Giroux.

Heschel, Abraham Joshua. 1983. *God in Search of Man*. New York: Farrar, Straus and Giroux.

Hess, Tom. 2000. *Betet für den Frieden Jerusalems*. Winterthur: Schleife.

Janowski, Bernd. 2014. „Die Einwohnung Gottes in Israel. Eine religions- und theologiegeschichtliche Skizze zur biblischen Schekina-Theologie." In: Janowski, Bernd & Popkes, Enno Edzard. *Das Geheimnis der Gegenwart Gottes* (4–40). Tübingen: Mohr Siebeck.

Jericke, Detlef. 2013. *Die Ortsangaben im Buch Genesis. Ein historisch-topographischer und literarisch-topographischer Kommentar*. Göttingen: Vandenhoeck & Ruprecht.

Jüngel, Eberhard. 2003. *Theologische Erörterungen V*. Tübingen: Mohr Siebeck.

Keller, Geri. 2003. *Prophetische Botschaften aus der Offenbarung des Johannes*. Winterthur: Schleife.

Klein, Georg. 2008. *Zechariah*. The New American Commentary. Nashville: Broadman & Holman.

Kuhn, Peter. 1968. *Gottes Selbsterniedrigung in der Theologie der Rabbinen*. München: Kösel.

Laubach, Fritz. 1967. *Der Brief an die Hebräer*. Wuppertal: R. Brockhaus.

Laubach, Fritz. 1984. *Der Prophet Sacharja*. Wuppertal: R. Brockhaus.

Luther, Martin. 1930. *Hebräer-Vorlesung von 1517/18*. Deutsche Übersetzung von Erich Vogelsang. Berlin/Leipzig: Walter de Gruyter.

Lux, Rüdiger. 2014. „Jerusalem – Stadt der Treue. JHWHs Schekina in Zion nach Sacharja 1–8." In: Janowski, Bernd & Popkes, Enno Edzard. *Das Geheimnis der Gegenwart Gottes* (41–64). Tübingen: Mohr Siebeck.

Midrasch Bereschit Rabba. 1881. *Das ist die Haggadische Auslegung der Genesis*. Übersetzt von August Wünsche. Leipzig: Otto Schulze.

Midrasch Schemot Rabba. 1882. *Das ist die Haggadische Auslegung des Zweiten Buches Mose*. Übersetzt von August Wünsche. Leipzig: Otto Schulze.

Moltmann, Jürgen. 1965. *Theologie der Hoffnung*. München: Chr. Kaiser.

Moltmann, Jürgen. 1972. *Der gekreuzigte Gott*. München: Chr. Kaiser.

Moltmann, Jürgen. 1975. *Kirche in der Kraft des Heiligen Geistes. Ein Beitrag zur messianischen Ekklesiologie*. München: Chr. Kaiser.

Moltmann, Jürgen. 1980. *Trinität und Reich Gottes. Zur Gotteslehre*. München: Chr. Kaiser.

Moltmann, Jürgen. 1985. *Gott in der Schöpfung. Ökologische Schöpfungslehre*. München: Chr. Kaiser.

Moltmann, Jürgen. 1989. *Weg Jesu Christi. Christologie in messianischen Dimensionen*. München: Chr. Kaiser.

Moltmann, Jürgen. 1991. *Der Geist des Lebens. Eine ganzheitliche Pneumatologie*. Gütersloh: Gütersloher Verlagshaus.

Moltmann, Jürgen. 2005. *Das Kommen Gottes – Christliche Eschatologie*. Darmstadt: Wissenschaftliche Buchgesellschaft.

Nigg, Walter. 1996. *Das ewige Reich. Geschichte einer Hoffnung*. Zürich: Diogenes.

Rosenzweig, Franz. 1988. *Der Stern der Erlösung*. Frankfurt am Main: Suhrkamp.

Rust, Heinrich Christian. 2013. *Geist Gottes – Quelle des Lebens: Grundlagen einer missionalen Pneumatologie*. Schwarzenfeld: Neufeld.

Rust, Heinrich Christian. 2021. *Zuhause in der Schöpfungsgemeinschaft. Dimensionen einer ökologischen Spiritualität*. Cuxhaven: Neufeld.

Schäfer, Peter. 2014. „‚Denn ich will unter ihnen wohnen': Die Schechina der Rabbinen." In: Janowski, Bernd & Popkes, Enno Edzard. *Das Geheimnis der Gegenwart Gottes* (119–138). Tübingen: Mohr Siebeck.

Scholem, Gerschon. 2015. *Von der mystischen Gestalt der Gottheit. Studien zu Grundbegriffen der Kabbala*. Berlin: Suhrkamp.

Scholem, Gerschon. 2020. *Die jüdische Mystik in ihren Hauptströmungen*. Berlin: Suhrkamp.

Wright, Nicholas Thomas. 2011. *Das Neue Testament und das Volk Gottes*. Marburg: Francke.

Wright, Nicholas Thomas. 2013. *Jesus und der Sieg Gottes*. Marburg: Francke.

Wright, Nicholas Thomas. 2013. *Paul and the faithfulness of God*. Minneapolis: Fortress Press.

Wright, Nicholas Thomas. 2014. *Offenbarung für heute*. Gießen: Brunnen.

Wright, Tom. 2016. *Von Hoffnung überrascht*. Neukirchen-Vluyn: Neukirchener Verlagsgesellschaft.

ÜBER DEN AUTOR

Michael Bendorf, geboren 1970, ist verheiratet und Vater von zwei Söhnen. Nach seinem Erststudium der Wirtschaftswissenschaften und Pädagogik an der Universität Göttingen war er von 1999 bis 2009 am Lehrstuhl für Wirtschaftspädagogik und Personalentwicklung tätig. In dieser Zeit hat er an der wirtschaftswissenschaftlichen Fakultät promoviert und habilitiert sowie Theologie an der Theologischen Fakultät der Universität studiert.

Nach seinem Abschluss wurde er 2009 als Pastor der Evangelisch-Freikirchlichen Gemeinde „Hannover-Walderseestraße" berufen. Nach einem dreijährigen berufsbegleitenden Theologiestudium an der Theologischen Hochschule Elstal wurde er 2013 zum Pastor des Bundes Evangelisch-Freikirchlicher Gemeinden in Deutschland (BEFG) ordiniert. 2015 wechselte er als Nachfolger von Pastor Heinrich Christian Rust in die Braunschweiger Friedenskirche.

Als Dozent für Altes und Neues Testament, Kirchengeschichte und Gemeindeentwicklung ist Michael Bendorf am Institut für gemeindeorientierte Weiterbildung (IGW) und der Akademie für christliche Führungskräfte (AcF) tätig. Zudem ist er Vorstandsmitglied des IGW.

Neben seiner Leidenschaft für Theologie ist er begeisterter Marathonläufer. Der bisher persönlich bewegendste Lauf war für ihn der Jerusalem-Marathon im Frühjahr 2022.

Veröffentlichung im Neufeld Verlag:

> Bendorf, Michael (Herausgeber): *Wo der Geist weht. Beiträge zur Reich-Gottes-Theologie und Gemeindepraxis.* Cuxhaven 2019.

Mehr aus dem Neufeld Verlag

Heinrich Christian Rust

Zuhause in der Schöpfungsgemeinschaft
Dimensionen einer ökologischen Spiritualität

Wie geht es mit dieser Erde weiter? Und woher nehmen wir die Hoffnung, wenn wir an die Zukunft der Schöpfung denken, an unsere Zukunft? Für eine echte Transformation scheinen Appelle schließlich nicht zu genügen.

Heinrich Christian Rust zeigt, wie wir uns vom Geist Gottes hineinnehmen lassen in Gottes Leidenschaft für diese Welt. Er entfaltet die Hoffnungsperspektive der Bibel und lädt ein, Schöpfung und Erlösung umfassend zu begreifen.

Der Autor erzählt davon, wie sich seine eigene Sicht geweitet hat. Und er fordert uns heraus, biblische Texte neu zu verstehen und radikal umzudenken. So werden wir mutige Wegbereiter eines alternativen Lebens in der Nachfolge Jesu.

„Ein Buch zur richtigen Zeit, das Schöpfungsbewahrung und Geisterfahrung zusammenbringt. In drei Worten: hoffnungsvoll. ganzheitlich. anregend.“

Björn Büchert im *Hotline*-Magazin des CVJM Württemberg

„Wow! … Rust gibt aus christlicher Perspektive relevante Antworten auf existentielle Fragen … im Zusammenhang mit der Klimakrise … “

Dave Jäggi auf seinem Blog *sola gratia*

„Wir stehen am Ende des modernen Zeitalters und am Anfang der ökologischen Zukunft unserer Welt, wenn unsere Welt eine Zukunft haben soll. Wir brauchen ein neues Naturverhältnis, ein neues Menschenbild und eine neue Erfahrung Gottes. Heinrich Christian Rust legt einen neuen Entwurf zur ökologischen Spiritualität vor. Es ist ein reiches Buch, es ist einladend und begeisternd!“

Prof. emer. Dr. Jürgen Moltmann, Tübingen

ISBN 978-3-86256-176-6, 2021

Mehr aus dem Neufeld Verlag

Hanna Schott, mit Illustrationen von Volker Konrad

Klimahelden
Von Goldsammlerinnen und Meeresputzern

Die Erde ist unser Heimatplanet. Sie ist unglaublich schön und bietet uns Menschen alles, was wir zum Leben brauchen. Aber: In letzter Zeit scheint sie Fieber zu haben. Und manchmal kriegt sie schlecht Luft.

Was Kinder tun können und was sie überall auf der Welt schon tun, um eine gesunde Umwelt zu bewahren und den Klimawandel zu bremsen, zeigt dieses Buch voller überraschender Geschichten und spannender Ideen.

Hanna Schott erzählt vom Baumpflanzer Felix Finkbeiner. Von den Essensrettern Oskar und Matilde aus Norwegen. Von Isabel und Melati und ihrem erfolgreichen Kampf gegen Plastikmüll. Und von vielen Klimahelden, die „ganz normale“ Kinder sind.

Auf der Empfehlungsliste des Evangelischen Buchpreises 2020:

„Ein Sachbuch nicht nur für Kinder. Ein Buch, das Mut macht. Das zeigt, dass alle, auch Kinder, die Möglichkeit haben etwas zu ändern, sich einzumischen. Jeder Einzelne ist wichtig und kann mit kleinen Aktionen Großes erreichen. Die vielen Beispiele aus aller Welt zeigen Wege, sich dem Problem des Klimawandels zu stellen und aktiv zu werden.“

Empfohlen von der Deutschen Akademie für Kinder- und Jugendliteratur:

„Das Buch erzählt spannende, anregende und wahre Geschichten von Kindern, die sich für Klimaschutz und die Rettung der Welt einsetzen. Klimahelden hat das Potential zum Buch der *Fridays for Future*-Bewegung zu werden! Nicht nur für Kinder, sondern vor allem für Erwachsene!“

ISBN 978-3-86256-098-1, 5. Auflage 2022

Mehr aus dem Neufeld Verlag

Kenneth E. Bailey, *Der ganz andere Vater – Die Geschichte vom verlorenen Sohn aus nahöstlicher Perspektive.* ISBN 978-3-937896-23-6, 4. Auflage 2021

Marcus Bastek, *Der Angst entkommen.* ISBN 978-3-86256-179-7, 2022

Markus Baum, *Jochen Klepper.* Biografie. ISBN 978-3-86256-014-1, 3. Auflage 2021

Timothy J. Geddert, *Das immer wieder Neue Testament.* ISBN 978-3-86256-161-2, 2021

Adam Hamilton, *24 Stunden – Der Tag, der die Welt veränderte.* ISBN 978-3-86256-049-3, 2. Auflage 2015

Adam Hamilton, *24 Stunden – Der Tag, der die Welt veränderte: Impulse für 40 Tage.* ISBN 978-3-86256-050-9, 3. Auflage 2022

Adam Hamilton, *Gegen die Angst – 31 Lektionen der Hoffnung für unsichere Zeiten.* ISBN 978-3-86256-163-6, 3. Auflage 2021

Henri J. M. Nouwen, *Adam – Mein Freund ohne Worte.* ISBN 978-3-86256-177-3, 2022

Henri J. M. Nouwen, *Jesus nachfolgen – Nach Hause finden in einem Zeitalter der Angst.* ISBN 978-3-86256-162-9, 2. Auflage 2021

Bernhard Ott, *Tänzer und Stolperer – Wenn die Bergpredigt unseren Charakter formt.* ISBN 978-3-86256-156-8, 2. Auflage 2021

Bernhard Ott, *Wegbegleiter in Krisenzeiten – Impulse von Martin Buber.* ISBN 978-3-86256-165-0, 2020

Heinrich Christian Rust, *Geist Gottes – Quelle des Lebens: Grundlagen einer missionalen Pneumatologie.* Edition IGW, Band 5. ISBN 978-3-86256-032-5, 4. Auflage 2019

Heinrich Christian Rust, *Heilen, trösten, begleiten – Die Heilungskompetenz der christlichen Gemeinde.* ISBN 978-3-86256-151-3, 2019

Hanna Schott, *Von Liebe und Widerstand – Magda & André Trocmé: Der Mut dieses Paares rettete Tausende.* ISBN 978-3-86256-017-2, 5. Auflage 2021

David W. Shenk, *Christen begegnen Muslimen – Wege zu echter Freundschaft.* ISBN 978-3-86256-069-1, 3. Auflage 2016

Anders-Petter Sjödin, *Verwandelt in Gottes Nähe.* ISBN 978-3-86256-021-9, 2012

Dallas Willard, *Jünger wird man unterwegs – Jesus-Nachfolge als Lebensstil.* ISBN 978-3-86256-008-0, 6. Auflage 2023

Dallas Willard, *Jünger leben mittendrin.* Mit Beiträgen von John Ortberg. ISBN 978-3-86256-055-4, 2014

Tom Wright, *Kleiner Glaube – großer Gott.* ISBN 978-3-86256-030-1, 2013

Dieses Buch wurde **in Deutschland** hergestellt.

Das Papier, das dafür verwendet wurde, ist FSC®-zertifiziert. Als unabhängige, gemeinnützige, nichtstaatliche Organisation hat sich der Forest Stewardship Council® (FSC®) die Förderung des verantwortungsvollen und nachhaltigen Umgangs mit den Wäldern der Welt zum Ziel gesetzt.

Außerdem unterstützen wir ein **Waldschutzprojekt** in Kolumbien. Diese Initiative schützt 1150200 Hektar tropischen Regenwald und bewahrt dessen Biodiversität. Hand in Hand mit den Gemeinden, bietet sie Bildung, Gesundheitsversorgung, Ernährungssicherheit und weitere soziale Leistungen für 16000 Menschen aus sechs indigenen ethnischen Gruppen.

Dieses Buch wurde bewusst **nicht in Folie eingeschweißt**; unser Versandpartner verwendet zudem Papier und nicht Plastik als Füllmaterial.

Stellen Sie sich eine Welt vor, in der jeder willkommen ist!

neufeld-verlag.de